中国科协学会联合体品牌建设项目

中国智能制造重点领域发展报告

2019—2020

中国科协智能制造学会联合体　编著

机械工业出版社

本书聚焦高档数控机床、工业机器人、航天装备、船舶、汽车、农业装备、纺织、食品加工、家电共 9 个重点领域，系统梳理了各领域 2019—2020 年智能制造的发展概况、实施进展和主要成效，剖析了具有引领性、示范性的典型实践案例，分析了各领域面临的突出问题和发展趋势，提出了进一步发展智能制造的措施建议。同时，本书分析了 2019—2020 年德国、美国、日本等智能制造的发展战略、发展特点和技术应用等最新进展，阐述并分析了我国智能制造的发展概况、产业政策、技术应用、专项实施、应用成效，智能制造对疫情防控和复工复产等方面的作用，并提出了我国智能制造面临的问题与挑战、进一步发展的需求热点和建议等推进策略。其目的在于服务国家战略决策，并为推进智能制造提供借鉴和参考。

本书可以为相关部门、地区、领域制定智能制造发展战略及规划提供参考依据，也可作为企业、科研院所等参与和实施智能制造相关工作的参考用书。

图书在版编目（CIP）数据

中国智能制造重点领域发展报告. 2019—2020/中国科协智能制造学会联合体编著. —北京：机械工业出版社，2020.10
ISBN 978-7-111-66714-8

Ⅰ.①中… Ⅱ.①中… Ⅲ.①智能制造系统 – 制造工业 – 经济发展 – 研究报告 – 中国 – 2019 – 2020 Ⅳ.①F426.4

中国版本图书馆 CIP 数据核字（2020）第 188197 号

机械工业出版社（北京市百万庄大街 22 号　邮政编码 100037）
策划编辑：丁昕祯　　责任编辑：丁昕祯
责任校对：李亚娟　　封面设计：张　静
责任印制：张　博
三河市国英印务有限公司印刷
2021 年 1 月第 1 版第 1 次印刷
184mm×260mm・17.75 印张・432 千字
标准书号：ISBN 978-7-111-66714-8
定价：98.00 元

电话服务　　　　　　　　　　网络服务
客服电话：010-88361066　　　机　工　官　网：www.cmpbook.com
　　　　　010-88379833　　　机　工　官　博：weibo.com/cmp1952
　　　　　010-68326294　　　金　书　网：www.golden-book.com
封底无防伪标均为盗版　　　　机工教育服务网：www.cmpedu.com

《中国智能制造重点领域发展报告（2019—2020）》编写组织机构

指导委员会

主　　任：李培根

委　　员：（按姓氏笔画排序）

王　博　尤　政　吕昭平　刘兴平
孙瑞哲　李长印　李　骏　郑南宁

专家委员会

主　　任：屈贤明

委　　员：（按姓氏笔画排序）

于靖军　万新明　王一然　王志华　艾　超　邢宏岩　吕黄珍
伏广伟　刘辛军　刘炳业　刘　强　闫建来　孙　明　李立军
杨延辰　杨炳南　吴幼华　吴超群　佟成秋　张咸胜　陈映秋
陈雪峰　苑严伟　金向军　周世杰　赵宇波　赵洪杰　郝玉成
殷　杰　陶　波　黄　培　梁　玉　谢　新　谢兵兵　楚玉峰
雷源忠　蔡云生

编写委员会

主　　任：张彦敏

委　　员：（按姓氏笔画排序）

丁　华　于　航　于靖博　万丽娜　马　溪　马海英　马秋杰
马崇启　王　坤　王升升　王立强　王丽伟　王俊利　牛延丹
卢　皓　叶　磊　田利芳　付建林　吕为乔　吕治家　刘来超
刘艳秋　许　浩　许之颖　孙　莹　孙志尧　杜新武　李瑞方
杨　丽　杨振荣　张　飞　张　洋　张小燕　张玉杰　张永焱
张荷芳　陈好楠　陈缇萦　林玉哲　金　鑫　周　军　赵　丹
赵凤敏　赵兴炜　赵玫佳　赵凯旋　钟永刚　姜　军[1]　姜　军[2]
姜小刚　姜旭东　袁剑锋　徐　宏　陶　莹　姬江涛　黄一鑫
龚泽宇　崔　林　望金山　落海伟　韩清华　韩维群　储云泽

责任编辑：田利芳　韩清华　刘艳秋　钟永刚

秘　　书：韩清华

---

[1] 姜军：中国宇航学会
[2] 姜军：上海船舶工艺研究所

序

制造业是立国之本、兴国之器、强国之基。

习近平总书记在党的十九大报告中号召："加快建设制造强国，加快发展先进制造业"。

习近平总书记要求："推进智能制造，推动制造业加速向数字化、网络化、智能化发展"。他指出：要以智能制造为主攻方向，推动产业技术变革和优化升级，推动制作业产业模式和企业形态根本性转变，以"鼎新"带动"革故"，以增量带动存量，促进我国产业迈向全球价值链中高端。

智能制造——制造业数字化、网络化、智能化，是我国制造业创新发展的主要抓手，是我国制造业转型升级的主要路径，是我国加快建设制造强国的主攻方向。

当前，新一轮工业革命方兴未艾，其根本动力在于新一轮科技革命。新世纪以来，互联网、云计算、大数据等新一代信息技术飞速发展。这些历史性的技术进步，集中汇聚在新一代人工智能技术的战略性突破，新一代人工智能已经成为新一轮科技革命的核心技术。

近年来，新一代人工智能技术与先进制造技术深度融合，正在重塑设计、制造、服务等产品全生命周期的各环节及集成，催生新技术、新产品、新业态、新模式，也正在引发制造业在发展理念、制造模式等方面重大而深刻的变革。新一代智能制造作为新一轮工业革命的核心技术，正在成为制造业未来发展的核心驱动力。中国制造业要抓住这个历史机遇，实施高质量发展，实现向世界产业链中高端的跨越发展。

智能制造是一个大系统，贯穿于产品设计、制造、服务全生命周期的各个环节，由智能产品、智能生产及智能服务三大功能系统以及工业智联网和智能制造云两大支撑系统集合而成。系统集成将智能制造各功能系统和支撑系统集成为新一代智能制造系统。

智能制造是一个大概念，是数字化、网络化、智能化技术与制造技术的深度融合。从20世纪中叶到90年代中期，以计算、感知、通信和控制为主要特征的信息化催生了数字化制造；从20世纪90年代中期开始，以互联网为主要特征的信息化催生了"互联网+"制造；当前，以新一代人工智能为主要特征的信息化开创了新一代智能制造的新阶段。数字化、网络化、智能化技术给制造技术赋能，进而与制造技术深度融合，形成了智能制造的三种基本范式：数字化制造（Digital Manufacturing）——第一代智能制造；数字化、网络化制造（Smart Manufacturing）——"互联网+制造"或第二代智能制造，本质上是"互联网+数字化制造"；数字化、网络化、智能化制造（Intelligent Manufacturing）——新一代智能制造，本质上是"智能+互联网+数字化制造"。这三个基本范式次第展开又相互交织，体现了智能制造的"大概念"特征。

我国不能走西方发达国家顺序发展的老路，应发挥后发优势，采取三个基本范式"并行推进、融合发展"的技术路线。一方面,我们必须实事求是,因企制宜、循序渐进地推进企业的技术改造、智能升级,我国制造企业特别是广大中、小型企业还远远没有实现"数字化制造",必须扎扎实实地完成数字化"补课",打好数字化基础;另一方面,我们必须坚持"创新引领",可直接利用互联网、大数据、人工智能等先进技术,"以高打低",走出一条并行推进智能制造发展的新路。

企业是推进智能制造发展的主体,每个企业要根据自身实际,总体规划、分步实施、重点突破、全面推进,产学研协调创新,实现企业的技术改造、智能升级。

未来20年,我国智能制造的发展总体将分成两个阶段。第一阶段,到2025年:"互联网+制造"——数字化网络化制造在全国得到大规模推广应用,同时,新一代智能制造试点示范取得显著成果。第二阶段,到2035年:新一代智能制造在全国制造业实现大规模推广应用,实现中国制造业的智能升级。

制造强国战略实施以来,智能制造在我国表现出良好、强劲的发展势头:广大企业对于智能制造具有强烈的需求,在"智能升级"的道路上阔步迈进;发展智能制造已经成为我国全社会的共识和制造业界的共同行动。我们必须继续奋斗,坚定不移地以智能制造为主攻方向,坚定不移地建设制造强国。

中国科协智能制造学会联合体(以下简称"联合体")是在中国科协的倡导和指导下,由中国机械工程学会、中国仪器仪表学会、中国汽车工程学会、中国电工技术学会、中国电子学会、中国自动化学会、中国农业机械学会、中国人工智能学会、中国微米纳米技术学会、中国光学工程学会、中国纺织工程学会、中国宇航学会、中国造船学会共13家与智能制造有关的中国科协所属全国学会,广泛联合相关企业、科研机构、高等院校,组建成立的社会组织。目前,联合体成员由13家全国学会、16家企业、12家科研机构和12家高等院校共53家单位组成。联合体的宗旨是共同促进智能制造领域的跨界融合、优势互补、协同创新。联合体将致力于打造智能制造领域高端智库,搭建智能制造领域学术交流服务平台,搭建智能制造领域协同创新服务平台,建设智能制造领域人才培养平台。

自2017年开始,联合体立足于国家智能制造发展的重大需求,充分发挥联合体优势,跟踪研究智能制造在制造业重点领域的发展情况和进展成效。2017年组织编写了《中国智能制造绿皮书(2017)》"行业篇";2018年组织编写并出版了《中国智能制造重点领域发展报告(2018)》。报告出版后,受到了广泛好评,被业界称为"中国智能制造发展八大热点"之一。

2019年,联合体编写了《中国智能制造重点领域发展报告(2019—2020)》(以下简称《报告》)。《报告》聚焦高档数控机床、工业机器人、航天装备、船舶、汽车、农业装备、纺织、食品加工、家用电器共9个重点领域,系统梳理了各领域2019—2020年智能制造的发展概况、实施进展和主要成效,剖析了具有引领性、示范性的典型实践案例,分析了各领域面临的突出问题和发展趋势,提出了进一步发展智能制造的措施建议。同时,《报告》分析了德国、美国、日本等国家智能制造的发展战略、发展特点和技术应用等最新进展,阐析了我国智能制造的发展概况、产业政策、技术应用、专项实施、应用成效、疫情防控和复工复产等现状及进展,并提出了我国智能制造面临的问题与挑战、进一步发展的需求热点和建议等推进策略。

相信《报告》对于我国智能制造技术深入发展、各行业领域智能制造推广应用将发挥积极作用，也希望能够为相关部门、行业、企业制定智能制造发展战略及规划提供依据和参考。

衷心希望《报告》能够每年持续出版，在我国推进智能制造的伟大实践中不断进步、更新更好，为实现建设制造强国的中国梦做出更大的贡献。

周济

二零二零年八月二十四日

目 录

序

综 合 篇

第一章　主要工业国家智能制造进展分析 ·················· 2
　　一、德国工业4.0的进展分析 ································ 2
　　二、美国工业互联网及先进制造的进展分析 ············ 4
　　三、日本智能制造的进展分析 ······························ 9
　　四、其他国家智能制造的进展分析 ······················ 11
　　参考文献 ··· 12

第二章　我国智能制造进展分析 ··························· 13
　　一、我国智能制造发展概况 ································ 13
　　二、我国智能制造政策动态 ································ 16
　　三、智能制造技术应用动态 ································ 23
　　四、智能制造实施成效 ······································ 26
　　五、智能制造助力疫情防控和企业复工复产 ·········· 38
　　参考文献 ··· 40

第三章　智能制造推进策略 ······································ 41
　　一、智能制造面临的问题与挑战 ·························· 41
　　二、智能制造发展的需求热点 ····························· 42
　　三、智能制造发展建议 ······································ 43
　　参考文献 ··· 45

领 域 篇

第四章　高档数控机床领域智能制造发展报告 ········· 48
　　第一节　发展概况 ··· 48
　　　　一、国外发展现状 ··· 48

二、国内发展现状 ………………………………………………………………………… 50
　　三、市场规模和需求 ……………………………………………………………………… 51
第二节　实施进展 ……………………………………………………………………………… 52
　　一、高档数控机床主机的智能化水平不断提升 ………………………………………… 52
　　二、高档数控系统的智能化功能持续增强 ……………………………………………… 53
　　三、智能制造装备研发稳步推进 ………………………………………………………… 54
　　四、在重点领域数字化产线/车间建设中的应用示范快速拓展 ……………………… 55
　　五、数字化/网络化生产制造新模式不断涌现 ………………………………………… 55
　　六、行业标准取得突破 …………………………………………………………………… 57
第三节　面临的突出问题 ……………………………………………………………………… 57
　　一、高档型数控系统配套能力不足 ……………………………………………………… 57
　　二、产品性能有待提高 …………………………………………………………………… 58
　　三、市场竞争能力不强，未形成规模化应用 …………………………………………… 58
第四节　实践案例 ……………………………………………………………………………… 58
　　一、华中数控新一代智能数控系统 ……………………………………………………… 58
　　二、国产高档数控机床在航天大型复杂结构件加工的验证应用示范线 ……………… 59
　　三、国产高档数控机床与技术在航天发动机制造领域的综合验证及工艺研究
　　　　应用生产线 …………………………………………………………………………… 60
第五节　发展趋势 ……………………………………………………………………………… 62
　　一、高档数控系统的智能化与网络化 …………………………………………………… 62
　　二、新一代人工智能技术与数控机床的融合应用 ……………………………………… 62
　　三、机床机械设计与数控系统智能化的协同创新 ……………………………………… 62
　　四、在机测量与误差补偿提升数控加工的智能化 ……………………………………… 63
第六节　措施建议 ……………………………………………………………………………… 63
　　一、完善联合攻关机制，推动共性技术创新 …………………………………………… 63
　　二、加大政策扶持力度，助推产业规模化发展 ………………………………………… 63
　　三、构建社会化、智能化的制造新模式 ………………………………………………… 64
参考文献 ………………………………………………………………………………………… 64

第五章　工业机器人领域智能制造发展报告 ……………………………………………… 65
第一节　发展概况 ……………………………………………………………………………… 65
　　一、工业机器人重要战略地位 …………………………………………………………… 65
　　二、国内外工业机器人发展概况 ………………………………………………………… 67
　　三、工业机器人的市场规模与需求 ……………………………………………………… 69
第二节　实施进展 ……………………………………………………………………………… 70
　　一、关键零部件 …………………………………………………………………………… 70
　　二、机器人整机 …………………………………………………………………………… 71
第三节　面临的突出问题 ……………………………………………………………………… 72
　　一、基础薄弱，人才储备不足 …………………………………………………………… 72

二、行业标准与规范不完善限制产业发展 ·· 72
　　三、传统制造模式制约机器人应用推广 ·· 72
第四节　实践案例 ·· 72
　　一、机器人生产企业智能制造案例 ·· 73
　　二、利用机器人实现智能制造的案例 ·· 75
第五节　发展趋势 ·· 76
　　一、工业机器人技术发展趋势 ·· 76
　　二、我国工业机器人产业发展趋势 ·· 77
第六节　措施建议 ·· 78
　　一、加强基础研究，重视科研团队培养 ·· 78
　　二、遵循产业发展规律，深化产业顶层规划 ································ 79
　　三、深入推进政策指导，形成产业规模优势 ································ 79
参考文献 ·· 79

第六章　航天装备领域智能制造发展报告 ·· 81

第一节　发展概况 ·· 81
　　一、行业基本情况 ·· 81
　　二、发展水平 ·· 82
第二节　实施进展 ·· 83
　　一、策划搭建航天智能工厂架构 ·· 83
　　二、实现面向制造全过程的数字化管理与应用 ···························· 83
　　三、实现设备状态的数字化运行监控 ·· 83
　　四、实现典型产品可移动式在线检测 ·· 83
　　五、实现智能仓储及自动化物流配送技术应用 ···························· 84
　　六、实现基于智能网关的数据感知及应用 ···································· 84
　　七、实现工业机器人技术的初步应用 ·· 84
　　八、实现数字化示范生产线（单元）的初步应用 ························ 84
第三节　面临的突出问题 ·· 85
　　一、航天协同研制平台应用程度不够 ·· 85
　　二、基于大数据的信息化管理深度和广度不足 ···························· 85
　　三、工业互联网平台应用有待持续加强 ·· 85
　　四、航天智能制造技术和装备应用有待提升 ································ 85
　　五、航天智能制造标准体系有待健全 ·· 86
第四节　实践案例 ·· 86
　　一、发动机泵阀产品自动化检测单元 ·· 86
　　二、发动机喷嘴自动化加工试验生产线 ·· 88
　　三、典型产品集成制造数字化生产线 ·· 88
　　四、铝合金舱段铸造生产线 ·· 89
　　五、化学铣切产品自动浸胶生产线 ·· 90

第五节　发展趋势 … 91
一、制造全过程建模技术将成为产品创新研发的重要手段 … 91
二、基于VR/AR的技术成为减少实物试验、提高协作效率的有效途径 … 92
三、基于工业大数据平台的数据采集及应用，是实现产品研制过程智能决策的重要基础 … 92
四、基于物联网的精准管控与执行，是实现产品快速交付的有效支撑 … 92
五、知识积累与重用成为航天制造能力持续提升的核心驱动力 … 93
六、智能生产线（单元）的深度推广提升核心竞争力 … 93
七、云化机器人应用带动企业生产效率和智能化水平提升 … 93

第六节　措施建议 … 93
一、大力支持基础技术研究 … 93
二、着力加强技术创新 … 93
三、建立依托工程发展机制 … 94
四、培育优势核心企业 … 94
五、加速推进人才队伍建设 … 94
六、完善航天产业化发展体系 … 94

参考文献 … 94

第七章　船舶领域智能制造发展报告 … 95

第一节　发展概况 … 95
一、发展基本情况 … 95
二、发展特点及水平 … 96

第二节　实施进展 … 97
一、智能制造实施应用 … 97
二、关键技术及装备 … 101

第三节　面临的突出问题 … 106
一、设计与管理的信息化水平有待提高 … 107
二、制造过程自动化、智能化装备自主可控程度低 … 107
三、5G技术应用尚处于起步阶段 … 107
四、高端船型专用建造技术受国外制约 … 107

第四节　实践案例 … 108
一、广船国际薄板平面分段生产数字化车间 … 108
二、南通中远川崎互联互通船厂 … 111
三、沪东中华三维作业指导书试点应用 … 115
四、江南造船焊接数字化管控 … 117
五、中船十一所智能制造装备解决方案 … 118

第五节　发展趋势 … 122
一、船舶工业智能制造标准体系建设 … 122
二、智能制造集成装备自主研发 … 123

	三、船舶智能制造工业软件自主开发	123
	四、工业互联网基础和信息安全系统建设	123
	五、开展船舶领域5G核心关键技术研究	123
第六节	措施建议	123
	一、建立完善发展机制，支持产业体系构建	123
	二、强化技术创新和示范应用的支持力度	124
	三、强化人才引进和培养力度，推动先进制造领域长远发展	124
参考文献		124

第八章 汽车领域智能制造发展报告 … 125

第一节	发展概况	125
	一、汽车制造企业信息化建设加快完善	125
	二、整车制造工艺装备总体进步明显	126
	三、智能化产品与服务水平不断提高	127
第二节	实施进展	128
	一、智能制造技术进入整车及零部件工厂	128
	二、虚拟仿真、工业大数据、云平台等技术得到越来越多应用	128
	三、汽车行业智能制造装备水平不断提升	130
第三节	面临的突出问题	130
	一、以客户需求为中心的"个性化定制"	130
	二、数据采集及数据的安全性	131
	三、供应链的运营管理	132
	四、汽车的智能网联	133
第四节	实践案例	134
	一、吉利智能驾驶舱的创新实施	134
	二、上海德梅柯虚拟调试技术在焊装车间的应用	140
	三、长安汽车智能柔性高速冲压新模式应用	142
第五节	发展趋势	147
	一、个性化定制作为企业的核心竞争力成为发展重点	147
	二、产品种类的激增将触发柔性产线的刚性需求	148
	三、大数据平台将成为智能决策的重要依据	148
	四、5G推进智能制造步入成熟阶段	148
第六节	措施建议	149
	一、加强新型基础设施的部署和应用	149
	二、汽车工业软件与创新	149
	三、加速培育智能制造系统解决方案供应商	149
	四、加快智能制造趋势下的高技能人才培养	149
参考文献		150

第九章 农业装备领域智能制造发展报告 ··· 151

第一节 发展概况 ··· 151
- 一、行业基本情况 ··· 151
- 二、发展特点及水平 ··· 153
- 三、农业装备智能制造发展概况 ··· 155

第二节 实施进展 ··· 156
- 一、智能农业装备关键技术进展 ··· 156
- 二、典型智能农业装备进展 ··· 160
- 三、农业装备智能设计技术进展 ··· 161

第三节 面临的突出问题 ··· 163
- 一、要素资源保障不足 ··· 163
- 二、农业装备智能制造基础理论和技术体系建设滞后 ··· 164
- 三、关键智能制造技术及核心基础部件主要依赖进口 ··· 164
- 四、农业装备智能制造行业标准不统一 ··· 164

第四节 实践案例 ··· 164
- 一、中国一拖：拖拉机智能制造新模式 ··· 164
- 二、五征集团：打造智能制造时代 ··· 168
- 三、常林机械：智能制造"行动流"武装生产全过程 ··· 171

第五节 发展趋势 ··· 174
- 一、智能农业装备发展趋势 ··· 174
- 二、智能农业装备技术的发展趋势 ··· 175
- 三、农业装备智能设计技术的发展趋势 ··· 176
- 四、智能农业技术助力现代农业发展 ··· 177

第六节 措施建议 ··· 178
- 一、智能农业装备重点任务建议 ··· 178
- 二、政策措施建议 ··· 179

参考文献 ··· 179

第十章 纺织领域智能制造发展报告 ··· 182

第一节 发展概况 ··· 182
- 一、国际纺织智能制造技术发展状况 ··· 182
- 二、我国纺织智能制造技术发展现状及水平 ··· 183

第二节 实施进展 ··· 186

第三节 面临的突出问题 ··· 189
- 一、纺织行业的体系庞大工序繁多制约智能制造实施 ··· 189
- 二、数量众多的纺织企业还停留于传统工业思维 ··· 190
- 三、纺织行业智能制造亟需加大创新研发投入 ··· 190
- 四、纺织行业智能制造软硬件基础和应用能力有待提升 ··· 190

第四节 实践案例 ··· 191

一、魏桥纺织绿色智能一体化生产线 191
　　二、慈星针织品智能柔性定制平台 193
　　三、愉悦生态纺织品智能工厂示范 197
　　四、江苏德顺纺织年产 2 亿米高档织物面料生产线智能化改造 204
　　五、雅戈尔服装智能制造工厂 206
　第五节　发展趋势 207
　　一、生产经营模式由批量生产向个性化定制转变 208
　　二、纺织行业发展从外贸依赖型向内需驱动型转变 209
　　三、产业转移＋智能升级 209
　第六节　措施建议 209
　　一、加大纺织复合型人才培养力度 209
　　二、加大对纺织智能制造基础研究的支持力度 209
　　三、设立纺织领域智能制造重大专项 210
　　四、加强对纺织数字经济发展的引导与支持 210
　　五、建设跨纺织产业链的工业互联网平台，构筑行业数字化转型的重要基础设施 210
　　六、建设纺织行业大数据中心，支撑行业数字经济发展 211
　　七、加强对纺织产业集群和产业转移的引导与支持 211
　参考文献 211

第十一章　食品加工领域智能制造发展报告 213
　第一节　发展概况 213
　　一、国家政策引领作用显著增强 213
　　二、食品加工科技取得突破性进展 214
　　三、食品加工装备技术水平明显提升 214
　　四、食品工业国际竞争力日益提升 214
　第二节　实施进展 215
　　一、食品加工智能技术及装备 215
　　二、食品智能生产 218
　第三节　面临的突出问题 220
　　一、食品加工装备智能化水平低，核心装备长期依赖进口 220
　　二、智能制造水平不高，智能食品工厂刚起步 220
　　三、创新能力不足，智能制造发展缓慢 220
　　四、标准化水平低，制约产业转型升级 221
　第四节　实践案例 221
　　一、蒙牛集团：智能制造数字化工厂 221
　　二、思念公司：主食工业化生产线 225
　　三、碧桂园集团：机器人无人餐厅 228
　　四、娃哈哈集团：瓶装水全套智能生产工厂 230

         五、武汉奋进：白酒酿造上甑机器人 232
   第五节　发展趋势 234
         一、智能制造装备 234
         二、智能制造关键共性技术 235
         三、食品智能加工 235
   第六节　措施建议 236
         一、增设食品智能制造研究领域 236
         二、加强构建国家级食品智能制造技术创新平台系统 236
         三、强化培育食品智能制造新业态新产业发展能力 236
         四、聚焦国际食品智能制造科技布局 237
   参考文献 237

第十二章　家用电器领域智能制造发展报告 239
   第一节　发展概况 239
         一、我国家用电器行业的基本情况 239
         二、我国家用电器领域智能制造的发展特点 240
   第二节　实施进展 243
         一、家用电器智能制造的关键技术 243
         二、家用电器智能工厂 245
         三、家用电器智慧供应链 246
         四、智能家用电器 247
   第三节　面临的突出问题 248
         一、自主创新能力不足，生产体系不健全 248
         二、家用电器行业智能制造标准体系待完善 249
         三、家用电器行业智能服务缺口巨大 249
         四、智能家居智能化水平与市场接受度有待提升 250
         五、行业内部地区之间智能化发展差异很大 251
   第四节　智能制造实践案例 251
         一、海尔卡奥斯COSMOPlat平台 251
         二、美的智能化工厂 254
         三、格力智慧工厂 255
         四、小米智能家居 257
         五、TCL智能工厂 258
   第五节　发展趋势 260
         一、智能制造成熟技术的推广应用 260
         二、家用电器智能制造基础技术创新 260
         三、基于新材料的智能制造工艺 260
         四、智能家居产品的生态布局 261
         五、工业互联网的蓬勃发展 261

第六节 措施建议 261
    一、强化统筹规划协调,提升产业创新能力 261
    二、加强制造顶层设计,培育智造生态体系 262
    三、加强要素保障,攻克关键技术 262
    四、建设智造标准库,完善智造国家数据库 262
参考文献 262

后记 264

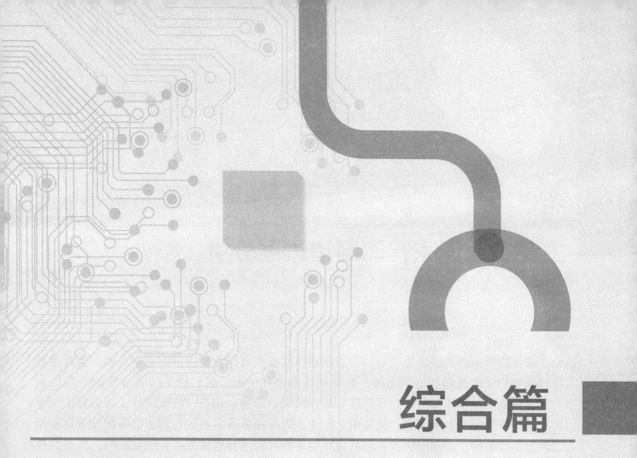

综合篇

主要工业国家智能制造进展分析

我国智能制造进展分析

智能制造推进策略

第一章

主要工业国家智能制造进展分析

全球互联网泡沫与经济危机后,智能制造已然成为各国竞相抢占的战略高地,世界主要工业国家竞相发展智能制造。德国、美国和日本走在前列,它们较早搭建智能制造发展框架,建立智能制造参考模型,发布推进发展路线图。韩国、瑞典、法国、英国等国家也纷纷出台本国的智能制造发展战略,从技术、产业、人才培养等方面进行部署。各国发展智能制造的侧重虽有不同,但都围绕技术创新、环境建设和技术转移等方面,制定战略,推进科技创新,助力智能制造,助推国家抢占智能制造制高点,巩固其经济技术实力、竞争力及工业领先地位。

一、德国工业 4.0 的进展分析

自工业 4.0 概念在 2013 年汉诺威工业博览会上提出以来,德国政界联合产业界及学术界的各类组织,从政策、技术、人才培养等多方面部署推进,打造"工业 4.0"这一德国制造新名片。近年来德国更是加大了与世界各国在智能制造方面的合作力度,在全球范围内积极推进"工业 4.0"。

1. 德国《国家工业 2030 战略》助推工业 4.0

2019 年 2 月,德国经济和能源部发布《国家工业 2030 战略》报告,将金属材料、化工、机械、汽车、光学、医疗器械、绿色科技、国防、航空航天和增材制造十个工业领域列为德国制造业的核心,并提出到 2030 年,工业在德国经济附加值总额中占比要达到 25%[1]。

2019 年 4 月,德国经济和能源部发布《2019 年进展报告:德国 2030 年工业 4.0 愿景》,提出自主性、互通性和可持续性构成了工业 4.0 的核心,德国应借助灵活的全球网络增值系统,加快数字化商业模式应用,进一步巩固其全球工业 4.0 装备供应商的主导地位。

2. 工业 4.0 评价标准及工具落地应用

德国在推进工业 4.0 的过程中,比较注重标准化工作,并形成了众多的标准化成果。除工业 4.0 参考架构模型 RAMI 4.0（Reference Architecture Model Industrie 4.0）及《工业 4.0 标准化路线图》外,由于德国的经济命脉更大程度上依赖于中小企业,德国专门针对中小企业出台了《中小企业工业 4.0 实施指南》及《工业 4.0 成熟度指数》等[2]。

德国机械设备制造业联合会（VDMA）联合德国达姆施塔特工业大学工业 4.0 创新中心

（DiK）及卡尔斯鲁厄理工学院（KIT）的生产科学研究院（wbk）共同编制的《中小企业工业4.0实施指南》，其核心技术"工业4.0工具箱"（图1-1）可应用到德国中小企业的工业4.0评诊断中。通过该套工具箱，服务人员去企业现场进行为期两天的实地评估，即可了解企业流程，识别企业现状与不足，并给予企业推荐的实施路线图指导[3]。

图1-1　工业4.0工具箱（来源：Guideline Industrie 4.0）

德国国家科学与工程院发布的《工业4.0成熟度指数》报告中提出企业资源、信息系统、文化和组织架构是企业在数字化工业环境下运营的必备要素，应用"六阶成熟度模型"分析企业在这四个领域的能力，能够帮助企业打造其专属路径，实现企业的转型升级。图1-2所示为工业4.0的发展阶段。

3. 科技创新加速智能制造技术落地

（1）持续发力人工智能技术的应用　德国政府把人工智能视为德国经济在未来的重要增长点，德国联邦教育与研究部（BMBF）将人工智能选为2019年科学年的主题，强化人工智能技术的应用，将是德国持续发力的方向之一[4]。2019年，人工智能和物联网技术在与制造业结合方面都取得了显著进展，如弗劳恩霍夫制造工程与自动化研究所（IPA）开发了用于制造业的智能制造管理系统（FabOS），该操作系统促进生产技术与信息和通信技术（ICT）的集成，简化捕获生产数据的流程，实现人工智能的广泛应用。弗劳恩霍夫生产技术研究所（IPT）开发了"oculavis"智能眼镜，基于Web环境对生产过程的应用场景进行建模，加工信息以图像、音频、视频甚至三维模型的形式提供附加信息；"oculavis"已被有

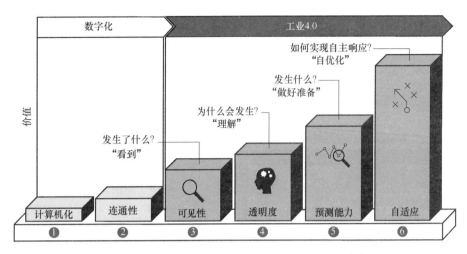

图 1-2 工业 4.0 发展阶段（来源：《工业 4.0 成熟度指数》报告）

效地应用于手动控制柜的组装过程中，员工通过佩戴智能眼镜，加工错误率可以降低 50%以上，交货时间缩短大约三分之一。

（2）借力工业互联网提升制造业数字化水平　德国工业 4.0 以智能制造为核心，着重提升制造业数字化水平，形成设备、产品、原材料、软件之间的"互联互通"。工业生产中应用互联网技术逐渐成为标配。在 2019 年德国汉诺威工业展上，德国人工智能研究中心（DFKI）展示了用于动态生产计划和优化的系统"FactOpt"及基于 AI 生产概念的研究环境"认知制造实验室"。德国人工智能研究中心研究部门认知辅助系统已经开发了一个高度动态的过程，用于实时进行生产系统的优化和计划。"FactOpt"在生产过程中将变化的任务分配给工人，同时在"良好工作"的前提下仍保证生产线的最佳利用。核心组件基于德国联邦教育与研究部资助的 SmartF-IT 和 BaSys 4.0 联合项目的结果。"FactOpt"目前正在与各种行业合作伙伴合作进行实际验证[5]。

4. 领先企业树立智能制造应用实践标杆

制造企业巨头在智能制造实施中也取得了诸多成效。西门子在 2019 年汉诺威工业展上展示了面向工业 4.0 的行业智能解决方案，以虚拟的形式呈现了一家化工行业的新建工厂如何通过实验室和自动化技术来保证生物原料制造过程可持续且环保；还展示了数字孪生、增材制造、创新机器人及自动导引车（AGV）在汽车行业的应用，旨在实现灵活高效的电动汽车和电池生产。博世研发的工业 4.0 实践关键系统，包括用于车间自动化管理的 IT shop floor solution 和 APAS（自动化生产辅助系统），其中 IT shop floor solution 包括车间自动化软件（shop floor automation）、车间管理软件（shop floor management）及图像处理软件（image processing），已在博世车间设备中得到广泛应用，并成为博世对外开放的产品解决方案。APAS 包括以协同机器人臂为代表的 APAS 助手和基于视觉分析的 APAS 检测机，它们可以作为独立机器，也可整合到其他设备平台中；在 APAS 现场工作演示中，当人靠近时机器臂会减慢速度甚至停止运作，而当人离开时则立刻自动恢复高速运作。

二、美国工业互联网及先进制造的进展分析

美国非常注重科技创新，通过持续投资科学、技术和创新来提升美国先进制造业的竞争

力。美国再工业化最根本的特点就是"互联网+工业",互联网正在成为驱动工业变革的核心力量,再工业化不是简单的实体经济回归,而是实体经济升级。美国基于最新的信息和通信技术,结合早期多个先进的制造模式或制造范式来构建先进制造业体系。工业互联网与"工业4.0"相比,更加注重软件、网络和大数据,目标是促进物理系统和信息系统的融合,实现通信、控制和计算的融合,营造一个信息物理系统的环境。目前,美国联邦政府、行业组织和企业联盟联手推动智能制造发展,已形成"三位一体"系统推进智能制造发展的格局。

1. 人工智能成为美国战略布局重点

2018年10月,美国国家科学与技术委员会发布《美国先进制造领先战略》(*Strategy for American Leadership in Advanced Manufacturing*),作为对《先进制造业国家战略计划》的更新,提出通过三大战略方向的发展确保美国在全工业领域先进制造的领先地位,以达到维护国家安全和保持经济繁荣的愿景。

2019年2月,美国总统特朗普签署《维护美国人工智能领导地位的行政命令》(*Executive Order on Maintaining American Leadership in Artificial Intelligence*),就美国联邦政府层面人工智能的研究、推广和培训做出全面部署,以确保美国在人工智能研发及相关领域的全球领先优势。该行政命令意味着美国正式启动了人工智能国家倡议(American AI Initiative),即美国的官方人工智能战略。

2019年6月,美国白宫推出了《国家人工智能研究和发展战略计划:2019更新版》。其更新建立在2016年发布的第一个国家人工智能研发战略计划的基础上,涵盖了2016—2018年中出现的新研究、技术创新和其他考虑因素。同时,也呼吁人们更加注重提高人工智能的可信赖度,增强与私营部门的合作,以及其他必要措施。

2. 美国国家制造生态系统建设成效显著

为了培养和发展美国国家制造生态系统,先进机器人制造(ARM)创新机构已经形成了美国国家级的公私合作伙伴关系,以开发、展示和促进尽早采用新型的机器人解决方案。ARM通过解决工业和协作机器人部署问题,支持工厂自动化的技能开发等项目,加强了美国制造业的竞争力。2019年1月29日,ARM公布了11个技术项目,包括联合技术研究中心(UTRC)的"机器人表面处理的高级控制"、卡内基梅隆大学的"通过实时计划和控制自动对大型复杂表面进行现场抛光"、西门子的"制造缺陷修正的机器人自动化"、Spirit AeroSystems的"飞机机翼的协同机器人打磨"、波音的"人机协作,实现复合层的铺层和整形"、伦斯勒理工学院(RPI)的"Robot Raconteur:机器人技术的互操作中间件"等项目。

2019年年初美国数字制造和设计创新研究所(MxD),主要推进制造业与数字化的融合。目前,MxD已经吸引了300多家合作伙伴,包括陶氏化学(Dow Chemical)、洛克希德·马丁(Lockheed Martin)、罗尔斯·罗伊斯(Rolls-Royce)、西门子(Siemens)和麦肯锡(McKinsey & Company)等,并与超过35个州的合作伙伴开展了60多个研究项目。

2019年6月,工业互联网联盟(IIC)发布了新版本的工业互联网参考架构IIRA(V1.9),按照工业互联网系统的关注点分为商业、使用、功能、实现四个视角,以工业互联网为基础,通过软件控制应用和软件定义机器的紧密联动,促进机器之间、机器与控制平台之间及企业上下游之间的实时连接和智能交互,最终形成以信息数据链为驱动、以模型和高级分析为核心、以开放和智能为特征的工业系统[6]。此外,IIC基于其自身的安全框架和参考架构开发了一种新型物联网安全成熟度模型（SMM）（图1-3）。

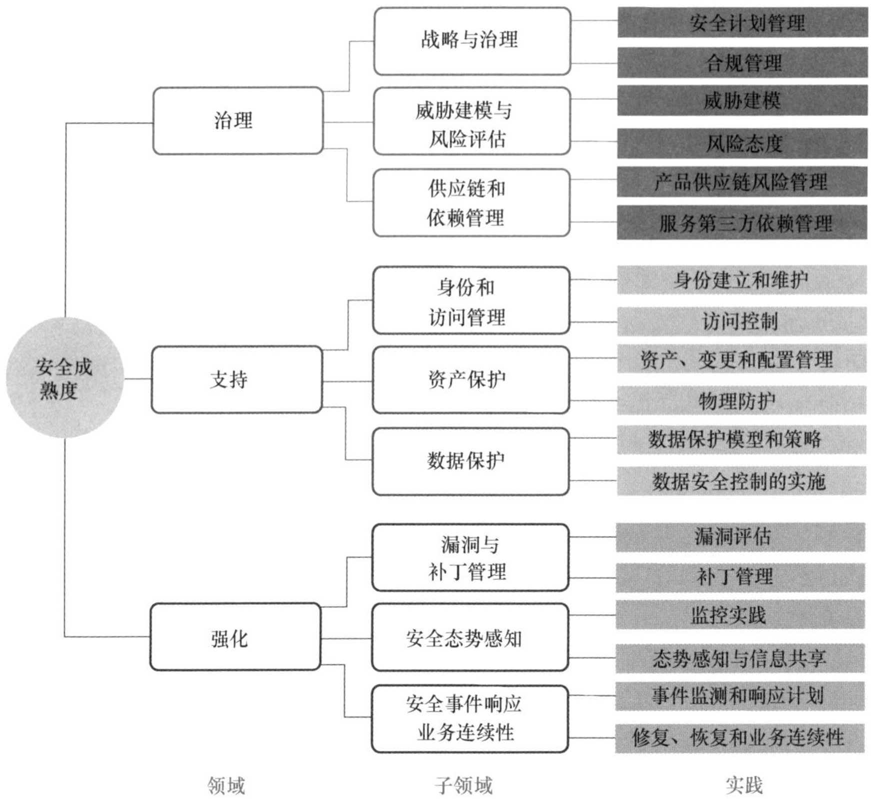

```
                    ┌─ 战略与治理 ─┬─ 安全计划管理
                    │              └─ 合规管理
         ┌─ 治理 ───┼─ 威胁建模与 ─┬─ 威胁建模
         │          │   风险评估   └─ 风险态度
         │          └─ 供应链和   ─┬─ 产品供应链风险管理
         │             依赖管理    └─ 服务第三方依赖管理
         │
         │          ┌─ 身份和     ─┬─ 身份建立和维护
         │          │   访问管理   └─ 访问控制
安全成熟度┼─ 支持 ───┼─ 资产保护   ─┬─ 资产、变更和配置管理
         │          │              └─ 物理防护
         │          └─ 数据保护   ─┬─ 数据保护模型和策略
         │                         └─ 数据安全控制的实施
         │
         │          ┌─ 漏洞与     ─┬─ 漏洞评估
         │          │   补丁管理   └─ 补丁管理
         └─ 强化 ───┼─ 安全态势感知┬─ 监控实践
                    │              └─ 态势感知与信息共享
                    └─ 安全事件响应┬─ 事件监测和响应计划
                       业务连续性  └─ 修复、恢复和业务连续性

  领域          子领域              实践
```

图1-3　物联网安全成熟度模型

2019年8月，美国国家标准与技术研究院（NIST）已与联邦先进制造中心（CCAM）签订了25万美元的合作协议，"智能柔性制造单元"项目的执行期为3年，其将提供一个测试平台，以加速新兴的数字制造技术从实验室到工厂车间的过渡。

2020年2月，IIC发布《工业应用中的数字孪生：定义、行业价值、设计、标准及应用案例》白皮书，阐述了数字孪生的定义、商业价值、体系架构及实现基础，为数字孪生在工业中的应用提供操作指导。据悉，未来IIC考虑在工业互联网参考架构中融入数字孪生要素。图1-4所示为不同复杂程度的数字孪生。

3. 创新能力加速智能制造技术全面发展

（1）人工智能技术创新优势突出　美国人工智能产业在基础层、技术层和应用层，尤其是在算法、芯片和数据等产业核心领域，积累了强大的技术创新优势（见表1-1）。在基础层，美国芯片与算法领先，美国巨头布局于芯片领域，各类人工智能芯片百花齐放，牢牢把控全球产业核心。在技术层，美国构建核心研究队伍，通过收购拼抢人才，强化技术储备；同时，争相开源，构建生态，旨在占领产业应用核心，致力于建立人工智能的数据场景和生态。2019年11月，美国白宫下设的国家科技委员会（NSTC）发布《2016—2019年进展报告：推进人工智能研发》，总结了美国联邦政府各机构按照《国家人工智能研究发展战略规划》有关指示，在人工智能研发方面取得的重要进展。

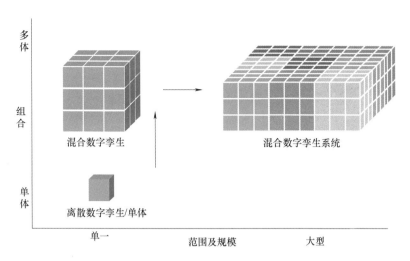

图 1-4　不同复杂程度的数字孪生（来源：《工业应用中的数字孪生：定义、行业价值、设计、标准及应用案例》）

表 1-1　美国巨头 AI 产业布局

公司	应用层		技术层	基础层
	消费级产品	行业解决方案	技术平台/框架	芯片
Google	Google 无人车、Google home	Voice Intelligence API、Google Cloud	TensorFlow 系统、Cloud Machine Learning Engine	定制化 TPU、Cloud TPU、量子计算
Amazon	智能音箱 Echo、Alexa 语音助手、智能超市 Amazon go、Prime Air 无人机	Amazon Lex、Amazon Polly、Amazon Rekognition	AWS 分布式机器学习平台	Annapurna ASIC
Facebook	聊天机器人 Bot、人工智能管家 Jarvis、智能照片管理应用 Moments	人脸识别技术 DeepFace、DeepMask、SharpMask、MultiPathNet	深度学习框架 Torchnet、FBLearner Flow	人工智能硬件平台 Big Sur
Microsoft	Skype 即时翻译、小冰聊天机器人、Cortana 虚拟助理、Tay、智能摄像头 A-eye	微软认知服务	DMTK、Bot Framework	FPGA 芯片
Apple	Siri、ISO 照片管理	—	—	Apple Neural Engine
IBM	—	Waston、Bluemix、ROSS	SystemML	类脑芯片

注：来源：腾讯研究院发布的《中美两国人工智能产业发展全面解读》。

（2）**工业互联网应用不断深入**　在工业互联网技术发展方面，无线网络技术在工业领域的应用不断深化，霍尼韦尔等均推出了基于无线技术的整机设备和成套系统，无线网络应用范围正从信息采集、网络监控和预警等非实时控制向工业实时控制领域渗透。时间敏感网络（Time Sensitive Networking，TSN）、边缘计算等新一代网络技术引起全球主要企业和产业组织的普遍关注。在标准研制方面，IIC 将驱动全球性的工业互联网标准构建作为战略目标，将架构设计作为引领标准需求、技术研发、验证测试、产业部署、安全保障等工作的重要抓手，并成立专门机构，与 ISO 等国际标准化组织、开源组织和区域标准研制部门合作，加快具体标准研究。在安全方面，IIC 高度重视工业互联网安全，在 2016 年 9 月发布了工业互联网安全框架（IISF）指导企业进行工业互联网安全措施部署，近期又启动了《工业互联网安全成熟度模型》《工业互联网安全最佳实践》的编制工作，开展测试床安全评估，进一步推动安全解决方案落地实施[7]。

（3）增材制造技术研发持续推进　2019 年 6 月，美国增材制造创新机构宣布 5 个增材制造定向项目研发计划，主要围绕识别和解决由于腐蚀引起的激光粉末床熔融（LPBF）部件的缺陷和故障，以及由于恶劣环境导致聚合物部件的降解。这些项目研究，有助于认识缺陷、故障和部件性能下降的根本原因，从而显著改进部件的设计及制造工艺。其中包括研究激光粉末床熔融（LPBF）AlSi10Mg 铝合金粉末所制造组件的腐蚀机理、开发量化评估增材制造聚合物部件使用寿命的方法等研究项目。

（4）机器人关键技术不断突破　在技术发展方向上，美国的工业机器人将重点放在突破其较强适应性和可重构装配、仿人灵巧操作、基于模型的集成和供应链设计、自主导航、非结构化环境感知、教育训练、人机协作的本质安全性等关键技术方面。美国在工业机器人体系结构方面处于全球领先地位，在机器人软件领域也居于世界前列。

麻省理工学院计算机科学与人工智能实验室（CSAIL）开发出一种由人类手臂运动控制的机械手臂，这台机械臂机器被称为 RoboRaise，旨在探索一种新型的机器人指挥系统。RoboRaise 是利用肌电图检查（EMG）传感器，来监测人类的肱二头肌和肱三头肌运动，算法会不断侦测人类手臂高度的变动和上下的手势，来调整自身的动作，与人类一同合作抬起物体。RoboRaise 可以完成捡起物体、组装仿真的飞机零件等工作。

麻省理工学院、费拉拉大学、巴斯克应用数学中心（BCAM）和南加州大学开发了一种系统，当网络中称为"节点"的设备在信号阻塞或"恶劣"环境中进行无线通信时，系统会融合节点之间交换的无线信号中的各种类型的位置信息及数字地图和惯性信号数据，每个节点都会考虑与所有其他节点的位置相关的所有信息（称为"软信息"）。该系统利用机器学习技术和减少已处理数据尺寸的技术来根据测量和前后数据确定可能的位置，然后使用该信息来确定节点的位置；麻省理工学院的比特与原子研究中心（CBA）正在研究一群能够同时完成装配工作的微型机器人，其核心是一种新型机器人技术——相对机器人。

4. 新技术与制造应用场景深度融合

信息与通信技术（ICT）企业将云计算、大数据、人工智能技术优势下沉到设备终端，如微软推出开源 Azure IoT Edge 边缘平台，将基于云的分析和定制业务逻辑转移到边缘设备；英特尔推出网关平台，支持边缘设备和云计算之间无缝安全的数据流。工业企业则发挥自身行业经验知识优势，推出边缘计算解决方案，如思科、罗克韦尔、艾默生等都推出边缘计算解决方案。

企业更强调生产设备的互联互通。制造企业将新型网络技术用于工业场景，较为典型的有远程监控、设备维修等，PTC 通过支持 Microsoft HoloLens 2 在维修场景中支持混合现实（MR）技术。另外，ICT 企业面向工业需求开展新型网络技术研发。如 PTC 发布最新版本 Kepware 工业互联软件，增强了与工业自动化资产的连接；推出 Vuforia Engine 8.3——业界首款基于模型的人工智能增强型增强现实（AR），提供基于客户三维 CAD 模型的高级指标识别功能，从而打造更强大的增强现实体验。GE 在 Predix 2019 年版本中，也融入了很多新兴技术，包括数字孪生，所有产品都内置了数字孪生技术；在机器学习方面，构建了先进的机器学习算法；通过工业大数据分析智能化全景综合视图，增强基于角色的个性化体验等。思科面向海量设备自动化和实时数据分析，推出支持窄带物联网（NB-IoT）技术的 Jasper Control Center，以降低连接功耗与成本。

企业重视打造完善的行业整体解决方案，聚焦数字化模型分析技术。例如，PTC 推出大数据分析管理工具（Analytics Manager），可将外部分析工具和模型集成至 Thing Worx 平台中。微软推出 Microsoft Cortana Intelligence Suite 整合多源异构数据，利用机器学习等技术实现数据可视化[8]。

三、日本智能制造的进展分析

近年来，强调"技术立国"的日本政府更加重视制造业对国家竞争力起到的关键作用。日本制造通过组织的不断优化、文化建设和人的训练来解决生产系统中的问题。日本最看重人才培养，讲究经验的传承与累积。对于日本企业而言，员工是最重要的价值，自动化或信息化建设也都是以帮助人去工作为目的。

1. "社会 5.0"战略持续深入推进

2018 年日本发布《2018 年日本制造业白皮书》，明确了"互联工业（Connected Industries）"是日本制造的发展战略。互联工业强调"通过连接人、设备、系统、技术等创造新的附加值"，其实质是智能制造。此前，工业价值链促进会（IVI）发布了《日本互联工业价值链的战略实施框架》，其中，提出的新一代工业价值链参考架构（IVRA-Next），成为日本产业界发展互联工业的行动指南。

2019 年版《日本制造业白皮书》发布，主要围绕日本制造业现状和问题，就"社会 5.0"的加速和日本如何提高制造业竞争力进行战略部署，仍然将焦点放在努力实现互联工业上。日本内阁针对"社会 5.0"定期举行"未来投资会议"，全面总结信息时代（"社会 4.0"）日本的产业发展得失，针对"社会 5.0"的概念和目标，规划出涵盖交通、医疗、制造业、农业、防灾和能源等领域的一整套产业发展战略[9]。

2. "互联工业"建设效果明显

IVI 最新发布的《日本互联工业价值链的战略实施框架》，是日本产业界发展互联工业的行动指南。该实施框架将工业物联网的工业价值链参考架构（Industrial Value Chain Reference Architecture，IVRA）更新为 IVRA-NEXT，该价值链在将"互联工业"与日本整体的社会大战略"社会 5.0"紧密连接中发挥重要的作用[10]。日本把实现"互联工业"作为发展目标，辅以"工业价值链"的策略，借鉴丰田生产精益制造、持续改进的思想，充分利用人工智能、机器人、物联网、传感器等新兴技术，实现"非连续创新"。制造业生产方式以人力最大化为准则，结合产品产量、技术可行性及投入产出比等因素，引进新兴技术，提升现场生产能力，强调人机协作和人机共融，构建基于企业连接的生态系统，提升日本制造业的整体生产能力。

2019 年 9 月，日本机器人革命协会（RRI，Robot Revolution Initiative）与德国工程院（Acatech）合作发布《振兴人机交互促进社会进步》（*Revitalizing Human-Machine Interaction* for the Advancement of Society）白皮书，提出了人机协作的新范式。

此外，日本做了一系列的工作来推动工厂智能化及物联网在制造业的应用。一方面是示范应用案例的整理和可视化，如制造白皮书、智能工厂示范项目、机器人引进示范项目实例说明手册等；另一方面是建立中小企业的外部支援，如建立了"智能制造声援团"对中小企业进行支持、专家派遣、普及中小企业容易使用的工具等，以提供技术、人员、工具的支撑。另外，日本标准国际化、面向制造的网络安全、数字化人才培养、研发支撑等也都是支撑的有效手段。审视不合时宜的旧规范、加速国际合作，也是持续推进的措施。

3. 企业带动日本智能制造技术发展

（1）人工智能技术落地制造业　日本政府将人工智能技术视为带动经济增长的"第四次工业革命"的核心尖端技术。2019年4月，日本人工智能展览会展示了人工智能技术在制造业的应用，如制造过程分析包和人工智能机器检查器通过提供一站式人工智能物联网（AIoT）服务，分析从物联网传感器收集到的数据，在现实世界中对事件实现数字化；安装有人工智能检测软件的曲面和镜面检测机器人，可以进行高精度检查，如颜色不规则等。日本电气公司推出的机器视觉检测系统可以逐一检测生产线上的产品，降低了人工成本并提高了产品合格率。

2018年2月，发那科（FANUC）联合PFN（Preferred Networks）和日立（HITACHI），成立Intelligent Edge System公司，致力于通过人工智能开发智能边缘计算系统，开展基于AI的伺服电动机的检测和优化研究，并在2019年4月发布了具备机器学习和深度学习能力的伺服电动机。此外，为了防止突然故障引起的加工线宕机等重大问题，发那科和PFN开发了一种新的AI伺服监视软件，用于高速采集机床主轴的控制数据。对采集到的数据进行深度学习，根据机器部件的当前状态显示异常评分，提前预防意外发生。

（2）人机协作、轻量化机器人成为发展趋势　随着人工智能和物联网技术的不断发展，机器人应用前景更加广阔，智能化进程加速，机器人行业新产品与技术层出不穷，其中协作机器人以其轻巧、安全、灵活性高等优点成为亮点。

优傲机器人（Universal Robots）新推出的URe系列协作机器人，适合具有复杂应用需求、未来需求多样化和不确定的用户。URe系列有效载荷范围为3~10kg，半径可达500~1300mm，所有腕关节均可360°旋转，端关节无限旋转。

日本电装（DENSO WAVE）小型协作机器人Cobotta因其灵活的工作模式、小巧可爱的体型而备受关注。Cobotta的手臂达到310mm，有效载荷为500g，控制器位于机器人基座，使其非常紧凑轻巧，仅3.8kg。Cobotta提供了"灵活的编程平台"，允许用户使用各种通用编程语言来操作机器人。

面对新的市场变化与机遇，发那科、安川电器、三菱电机等日本知名机器人厂商纷纷推出人机协作机器人、人工智能机器人。

（3）工业互联网聚焦云计算及边缘技术应用　2019年日本工业互联网的技术发展聚焦在"边缘技术（Edge Technology）"方面。边缘技术将深度学习普及于边缘设备，使边缘设备变得更智能、更加互联且自主。Leap Mind与NTT Data合作操控无人机沿着电线飞行并拍摄其影像以执行异常检测，该无人机能够辨识松垂的电线，根据电线弧度控制飞行路线。小松矿业公司采用边缘技术的工业物联网解决方案，使设备能根据传感器收集的实时数据来优化机器操作，其连接的设备包括长壁采矿系统、轮式装载机、电动采矿铲等大型采矿设备。

日本物联网技术在机器人、机床工具上的应用也达到较高水平。山崎马扎克（MAZAK）将人工智能技术成熟应用于机台操作补偿，大幅提升了加工精度。如刀具补偿，根据回传的振动值生成倾向分析图，将铣削加工的表面粗糙度 Ra 值从 $2.96\mu m$ 减小到 $0.39\mu m$；热变形补偿，根据刀具和工件的热变形调整室温，稳定加工状态与精度，并达到24h连续稳定加工的成效；且加工过程的数据都上传至云端，以实现远程监控。

4. 智能工厂集成式解决方案备受关注

智能工厂集成式解决方案成为各大厂商的研发推广重点。随着智能工厂成为技术革新的关键，以智能工厂为载体的销售系统化解决方案和成套设备已成为未来趋势。从各厂商推出的智能工厂解决方案来看，已经可以看到工业 4.0 时代未来工厂、无人工厂的雏形。

发那科提出了"零停机"工厂解决方案。工厂的每一台机器人通过物联网连接起来，每台机器人的信息和数据都可上传至云端。可以通过移动终端检测机器人的机械结构、工作状态、保养状态等信息，提前发现隐患，在设备发生故障之前就可对其进行维修。

安川电机推出了"i3-Mechatronics"智能工厂解决方案，将伺服电动机、控制器、变频器、机器人等产品集成起来，为客户提供完整的工厂自动化解决方案。

三菱电机推出的智能工厂方案"e-F@ctory"强调"人、机器和 IT 协同"。该智能工厂运用传感器和网络，可以搜集、分析、诊断工厂的所有数据，这些数据又为机器人的生产提供支撑，通过对数据的分析研判，机器人可以自主调整生产节奏。通过充分利用 IT 技术，能够对从顾客订货到出厂的各个环节进行有效管理，智能工厂还可以应对数量、品种、交货期等指标变更，灵活调整生产节奏，实现整体效率最大化。

四、其他国家智能制造的进展分析

1. 持续推进智能制造战略落地

其他国家也结合各自的国情，提出了振兴制造业的发展战略和智能制造战略规划。英国推出的《高价值战略》及《英国工业 2050 战略》，明确了科技创新在推动制造业发展中的关键作用，提出要建立创新中心，鼓励基础技术研究，开展国际合作以寻求智能制造技术研发和应用的创新突破；法国推出的《新工业法国战略》和"未来工业"战略，提出要从规范标准和技术层面推动国际合作；韩国推出的《制造业创新 3.0 战略》，提出要集中发展核心智能制造技术，积极开展国际技术合作；欧盟将发展先进制造业作为重要战略，制定了第七框架计划（7th Framework Programme，FP7）的制造云项目，同时启动"欧洲 2020"战略，旨在实现智能化的经济增长，重点发展信息、节能、新能源和以智能为代表的先进制造业；意大利发布"工业 4.0 国家计划（2017—2020 年）"，围绕投资、生产力和创新三大主题，主要策略有支持创新性投资、加强工业 4.0 科普和学习、建设竞争力中心和数字化创新中心、加强基础设施建设、规范投资政策法规、增加政府与企业合作等。此外，瑞典、瑞士、荷兰、丹麦、以色列、芬兰和挪威等国家也高度重视制造业，都试图通过推动智能制造形成自身的优势产业。

2. 科技创新助力智能制造发展

各国的科研机构和巨头公司也都在智能制造研究方面取得实质性进展。英国谢菲尔德大学先进制造研究中心（AMRC）建成世界上第一个可完全重构生产的工厂——"2050 工厂"，具有可在不同高价值组件及一次性零件之间快速切换的生产能力，以满足航空航天和其他高端制造业的未来需求[11];"2050工厂"不仅有很多机器人参与研究,还具有仿真环境,可以更好地处理大规模数据。英国ARM公司推出的开放和开源的物联网操作系统Mbed OS,能够将各种智能终端安全、便捷、可扩展地连接到云端的Pelion IoT Platform系统,数据可以存储在各种云平台,并能将各类传感器数据在设备端进行处理;Pelion IoT Platform可以连接硬件设备商、软件服务商和云服务商。比利时Materialise公司致力于快速成型领域的开发与研究,总部拥有180多台各种品牌的非金属和金属增材制造设备,通过提供增材制造服务,Materialise对各种增材制造设备、工艺和材料建立了非常深入的专有技术,也为公司开发各种软件提出了第一手的需求,目前开发了专门针对增材制造工厂的MES软件,以及可以快速生成增材制造过程中支撑结构的软件系统。意大利全球领先的工业自动化系统及产品的领导者柯马(COMAU)基于开放的技术架构,为数字化制造提供易于使用的解决方案。通过制造技术和创新工艺领域的专注,柯马推出智能制造解决方案,促进企业在产品、服务及技术方面的人机协作。

参考文献

[1] 郑春荣. 德国《国家工业战略2030》及其启示[J]. 人民论坛·学术前沿, 2019 (14): 102-110.
[2] 阮晓东. 紧跟德国,标准化引领中国制造2025[J]. 新经济导刊, 2016 (04): 62-68.
[3] 杨茂. 应用《工业4.0实施指南》引入工业4.0实践与探索[J]. 信息技术与信息化, 2019 (06): 159-162.
[4] 王德生. 主要国家/地区人工智能战略布局[J/OL]. 2019-5-30.
[5] 德国人工智能研究中心(DFKI). 用于动态生产计划和优化的"FactOpt"系统[EB/OL]. (2019-05-08) [2020-09-04]. https://www.dfki.de/.
[6] Industrial internet consortium. The Industrial Internet of Things Volume G1: Reference Architecture (Version 1.9) [R]. (2019-06-19).
[7] 王欣怡. 美国工业互联网发展的新进展和新启示[J]. 电信网技术, 2017 (11): 37-39.
[8] 王戈,杨楠,崔粲,胡碧波. 国际工业互联网新进展及分析[J]. 信息通信技术与政策, 2018 (10): 6-9.
[9] 盘古智库. 日本产业经济动态[J/OL]. 盘古智库, 2019-10-28.
[10] IVI. Strategic implementation for connected industries- IVRA Next [R]. IVI, 2017.
[11] 侯瑞. 智能制造的"英伦模式"[J]. 信息化建设, 2018 (03): 21-22.

第二章

我国智能制造进展分析

一、我国智能制造发展概况

2018年10月，习近平总书记在广东考察时强调，我国要大力发展实体经济，推动制造业加速向数字化、网络化、智能化发展。2020年6月30日，中央全面深化改革委员会第十四次会议强调，加快推进新一代信息技术和制造业融合发展，要顺应新一轮科技革命和产业变革趋势，以供给侧结构性改革为主线，以智能制造为主攻方向，加快工业互联网创新发展，加快制造业生产方式和企业形态根本性变革，夯实融合发展的基础支撑，健全法律法规，提升制造业数字化、网络化、智能化发展水平。

我国制造业高质量发展要求制造业向数字化、网络化、智能化发展。2018年，中国工程院在《中国智能制造发展战略研究》中提出：新一代智能制造是一个大系统，主要由智能产品、智能生产及智能服务三大功能系统，以及智能制造云和工业智联网两大支撑系统集合而成。其中，智能产品是主体，智能生产是主线，以智能服务为中心的产业模式变革是主题；智能制造云和工业智联网是支撑智能制造的基础。自2015年以来，我国从中央到地方围绕智能制造出台了从顶层规划到实施方案的系列政策文件，推动智能制造发展，我国在智能制造产品与装备、智能生产、智能服务及支撑技术与基础条件建设方面取得了积极的成效。

1. 工业软件产业收入保持增长

我国工业软件经过30多年的发展，产品种类已经比较齐全，覆盖汽车、工程机械、航空航天、高科技电子、家用电器、国防军工、石油化工、食品饮料、生物医药等多个行业，具备了一定的行业解决方案研发能力和服务支持能力。根据工信部统计数据分析，2019年我国工业软件业务收入保持较快增长，累计完成业务收入1720亿元，为支撑工业领域的自主可控发展发挥了重要作用。工业和信息化部发布的《2019年中国软件业务收入前百家企业发展报告》指出，面对复杂多变的国内外环境和不断加大的经济下行压力，我国软件百家企业积极应对风险挑战，坚持推进转型升级，不断拓展融合应用，整体保持稳步增长态势，研发创新动能持续迸发，主动加强产业链协作，整合上下游和跨领域资源，持续提升盈利能力和增强核心竞争力，高质量发展势头更加明显[1]。

2. 工业互联网利好政策持续推出

2018年12月19日至21日，中央经济工作会议重新定义了基础设施建设，将工业互联网与 5G、人工智能及物联网一起定义为"新型基础设施建设"。随后"加强新一代信息基础设施建设"被列入 2019 年政府工作报告。以此为引导，2019 年中央各部委连续发布了一系列促进工业互联网发展的指导意见、实施方案和行动指南，在一系列利好政策的持续加码之下，我国制造业正在迎来数字化转型的最佳时机。我国工业互联网平台数量实现快速增长，截至 2018 年 3 月，国内已推出的各种工业互联网平台数量高达 269 个，其中由制造业构建的工业互联网平台占比高达 46%。

2019 年 3 月 8 日，工业和信息化部及国家标准化管理委员会两部门印发《工业互联网综合标准化体系建设指南》，提出到 2025 年，制定 100 项以上标准，重点推进支撑行业应用标准化工作，基本建成统一、综合、开放的工业互联网标准体系。

2019 年 8 月，工业和信息化部发布"2019 年跨行业跨领域工业互联网平台清单公示"，最终评选出十大"双跨"平台。2020 年 2 月，工信部正式对外公布 2019 年工业互联网试点示范项目，涵盖网络、平台、安全三个层面，共 81 个项目。对比 2018 年和 2019 年的试点示范项目可以发现，2019 年的工业互联网项目中首次提出"5G 工业互联网"方向；平台层面细化为新技术融合应用、数据集成应用、模式创新三大方向；安全层面项目数量同比大幅增长。

3. 智能制造系统解决方案供应商大量涌现

智能制造系统解决方案市场的稳步推进，带动了供应商的蓬勃发展，在工业自动化、工业软件、智能装备、整体解决方案等各个领域涌现出众多不同类型的供应商。据不完全统计，有超过 12000 家智能制造装备、工业自动化、工业软件等供应商参与了各类智能制造项目。2017 年，工业和信息化部发布 23 家企业入选第一批智能制造系统解决方案供应商推荐目录。中国智能制造系统解决方案供应商联盟发布 2018 年度符合《智能制造系统解决方案供应商规范条件》的企业名单（第一批）共有 82 家企业入选，2019 年度符合《智能制造系统解决方案供应商规范条件》的企业名单（第二批）共有 35 家企业入选，服务领域涉足汽车、航空航天、船舶、轨道交通、家用电器、电力装备、石油化工、制药、建材、纺织等 30 余个行业。2019 年工业和信息化部的智能制造系统解决方案供应商项目招标主要包括各领域的数字化车间集成、智能工厂集成、协同制造集成、智能制造整体规划设计，覆盖 28 个重点方向，共 58 家企业中标。

特别是随着越来越多的制造企业开启智能工厂建设的征程，国内涌现出一大批自动化系统集成商，通过为企业提供满足特定需求、切合行业及现场应用的解决方案，帮助制造企业从稳定性、可靠性、持续性等方面适应工业自动化需要，逐渐成为推动智能工厂建设的中坚力量。根据《2019 中国智能工厂自动化集成商百强榜》，中国智能工厂自动化集成百强厂商主要分布于 17 个省（自治区、直辖市），广东、江苏、上海和浙江是分布最为集中的区域，其中 84 家集成商在 2018 年实现了营收增长，5 家集成商 2018 年实现营收 100% 以上增长[2]。

4. 智能制造标准化工作稳步推进

2017 年 3 月，《智能制造对象标识要求》等 7 项智能制造国家标准正式立项，包含 2 项基础共性标准、4 项关键技术标准及 1 项重点行业标准。2019 年，主要涉及《国家智能制造标准体系建设指南（2018 年版）》中智能工厂、智能服务、智能赋能技术和工业网络等方面的智能制造领域的 11 项国家标准获批立项，见表 2-1。另外，4 项智能制造国家标准报批公示，见表 2-2。

表2-1 智能制造领域18项国家标准立项清单

序号	计划编号	标准名称
1	20170057-T-469	智能制造对象标识要求
2	20170053-T-339	工业互联网总体网络架构
3	20170054-T-339	智能制造标识解析体系要求
4	20170039-T-604	数字化车间通用技术要求
5	20170038-T-604	数字化车间机床制造信息模型
6	20162507-T-469	信息技术工业云服务能力总体要求
7	20162515-T-469	信息技术工业云服务模型
8	20193191-T-469	智能制造工业云服务能力测评规范
9	20193190-T-469	智能制造工业云服务数据管理规范
10	20193195-T-469	智能制造工业技术软件化工业APP质量要求
11	20193192-T-469	智能制造工业技术软件化工业APP组件化封装通用要求
12	20193194-T-469	智能制造工业技术软件化参考架构
13	20193193-T-469	智能制造工业技术软件化工程中间件平台通用要求
14	20192995-T-604	智能服务预测性维护通用要求
15	20192993-T-604	智能制造网络协同设计第1部分：通用技术要求
16	20192994-T-604	智能制造网络协同设计第2部分：软件接口和数据交互
17	20192972-T-604	企业控制系统集成第3部分：制造运行管理的活动模型
18	20193141-T-339	智能制造环境下的IPv6地址管理要求

表2-2 4项智能制造国家标准及内容

计划编号	标准名称	标准主要内容
20182048-T-339	智能制造机器视觉在线检测系统通用要求	本标准规定了机器视觉在线检测系统的架构、系统功能要求、系统性能要求等 本标准适用于指导企业、高校、科研院所等相关机构开展机器视觉在线检测系统的研发与应用
20182047-T-339	智能制造虚拟工厂信息模型	本标准规定了虚拟工厂信息模型的模型框架、对象模型库、规则模型和虚拟工厂信息模型可实现的业务功能等 本标准适用于指导虚拟工厂的开发者、系统解决方案供应商、用户企业建立虚拟工厂信息模型
20182046-T-339	智能制造虚拟工厂参考架构	本标准规定了虚拟工厂的基本组成及构建虚拟工厂的基本要素，明确了面向产品全生命周期、设备全生命周期的虚拟工厂参考架构 本标准也适用于指导高等院校、研究院所、企业开发应用虚拟工厂
20182043-T-339	智能生产订单管理系统技术要求	本标准规定了智能生产订单管理系统的结构、订单管理模块技术要求和智能排程模块技术要求 本标准适用于企业、研究院所、高等院校等相关机构开展智能生产订单管理系统的研发和应用

二、我国智能制造政策动态

1. 智能制造政策环境持续升温

自2015年以来,我国从中央到地方围绕智能制造出台了从顶层规划到实施方案的系列政策文件,如《智能制造发展规划(2016—2020年)》《智能制造工程实施指南(2016—2020)》等。近年来围绕具体技术及产业的发展出台了更多政策,如工业机器人、人工智能、工业互联网等技术,以及智能船舶、智能汽车等行业,发布了《机器人产业发展规划(2016—2020年)》《新一代人工智能发展规划》《工业互联网发展行动计划(2018—2020年)》《智能船舶发展行动计划(2019—2021年)》《智能汽车创新发展战略》等。2018—2020年国家层面推进智能制造发展及其相关重要文件见表2-3。2018—2020年各省(自治区、直辖市)推进智能制造发展及其相关重要文件见表2-4。

表2-3 2018—2020年国家层面推进智能制造发展及其相关重要文件

重要文件	发布机构	发布时间	重点任务(概要)
《工业互联网APP培育工程实施方案(2018—2020年)》	工业和信息化部	2018年4月	到2020年,培育30万个面向特定行业、特定场景的工业APP,全面覆盖研发设计、生产制造、运营维护和经营管理等制造业关键业务环节的重点需求 突破一批工业技术软件化共性关键技术,构建工业APP标准体系,培育出一批具有重要支撑意义的高价值、高质量工业APP,形成一批具有国际竞争力的工业APP企业;工业APP取得积极成效,创新应用企业关键业务环节工业技术软件化率达到50% 工业APP市场化流通、可持续发展能力初步形成,对繁荣工业互联网平台应用生态、促进工业提质增效和转型升级的支撑作用初步显现
《工业互联网发展行动计划(2018—2020年)》	工业和信息化部	2018年6月	到2020年年底,初步建成工业互联网基础设施和产业体系,并初步构建工业互联网标识解析体系和安全保障体系 提升大型企业工业互联网创新和应用水平,实施底层网络化、智能化改造,支持构建跨工厂内外的工业互联网平台和工业APP,打造互联工厂和全透明数字车间,形成智能化生产、网络化协同、个性化定制和服务化延伸等应用模式 到2020年之前,重点领域形成150个左右工业互联网集成创新应用试点示范项目,形成一批面向中小企业的典型应用,打造一批优秀系统集成商和应用服务商
《工业互联网平台建设及推广指南》	工业和信息化部	2018年7月	到2020年,在地方普遍建设工业互联网平台的基础上,分期分批遴选10家左右的跨行业跨领域工业互联网平台,形成一批面向特定行业、特定区域的企业级工业互联网平台;实施工业互联网APP培育工程,推动基础共性、行业通用、企业专用工业APP的大规模开发与商业化应用;选择重点工业设备作为推动平台应用的切入点,带动工业企业上云,遴选一批工业互联网试点示范(平台方向)项目;建成平台试验测试、公共支撑和标准体系,形成工业互联网平台发展生态

（续）

重要文件	发布机构	发布时间	重点任务（概要）
《工业互联网平台评价方法》	工业和信息化部	2018年7月	聚焦平台资源管理与应用服务两类"工业操作系统"核心能力，按照从"基础共性"到"特定行业、特定区域、特定领域"再到"跨行业跨领域"平台能力要求逐步递增的基本思路，构建5大类17个能力评价要求，着重从平台的设备接入、软件部署、用户服务等角度给出评价内容，为编制具体评价指标和标准提供依据
《智能船舶发展行动计划（2019—2021年）》《推进船舶总装建造智能化转型行动计划（2019—2021年）》	工业和信息化部、交通运输部、国防科工局	2018年12月	全面强化顶层设计，研究制定我国智能船舶中长期发展规划，提出智能船舶技术体系框架，制定技术发展路线图，制定智能船舶规范和标准体系建设指南等 加强船舶智能系统总体设计，突破智能船舶基础共性技术和关键核心技术 推动船舶航行、作业、动力等相关设备的智能化升级，研制信息和控制高度集成的新型船用设备 加强网络与链路安全、系统硬件与软件安全、数据安全等方面的应用研究 建立涵盖智能器件、智能设备、智能系统及整船的多层级综合测试验证平台，建设满足多场景实船测试要求的水上综合试验场等 开展智能船舶规范标准制修订工作，积极参与和推动智能船舶相关国际海事公约规范标准的制订、修订 积极推进智能技术工程化应用，以新建智能船舶的试点示范，带动营运船舶的智能化改造升级 促进船岸协同，推动岸基共享云服务平台建设；推动船舶航行、靠离泊、营运管理、货物装卸等方面的智能应用，逐步构建和完善智能船舶发展生态体系
《工业互联网网络建设及推广指南》	工业和信息化部	2019年1月	建设满足试验和商用需求的工业互联网企业外网标杆网络，初步建成适用于工业互联网的高可靠、广覆盖、大带宽、可定制的支持互联网协议第六版（IPv6）的企业外网络基础设施；建设一批工业互联网企业内网标杆网络，形成企业内网络建设和改造的典型模式，完成100个以上企业内网络建设和升级 建成集成网络技术创新、标准研制、测试认证、应用示范、产业促进、国际合作等功能的开放公共服务平台；建成一批关键技术和重点行业的工业互联网网络实验环境，建设20个以上网络技术创新和行业应用测试床，初步形成工业互联网网络创新基地 形成先进、系统的工业互联网网络技术体系和标准体系，完成一批工业互联网网络应用创新示范项目，建立工业互联网网络改造评估认证机制，构建适应工业互联网发展的网络技术产业生态 初步构建工业互联网标识解析体系，建设一批面向行业或区域的标识解析二级节点及公共递归节点，建立并完善标识注册和解析等管理办法，标识注册量超过20亿

(续)

重要文件	发布机构	发布时间	重点任务（概要）
《"5G+工业互联网"512工程推进方案》	工业和信息化部	2019年11月	到2022年，将突破一批面向工业互联网特定需求的5G关键技术，打造5个产业公共服务平台，内网建设改造覆盖10个重点行业，形成至少20个典型工业应用场景，培育形成5G与工业互联网融合叠加、互促共进、倍增发展的创新态势，促进制造业数字化、网络化、智能化升级，推动经济高质量发展
《智能汽车创新发展战略》	发展改革委、科技部、工业和信息化部等	2020年2月	到2025年，中国标准智能汽车的技术创新、产业生态、基础设施、法规标准、产品监管和网络安全体系基本形成；2035—2050年，中国标准智能汽车体系全面建成、更加完善
《关于推动5G加快发展的通知》	工业和信息化部	2020年3月	聚焦"网络、应用、技术、安全"四个重点环节，加快5G网络建设部署，丰富5G技术应用场景，持续加大5G技术研发力度，着力构建5G安全保障体系；以网络建设为基础，以赋能行业为方向，以技术创新为主线，以信息安全为保障，系统推进，充分发挥5G的规模效应和带动作用，积极构建"5G+"新经济形态
《中小企业数字化赋能专项行动方案》	工业和信息化部	2020年3月	集聚一批面向中小企业的数字化服务商，培育推广一批符合中小企业需求的数字化平台、系统解决方案、产品和服务，助推中小企业通过数字化网络化智能化赋能实现复工复产；重点任务包括利用信息技术加强疫情防控，利用数字化工具尽快恢复生产运营，助推中小企业上云用云，夯实数字化平台功能，创新数字化运营解决方案，提升智能制造水平，加强数据资源共享和开发利用，发展数字经济新模式新业态，强化供应链对接平台支撑，促进产业集群数字化发展，强化网络、计算和安全等数字资源服务支撑，加强网络和数据安全保障
《工业大数据发展的指导意见》	工业和信息化部	2020年5月	推动全面采集、高效互通和高质量汇聚，包括加快工业企业信息化"补课"、推动工业设备数据接口开放、推动工业通信协议兼容化、组织开展工业数据资源调查"摸家底"、加快多源异构数据融合和汇聚等具体手段，目的是形成完整贯通的高质量数据链，为更好地支撑企业在整体层面、在产业链维度推动全局性数字化转型奠定基础

表2-4 2018—2020年各省（自治区、直辖市）推进智能制造发展及其相关重要文件

重要文件	省市	时间	相关内容
《辽宁省新一代人工智能发展规划》	辽宁	2018年1月	构建人工智能科技创新体系：建立新一代人工智能基础理论体系、突破人工智能关键共性技术、统筹布局人工智能创新平台；培育高端高效智能经济：大力发展人工智能新兴产业、加快推进产业智能化升级、大力发展智能企业、打造人工智能创新高地；建设安全便捷智能社会：发展便捷高效智能服务、推进社会治理智能化；加强人工智能领域军民融合；构建智能化基础设施体系；统筹布局人工智能重大科技项目

（续）

重要文件	省市	时间	相关内容
《浙江省智能制造行动计划（2018—2020年）》	浙江	2018年2月	实施智能制造关键技术装备研发推广工程：突破智能制造核心技术与软件、培育发展智能硬件产品、培育智能关键部件及装备；实施重点领域智能制造试点示范工程；实施智能制造标准体系引领工程：推进智能制造、两化融合标准体系建设及智能制造综合标准化试验验证；实施智能制造发展载体培育工程；实施智能制造应用模式和机制创新工程；实施智能制造融合推进工程；实施智能制造协同发展工程
《浙江省"1＋N"工业互联网平台体系建设方案（2018—2020年）》	浙江	2018年12月	加快发展supET平台；积极建设国内领先的行业级工业互联网平台；着力推动企业"上平台用平台"；营造平台发展良好氛围
《关于加快推进工业互联网标识解析体系建设的实施意见》	浙江	2019年6月	加快标识解析节点建设：强化工业互联网标识解析项目对接，形成行政区域全覆盖、重点行业有力保障的工业互联网标识解析服务体系；推进网络标识应用：积极探索基于标识解析的重要产品追溯、供应链管理、智能产品全生命周期管理等的应用服务，鼓励引导基础通信网络和新一代网络技术、工业互联网重点平台和行业级平台与标识解析节点对接连通，创新服务模式；深化标识解析技术研究：制定工业互联网标识解析体系建设标准和实施指南，以及通用需求、体系架构等总体性标准，开发新型网络技术和计算技术、网络互联和数据互通接口、标识解析等设备、网络和数据安全等共性标准；保障网络信息安全
《关于新一代人工智能加快发展的实施意见》	福建	2018年3月	加强人工智能产业核心技术研发：着力突破机器视觉与模式识别、自然语言处理、自主无人系统、物联网基础器件等一批人工智能核心关键技术；加快人工智能创新平台建设：打造创新研发平台、资源共享平台、成果转化平台；优化人工智能产业布局；强化人工智能示范应用；聚集人工智能创新人才；重点研发智能机器人控制器、伺服驱动器、减速器等高性能机器人核心零部件
《佛山市推动机器人应用及产业发展扶持方案（2018—2020年）》	广东	2018年4月	全面扶持引导企业应用机器人；大力推进机器人应用示范企业建设；加快推进机器人本体制造和系统集成企业壮大；全力构筑机器人产业及智能制造公共服务平台
《广东省加快5G产业发展行动计划（2019—2022年）》	广东	2019年5月	加快5G网络建设；抢占5G技术创新制高点，着力突破5G关键核心技术，建设高水平5G科技创新平台；大力发展5G产业，打造世界级5G产业集聚区，培育壮大5G企业，大力发展5G高端产品；开展重点领域5G应用试点示范
《河北省加快智能制造发展行动方案》	河北	2018年4月	实施智能转型提升行动：提升工业设计、生产装备、企业管理、决策分析的智能水平；实施智能装备壮大行动：不断壮大智能装备产业，大力发展智能成套装备，积极研发新型智能产品；实施试点示范推广行动；实施支撑体系构建行动：建设一批智能制造创新平台、打造一批智能制造服务平台、建立智能制造技术创新联盟、培育一批整体解决方案供应商

（续）

重要文件	省市	时间	相关内容
《江苏省新一代人工智能产业发展实施意见》	江苏	2018年5月	发展焊接、装配、喷涂、搬运、检测等智能工业机器人，推进医疗、教育、娱乐、健康等服务机器人智能化水平；围绕高温高压复杂工艺、高危险作业场所等特点，研制推广海底操作机器人、特种作业机器人、空间机器人、巡检机器人等特种智能机器人
《江苏省智能制造示范工厂建设三年行动计划（2018—2020年）》	江苏	2018年6月	培育创建一批示范引领作用强、综合效益显著，覆盖生产全流程、管理全方位、产品全生命周期的智能制造示范工厂，引导和带动全省智能制造水平稳步提升；到2020年，以机械、汽车、电子、医药、纺织、轻工等领域为重点，创建50家左右省级智能制造示范工厂，培育100家左右智能制造领军企业，形成一批智能制造标准
《江苏省机器人产业发展三年行动计划（2018—2020年）》	江苏	2018年12月	以提升自主创新能力、加强行业推广应用、完善产业体系、培育标杆龙头企业为重点任务，建成一批国家级和省级机器人研发创新平台和测试公共服务平台，机器人用精密减速器、伺服电机及驱动器、控制器的性能、精度、可靠性达到国际同类产品水平；组建一批机器人推广应用中心，在汽车、电子等重点行业和安防等特殊领域实施一批机器人示范应用工程，重点行业机器人密度（每万名员工使用机器人台数）达到200台以上
《江苏省推进车联网（智能网联汽车）产业发展行动计划》	江苏	2020年2月	推动智能网联汽车产业集群发展；提升产业自主创新能力；加快基础设施升级改造；完善标准体系建设；拓展示范应用新模式；完善安全保障机制；加快道路测试验证体系建设
《江苏工业互联网平台"强链拓市"专项行动方案》	江苏	2020年5月	推动省内外重点工业互联网平台、电商平台与江苏制造业企业深入合作，在省内制造业广泛推行云供应、云生产、云销售三大线上协作新模式，三年内新增10万家企业上云，培育20个重点产业供应链云平台，打造50个销售过亿的C2M数字工厂，培养1000名以上的工业电商人才，促进省内制造业企业达成3000亿元以上的线上交易及服务订单，积极帮助企业在疫情后取得有序良性发展
《广西关于贯彻落实新一代人工智能发展规划的实施意见》	广西	2018年5月	面向食品、汽车、机械、有色金属等产业，重点发展和应用分拣、包装、焊接、喷涂、挖掘、装配和搬运等工业机器人；面向农业发展需求，重点发展适应广西地形特点的耕种与收割机器人、农业植保无人机、智能化自动传送与加工系统等；在教育、安防、家政、旅游、养老、医疗等领域，开展服务机器人研发和应用示范
《天津市关于加快推进智能科技产业发展的若干政策》	天津	2018年5月	落实天津市关于加快推进智能科技产业发展的若干政策，抢抓智能科技产业发展的重大战略机遇，加强政策引导和扶持，用好智能制造财政专项资金，以智能制造产业链、创新链的重大需求和关键环节为导向，重点支持传统产业实施智能化改造，支持工业互联网发展，促进军民融合发展，加快智能机器人、智能软硬件等新兴产业引育，着力打造一批样板车间、示范工厂，为智能科技企业提供应用场景和市场空间，不断优化我市智能科技产业发展环境

(续)

重要文件	省市	时间	相关内容
《支持机器人产业发展若干政策》	安徽	2018年7月	在提升研发能力、完善服务平台、补齐产业链条、壮大产业集群、加强推广应用等方面全面支撑机器人产业发展
《2020年湖南省省级工业互联网平台建设计划》	湖南	2019年1月	巩固"三去一降一补"成果、增强微观主体活力、提升产业链水平、畅通经济循环

2. 智能制造政策支持重点转向扶持供给端

2020年3月,工业和信息化部提出将实施国家软件重大工程,集中力量解决关键软件的卡脖子问题,着力推动工业技术的软件化。主要有两个方向:一是高端工业软件和工业APP,包括工业操作系统和大数据管理系统;二是智能制造关键环节行业解决方案,如智能制造单元、智能生产线、智能车间、智能工厂等领域的系统解决方案。相继出台《国务院关于深化制造业与互联网融合发展的指导意见》《工业互联网APP培育工程实施方案(2018—2020年)》《工业大数据发展的指导意见》等,工业和信息化部还依据《智能制造系统解决方案供应商规范条件》《工业机器人行业规范条件》印发了智能制造系统解决方案供应商推荐目录及工业机器人企业名单。

3. 新一代信息基础建设成为近期发力热点

2018年中央经济工作会议首次提出"新基建"这一概念,此后已有7次中央级会议或文件明确表示加强"新基建",2019年政府工作报告也要求"加强新一代信息基础设施建设"。2020年开年国务院常务会议也明确提出要"出台信息网络等新型基础设施投资支持政策"。特别在新冠肺炎疫情影响下,作为数字经济的发展基石、传统制造业转型升级的重要支撑,新一代信息技术引领的新型基础设施建设已成为我国谋求高质量发展的关键要素。

我国还启动了多项智能制造专项活动,基本覆盖了新基建七大领域。其中,工信部归口的有"核心电子器件、高端通用芯片及基础软件产品专项""极大规模集成电路制造装备与成套工艺专项""高档数控机床与基础制造装备专项""制造业与互联网融合发展试点示范""网络协同制造和智能工厂"等重点专项;科技部归口的有"新一代人工智能""云计算与大数据""智能机器人""增材制造与激光制造""新能源汽车""智能电网技术与装备""先进轨道交通""制造基础技术与关键部件"等重点研发计划项目。

2020年,国家及地方政府重点项目建设偏向于新基建领域。3月4日,湖南省发展改革委公布今年首批105个省重点建设项目清单,总投资额近万亿元,共75个基础设施项目。3月5日,广东省发改委发布《2020年重点建设项目计划》,提出2020年共安排省重点项目1230项,总投资5.9万亿元,其中基础设施建设项目聚焦城际轨道、5G通信等。江苏、浙江、江西、山东等省公布的重点项目均强调城际轨道、高铁、新型信息通信等新基建。浙江正制定新型基础设施建设投资指导意见。重庆市提出"完善人工智能、智慧广电等新型基础设施"。新疆维吾尔自治区提出"推进人工智能、工业互联网、物联网等新型基础设施建设"。2018—2020年国家层面"新基建"领域重点政策见表2-5。

表 2-5 2018—2020 年国家层面"新基建"领域重点政策

领　域	时　间	部　门	政策文件与规划内容
人工智能	2018 年 1 月	国家标准化管理委员会	《人工智能标准化白皮书（2018 版）》
	2019 年 3 月		《关于促进人工智能和实体经济深度融合的指导意见》，构建数据驱动、人机协同、跨界融合、共创分享的智能经济形态
	2019 年 11 月	发展改革委	《产业结构调整指导目录（2019 年本，征求意见稿）》，直接提及人工智能的条目共计 18 条，全部为鼓励性政策
工业互联网	2018 年 6 月	工业和信息化部	《工业互联网发展行动计划（2018—2020）》提出到 2020 年年底我国将实现"初步建成工业互联网基础设施和产业体系"的发展目标，具体包括建成 5 个左右标识解析国家顶级节点、遴选 10 个左右跨行业跨领域平台、推动 30 万家以上工业企业上云、培育超过 30 万个工业 APP 等内容
新能源汽车充电桩	2018 年 12 月	工业和信息化部	《车联网（智能网联汽车）产业发展行动计划》，预计到 2020 年，实现车联网（智能网联汽车）产业跨行业融合取得突破，具备高级别自动驾驶功能的智能网联汽车实现特定场景规模应用，"人-车-路-云"实现高度协同，适应产业发展的政策法规、标准规范和安全保障体系初步建立
	2018 年 12 月	发展改革委	《汽车产业投资管理规定》，强调我国汽车产业电动化、智能化发展的方向，新能源汽车与智能网联汽车是我国未来汽车的主流产品
	2019 年 12 月	工业和信息化部等	《新能源汽车产业发展规划（2021—2025）（征求意见稿）》
5G 基建	2018 年 7 月	工业和信息化部、发展改革委	《扩大和升级信息消费三年行动计划（2018—2020 年）》明确表示将加强 5G 建设，助力 5G 发展
	2018 年 12 月	发改委、工业和信息化部	《关于组织实施 2019 年新一代信息基础设施建设工程的通知》重点面向中西部和东北地区，组织实施中小城市基础网络完善工程，以省为单位开展相关区域内县城和乡镇驻地城域传输网、IP 城域网节点设备新建和扩容
	2019 年 5 月	工业和信息化部、国资委	《关于开展深入推进宽带网络提速降费支撑经济高质量发展 2019 专项行动的通知》（以下简称《通知》）中提到，重点任务之一是继续推动 5G 技术研发和产业化；《通知》提到，在 5G 网络建设方面，指导各地做好 5G 基站站址规划等工作，进一步优化 5G 发展环境；继续推动 5G 技术研发和产业化，促进系统、芯片、终端等产业链进一步成熟
	2019 年 12 月	国务院	《长江三角洲区域一体化发展规划纲要》中提出，到 2025 年，本区域内 5G 网络覆盖率达到 80%
特高压	2018 年 9 月	国家能源局	《关于加快推进一批输变电重点工程规划建设工作的通知》指出，加快推进 9 项重点输变电工程建设，合计输电能力 5700 万千瓦
轨道交通	2018 年 7 月	国务院	《关于进一步加强城市轨道交通规划建设管理的意见》

三、智能制造技术应用动态[3]

1. 人工智能和大数据技术加速推进智能制造

人工智能与大数据分析应用正加速在制造业的落地,产品、质量、运营和能耗等都可以通过人工智能和大数据分析算法来进行分析。制造业中不同运营阶段所产生的海量非结构化数据也为人工智能落地提供了诸多场景。

美的集团通过人工智能与大数据分析技术的应用,可以精准理解用户需求,打造最符合用户需求的产品;在生产方面,各类在线人工智能视觉检测设备的使用提升了产品生产过程中的质控水平,既节省人力又提质增效;在产品服务方面,实现交互智能化、服务智能化、生态智能化。美的集团打造的科技智能高端品牌COLMO,将人工智能和大数据技术体现在家用电器产品中。

华为公司和其生态合作伙伴结合人工智能、大数据分析等先进技术打造了"煤矿大脑"解决方案,实现探水作业人员行为识别、危险区域预警、皮带机尾堆煤智能视频检测、连采超循环智能视频识别预警、人员空顶作业智能视频识别、人员在岗检测等,实现了传统行业的工业"智"变。

富士康推出的"雾小脑",重点将人工智能技术与设备相融合,发展智能生产设备,将核心生产设备和设备生产所需要的材料等进行智能连接,结合大数据分析,通过专业知识处理后再加上人工智能方法,利用智能设备把工人从重复繁重的工作中解脱出来,实现"新制造"。如,表面贴装技术(SMT)等微型零部件的贴面清洗周期大概为6万次,极易出现失误,富士康的"雾小脑"技术利用软件整合分析,采用传感器收集各方数据,建立数据模型,进行实时预测和监控,实现全程精准把控生产流程,成本节省60%以上。

2. 边缘计算/云边协同成为趋势

在工业互联网、5G商用探索等热潮引领下,边缘计算在2019年备受产业关注,不仅是云计算巨头,包括制造企业、运营商、产业研究机构及各种联盟,都对边缘计算倾注了极大的热情,2019年甚至被认为是"边缘计算元年"。在企业应用中,云计算擅长整体、非实时的大数据处理与分析,能够在长周期维护、业务决策支撑等领域发挥优势;边缘计算更适用于局部、实时、短周期数据的处理与分析,能更好地支撑本地业务的实时智能化决策与执行。边缘计算与云计算彼此融合,"云边协同"逐渐成为企业应用的重点。如,制造企业在推进智能制造的过程中,更倾向于安装和连接边缘智能设备处理关键任务数据并实时响应,而不是通过网络将所有数据发送到云端等待处理。针对预测性维护,工业级应用场景中要避免单点故障,因此除了云端的统一控制外,工业现场的边缘节点需要具备一定的算力,能够自主判断并解决问题,及时检测异常情况,更好地实现监控,提升工厂运行效率并预防出现设备故障问题。制造企业通过边缘端将处理后的数据上传到云端进行存储、管理、态势感知;同时,云端也负责对数据传输监控和边缘设备使用进行管理。

阿里巴巴、腾讯、百度、华为、联想、中兴通讯、新华三等企业均推出了相应的云边协同解决方案。如,阿里巴巴推出了Link IoT Edge平台,通过定义物理模型连接不同协议、不同数据格式的设备,提供安全可靠、低延时、低成本、易扩展的本地计算服务,并在2019年更新了V2.1.X和V2.4.X两个系列版本;华为推出了IEF平台,通过将云上应用延伸到边缘的能力,联动边缘和云端的数据,提供完整的云边协同的一体化服务边缘计算解决方案；联想发布了最新的"端-边-云-网-智"架构体系，并推出了 Leez 行业智能硬件开发平台。中国移动、中国联通和中国电信三大运营商则依托5G全面部署移动边缘计算，利用无线接入网络就近提供电信用户IT所需服务和云端计算功能，实现计算及存储资源的弹性利用。在制造业，海尔、树根互联等依托丰富的工业场景，推出了各自的云边协同平台，帮助用户快速构建工业互联网应用，实现各类工业设备的快速接入，助力企业效益提升。

政府、产业机构和相关联盟也在加速针对云边协同的场景研究与标准制定。在2019年7月的可信云大会上，中国信息通信研究院发布了最新的《云计算与边缘计算协同九大应用场景》白皮书，分析云边协同在典型场景下的应用需求和业务模式，为引导产业发展和相关标准的制定奠定了坚实基础。此外，边缘计算产业联盟（ECC）与绿色计算产业联盟（GCC）也在2019年5月的贵阳数博会上联合成立了边缘计算基础设施产业推进工作组（Edge Computing IT Infrastructure，ECII），并于12月推出了《ECII白皮书1.0》，构建边缘计算IT基础设施规范。

3. 数字孪生应用场景有待突破

2019年以来，数字孪生（Digital Twin）技术已经成为我国智能制造领域的热点，Gartner也连续4年将数字孪生列为十大战略发展科技。为实现数字孪生在工业领域的推广应用，我国以北京航空航天大学陶飞教授为代表的科研团队，对数字孪生技术进行了深入研究，提出了数字孪生五维模型，并结合企业实际应用需求，阐述了其在航空航天、电力、汽车、石油天然气、健康医疗、船舶航运、城市管理、智慧农业、建筑建设、安全急救、环境保护11个领域及其中45个细分类的应用。

数字孪生在制造业的应用前景广阔。其中，产品的数字孪生应用覆盖产品的研发、工艺规划、制造、测试、运维等各个生命周期，可以帮助企业推进数字化营销和自助式服务，有助于企业提升维护服务收入，创新商业模式；工厂数字孪生在工厂设计、建造和生产线调试、安装，以及工厂运行监控、工业安全等方面都可以对企业带来价值；数字孪生在供应链管理领域也可以应用，如车间物流调度、运输路径优化等。如，一些复杂装备制造企业在产品（设备）投入运行之后，通过对运行数据的实时采集和状态监控，及时预警可能出现的问题，进而基于数字孪生模型进行虚拟仿真和预测，从而优化设备运行绩效，进行设备健康管理和预测性维护，帮助客户减少因为设备非计划性停机带来的风险，推进智能服务，并可以根据产品的使用绩效付费。还有一些公司将数字孪生的应用场景扩展到针对制造企业正在运行的生产线、车间和工厂。透过三维可视化技术，将来自设备端的实时数据进行展现，并可以实时展示生产现场的设备综合效率（OEE）、产量、质量、能耗等数据，以及设备的运行状态（停机、正常、预警、报警），还可以结合视频监控和虚拟漫游等技术，远程查看设备的状态，从而提高生产效率。

数字孪生技术的突出特点在于融合了多个领域的最新技术发展成果，其应用是一个集大成的系统工程。因此，数字孪生技术应用的实施难度很大，还有更多的应用场景有待突破。

4. 仿真技术驱动企业创新发展

随着在企业中的适用性不断提高，仿真技术可协助企业改变设计习惯、优化设计流程和减少时间损耗，从而使创新变得更加容易。如汽车行业应用CAE技术后，新车开发期的费用占开发成本的比例从80%~90%下降到8%~12%。比亚迪部署CAE仿真计算系统，承载了汽车碰撞、结构优化、车体外流场分析、噪声分析、发动机疲劳分析等多项应用，为新车研发及生产提供了重要的技术支撑。另外，仿真技术在自动驾驶领域的应用更加深入，根据《中国自动驾驶仿真技术研究报告（2019）》的预测，未来5年仿真软件与测试的国际市场总规模可在百亿美元左右。国内华为、腾讯、百度都进入自动驾驶仿真市场，联合知名车企厂商，进行自动驾驶领域的仿真技术探索。

仿真技术与物联网、数字孪生、增材制造等各种前沿技术结合，也能帮助企业实现更快、更好、更有效的产品创新，进一步推进企业的创新发展。如，借助物联网技术，可以将仿真技术覆盖到产品生命周期的运营阶段，让企业能够基于实际的操作、环境条件、产品运行数据进行仿真，从而监控、维护和持续不断地优化产品性能；作为数字孪生体的组成部分，仿真技术能以虚拟传感器的形式提供关键洞察力，进而加速新产品的创新和推出过程；依赖仿真技术，增材制造的应用企业不仅能确保最终产品满足性能标准，还可模拟整个增材制造过程，最大限度降低增材制造的失败风险，提高产品创新。

5. 5G 技术在制造业中的应用场景尚需探索

2019年6月，随着5G商用牌照的发放，中国正式进入5G时代。5G产业也由技术验证阶段进入商用化阶段。对制造业而言，5G的优势在于可为高度模块化和柔性的生产系统提供多样化、高质量的通信保障。与传统无线网络相比，5G在低时延、高密度海量连接，以及可靠性、网络移动性等方面优势明显。目前主要关注5G与工业互联网、人工智能、边缘计算、机器视觉等的融合应用。

"5G + 云计算"技术在制造业的典型应用场景主要包括：设备智能监控、机器人智能协作、AI 质检、AR 装配指导、工艺优化与控制、物流装备智能化管控、远程运维等。如，在设备数据采集方面，武汉中科虹信车间的5G示范线、新凤鸣集团长丝生产车间、湖州诺力四期智能工厂、喜临门三条袋装弹簧生产线、两条绗缝生产线、新安化工园等，都布置5G网络用于设备数据采集和通信。在AGV通信和控制方面，AGV、叉车等厂内车辆正在普及无人自动控制和调度，但由于设备持续移动，通信和控制不适合使用有线网络，对无线网络需求明显。

当前，很多厂商已经推出了面向不同行业的5G解决方案，这些方案最主要解决的是企业有线网络布线困难及成本高的问题，在实时性要求较高的场景中解决4G网络带宽小和时延高的问题，但对于目前普遍关注的5G与人工智能、边缘计算、机器视觉等融合应用，仍处于探索阶段。未来，随着5G商用化进程的加快，5G网络各种指标能力的不断提升，以及与人工智能、边缘计算、大数据的融合应用，对各行业应用场景的支撑能力也需要不断加强。

6. 统一架构标准加速 IT 与 OT 融合集成

随着企业智能制造战略的深入，IT 与 OT 的融合进程加速，IT 厂商和 OT 厂商开始重视统一架构标准的建设工作。近年来，基于 OPC UA 和 TSN 两大标准体系的建设工作也在加速推进。华为与30余家知名行业合作伙伴共同展示了面向智慧工厂（Smart Factory）的边缘计算"OPC UA over TSN"测试床。众多产品演示和公告促进了时间敏感网络（TSN）与OPC 统一架构（OPC UA）结合，基于时间敏感网络与OPC 统一架构构建的工业通信产品受到了业界的广泛关注。随着时间敏感网络与OPC 统一架构两大标准的发展，IT 与 OT 融合的诸多问题将被逐一解决，打通"从计划层到执行层"的全业务流程数据，企业内部由上而下的业务纵向集成也水到渠成。

7. 工业互联网标准体系建设积极推动

制造业从设计、生产到服务整个环节的联通可通过工业互联网实现。现代工业大规模地采用机器和机器系统，使生产连续化、均衡化和自动化，主要依靠的是数字化控制和网络协同。中国信息通信研究院牵头编写了《工业互联网体系架构1.0》，并于2019年更新了2.0版本，提出工业互联网的内涵、目标、体系架构、关键要素和发展方向，为我国工业互联网的技术创新、标准制定、试验验证、应用实践等提供参考和引导；并在4G/5G、工业互联网、智能制造、移动互联网、物联网、车联网、未来网络、云计算、大数据、人工智能、虚拟现实/增强现实（VR/AR）、智能硬件、网络与信息安全等方面进行深入研究，发布各领域白皮书。

目前，网络协同还局限在机器系统层面，需要构建统一的工业互联网标准体系，从实现跨领域之间协作的广度和物理世界进行深度感知的深度入手，建成统一、综合、开放的工业互联网标准体系。2019年工业和信息化部和国家标准化管理委员会联合印发《工业互联网综合标准化体系建设指南》，提出到2020年初步建立工业互联网标准体系，重点研制工厂内网、网络资源管理、边缘设备、工业大数据等产业发展急用标准。另外，中国航天科工集团、中国中车集团、中国船舶集团等大型行业龙头企业开始积极推动工业互联网标准体系的建设工作。

四、智能制造实施成效

1. 智能制造专项稳步推进

（1）制造业与互联网融合发展试点示范项目2019年获批137项，涵盖6个类别 我国制造业与互联网融合步伐不断加快，已连续三年评选出试点示范企业并予以公布，对带动整个制造业的发展起到了良好的助推作用。2019年11月6日，工业和信息化部公布了"2019年制造业与互联网融合发展试点示范项目名单"，确定了2019年制造业与互联网融合发展试点示范项目共137项。连同2018年制造业与互联网融合发展试点示范项目批准的125项，2017年制造业与互联网融合发展试点示范项目批准的70项，截至目前，制造业与互联网融合发展试点示范项目累计332项。

2019年制造业与互联网融合发展试点示范项目统计表、类别分布图分别见表2-6和如图2-1所示。项目涵盖了6个类别，其中两化融合管理体系贯标51项，占比37.2%；重点行业工业互联网平台解决方案试点示范38项，占比27.7%；工业电子商务试点示范14项，占比10.2%；工业互联网大数据应用服务试点示范18项，占比13.1%。

表2-6 2019年制造业与互联网融合发展试点示范项目统计表

类别	项目数量	方向	项目数量
两化融合管理体系贯标	51	面向产品全生命周期创新与服务的新型转型能力建设	14
		面向供应链管控与服务的新型转型能力建设	7
		面向现代化生产制造与运营管理的新型能力建设	29
		面向数字孪生的数据管理能力建设	1
重点行业工业互联网平台试点示范	38	离散行业重点工业互联网平台	23
		流程行业重点工业互联网平台	15

（续）

类　别	项目数量	方　　向	项目数量
信息物理系统（CPS）试点示范	10	信息物理系统共性技术研发	3
		信息物理系统行业应用	7
工业互联网大数据应用服务试点示范	18	生产过程管理	8
		大数据精准营销	5
		精细化能源管理	5
工业电子商务试点示范	14	大企业集采集销平台服务转型	5
		工业电子商务服务平台	9
中德智能制造合作试点示范	6	中德智能制造合作方向	6
合计	137		

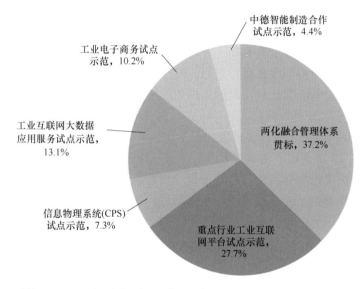

图2-1　2019年制造业与互联网融合发展试点示范项目类别分布

（2）智能制造试点示范专项取得显著成效　国家级智能制造专项方面，自2015年工业和信息化部开展智能制造试点示范专项行动以来，共遴选出305个智能制造试点示范项目。所属试点示范项目10项以上的制造行业包括电气机械和器材制造业，汽车制造业，通用设备制造业，化学原料和化学制品业，计算机、通信和其他电子设备制造业，铁路、船舶、航空航天和其他运输设备制造业，专业设备制造业，非金属矿物制品业，仪器仪表，医药制造业，以及纺织服装、服饰业共11项制造业大类[4]。专项活动实现生产效率平均提升37.6%，能源利用率平均提升16.1%，运营成本平均降低21.2%，产品研制周期平均缩短30.8%，产品不良率平均降低25.6%。这些数据的公布让更多企业坚定了走智能化生产的道路。

省市地方政府在智能制造试点示范项目上也取得较多进展。2019年，江西省智能制造试点示范项目共计36个；浙江省数字化车间/智能工厂共认定114个项目；重庆市第一批数字化车间和智能工厂认定102个项目,其中智能工厂17个,数字化车间85个;湖北省智能制造试点示范项目共计37个,同年,武汉市认定工业智能化改造示范项目50个。

(3) 智能制造相关科技专项积极部署,支撑智能制造技术装备快速发展 增材制造与激光制造专项于2016年启动实施,围绕增材制造与激光制造的基础理论与前沿技术、关键工艺与装备、创新应用与示范部署任务,已经获批80项,其中2016年27项,2017年23项,2018年30项。

"智能机器人"重点专项于2017年启动实施,从机器人基础前沿技术、共性技术、关键技术与装备、应用示范四个层次,围绕智能机器人基础前沿技术、新一代机器人、关键共性技术、工业机器人、服务机器人、特种机器人六个方向部署实施。截至目前,已立项的智能机器人专项项目共计94项,其中2017年获批44项,2018年获批50项。

"网络协同制造和智能工厂"重点专项于2018年启动,设立了基础前沿与关键技术、装备/系统与平台、集成技术与应用示范三类任务,以及基础前沿技术、研发设计技术、智能生产技术、制造服务技术、集成平台与系统五个方向。截至目前,已有共计33个项目立项。

"高档数控机床与基础制造装备"科技重大专项自2009年实施以来,紧密结合国家重大工程和行业发展需求,涵盖了具有高速、精密、智能、复合等功能的高档数控机床和用热加工、表面处理工艺对材料和零件进行成形、改性处理的基础制造装备,重点围绕汽车、航空航天、船舶、发电设备四大领域所需的高档数控机床与基础制造装备及其配套部件、关键技术进行研发。2019年涉及数控机床的专项立项共有16个课题。

2. 智能制造标杆企业/工厂建设成效显著

(1) 我国拥有12家全球"灯塔工厂" 智能工厂建设如火如荼,在国内和国际上均有一批智能工厂建设较突出的样板工厂名单发布。麦肯锡2020年发布的白皮书《全球"灯塔工厂"网络:来自第四次工业革命前沿的最新洞见》中文版指出,"灯塔工厂"是指先进制造业的领军企业,中国不仅是拥有"灯塔工厂"最多的国家,同时也是端到端"灯塔工厂"数量最多的国家。截至2020年,世界经济论坛的全球"灯塔工厂"网络已拥有44位成员,其中12家位于中国,行业涉及钢铁、汽车及零部件、电器、医疗设备、工业设备和电子设备等,见表2-7。

表2-7 麦肯锡"灯塔工厂"(中国区12家)

工厂名称	所属行业	工厂地址
宝山钢铁	钢铁制品	中国
福田康明斯	汽车	中国
海尔沈阳冰箱互联工厂	电器	中国
强生DePuy	医疗设备	中国
宝洁	消费品	中国
潍柴	工业机械	中国
上汽大通C2B定制工厂	汽车制造	中国南京
丹佛斯商用压缩机工厂	工业设备	中国天津
富士康	电子设备	中国深圳

(续)

工厂名称	所属行业	工厂地址
博世	汽车零部件	中国无锡
海尔中央空调互联工厂	家用电器	中国青岛
西门子工业自动化产品	工业自动化	中国成都

此外，我国智能制造专业咨询机构 e-works 于 2020 年年初公布了第一批标杆智能工厂榜单，42 家标杆智能工厂涉及电子、机械装备、汽车零部件、汽车整车、食品饮料、建材、化工、医药和新能源 9 个领域，汽车整车、汽车座椅、电梯、铸造、IT 制造等 30 个细分行业。

（2）19 家企业入选全国智能制造标杆企业　在工业和信息化部装备工业司的指导下，以国家标准《智能制造能力成熟度模型（报批稿）》和《智能制造能力成熟度评估方法（报批稿）》为依据，智能制造系统解决方案供应商联盟组织开展标杆企业遴选工作。第一批 8 家智能制造标杆企业在 2019 世界智能制造大会上发布；11 家企业入选第二批智能制造标杆企业，覆盖了汽车整车制造，航空、航天器及设备制造，家用电力器具制造，电池制造，水泥、石灰和石膏制造，乳制品制造，汽车用发动机制造，以及物料搬运设备制造等行业。

北京、上海、山东、重庆等省市也开展了智能制造标杆企业遴选。北京 2018 年共有 12 家企业入选智能制造标杆企业，2019 年则有 18 家入选企业。智能制造标杆企业将在各自领域发挥标杆引领作用，推动智能制造先进经验和成功模式的复制推广。

3. 智能制造科技进展持续引导智能制造发展

国际智能制造联盟（筹）（ICIM）、中国科协智能制造学会联合体（IMAC）在 2019 世界智能制造大会上联合发布"2019 世界智能制造十大科技进展"及"2019 中国智能制造十大科技进展"，共有 8 项科技成果入选"2019 世界智能制造十大科技进展"，10 项科技成果入选"2019 中国智能制造十大科技进展"，智能制造"双十"科技进展已经连续 3 年在世界智能制造大会上发布，旨在把握智能制造发展趋势，引导智能制造发展，同时为全球制造企业、智能制造解决方案供应商、高校和科研机构之间的交流合作起到积极的推动作用。2017—2019 年智能制造"双十"科技进展的入选成果见表 2-8。

表 2-8　2017—2019 年智能制造"双十"科技进展

年份	世界智能制造十大科技进展	中国智能制造十大科技进展
2017 年	EC-IoT 边缘计算创新工业互联网应用	人工智能手机芯片——麒麟 970
	COSMOPlat 平台构建开放的共创共赢生态系统	轿车智能化生产系统
	金属增材制造在航空发动机关键零部件制造的应用	树根互联"根云"平台
	ThingWorx 物联网使能技术平台构建智能制造新主线	集装箱装卸全自动化码头
	3DEXPERIENCE 平台创建数字化世界	Apollo 自动驾驶开放创新平台
	智能手套实现指尖上的创新	空间站机械臂在轨智能捕获与操控
	"数字孪生"推动数字化企业发展	Idolphin 38800 吨智能示范船
	e-F@ctory 精益智能工厂解决方案架构	工业无线网络 WIA-FA 技术及标准
	OPC UA 成为智能制造信息集成关键技术标准	智能化纺纱系统解决方案
	SAP Leonardo 数字化创新系统赋能企业业务运营	船舶制造智能化车间

（续）

年份	世界智能制造十大科技进展	中国智能制造十大科技进展
2018年	PLCnext 开放式控制平台	筒子纱自动化染色智能制造技术与装备
	Q-DAS 智能质量大数据系统	船海工程机电设备智能制造系统集成
	Transparent Factory 数字化解决方案	多机型发动机混线柔性制造
	支持物联网应用的实时数据平台	家电行业全流程数字化协同制造
	人工智能技术在工厂运营中的应用	传感器产品和工艺数字化设计平台
	人工智能与边缘计算技术的集成应用	农业全程机械化云管理服务平台
	Co-act JL1 人机协作机械手	中低压输配电装备智能工厂
	TSN + OPC UA 开放互联网络	大型构件多机器人智能磨抛加工技术
	铝轮毂全流程柔性智能制造	面向生命科学的原位显微分析与操作仪
		数控机床在机测量与智能修正技术
2019年	数据驱动的智慧质量信息化管理系统	水产集约化养殖精准测控关键技术与装备
	智能制造 FA 解决方案包 iQ Monozukuri	中药全产业链智能制造解决方案
	流程行业集成价值链优化技术的统一运营中心	智能工业起重机关键技术与系统集成
	新一代人工智能技术引领下的云制造系统	磁控微型机器人先进制造系统
	"智能+5G" 大规模定制测试验证平台	乘用车智能驾驶平台
	基于物联网的 Emalytics 智能楼宇能效管理系统	新一代智能数控系统
	让信息触手可及的 FactoryTalk InnovationSuite	飞机大型复杂结构件数字化车间
	基于数字孪生的控制柜智能制造一体化平台	船舶管件智能制造新模式
		基于物联网与能效管理的用户端电器设备数字化车间
		流程工业智能工厂整体解决方案

4. 智能制造装备助推制造转型升级

（1）国产高档数控机床量质齐升　高档数控机床主机的智能化水平不断提升，高档数控系统的智能化功能持续增强，成套装备研发取得进展。一批数控机床制造企业在主机上集成应用智能化技术实现主机的智能化和功能复合化，并重视数控机床机械结构设计的技术创新和发展，研发出一系列具有自主知识产权产品，如北京精雕的 JDMR600_A15SH 高速加工中心、科德数控的 KToolG3515 五轴工具磨削中心等。高档数控系统技术成熟度有了很大提高，市场认可度和竞争力也有了长足进步，掌握了多通道、多轴联动、高速高精、现场总线等关键核心技术，如华中数控的首台搭载 AI 芯片的新一代人工智能数控系统、广州数控的 GSK-25i 多轴联动数控系统等。高档数控机床成套装备的能力明显增强，如普什宁江的 FMC50 柔性制造单元适用于各种箱体类零件加工，能实现 24 小时连续自动化多品种混流工作，可广泛应用于机床、汽车、摩托车、船舶等领域箱体类零件加工；秦川机床的汽车自动变速器齿轮（箱）数字制造工艺装备链、螺纹/螺杆数字制造工艺装备链、汽车轮毂智能制造岛数字制造工艺装备链等系列智能制造技术与成套装备，满足了汽车、工程机械、减速器等行业用户对中等规格渐开线圆柱齿轮的大批量、高精度、自动化磨削的需求。

（2）工业机器人关键零部件核心竞争力持续提升、整机系统的国内市场份额不断攀升 国内厂商攻克了减速机、伺服控制、伺服电机等关键核心零部件领域的部分难题，核心零部件国产化的趋势逐渐显现。在三大核心零部件当中，控制器产品在软件的响应速度、易用性、稳定性方面仍稍有欠缺，硬件平台在处理性能和长时间稳定性方面已经与国外产品水平相当。在原本外资企业占据较大优势的伺服系统和减速器领域，目前国内企业经过多年积累和技术沉淀，已经逐步获得国际市场认可，产品竞争力及销售量持续提升。目前，我国机器人产品的整机系统国内市场份额呈现较好发展趋势，在国产机器人整机厂商中较为有代表性的企业有埃斯顿、埃夫特、新松、新时达、济南翼菲自动化等。以在食品、医药、电子等轻工业应用广泛的并联机器人为例，随着竞争实力不断提升，国产并联机器人市场份额持续攀升，2017年市场占有率已经达到55%，首次超越外资品牌成为市场主导。2018年国产市场占有率进一步提升至71%，国产厂商已逐步占据一定的市场主动权。

（3）智能物流装备优化仓储、配送作业 智能物流综合利用条形码、射频识别（RFID）技术、传感器、全球定位系统等先进的物联网技术通过信息处理和网络通信技术平台广泛应用于物流业运输、仓储、配送、包装、装卸等基本活动环节，实现货物运输过程的自动化运作和高效率优化管理，提高物流行业的服务水平，降低成本，减少自然资源和社会资源消耗。宝钢股份上海宝山基地的新一代无人驾驶重载框架车，采用三维激光雷达，对周围环境进行扫描，建立三维地图，获取当前位置的经纬度数据，精度可达1cm。采用防撞激光雷达，对周围障碍物进行测距，防止车辆在行车及装卸框架时发生碰撞。指挥室可随时结合需求发出指令做出决策，可随时发布自由行驶、跟车、变道、停车、穿框架、停车入位、多车调度及避让等指令，实现高精度、高智能的自主导航与无人驾驶作业。采用电信5G网络导航指挥，平均单卷作业时间为3min30s，大大低于人工作业时间，卷材装运的自动化效率大大提高。目前，人员配置从同等面积传统仓库的130人减至30人以内，充分体现了运用5G等工业互联网技术带来的优越性。

以立体仓库和配送分拣中心为主体，结合物联网、机器人、仓储机器人、无人机等新技术的应用，智能物流仓储系统已成为智能物流方式的最佳解决方案。如，北自所（北京）科技发展有限公司研发的化纤长丝制造智能物流全流程成套技术及装备，通过关键技术、工艺、智能装备、系统和解决方案等的创新、研发和应用，构建了贯穿化纤长丝制造物流全流程系统，实现了化纤制造过程物流的自动化、信息化和智能化。其合成纤维制造全流程智能物流解决方案为用户提供了纺丝车间从卷绕机落丝、装车、分拣、包装、仓储到MES控制的全方位自动化解决方案，产品覆盖全国10余家化纤龙头企业。京山轻机自主研发的面向瓦楞包装行业的一种智能物流输送管理系统，由智能仓储（WMS）、智能调度（WCS）、数据采集与监视控制系统（SCADA）等功能模块组成，具有物流状态记忆、物料追踪、速度匹配、智能调度和人机交互等特性，系统能智能按"装车计划"整理纸垛，并通过PAD终端制定所需订单及数量后，系统再智能按"装车或生产计划"整理纸垛，输送到指定出货码头或印前上料通道。

（4）智能传感控制与检测装备应用于多种工业场景 智能传感与控制、智能检测装备在环境监测、质量检测、仓储与物流等工业场景中得到了相应的应用。国内智能传感与控制装备在无源光纤传感技术、微机电系统传感器等新型光机电传感器技术方面的研究达到国际先进水平，在传感器微型化设计、抗电磁干扰选型、现场优化部署等方面取得实质性突破。

中国电力科学研究院承担的"面向电网关键设施设备的新型光机电传感器关键技术及应用"项目可用于在线路覆冰监控、电缆隧道主动预警、变电站接地网腐蚀诊断、储能电池运行状态监测等输变电设备检测，提升了电网基础设施及关键设备状态感知的智能化水平，助力电网数字化、网络化、智能化发展。

智能检测装备的发展趋势是在线化、非接触式，主要包括视觉检测、激光跟踪测量，在线无损智能装配装备，智能化高效率强度及疲劳寿命测试与分析装备，设备全生命周期健康监测诊断装备，以及基于大数据的在线故障诊断与分析装备等。2019年，无损快速检测、在线检测技术和装备在果蔬、鱼类、畜肉、禽肉禽蛋、水产品等食品检测领域都得到了一定的发展和应用，开发出水果品质快速检测仪、生鲜肉在线检测装置等新产品，用于食品内在成分分析、品质分级判定、外部品质检测、安全指标测定等方面，检测速度和准确度也得到了提升。中科慧远研制出国内第一台用于盖板玻璃外观缺陷检测AOI设备，填补了行业多年的技术空白，其检测效率是人工的21倍，能够充分为企业实现降本增效和精益化管理。华星光电LCD面板检测采用的AOI检测设备，运用综合大数据、AI深度学习、机器视觉等工业视觉检测技术，将采集图像与已知缺陷图像库进行比对，通过视觉检测设备的算法模型，智能检测缺陷种类，自动分析异常并给出解决方案。

（5）增材制造装备性能提升，产业发展格局成型　我国增材制造关键技术不断突破，装备应用领域日益拓展。华中科技大学研发的智能微铸锻增材制造技术，通过"铸锻复合、边铸边锻"可以获得增材制造锻态无织构12级超细等轴晶、高强韧、高可靠性能的复杂形状金属锻件，克服了常规金属增材制造没有经过锻造，容易出现气孔、裂纹等缺陷，产生高致密性、各向同性等轴细晶，强度、韧性较传统制造更高，增强关键重要零部件的性能，较传统制造方法可缩短制造流程60%以上，节能90%以上，成本降低60%，已经试点应用于航空、航天、海洋工程、核能、高端装备等高性能核心复杂零部件制造。宁夏共享集团在银川建成世界首个万吨级铸造3D打印智能工厂，将铸造3D打印产业化应用，代替了砂型制造中的模具制造、制芯、造型、合箱工序，拓展了产品设计的限制，实现了工艺流程再造，提高了铸件质量、缩短了生产周期50%以上。慈星针织品智能柔性定制平台实现PC、APP（Android、iOS）等多终端覆盖，消费者可以方便地选择任意终端进行个性化定制，平台采用先进的3D技术，通过算法快速构建商品3D模型，在选择个性化定制选项时，可以立即看到定制效果，并可360度查看定制商品细节。

我国增材制造产业基本形成了以环渤海地区、长三角地区、珠三角地区为核心，以中西部地区为纽带的产业空间发展格局。环渤海地区的增材制造产业发展处于国内领先地位，形成了以北京为核心、多地协同发展、各具特色的产业发展格局。长三角地区具备良好经济发展优势、区位条件和较强的工业基础，已初步形成了包括增材制造设备研究开发、生产、应用服务及相关配套设备的增材制造产业链。珠三角地区的增材制造产业发展侧重于应用服务，主要分布在广州、深圳、珠海和东莞等地。中西部地区是我国增材制造技术中心和产业化重要区域，聚集了一批龙头企业。

5. 智能生产与智能服务的水平显著提升

（1）柔性自动化成为离散制造企业应对多样化需求的重要手段　离散制造工厂大多建设柔性化生产线，以满足多品种中小批量的客户多样化需求。柔性制造系统（FMS）是车间级自动化、柔性化、智能化开放式制造平台，具备企业横向、纵向良好的互联互通集成条件，是当前实施智能工厂建设最有效的途径之一。柔性制造系统可使企业更快、更好地适应市场需求变化，增强企业市场竞争实力，不断地提高企业的整体效益，可广泛用于汽车、船舶、航空、电子和机械等行业。菲尼克斯电气（南京）有限公司通过全面提升生产和物流自动化、柔性化与智能化水平，可以承担6大类270种产品的生产，设备换型时间降至10min以下。发动机喷嘴自动化加工试验生产线是集加工、过程检测、打标、清洗、成品检测、封口装配、流量试验、成品库存于一体的自动化生产线，能够满足在研型号发动机及其他新研型号发动机共34种喷嘴零组件的研制需求，加工过程的自动化保证批产品的一致性，检测过程自动化保证喷嘴所有特性尺寸100%检验，从而实现喷嘴标准化生产。

（2）制造执行系统实现生产过程的管控透明化和可追溯　制造执行系统（MES）是一套对生产现场进行综合管理的集成系统，从生产排产、生产计划执行、生产工艺指导、生产过程追溯、车间现场数据采集、生产物料供应、设备管控、生产质量管控、在制品管理、人员排班、生产绩效分析等多个维度对生产现场进行集成管理。制造企业应用制造执行系统可实现生产现场的透明化和生产过程的可追溯，提升产品的按期交付率，提高设备和人员绩效等。贵州永红换热冷却技术公司是航空冷却系统和民用热交换器的专业化生产企业，其MES通过各种指令传递方式（单据、终端消息、邮件等）提高现场信息流转效率，实现生产现场可视化；通过标签及条形码，动态地识别每个成品库位的库存情况，使得成品库管理改善，订单交付准时率提高。内蒙古金海伊利乳业有限责任公司通过建设MES，基于SCADA实时获取前处理、浓缩、干燥、出粉、干混、包装生产线及能源设备信息，实现生产计划管理、物料管理、质量管控、设备管理、能源自动化监控等，并在生产全过程数字化的基础上，进行智能分析、控制，实现生产全过程智能预警、防呆防错、设备预防性维护、优化能源效率和先进生产过程控制。

（3）工业软件集成应用推动企业全流程的数字化升级　企业在完成计划、设计、生产、物流、质量、营销等关键业务的信息化基础上，利用PLM、ERP、APS、MES、WMS、LIMS、SRM等的无缝高效集成，实现产品研发、工艺设计、生产、物流的全流程数字化升级。在此基础上，打通生产数据流、产品数据流，实现产品全生命周期管理。如，滨州渤海活塞以智能化生产系统整合信息化系统应用，以CAD/CAM/CAE/CAPP、SCM、WMS、QMS、SPC、MES、ERP（基于MMOG/LE）、PLM、DNC等的集成应用，通过底层设备数据采集技术，采集生产线设备基础信息，驱动内部物流智能化应用、虚拟化仿真设计、高性能企业云计算应用、智能化工装模具制造、可重构柔性自动生产线建设、在线自动质量监控应用、智能化仓储管理、产品可追溯管理、智能化分组防视觉疲劳系统等的数据集成应用，实现了产品的全生命周期管理。

（4）基于精益生产的智能管理提升企业智能化水平　智能制造企业以智能化提升与先进管理理论相结合的方式，进行精益化生产和管理，推进数字化工厂建设。如，河南许继仪表通过精益管理理念，将63道工序优化为45道，用"拉式生产"方式减少原材料库存、在制品库存。菲尼克斯电气（南京）有限公司规划精益生产路线图，已经升级到精益生产2.0，融合了智能制造、工业4.0概念，2019年精益改善项目194项。北京精雕集团推行基于"μ级管控"理念的全面质量管理方法，从设计、制造、使用、维护、维修等多个环节入手，查找设备的小毛病，提升设备长时间使用的精度保持性，降低长时间使用的故障率。

其智能车间管理系统是面向生产企业，集生产管理、过程监控、数据采集分析等于一体的数字化车间管理软件，基于物联网技术，实现机床加工数据的采集、统计、分析，直观显示机床利用率，指导生产决策，优化资源配置，有效辅助用户整合、分析、处理人、机、料、法、环、测六大生产资源要素数据。

（5）智能制造生产服务模式创新增强企业核心竞争力　面对日益激烈的竞争环境，企业不仅追求产品提质、增效、降本，也在智能工厂建设中摸索新的生产模式和服务模式，以提升企业核心竞争力。

网络协同制造模式实现企业间产品研发、生产制造、经营管理等环节信息共享和业务协同。深圳华星光电基于华星智能云平台，实现企业间的数据协同、企业内软件和设备的互联互通，构建设备生产组织、感应与控制到生产规划和决策全流程，将深圳、惠州、武汉三地的研发、生产和运营数据共享，形成协同运营和管理新模式。

个性化定制模式是基于横向、纵向集成及柔性化生产线，实现大规模个性化定制生产。威马汽车实现C2M大规模个性化定制新模式，预计提升个性化订单数量5%，研制周期缩短30%，库存周期缩短至21天，其个性化定制新模式还可以通过服务向其他新能源汽车行业赋能。广汽新能源实现个性化定制C2B模式，个性化定制订单占比达到15%，订单交付周期缩短至2周。海尔青岛空调和沈阳冰箱互联工厂作为以用户为中心的大规模定制模式的典范，利用海尔自主开发的工业互联网平台COSMOPlat，依托工厂数万个传感器，并通过虚实融合的数字化智能平台，实现人员、设备、物料与产品的智能交互，产生的数据与全球研发中心和实验室互联，实现精准监测与控制，最终保障产品的高品质输出。以海尔沈阳冰箱工厂为例，海尔将100多米的传统生产线改装成4条18米长的智能化生产线，每一条生产线可支持500多个型号的柔性大规模定制。

服务化延伸，从提供产品向提供"产品+服务"转变。广汽新能源智能工厂提供车联网智能服务，通过车辆远程监控平台进行车辆在线监控、出行分析、电池数据分析，实现故障前、中、后的预警、报警和主动服务。中国一拖打造智能服务平台，利用电子商务创新营销模式，将移动商城、微信作为拓展业务范围的重要手段，实现产品展示、产品答疑、技术指导和订单下达等在线服务；推进备配件电子商务系统应用，实现主机产品的电子零件目录编制、上传，有效管理零备件等数据，服务商和服务站通过互联网实时查询备配件并下达订单，快速响应用户服务和备件采购需要；利用移动互联网、物联网、计算机电信集成（CTI）技术，建立农机行业领先的用户服务平台，深化应用基于移动互联网、物联网、GPS、传感器技术、总线技术等的产品远程跟踪、远程诊断、远程服务、远程培训、远程保修、专家支持，快速解决设备故障；运用移动互联网技术，提升产品服务能力；梳理服务流程和服务品质，完善产品故障知识库。

6. 智能制造重点领域发展迅速

随着我国智能制造建设的不断深入，有效带动了智能制造所需的关键技术装备突破，促进了制造企业的转型升级，在高档数控机床、工业机器人、航天、船舶、汽车、农业装备、纺织、食品加工、家用电器等领域得到了较好的应用，支撑各重点领域智能制造的迅速发展。

（1）高档数控机床和工业机器人应用向更多细分行业拓展　我国高档数控机床在航天航空、汽车、发电、动力总成等领域的数字化产线和车间建设中的实施应用逐渐广泛。如，航天科工集团三院31所组建的发动机关键件生产线，采用科德数控自主研制的五轴数控机床，实现发动机关重件的自动化生产，投产后的设备综合利用率达到70%，生产效率提升30%，人员缩减50%以上。国产高档数控机床在航天大型复杂结构件加工中进行验证应用示范，优化了大型复杂构件的生产制造流程与产品生产节拍，生产效率提升30%，生产成本降低20%。

工业机器人在汽车、电子、五金、卫浴、家具、家用电器等行业得到了广泛应用，在塑料、橡胶等高污染行业，以及与民生相关的环保、食品、饮料和制药等行业的应用范围也不断扩大，应用规模显著提升。如大型风电叶片多机器人智能磨削系统，共安装32台直线导轨式移动机器人，每台机器人末端搭载滚轮式高效打磨工具，实现4台机器人协同完成叶片打磨，其智能生产线系统集成了打磨机器人系统、叶片装夹与支撑系统、生产控制与辅助系统，实现加工全过程的在线监测与控制，已完成了200余片大型风电叶片的高效高质量磨抛。碧桂园集团的机器人无人餐厅已投入46种机器人作为餐厅运营的核心设备，包括迎宾机器人、煎炸机器人、甜品机器人、汉堡机器人、调酒机器人、煲仔饭机器人、炒锅机器人、云轨系统及地面送餐机器人等，构成整套餐饮机器人体系，让餐饮机器人更加"聪明"，实现餐厅全流程的标准化、智能化，并实现了从中央厨房到冷链运输，再到店面机器人的全系统搭建和运营，是目前最先进、最完整的系统化、智能化餐饮系统。

通过在线测量系统、数控机床和机器人技术的集成应用，实现数控机床与机器人自动化应用匹配升级。如，佛山登奇机电与华中数控建成的伺服电机智能制造数字化车间，由74台数控机床、30台六关节机器人组成，形成年产40万标准台产能；该车间建设了4种智能制造单元，10条关键工序定制化柔性生产线；建成伺服电机智能制造信息化系统，实现伺服电机从设计到制造、检测、物流的网络化、信息化，互联与集控的定制化、规模化生产。

（2）智能化产线/车间/工厂建设取得丰硕成果　智能化产线、车间、工厂建设是制造企业转型升级的重要方式，数字化工厂被企业列为智能制造部署的首要任务，各重点领域逐步建成一批具有较高水平的数字化车间/智能工厂，带动产业改造升级步伐明显加快。

航天实现数字化示范生产线（单元）的初步应用。典型产品集成制造数字化生产线，突破生产线整体规划技术、生产线集成管控平台应用技术、自动化仓储及物流配送技术等关键技术，开发数字化集成管控平台、智能物料系统等系统平台，实现多系统集成的综合展示。化铣产品自动浸胶生产线，采用半封闭式自动浸胶，实现化铣产品的批量性浸胶生产，浸胶效率较手工浸胶提升3倍，有效减轻职工的劳动作业强度，降低了接触苯系物危害健康的安全风险。

船舶中间产品的型材智能切割、智能打磨、小组立焊接等智能生产线解决方案与系统集成能力基本形成，数字化车间建设快速发展。型材智能切割生产线，在上海外高桥、广船国际、黄埔文冲等多家骨干船厂验证应用，生产效率显著提高，机器人等离子切割速度达到3~6m/min，智能生产线配员人数大幅度减少，降低了人工依赖程度。小组立焊接智能生产线，由十一所自主研制的小组立智能生产线在上海外高桥、黄埔文冲、广船国际、沪东中华等多家骨干船厂投产应用，焊接小车焊接速度及机器人焊接速度达到0.5m/min，智能生产线配员人数降低为传统生产线的20%。广船国际建设的薄板平面分段生产数字化车间，包括型钢自动化切割流水线、中小组立机器人焊接生产线、数字化堆场、分段车间数字化测量场、车间看板系统，形成涵盖智能单元、智能生产线、感知系统和智能管控系统等的完整智能车间体系，实现生产准备过程中的透明化协同管理、数控设备智能化的互联互通、智能化的生产资源管理、智能化的决策支持，全方位达到智能化的生产过程管理与控制，提高薄板平面分段制造效率和质量。

虚拟调试、虚拟仿真、数字孪生等新一代信息技术在汽车数字化车间/工厂建设中得到示范应用。一汽奥迪利用三维仿真软件对制造过程进行工艺规划和模拟验证，包括工厂内部所有制造相关资源的布局，检验输送设备、工装夹具与产品之间是否干涉，优化工艺路径，进而优化最终的生产线，最终把项目周期从30个月减少到18个月。上海德梅柯采用虚拟调试技术替代传统调试方式，实现了电气部门输出的 PLC 程序、机器人仿真部门输出的机器人离线程序、机械设计部门输出的焊装夹具三者之间的虚拟联调，在虚拟调试阶段能够预先发现设计问题并及时解决，从而提高调试质量，缩短现场调试时间，降低调试成本和调试现场工作人员的工作强度。长安汽车的两江二工厂冲压、焊接车间，首次完成了国内"数字孪生工厂"在汽车行业的应用，通过智能连接、智能传输、智能切换、智能检测柔性生产线，实现多种车型混流、稳定和智能生产，为高质量产品提供制造保障，该工厂焊接自动化率达到90%，较传统工厂生产效率提升20%，产品不良率降低20%，交付周期缩短15%，运营成本降低21%。

食品数字化生产线/车间实现全过程生产的智能化，智能化工厂建设覆盖从原料到消费者的全产业链。思念公司的速冻食品智能车间共有293台生产设备，充分融合了信息技术、通信技术和人工智能技术，实现面粉储存、自动输送、自动工艺配比、混合、和面和压面的自动化连续生产，蔬菜清洗、切制、脱水的自动化处理，以及产品秤量、包装、打码、质量检测、装箱、自动码垛入库的连续化自动生产，装箱产品通过工业机器手码垛后输送至全自动化无人立体冷库。娃哈哈集团的智能水汽生产线是行业内首条数字化智能生产线，由传感器传输工艺参数和设备参数至车间制造执行系统（MES），将数据反馈至集团企业资源管理（ERP）系统，实现从原料投入、灌装、装箱到入库成品码垛的全过程自动化；其智能工厂代表了当今饮料业流程制造智能化的领先水平，通过自主研发的机器人码垛工作站、桁架式码垛机器人和输送包装机械等设备，利用现代传感检测技术等先进手段，以及对整个集团的经营信息系统建设、工厂智能化监控系统建设和数字化工厂建设，打造涵盖客户下单、生产调度、原材料采购、工厂生产、物流和客户服务等完整产业链的大数据信息化体系，实现了传统饮料制造业向数字化、绿色化、智能化转型升级。

家用电器智能工厂建设基于互联网平台实现工厂的互联互通。美的清洁电器事业部的智能工厂，采用注塑机、堆码机器人、扫码机、AGV 等机器人，配合自动分拣系统、智能输送物流系统、智能仓储等数字化系统，实现"成品分拣输送、堆码和智能立库"；美的开发的手机 APP 终端有各种空调的种类、外形、规格及多种功能模块等，用户可通过互联网平台，根据自身喜好和需求任意组合进行下单定制，下单后可在线查看这台空调的整个设计、配料、生产、包装等过程。格力智慧工厂通过工艺信息化平台的使用，自动化设备和智能控制系统的综合应用，其运营主要包括智能制造管控平台、示范工厂和数据优化分析三个模块，实现柔性化、智能化和精细化生产，产品研制周期缩短30%以上，生产效率提升20%以上，产品不良品率降低20%以上。

（3）离散型制造的智能化进程持续推进　离散型制造业加快了智能化、数字化技术在企业研发设计、生产制造、物流仓储、经营管理、售后服务等关键环节的深度应用，不断提高生产装备和生产过程的智能化水平，在发展智能制造新模式等方面取得显著成效。

大规模、定制离散型智能制造实现以用户为中心的个性化定制生产。在纺织、服装、家居、家用电器等消费品领域，不断探索新模式，提升装备、产线、工厂的数字化和智能化水平，以大批量生产的低成本、高质量和高效率提供定制产品和服务，满足用户的个性化需求。小米智能家居围绕小米手机、小米电视、小米路由器三大核心产品，由小米生态链企业的智能硬件产品组成一套完整的闭环体验；通过工业互联网实现家用电器的智能化，致力于打造"小米之家"；米粉由小米手机和米家 APP 入手，延展至生态链的其他智能家居产品，以手机或系统为中心，控制其他智能设备，形成了智能家居的生态。宁波雅戈尔服装以用户为中心，根据用户的个性化需求组织生产的 C2M 模式，这种新型工业互联网电子商务的营销模式打通了消费者和生产商之间的信息通道，实现了高档西装的大规模个性化定制生产，大规模定制生产能力也由原先不足总量的 10% 增加到 100%，量体定制周期由原来的 15 个工作日缩短到 5 个工作日，最快单件定制周期缩短至 2 天，大大提升了高端消费者的体验。

多品种、小批量离散型智能制造覆盖从自助订单到智能服务的全生命周期。多品种、小批量的离散型制造，其产品品种较多、生产周期较长，生产方式灵活，产品的结构与工艺有较大的差异，工艺过程经常更换。将智能制造应用于技术、产品、制造及服务模式上，通过数字化设计、装备智能化升级、工艺流程优化、柔性化生产等，降低生产成本，提高产品质量，拓展基于产品的智能化服务，建立精益化、柔性化、均衡化的全过程智能生产管理体系。常林机械借助浪潮 GS 供应链与生产制造系统打造农用拖拉机智能化工厂，创造了"智能装备"+"智能生产"+"智能产品"+"智能服务"的智能制造行动流，实现了下单—生产—物流—服务的全过程智能化。通过基于浪潮 GS 供应链与生产制造系统对原有 ERP 系统集成改造后，使现场管理与生产信息化管理系统紧密集成，实现所有作业环节信息的自动采集与自动现场控制，开启了从下单到完成生产的"智能行动流"；打通研、产、供、销、服务全价值链管理，定期滚动的订单需求，实现常林机械从订单选配到生产制造，再到物流配送及设备服务的可溯化和智能化；通过供应链及网上营销平台建设、规范并理顺采购销售三包服务业务关系、创新业务实现方式、建立财务业务的一体化管控模式，有利于提高业务处理速度、降低采购成本、提高客户满意度。

大型成套、非标单件/小批量离散型制造实现数字化管控和互联互通。大型成套、非标单件或小批量的离散型制造，具有产品结构复杂、技术要求高、资本投入大、劳动力密集、制造周期长等特点。按照订单组织生产，生产环节多，流程和工艺相当复杂。通过装备智能化，建立车间级智能化单元，推进生产线、车间、工厂的智能化进程，实现设备、系统和数据的互联互通，以及制造流程与业务的数字化管控。江南造船焊接数字化管控，能够实现焊缝模型智能化精准设计、焊接任务及参数智能化预设、基于过程参数的焊缝质量智能预判、基于焊接质量的焊接智能管控、焊接进度实时跟踪与显示等，进行了多个型号的工程化应用和推广。南通中远海运川崎船舶的互联互通船厂，以数字化精益设计为源头，以集成化信息系统和工业互联网平台为支撑，以精益生产和智能化装备为抓手，以精益管理为保障，将工业机器人应用和自动化生产线改造作为两化融合、智能制造的切入点，分步推进智能制造。构建了数字化设计、工艺数据支撑、业务管控一体化的信息集成平台；量身定制智能、高效的制造执行系统，进一步提升企业在车间层面的精益管理和数字化管理水平；构建互联网协同设计平台，实现船舶产品设计异地协同化；构建覆盖全厂的通信网络基础设施,以及生产过程数据采集与分析系统,为工业互联网平台提供数据采集、存储计算、分析决策等服务。

(4)**流程型制造实现全产业链的深度融合智能生产** 流程型制造的生产工艺过程是连续进行且不能中断的,工艺流程固定不变,对生产过程控制要求较高。通过提升企业资源配置、过程控制、产业链管理、安全生产等方面的智能化水平,提升产品品质。蒙牛集团将智能化和数字化贯穿于全产业链,实现"从牧场到消费者"全程横向打通和纵向互联的牛奶智慧生产。蒙牛所有牧场都已经实现100%规模化和集约化,全部奶牛都部署了RFID耳标,记录专属健康档案,部分还配备了更复杂的传感器;牧场对奶牛的喂料、挤奶、按摩等所有动作,通过数据分析来设定并随时调整,整个牧场甚至就像一个现代化、自动化的智能工厂。蒙牛积极探索销售渠道、终端管理和营销的智能化,与京东、阿里巴巴及阿里巴巴零售通达成战略合作,完善企业云,利用区块链防伪技术提升蒙牛产品的追溯能力。蒙牛智能工厂能够实现质量控制智能化、能源管控智能化、研发智能化、制造过程的智能化和柔性化及物流智能化,依托贯穿于生产链的信息系统,实时捕抓和分析每一个生产信息,做出影响食品安全的分析和判断,并且把结果实时反馈至产业链其他不同环节。蒙牛基于数字化工厂实现定制化生产,依托于大数据研究,推出面向18~29岁的年轻互联网族群的互联网牛奶"甜小嗨",其口味和包装每隔一段时间会随着电商实时数据不断改进,满足消费者多样化、个性化的消费需求。

五、智能制造助力疫情防控和企业复工复产

1. 柔性化跨界生产提升疫情快速响应能力

疫情期间,智能制造有力支撑了企业在应对材料、设备、质检及管理体系快速转换中的及时响应和有效协同。医用口罩、防护服、护目镜等防护产品的生产能力有限,满足不了疫情防控保障的需求,医疗物资和医疗器械的制造企业比任何时候都更加需要柔性化生产、快速响应。在企业复工复产以后,防护物资先行,一些传统制造业企业快速转产,口罩、消毒水生产线上新,既解企业燃眉之急,又满足社会需求。如,国机智能科技公司利用已形成的智能制造和系统集成供应商能力,开发口罩机自动生产线,20天内完成100台口罩机下线并交付,适时满足口罩生产企业的需要;广州汽车集团投资自制30台口罩生产机,每天预计可达到近100万只口罩的产能;浙江泰普森实业集团有限公司利用智能产线的模块化优势,由户外用品临时转产医用防护衣等防护装备,在规划转产车间、采装关键设备的基础上,用7天时间快速完成约5000m^2医用一次性防护服净化生产车间的改建,用于生产医用一次性防护服、隔离衣的7条产线日产量1.2万件以上。

2. 智能化产线/工厂助力企业复产效能提升

智能制造能以较少的人力投入,快速响应市场变化,满足市场需求。疫情发生期间,在避免人传人的情况下,实现智能化改造的企业可以较快恢复生产,快速形成生产能力。这次疫情暴发后,一些先进的制造企业和较早进行智能化改造的企业能够快速恢复生产。浙江萧山地区的大胜达、兆丰机电、德意控股、重汽杭发等一批智能制造示范工厂都在最短的时间内组织人员实现投产,保持了较高的开工率。宝钢上海宝山基地工厂在应对疫情中展现了独特优势,春节期间也没停工,宝钢将宝山基地的冷轧热镀锌智能车间变成了一座24小时运转、不需要多人值守的"黑灯工厂",这种"不碰面生产"方式实现了宝钢疫情防控和稳定

生产的有效平衡。因此，推进少人化和无人化生产，聘用更多高技能和多技能的工人，能够更好地应对劳动力波动给企业带来的不利影响。徐州重型机械经过多年研制打造的首条智能化生产线，能够兼容18道工序、生产20多种产品，1名工人可以自如操控10台机器，通过应用高功率激光-MAG复合焊接机器人、大吨位伸臂机器人等装备，生产效率提升30%以上，在此次疫情发生期间有效缓解了人工紧缺的压力，助推产能快速恢复。

3. 远程智能服务提供企业复工复产新模式

很多企业受疫情防控措施影响，维修及售后服务等人员无法及时赶到设备工作现场，对于一些重要产品出厂前的现场测试也无法完成。基于工业互联网的远程智能服务成为企业在特殊时期进行应急管理的重要抓手，通过增强现实技术进行远程故障诊断、技术服务、产品测试等服务。智能服务的优势逐渐显现，智能服务逐渐从理念变成现实。如，三一重工、徐工基于工业互联网对设备的远程调度能力，合理安排工业机械机群作业，支撑了火神山医院的快速建成。如，容知日新作为工业和信息化部支持的2019年工业互联网平台解决方案供应商，在疫情暴发后便组织远程诊断中心的员工居家办公，继续对工业现场设备进行远程看护，坚守"365×24h"全天候看护模式，实时看护关键设备，如遇设备故障将及时与现场负责人沟通处理，帮助客户解决疫情下无人看守、少人看守的设备管理问题。安徽三禾一公司开发的Hegoo远程智能交互系统，实现工业智能诊断与信息可视化落地，支持远程智能运维和预测性维修服务，解决制造过程中设备维修巡检、技术支持、车间实训问题。该系统目前已应用于合锻智能、中科光电、奇瑞汽车、潍柴动力、合肥水泥研究设计院等国内高端一流制造企业。浙江中控技术股份有限公司针对用户企业需求，快速诊断问题症结，在其工业一站式服务平台PLANTMATE上，为客户免费提供"RDMS远程诊断维护系统"，帮助企业提升远程运维能力，加速复工复产。

4. 网络平台远程协同有效缓解物流供应难题

智能制造企业通过网络平台建设，实现线上快速响应、线下有序衔接，有效解决原材料供应及物流运输"最后一公里"的难题。新凤鸣集团依托自身智慧物流平台构建的互联网物流新模式（产品+运营+服务），通过"人、车、物、线"的物联监控，在原辅料及产品往来管控上，明确车辆运输详细清单及驾驶员信息，有效提升了物流供应链的智能化和抗风险能力。施耐德电气无锡普洛菲斯电子公司通过端到端的信息化系统建设，实现物料采购、产品生产、销售、物流、服务等所有环节从公司内部到供应商、客户之间的在线协同，确保物料和成品的状态清晰、准确、同步，针对具体问题快速响应、快速协同。同时，通过设备管理系统实现设备的远程运维和监控，在复工初始阶段设备人员到岗率不到10%的情况下，实现了所有产线的正常开动和对客户生产的远程支持。中车青岛四方机车车辆股份公司依托覆盖产品设计、生产、运营和服务各环节的智能制造系统，搭建协同供应商平台和协同制造平台，保障生产物料的及时供应，实现母公司与子公司及供应商企业的协同制造；通过远程运维平台，实现对车辆运行状态的实时监控，为疫情防控期间确保物流运输通畅提供有力支撑。

5. 智能机器人广泛应用成疫情防控新亮点

医院的陪护机器人和服务机器人、智能物流的分拣和搬运机器人、消毒机器人等有效降低了一线医护人员的工作压力、疫情感染风险和病毒传播概率，机器人防疫作战成为此次疫情防控的新亮点。由钟南山院士团队、中科院沈阳自动化研究所联合紧急研发的咽拭子采样机器人，以远程人机协作的方式，轻柔、快速、高质量地完成咽部组织采样任务，有利于避免医务人员感染、提升生物样本采集的规范性、保证标本质量。新松机器人自动化股份有限公司开发了医用配送机器人和智能护理床。医用配送机器人综合运用激光定位与智能导航、多传感器融合、人机交互等前沿技术，采用多载体设计，用于传染病区药品、器械、耗材配送等工作，有效提升了医院在防疫期间的物资管理效率。智能护理床采用人体工程学和模块化设计，通过采用多重智能化控制方式，帮助患者实现自主进食、康复疗养，减少了医护人员与患者的接触时间。达闼科技（北京）有限公司向湖北、北京、上海等省市多家医院免费提供了医护助理、消毒清洁、送药服务、测温巡查等多种类型的5G云端智能机器人，可协助医护人员完成导诊宣传、远程看护、测温消毒、清洁送药等工作，减少了医护人员的工作量并降低了他们的感染风险。

参考文献

［1］工业和信息化部. 2019年中国软件业务收入前百家企业发展报告［R］. 北京：工业和信息化部，2020.

［2］e-works. 2019中国智能工厂自动化集成商百强榜［EB/OL］.（2019-12-31）［2020-09-01］https://m.e-works.net.cn/report/201907automation/automation.html.

［3］e-works. 2019—2020中国智能制造十大热点［EB/OL］.（2019-12-31）［2020-09-01］https://m.e-works.net.cn/report/2019hot/hot.html.

［4］中国科协智能制造学会联合体. 中国智能制造重点领域发展报告（2018）［M］. 北京：机械工业出版社，2019.

第三章

智能制造推进策略

一、智能制造面临的问题与挑战

1. 智能制造基础共性和核心技术装备支撑不足

在国家重点发展的先进制造业领域，部分核心技术仍然受制于发达国家，智能制造关键环节的核心部件主要依赖于进口，智能制造诸多基础技术方面仍然停留在仿制层面，关键技术难以突破，自主创新能力有待提升。核心技术装备自主化程度不高，许多高档数控机床、专用智能制造装备、核心零部件还主要依赖进口，数据显示国内机床、机器人企业在高端市场处于劣势，高档数控机床国产化率甚至不到10%，ABB等国际工业机器人四大家族占我国机器人本体市场的50%以上，减速器、伺服电机、敏感芯片、外围芯片等关键核心元器件均由国际企业主导垄断。此外，核心工业软件受制于人，绝大部分底层操作系统、工业软件由国外企业提供，如目前在中国工业软件市场上，超过50%的设计软件、制造软件、服务软件被国外品牌占领。重点工业领域关键核心技术被国外企业掌握，关键核心工业辅助设计、工艺流程控制、模拟测试等软件几乎都是国外企业软件。

2. 中小企业推进智能制造步履维艰

目前，我国不同地区、不同行业、不同规模、不同性质的企业受到区域政策、企业基础、投资规模、行业属性等因素的影响，其智能制造发展进程及水平是不一致的。特别是在面对经济下行压力、市场竞争加剧、突如其来的疫情等因素冲击，以及智能制造建设效益的显性度不高等情况下，企业对于智能制造的态度、策略、投资、发展水平等存在明显分化。尤其是中小企业，普遍信息化、自动化基础薄弱，可借鉴的低成本智能化改造方案严重缺失；管理水平低，技术稀缺，开展智能制造难度较大，整体上制约了智能制造水平的提升。总体而言，对比发达国家和地区，我国智能制造整体智能化水平仍处在较低水平，相当一部分企业尚处于工业 2.0 和工业 3.0 阶段，特别是中小企业大都处在工业 2.0 补课阶段，少数龙头企业也仅仅处于工业 4.0 的雏形阶段，智能制造总体水平不高。

3. 智能制造服务市场有待完善

智能制造建设任务重、难度大，需要企业内生需求、政府支持、市场服务的多重推动。但企业所处模式和阶段、行业特点、建设基础和程度的不同导致企业在推进智能制造时往往容易走很多弯路。因此，仅依靠政府资金引导及企业自发推动的成效有限，还需要产、学、研、用深度融合，建立完善的智能制造服务市场支持，搭建完善的供给侧服务平台，以提供给企业个性化和专业化的产品和服务，帮助企业推进智能制造。但多数地区对支持企业创新的智能制造支撑平台建设不够重视，如孵化器、实验室等公共服务平台，以及面向技术研发测试、标准试验验证和创新应用验证的公共测试床、供应链协同专业化服务平台等智能制造服务能力较弱。

此外，服务市场中智能制造系统解决方案供给能力不足，尚处于培育初期。系统解决方案供应商多而不强，多数还只处于智能制造装备、软件服务的局部应用阶段，缺乏硬件和软件体系完整、行业积累深厚、能提供整体智能制造解决方案的供应商。金融服务体系对于智能制造发展的服务能力不足，特别是金融服务体系对智能制造发展的支撑需要进一步提升，中小企业由于资信不足、缺少抵押、社会信用体系不完善等原因，金融机构与企业之间存在融资需求和信用信息不对称，融资性担保机构服务能力不足，使得中小企业融资难、融资贵的问题成为长期难以解决的"顽疾"。

4. 智能制造人才供给压力突出

智能制造是一个高度集成的大系统，需要多学科、多专业人才及跨学科复合型人才相互融合、共同发展。但目前我国制造企业普遍面临智能制造发展所急需的专业技术人才、中高端复合型人才、工业和信息化领域人才及创新创业人才紧缺的现状，智能制造一线职工，特别是面向重点行业、领域的高级技师和一线工程师比较缺乏，制约了智能制造的发展。

二、智能制造发展的需求热点

1. 智能制造自主供给能力提升

复杂的国际环境和日益激烈的贸易摩擦倒逼智能制造智能升级和扩大内需，进一步发展自主科技创新和增强自主知识产权实力，整体市场环境倒逼我国智能制造关键技术装备、核心工业软件及系统解决方案的自主供应能力提升。特别是提升自主供应的工业机器人、高端数控机床、智能检验检测等智能制造核心设备的稳定性、可靠性、精确性；提升工业机器人高精度减速机及伺服电机、高档数控机床关键部件及控制系统、智能检测设备光学器件、软件底层操作系统及框架的核心技术水平等。因此，需要培育一批具有自主创新能力、能够提供智能制造各方面服务的供应商，从而满足企业智能改造的个性化需求。

2. 传统产业加快智能化改造升级

以数字化、网络化、智能化为基本范式，推动传统产业智能化技术改造，能够有效降低生产成本，提高产品质量，增强企业竞争力，成为很多企业推进智能制造的首选路径。企业可以通过智能化改造升级，加强工艺流程优化、工艺标准化和设备数字化、自动化改造等基础工作，深入实施智能制造核心技术攻关和智能化改造工程，推进产业模式和企业形态创新，推动制造业向价值链的中高端迈进。因此，企业对工厂的智能化改造热情高涨，特别是经历了"疫情"考验之后，更加坚定了数字化、智能化的建设方向。据调研数据显示，新建智能工厂、对老工厂进行智能化改造、实施 MES 的企业占比分别达到了 57.1%、43.7%、41.3%。此外，对老旧产线的改造、车间设备联网、设备数据采集等改造项目占比均超过 20%[1]。

3. 新兴技术与制造业深度融合

随着新一代信息技术与制造业加快融合创新发展，物联网、大数据、云计算、人工智能、增材制造等新技术持续演进，先进制造技术正在向信息化、网络化、智能化方向发展，智能制造成为未来制造业发展的重大趋势。新兴技术与制造企业业务深入融合并实现应用落地，成为企业智能制造建设探索中的重要方向。随着应用的深入，新兴技术应用的场景在不断丰富，但仍需进一步挖掘。5G应用方面，多数的制造业应用场景还处在测试或少量应用阶段，如基于"5G + 云"的设备智能监控、机器人智能协作、AI质检、装配指导、安全监控、产品远程运维等；工业互联网方面，我国的工业互联网应用还处于起步的阶段，但在多方因素的驱动之下，企业对工业互联网带来的新应用、新模式的落地充满期待，急需在工业互联网应用的广度和深度上拓展，帮助企业解决实际业务问题；人工智能方面，据《2020德勤人工智能制造业应用调查》报告显示，人工智能在我国制造业应用的市场规模有望于2025年超过20亿美元，增长率每年可保持在40%以上，现阶段需要进一步明确合适的人工智能落地应用场景。

4. 智能制造的生态体系培育

智能制造是装备、软件、网络、标准等相关要素系统集成，是供给主体、应用主体、消费主体的网络化、平台化协同的合作生态。随着我国智能制造建设的不断推进，完善的生态体系不可或缺。在基础设施方面，网络基础设施是智能制造的重要基石，需要持续推进网络安全的建设，强化工业主机的安全防护，提升从业人员的安全意识，加快推进工业信息安全监测预警能力的建设。在标准建设方面，完善的标准体系是推进智能制造的重要支撑。目前我国数据集成、互联共享等关键技术标准和细分行业应用标准供给不足，需开展应用标准的制定和试验验证，构建较为完善的智能制造标准体系。在服务方面，不断完善智能制造服务的市场机制、金融机制，搭建完善的智能制造服务平台，随着智能制造的深入推进，加快行业应用，需要加快建设一批共性技术研究、知识产权、大数据、工业云信息等专业智能制造公共服务平台，为企业提供智能制造技术开发、数据交换、检验检测、智能化改造咨询及实施等服务。

三、智能制造发展建议

1. 强化智能制造技术自主创新

聚焦智能制造重点领域，突破和发展智能基础共性技术，加强高端核心工业软件、智能制造装备、互联网、云计算、大数据和人工智能等基础共性和领域核心技术攻关和产业化，为智能制造提供有力支撑。一是完善重大产业技术联合攻关机制，组织实施重大技术攻关专项工程，每年发布共性关键技术、基础工具、重大成套装备攻关导向目录，面向创新中心、制造业企业、科研院所等招标，对中标机构给予一定资金支持。二是鼓励企业、科研院所等加大研发投入，积极参与重大技术攻关，根据相关部门提供的企业研发投入情况，给予适当普惠性奖励。三是积极探索不同行业、不同模式的网络化、云服务等应用路径，注重总结并推广创新应用与服务模式。

2. 加快推进制造企业智能化改造升级

改造提升传统产业是推动制造业高质量发展、建设制造强国的一项重要而紧迫的任务，必须高度重视传统产业的高新技术改造。一是加强顶层设计，明确传统产业改造升级的范围、改造升级的评价标准和激励机制，以及制定智能化技改的实施方案，坚持以企业为主体，市场为导向，引导和推动传统产业企业实施新一轮更大规模、更高层次的技术改造升级,加快推进新技术、新工艺、新装备的应用。二是制定传统产业智能化改造升级的保障措施,强化政策的引导,制定科学、完善的指导目录、项目导向计划及持续跟踪计划等。三是组织实施典型示范,积极引导企业技术改造。

3. 完善智能制造生态体系建设

依托高校、科研院所、智能制造解决方案及第三方咨询服务机构等资源,构建相关智能制造服务平台,完善产业体系发展机制,为企业提供智能制造诊断咨询、供需对接和方案设计。一是充分利用专业的咨询服务机构,由政府出资为中小企业免费开展智能制造评估诊断,并遴选有实力和需求的企业,给予适当补助开展深度咨询和方案设计。二是建立公共服务平台,通过线上平台和线下组织活动,引荐针对不同行业、不同规模企业的智能制造优秀服务商,促进智能制造供需对接。三是探索新型服务模式,为企业提供资金支持,按"应用企业首付一点、租赁公司按揭一点、设备提供商垫付一点"的原则,为制造企业提供智能制造装备租赁服务。四是加强对智能制造产业的投资引导,鼓励银行、证券、保险等金融机构加大对智能制造发展的支持力度,优先把智能装备企业和实施智能制造项目企业的贷款列入授信计划。

4. 加强政策支持促进智能制造发展

构建完善的智能制造政策体系,从顶层规划战略,到金融政策支持、财税政策扶持、智能制造人才培养、区域交流与合作、国际交流与合作机制等全方位、多视角地构建智能制造的政策环境。在财税方面,整合现有专项资金,支持智能制造关键技术与核心部件突破、智能装备与系统开发、制造业智能化改造计划、示范基地建设、重大项目建设、骨干企业培育等专项工作,特别要大力支持包括咨询、检测、验证、人才培养等的公共服务平台建设。在金融服务方面,加大信贷支持力度,引导银行业金融机构对技术先进、优势明显、带动和支撑作用强的智能制造项目优先给予信贷支持,支持金融和投资类企业、信用和融资担保企业、小额贷款机构等创新融资方式,为智能装备企业和制造业智能化改造拓宽融资渠道。

5. 搭建多层次的智能制造人才培养体系

智能制造的发展离不开人才的支持,需要搭建多层次的人才培育体系,形成人才优势,促进智能制造创新成果的形成和大力发展。因此,需要积极营造良好环境,培养一批具有国际领先水平的专家和学术带头人,培养和锻炼一批从事智能技术和装备研发的创新团队。围绕智能制造的硬件保障、软件支持和系统解决方案集成等方面的关键人才需求,加快制订智能制造人才储备计划,优化创新人才成长环境,健全科技人才激励机制,构建智能制造科研人才专家库,建设能够承担智能制造技术研发及产业化应用的创新人才队伍。具体建议包括:一是鼓励省(直辖市、自治区)内各普通高校、职业技术学院开办智能制造相关专业,开展智能制造学历教育;二是联合创新中心、高校或专业咨询服务机构等产学研机构打造多层次人才培养的实训基地,面向企业骨干技术人才提供系统的智能制造理念与关键技术、实操培训课程,设立专项资金鼓励企业骨干技术人才参加培训,对于培训提供方给予一定的政策补贴;三是利用企业聚集高端人才,通过创新园区聚集科研机构和企业,围绕重点产业高端、智能技术的研发,吸引科技人才,并制定人才引进政策、人才服务保障策略,吸引国内外高端人才回归,对于引才单位给予适应奖补,并从居住、教育、医疗、养老等方面制定留住人才的保障措施。

参考文献

[1] e-works 张荷芳. e-works 企业数字化转型调研分析［EB/OL］（2019-12-08）[2020-09-01］. https://articles.e-works.net.cn/viewpoint/Article146658.html.

编撰组组长：许之颖
编撰组成员：张荷芳　王丽伟　韩清华
　　第一章　张荷芳　王丽伟
　　第二章　张荷芳　韩清华　王丽伟
　　第三章　许之颖　张荷芳
审 稿 专 家：屈贤明　张彦敏　黄培

领域篇

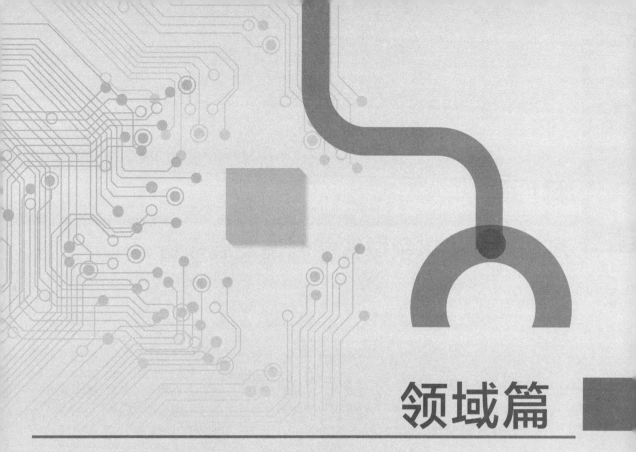

高档数控机床
工业机器人
航天装备
船舶
汽车
农业装备
纺织
食品加工
家用电器

第四章

高档数控机床领域智能制造发展报告

第一节 发展概况

一、国外发展现状

发达国家对高档数控机床主机设计制造、数控系统和关键功能部件,推行国家层面引导及顶层设计、打造研发平台与开展国际合作、不断增加研发投入、加快创新周期、注重人才培养等策略,在智能机床的发展方面取得的成果,极大地推动了智能制造产品和智能制造系统的同步发展,以较好的制造基础和技术优势加快了智能化发展的进程。德国、美国、日本是世界数控机床生产、使用实力很强的三个国家,在高档数控机床基础共性技术研究、设计、制造和应用方面,也是技术先进、经验丰富的国家[1]。当前,数控机床技术创新主要来自德国、美国、日本,并且仍在不断推出高精、高速、复合化、智能化、网络化、绿色化等机床产品。

1. 德国高档数控机床的智能制造发展概况

德国一贯重视机床工业的重要战略地位,《国家工业战略2030》重点关注机器人、人工智能、半导体、生物科技、量子科技等战略领域,明确提出,机器与互联网互联(工业4.0)是极其重要的突破性技术,(生产)机器构成的"真实"世界和互联网构成的"虚拟"世界之间的区别正在日益消失,工业生产中应用互联网技术逐渐成为标配。德国特别注重科学试验、理论与实际相结合,基础科研与应用技术并重。企业与大学科研部门紧密合作,对用户产品、加工工艺、高档数控机床的共性技术进行了深入研究,在质量上精益求精。在传统设计制造技术和先进工艺基础上,德国不断采用先进电子信息技术,在加强科研的基础上自行创新研发。德国还重视数控机床主机及配套件的先进实用,其机、电、液、气、光、刀具、测量等元器件,以及数控系统和各种功能部件,在质量、性能上居世界前列。

在数控技术研究应用领域,德国主要企业有以西门子(SIEMENS)为代表的专业数控系统厂商,以及以德马吉森精机(DMG MORI)为代表、自主开发数控系统的大型机床制造商。典型的智能化数控系统有西门子数控系统、海德汉数控系统、德马吉森精机数控系统等。西门子的 MindSphere 是基于云的开放式物联网操作系统，即使是小规模物联网的 CNC 加工企业也能够生成"智能数据"，可将西门子的数控系统和其他 CNC 系统安全连接到工业云中；其数控系统采用精优曲面和臻优曲面控制技术，结合前瞻预读功能，并考虑向前和向后的加工路径，确保完美的表面加工质量，而且进一步提高加工速度，借助创新的优化压缩器功能，可以实现最佳的轮廓精度和最快的处理速度。

德国通快（TRUMPF）公司推出的 TruBend 5130 折弯机，采用升级的人性化操作系统，具有很高的后定位及折弯持续精度，折弯速度全面提升；具有两种 ACB 折弯角度测量装置，角度误差不超出 ±0.3°；并具有直观的编程和控制系统。德国埃马克（EMAG）公司的多主轴模块化车床 VL 3 DUO 具备两个独立的加工区，每个加工区配备有独立的工件临时存储器和上下料主轴。镜像排布的加工区分别装有独立的工作主轴，每个加工区都配备有 12 刀位刀塔，可装配动力刀具。多主轴模块化车床 VL 3 DUO 可方便地与其他埃马克机床组合成生产线，如与立式车削中心 VL 4 H 和车削中心 VLC 200 GT 组合成紧凑型齿轮生产线。

2. 美国高档数控机床的智能制造发展概况

美国再工业化最根本的特点就是"互联网＋工业"，从互联网信息端加速向制造装备物理端渗透，促进制造装备与高级计算、分析感应技术的无缝连接，加速虚拟数字世界和物理制造世界的融合。美国制造业各领域根据需求不断提出机床的发展方向和科研任务，并且供给充足的经费。美国首先结合汽车、轴承生产需求，充分发展了大量大批生产自动化所需的自动线，电子、计算机技术在世界上领先。因此，其数控机床的主机设计和制造基础扎实，而且他们一贯重视科研和创新，故其高性能数控机床技术一直处于世界领先地位。美国不仅为宇航等行业提供高性能数控机床，也为中小企业提供物美价廉实用的数控机床（如 Haas、Fadal 公司等）。

美国赫克（Hurco）公司主要设计并制造各类立式加工中心、卧式加工中心、五轴加工中心和车削中心，全部配套其 WinMax® 控制系统。其机床产品强调简化从图样设计到零件制造的过程，协助操作者实现简洁而优质的加工，具有对话式编程和 NC/G-代码编程两个主要智能化特点。

3. 日本高档数控机床的智能制造发展概况

日本对机床工业的发展异常重视，通过规划、法规引导发展，并提供充足研发经费大力发展数控机床。日本充分发展大量大批自动化生产线，全力发展中小批柔性生产自动化的数控机床。日本从 20 世纪 80 年代开始进一步加强科研创新，向高性能数控机床发展。在发展数控机床的过程中，突出发展数控系统。

日本典型的智能化数控系统有发那科（FANUC）数控系统、三菱（MITSUBISHI）数控系统和马扎克（MAZAK）数控系统等。日本发那科公司致力于通过 MT-Link 协议推动互联网技术的应用，MT-Link 可以监控和管理上千台数控机床的数据，是一个可扩展、即插即用的解决方案；数控系统以提高机床控制智能化为方向，在其新系统 0i-MF 上标配了智能化功能群，包括智能重叠控制、智能进给轴加减速、智能主轴加减速、智能自适应控制、智能反向间隙补偿、智能机床前端点控制、智能刚性攻丝等。日本马扎克公司运用 IoT 技术的综合支持系统 Mazak iCONNECT，通过 Mazak SMART Cloud，将客户机床与马扎克服务中心相连，为客户提供加工支援、运行监控、保养支持等，守护客户基础的稼动状况，为客户机床的全生命周期提供及时支持和保障。

日本大隈（OKUMA）公司的 MCR-A5CII 龙门式五面体加工中心，工作台尺寸 2500mm×5000mm，工作台最大承重 33t，融合优良的机械设计和控制技术，自创智能化高精度的热亲和技术保证加工尺寸的稳定性。其"Thermo-Friendly（热亲和）"设计理念强调，机床周围的温度变化及加工过程中产生的热量，都会对加工精度产生很大的影响，机床机械设计遵循"接受机床环境和加工过程的温度变化"的独特思路。大隈公司设计了接受温度变化、同时善于控制热位移的机床结构，只需在安装机床时确认一次尺寸，可大幅减少之后的补偿次数。用户不必采取特殊措施，便能在普通的工厂实现高精度加工。

日本安田（YASDA）公司机床的核心技术有五个方面：①实现全转速范围的高精度加工技术，预载自动调整型高速主轴，低转速时大预加负载，高速旋转时根据轴承发热量自动调整预加负载，实现低转速重切削、高转速低发热高精度旋转；②决定机床精度的导轨结构，采用经久耐用的淬火钢实心方轨，经单独高精度研磨后，再经过手工研磨做进一步精加工，以保证几何学精度及其精度的耐久性；③维持稳定高精度加工的工作台夹紧机构，工作台与底盘的结构一体化设计，保证高刚性夹紧，良好的振动衰减性，同时具有工作台交换的高重复定位精度；④抑制机身热变形的机身温控装置，机身温控装置可将工厂环境对机身影响局限在最小范围内，通过在机身上循环的冷媒把主要部位控制在室温±0.2℃以内，以防机身急剧变形，实现长期稳定的高精度加工；⑤高度控制系统"YASDA MiPS"，为实现高生产率和高度自动化而独创的控制系统"YASDA MiPS"，具有便于机械日常维护的"维护演示功能"，能发现机械故障并以画面显示故障部位的"自诊断功能"，以及管理刀具、监视加工动力情况的"管理功能"。

二、国内发展现状

高档数控机床是智能制造最重要的关键装备之一，对智能制造有着重要的意义。近几年，高档数控机床专项的实施，以及国家出台一系列支持数控机床行业发展的政策引导和扶持，促进了我国数控机床行业产业升级。我国高档数控机床主要产品已基本形成自主开发能力，总体技术水平稳步提升。

1. 创新能力增强，有力支撑国家重大战略需求

我国制造装备自主研发能力大幅提升。高速切削、多轴联动加工等关键共性技术取得突破，主要产品设计制造水平明显提高；高档数控机床主机平均无故障运行时间从 500h 左右提升到 1200h 左右，部分产品达到 2000h 水平。"五轴联动机床用 S 形试件"标准实现我国在机床国际标准领域"零"的突破[2]。

重点领域制造装备基本实现了立足国内，有力支撑了航空航天、船舶、汽车、发电设备领域所需高端机床装备，为大飞机、载人航天、探月工程等国家重大专项和一批国家重点工程提供了关键制造装备，涌现出一批具有一定竞争力的高档数控机床制造企业。

在光学元件超精密关键制造装备方面，提出了若干超精密光学制造装备的新原理、新结构，研制出超精密关键制造装备，实现了关键制造装备国产化，主要技术指标达到国际先进水平。

2. 数控系统实现中高档数控机床批量配套

高档数控系统国内市场占有率由 1% 提升至 14%，在航空航天领域实现"零"的突破；配套国产数控系统的五轴联动高档数控机床有力保障了航空发动机机匣、核电汽轮机叶片等关键零部件的生产。

3. 国家技术标准创新基地（高档数控机床）获批筹建

根据《国家技术标准创新基地管理办法（试行）》和《国家技术标准创新基地建设总体规划（2017—2020年）》要求，国家标准化管理委员会于2019年10月批准筹建国家技术标准创新基地（高档数控机床）。

"国家技术标准创新基地（高档数控机床）"将作为关键载体，促进高档数控机床技术成果转化、协同创新、高水平标准产出；将作为条件保障，保障良好科研条件，实现科技资源开放共享，发挥最大效应；将作为综合性孵化器，促进高新技术企业迅速发展、促进科技成果落地实施，形成生产力；将作为标准化服务的重要平台，服务于政府决策、服务于标准化科研、服务于企业，充分发挥标准技术支撑作用，带动和促进产业转型升级。

三、市场规模和需求

1. 全球数控机床产业概况[3]

2019年，全球数控机床产业规模达1492.0亿美元，增长率为3.9%。其中，数控金属切削机床产业规模783.3亿美元，占比52.5%；数控金属成形机床产业规模420.7亿美元，占比28.2%；数控特种加工机床产业规模265.6亿美元，占比17.8%；其他数控机床产业规模22.4亿美元，占比1.5%。2019年全球数控机床细分产业规模情况如图4-1所示。

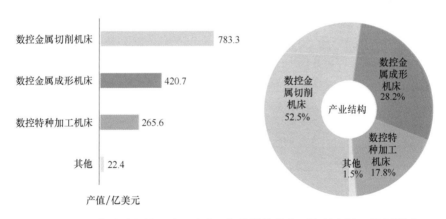

图4-1　2019年全球数控机床细分产业规模结构分布（资料来源：赛迪顾问）

2019年，日本数控机床产业规模占全球比重约32.1%，是全球第一大数控机床生产国。中国数控机床产业规模略低于日本，占全球比重约31.5%。德国整体产业规模占全球比重约17.2%。2019年主要生产国家数控机床产业规模分布如图4-2所示。

2. 我国数控机床产业概况[3,4]

2019年，我国数控机床产业规模达3270.0亿元。其中，数控金属切削机床产业规模1739.6亿元，占比53.2%；数控金属成形机床产业规模932.0亿元，占比28.5%；数控特种加工机床产

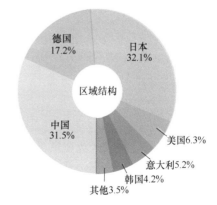

图4-2　2019年主要生产国家数控机床产业规模分布（资料来源：赛迪顾问）

业规模 549.4 亿元，占比 16.8%；其他数控机床产业规模 49.0 亿元，占比 1.5%。2019 年我国数控机床细分产业规模情况如图 4-3 所示。

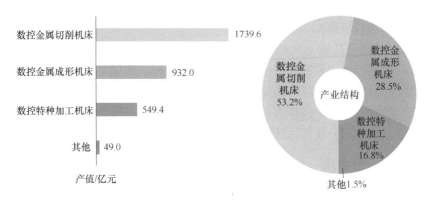

图 4-3　2019 年我国数控机床细分产业规模结构分布（资料来源：赛迪顾问）

2019 年我国金属加工机床消费额 223.1 亿美元，同比降低 23.5%，其中金属切削机床消费额 141.6 亿美元，同比降低 21.8%；金属成形机床消费额 81.5 亿美元，同比降低 26.2%。2001—2019 年国内金属加工机床消费额变动趋势如图 4-4 所示。

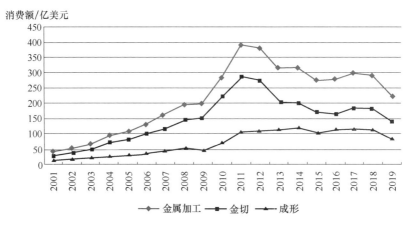

图 4-4　2001—2019 年国内金属加工机床消费额（资料来源：中国机床工具工业协会）

第二节　实 施 进 展

一、高档数控机床主机的智能化水平不断提升

一批数控机床制造企业在主机上集成应用智能化技术，并重视数控机床机械结构设计的技术创新和发展，研发出一系列具有自主知识产权的产品。

上海拓璞数控科技服务有限公司生产的五轴龙门加工中心，采用高架桥式结构，定位误差≤0.02mm，重复定位误差≤0.01mm。其 A/C 双摆角头为自主研发产品，拥有高转速、高速进给、较高的加工精度，适用于非金属材料的五轴铣削加工。

北京精雕公司生产的 JDMR600_A15SH 高速加工中心，采用高架桥式龙门结构、可倾转台，主轴最高转速 20000r/min，具有在机测量和智能修正功能，具有能够将 DT（Digital Twin，数字孪生）和 RTCP（回转刀具中心点）无缝集成的智能 SurfMill 软件。JDGR100、JDGR300、JDGR300H 三台全新五轴高速机同样具备"$0.1\mu m$ 进给、$1\mu m$ 切削、纳米级表面效果"的标志性能力。

宝鸡机床公司生产的 BL5-C 智能数控车床、BM8-H 智能立式加工中心，分别配置宝鸡机床 B800T 数控系统、B800M 智能系统。与华中数控联合研发的 BM8-H 智能立式加工中心，主要精度在国家标准的基础上提高了 50%~65%，还实现了机床热误差补偿、双码联控、断刀检测、健康保障、大数据服务等功能，确保了机床的高精度、高速度、高刚性、高可靠性。

大连科德数控公司生产的 KToolG3515 五轴工具磨削中心所采用的数控系统、伺服电动机、力矩电动机、主轴电动机及电主轴全部为自主研发。床身采用矿物铸石材料，具有极佳的抑振性和抗热变形能力。整机采用五轴全闭环控制，微米级的控制精度及高动态特性，实现球头和圆弧轮廓的完美加工。配备大连光洋的总线式数控系统 GNC61 和磨削工艺软件系统 G-TOOL，具有自定义模块功能，加工刀具更灵活。适用于铣刀、钻头、铰刀、丝锥等复杂刀具的加工。

北平机床有限公司生产的 BPX6 多功能九轴五联动工具磨床，可以加工金属切削刀具、CBN 等多种刀具。先进的直线电动机驱动＋高精度直线光栅应用于直线轴，实现良好的快速响应及精确定位；直驱 DD 电动机＋高精度圆光栅应用于回转轴，更精确分度及定位；采用先进的刀具磨削软件，三维模拟图形操作界面，保证工具磨削加工的高效率。

二、高档数控系统的智能化功能持续增强

高档数控系统技术成熟度有了很大提高，市场认可度和竞争力也有了长足进步，掌握了多通道、多轴联动、高速高精、现场总线等关键核心技术。

华中数控的首台搭载 AI 芯片的新一代人工智能数控系统——华中 9 型智能数控系统（iNC），集"感知与互联""学习与建模""优化与决策""控制与执行"四大智能特点于一身。提供机床全生命周期"数字孪生"的数据管理接口和大数据智能的算法库；采用国内数控装备工业互联通信协议（NC-Link），构建了 iNC-Cloud 数控云服务平台，形成了面向质量提升、工艺优化、健康保障和生产管理的智能化功能和多轴多通道的高端加工功能。

广州数控的 GSK980MDi 数控系统，基于 GSK-Link 工业以太网总线控制技术，标配总线式伺服驱动单元及绝对式编码器的伺服电动机，实现了五轴五联动、最小指令单位 $0.1\mu m$。支持伺服参数在线配置、伺服状态在线监测等功能；支持通过 GSK-Link 总线扩展 I/O。GSK-25i 多轴联动数控系统，配置自主研发的最新 DAH 系列 17 位绝对式编码器的高速高精伺服驱动单元，实现全闭环控制功能。

沈阳高精数控的蓝天新一代智能数控系统 GJ680，在智能化关键技术有所突破。支持温度、振动、视觉等外部传感器的接入，进行数据实时采集和解析，在现场搭建制造物联网络，实现对数控机床加工环境和运行状态的实时感知，使用模糊控制、专家控制等智能控制算法作为优化算法实现在线自适应控制。

科德数控的 GNC62 数控系统采用双总线和 GLINK 光纤运动控制现场总线技术，传输速

度100MB/s，实现高速的信息交互，采用传感细分技术实现精密的角度位置感知。提升多通道控制、五轴控制、双驱控制和车铣复合等关键技术，实现数控机床复合化加工。系统增强了三维在线切削仿真和三维防碰撞功能，集中控制与分布控制的混合控制，提供了面向用户人机交互等多层次开放，更为方便的对刀方式和刀尖点坐标显示。

北京精雕的JD50数控系统基于PC-Based体系架构，采用嵌入式工控机及Windows XP Embedded操作系统平台，具备高速高精度加工、多轴联动加工、在机测量和智能修正、智能监测和安全便捷的操作功能。特有的在机测量和智能修正技术，先进的前瞻功能，丰富的多轴联动加工功能，可全面覆盖各种多轴加工需求，实现复杂零件的高质量加工。

三、智能制造装备研发稳步推进

1. 高档数控机床成套装备

普什宁江的FMC50柔性制造单元，由THMC6350精密卧式加工中心、搬运小车、12工位立体托盘库、工件装卸站、总控及其他辅助设备组成，该柔性制造单元适用于各种箱体类零件加工，能在料库装卡多种不同的零件后，由搬运小车自动进行托盘（零件）的出入库和上下料，自动选择程序进行零件加工，实现24小时连续自动化多品种混流工作。

宝鸡机床的高压油泵驱动单元凸轮轴智能生产线，由4台数控车床、4台立式加工中心、料库、中转料台等组成，3台国产机器人为自动线提供自动上下料服务，实现对凸轮轴工件从毛坯至成品的自动加工。关键工序能力指数CPK值≥1.67，凸轮轴零件年产量可达到20万件，可推广应用于汽车、摩托车、纺织机械等机械设备的短轴类零件的车削、铣削自动加工。

秦川机床研发了汽车自动变速器齿轮（箱）数字制造工艺装备链、螺纹/螺杆数字制造工艺装备链、汽车轮毂智能制造岛数字制造工艺装备链等系列智能制造技术与成套装备。"汽车自动变速器齿轮（箱）数字制造工艺装备链"中齿轮高精高效磨削机床的代表，YKZ7250数控蜗杆砂轮磨齿机针对用户工艺需求新开发的定制化装备，集成了高精度、高效率连续展成磨削技术、齿面主动控制磨削和修整技术、加工误差自动补偿技术、故障预警及远程诊断等关键技术，满足了汽车、工程机械、减速器等行业用户对中等规格渐开线圆柱齿轮的大批量、高精度、自动化磨削的需求。

2. 重点领域的智能制造装备

（1）**航空航天领域关键零部件制造装备** 大飞机研制所需的五轴加工装备基本解决了"有无"问题。突破了大型铝合金薄壁曲面零件镜像加工、大型钛合金结构件五轴加工等关键技术，开发了铣削工艺、后置处理工艺软件等。实现了国产五轴数控机床在大型结构件加工、部件装配等领域的应用。

（2）**汽车大型快速高效全自动冲压生产线** 实现了大型快速高效全自动冲压生产线关键工艺装备的突破，解决了汽车覆盖件自动化、智能化冲压关键技术，国内市场占有率达到80%。济南二机床的全自动高速冲压生产线，具有快速、高效、智能、大型等优势，能满足国内用户对大型拉伸件高质量、高档次、高自动化的要求，已在我国乘用车制造企业得到推广应用，并已出口海外，成功应用于江铃福特、日产九州、北美日产、土耳其福特等项目。

（3）**发电设备大型制造装备** 研制了3.6万t黑色金属垂直挤压机，实现了超临界和超超临界电站用大口径厚壁无缝钢管的自主制造，使我国在大口径厚壁无缝钢管生产制造技装备方面实现了跨越式发展。研制出多台世界上最大规格的数控重型机床产品，用于加工核电转子、燃气轮机内外缸体，从单一功能发展为复合功能，设备的各项指标已达到国外同类设备水平。

四、在重点领域数字化产线/车间建设中的应用示范快速拓展

航天科工集团三院 31 所组建首条以国产高档数控机床装备为主的发动机关键重要件生产线，采用科德数控自主研制的五轴数控机床，并利用 AGV 小车、桁架机器人、自动化工装夹具、在线检测系统等智能制造手段，在生产 MES 的组织下，实现了发动机关键重要件的自动化生产，投产后的设备综合利用率达到 70%，生产效率提升 30%，人员缩减 50% 以上。

沈阳航空产业集团的首条五轴机床铝合金肋板类卧式加工生产线，是沈阳地区"航空零部件加工重大项目"中的核心项目之一，是可涵盖千余种航空结构件高效高精加工的生产线。沈阳机床为该项目提供铝合金肋板类卧式加工生产线、钛合金大型框梁类强力加工中心、卧式精密加工中心共 22 台设备，组成了三条精加工生产线，满足航空铝合金结构件的高效自动化生产。

格力的 2.0G-FMS 自动化柔性生产线，能够以高精度、高效率、高稳定性完成多种模具和零部件的加工。生产线配置了定制化的复合机器人和 AGV 智能小车，自动化柔性生产线可为工业制造提供生产、检测、配送、入库一体化的自动化解决方案。

佛山登奇机电与华中数控建成的伺服电机智能制造数字化车间，由 74 台数控机床、30 台六关节机器人组成。形成年产 40 万标准台产能；该车间建设了 4 种智能制造单元，10 条关键工序定制化柔性生产线；建成伺服电机智能制造信息化系统，实现伺服电机从设计到制造、检测，物流的网络化、信息化，以及互联与集控的定制化、规模化生产。

东方电机公司建设的大型清洁高效发电装备智能制造数字化车间，打造出国内首个定子线圈模块化柔性生产车间、首条自主研发的转子线圈铣孔自动流水线、首个定子冲片全自动绿色制造车间，建成国内首个多通道定子线圈一体化数字检测平台及机器人叠片系统、龙门式六轴数控包带机器人、线圈分厂直线胶化压机、技术工人通过生产管理系统（MOM）操作生产、单机自动化设备定子冲片落料等智能制造单元。项目建成后，东方电机数字化车间生产效率提高 48%，运营成本降低 31.9%，产品研制周期缩短 30.7%。

五、数字化/网络化生产制造新模式不断涌现

汉江机床的高精高效滚珠丝杠、滚珠螺母数字化自动生产线和汽车行业电子驻车制动（EPB）、电子控制制动辅助（EBA）系统螺杆副高效加工数字化自动生产线，生产线和成套自动化、智能化设备的精度、效率等技术指标达到国际先进水平，其成套成线产品在国内推广应用后首次成批量出口"一带一路"沿线国家。

北京精雕推出的线上精密快速制造平台——精密原型结构件快速制造云平台，采用精雕集团配套的软件、自主研发生产的 CNC 设备、先进的检测设备，为客户提供 CNC 加工、表面处理、产品装配等全工艺链工程服务。精雕智能车间管理系统是面向生产企业，集生产管理、过程监控、数据采集分析等于一体的数字化车间管理软件，基于物联网技术，实现机床加工数据的采集、统计、分析，直观显示机床利用率，指导生产决策，优化资源配置，有效

辅助用户整合、分析、处理人、机、料、法、环、测六大生产资源要素数据。

济南二机床利用"JIER LINK"平台，进行了北美一家著名汽车公司墨西哥项目的跨国验收工作。此次验收采用的头戴设备具备 AI（人工智能）和 AR（增强现实）技术，采用近眼显示方式，佩戴后通过全语音控制解放双手，实现远程音视频交互，达到验收人员亲临现场的同等效果。济南二机床的工程师与客户所在的墨西哥和美国的工程师团队共享第一视角画面，随时按照验收人员的指令操作，并对关键验收节点进行讲解。通过 JIER LINK 平台，济南二机床可为用户提供超清全局或局部视频图像，供对方在计算机上查看存档，全程记录验收过程。除远程验收外，济南二机床远程专家系统，还可实现项目实时跟进、在线技术交流、设备远程诊断、可视化远程作业、培训及售后服务指导等多场景应用，为用户提供全流程解决方案。

2015 年以来，工业和信息化部、财政部联合组织实施了智能制造相关专项，包括智能制造试点示范项目、智能制造综合标准化与新模式应用项目、制造业与互联网融合发展试点示范项目等。与高档数控机床相关的智能制造专项项目具体情况见表 4-1。

表 4-1 2016—2019 年智能制造相关专项高档数控机床领域项目清单

年份	项目名称	承担单位
2016	数控机床智能制造试点示范	大连机床（数控）股份有限公司
	精密机械零部件数字化车间试点示范	山东威达机械股份有限公司
	数控机床互联通讯协议标准研究与试验验证	武汉华中数控股份有限公司
	数控机床智能制造数字化车间建设	大连机床集团公司
	离散型高档数控机床智能制造（数字化车间）模式研究及应用	济南二机床集团有限公司
	工业机器人减速器数字化车间	秦川机床工具集团公司
	高性能超硬材料磨具智能制造新模式	郑州磨料磨具磨削研究所
	高档数控激光加工机床及核心器件智能制造数字化车间	深圳大族激光公司
	威诺高档数控机床智能制造工厂关键技术开发及集成应用	福建威诺数控机床有限公司
	高性能伺服驱动及电机制造新模式应用	重庆广数机器人有限公司
2017	数控机床及机器人精密轴承数字化车间互联互通互操作标准研究与试验验证	洛阳轴研科技股份有限公司
	高档数控金属成形机床关键功能部件智能制造新模式应用	江苏亚威机床股份有限公司
	低成本高档数控机床关键功能部件数字化车间研究及新模式应用	山东威达机械股份有限公司
	iSESOL 工业云平台	沈阳机床（集团）有限责任公司
2018	重型机床智能制造试点示范	武汉重型机床集团有限公司
	数控机床远程运维标准研制和验证平台建设	清华大学
	电主轴制造全流程的精细化技术管理能力	广州市昊志机电股份有限公司
	中国兵器工业集团有限公司工业互联云平台	武汉重型机床集团有限公司
2019	面向金属成形机床行业的工业机理模型和微服务工业互联网平台试点示范	江苏亚威机床股份有限公司

六、行业标准取得突破

"数控装备工业互联通信协议（NC-Link）及应用"成功入选"2019 年工业互联网产业联盟优秀案例"。数控装备工业互联通信协议（NC-Link）的研制为我国数控机床互联互通建立了一套统一的标准，指导国内的机床制造厂商建立统一的机床互联机制，搭建数控机床互联通信应用平台，对我国智能工厂、智能车间的建设及智能生产的推进必将带来巨大的促进作用。

NC-Link 协议采用弱类型的 JSON 进行模型描述与数据传输，在保证可读性的同时，降低带宽压力；模型简约清晰，数据类型丰富，具备较强的表达能力；兼容性好，可以描述多种工控设备；接口定义简单易用，只有侦测、查询、设置、采样四个接口；保证数据完整性、满足毫秒级数据采集，满足智能设备、智能产线、智能车间的 CPS 和数字孪生建模需求；全双工，满足端到端双向通信需求，支持远程控制功能。NC-Link 标准实现异构单元之间的互联互通，如人与设备之间的联接、异构设备之间的互联、设备之间的互操作、应用软件与设备之间的联接。

NC-Link 标准具有广泛兼容性，支持数控机床、机器人、AGV 小车、PLC 等数控装备。目前开发的 NC-Link 数据采集适配器可以支持华中数控、i5、广州数控、科德数控、西门子、发那科和倍福数控系统；NC-Link 协议支持单个数控装备、智能产线和智能工厂的数据交互，还可以支持以 NC-Link 代理器为基础的多个云数据中心的互联。

目前，NC-Link 协议已在华中数控、广州数控、科德数控、沈阳高精、沈机（上海）智能系统研发设计公司等联盟成员的数控产品实现了应用。同时，在武汉、上海、广州、西安等地建立了云数据中心，搭配自主研发的 NB-IoT 等通信装置，在数千家企业及高校进行了部署实施，每天汇聚并处理上亿条数据，采集数控装备中上千个点位信息，涵盖设备状态、报警信息、加工计件、采样数据、调机数据等各种工况。

第三节　面临的突出问题

我国高档数控机床的智能制造发展取得了一系列成果，但与国外先进产品相比，在高端应用领域始终是欧洲、日本和美国企业占据主导地位，国产产品在动态性能、一致性、可靠性和精度保持性方面仍存在较大差距。进一步发展智能制造将面临以下三个方面的突出问题。

一、高档型数控系统配套能力不足

数控系统虽已取得长足进步，但高档数控机床配套的数控系统 90% 以上都是国外产品。决定数控机床整机性能的精密零部件领域被欧美及日韩垄断，如数控系统、伺服系统、高精密传感器、传动系统等具有较高的技术门槛，国内机床企业主要从国外企业进口先进的数控系统。高档数控系统的先进控制核心算法、机电耦合动力学设计等关键技术还需要进一步突破，成熟度有待提高，数控系统国产芯片还需要加大验证推广，伺服驱动及电动机的性能和稳定性与国外先进水平相比尚有较大差距，用户对国产高档数控系统的性能还存有疑虑，需要较长时间来培育市场。

二、产品性能有待提高

目前,我国处于数控机床的发展阶段,有相当一部分数控机床还不具备智能化功能。机床企业为各行业提供的高端产品与国际先进水平还存在一定差距。我国高档数控机床的国内市场占有率相对较低,高档数控机床仍然依赖进口。与国外先进水平相比,一是技术成熟度有一定差距,国内高档数控机床产品与国外产品在结构上的差别并不大,采用的新技术也相差无几,但在先进技术应用和制造工艺水平上还有一定差距;二是综合性能存在较大差距,国内数控机床的主要问题前两位是"精度和稳定性差"及"故障多发",与消费者的需要还有一段距离,零部件制造精度和整机精度保持性、可靠性尚需很大提高。由于缺乏测试、应用和验证的机会,国内产品可靠性、精度保持性等仍与国外存在较大差距,因此,我国高档数控机床的综合性能、稳定性和产品一致性均有很大的提升空间。

三、市场竞争能力不强,未形成规模化应用

近年来,我国已经连续多年成为世界最大的机床装备生产国、消费国和进口国,中高端机床市场份额进一步提升,市场对"高精尖"机床设备的需求更是发生着从无到有的变化。尽管中国数控机床市场规模庞大,国产机床及零部件的市场在逐步打开,但高档数控机床国产化率甚至不到10%,在市场认同度方面仍与国外产品存在巨大差距,不仅高端机床和技术被限制进口,高端应用领域也始终是欧洲、日本和美国企业占据主导地位,中端市场则面临韩国机床等的激烈竞争。

目前国内机床市场低端产品过剩,高端产品不足,而大部分机床企业的产品处于产品链低端,导致这些企业经营处于困难境地,行业内约有一半处于亏损状态。由于缺乏资金,企业的技术升级和技术改造无力进行,导致企业由传统制造体系向智能制造体系转变的智能化改造投资大大落后于其他行业。

智能化技术在高档数控机床的试验和应用取得了积极成果,在满足国家战略需求上得到一定发展,如在航空航天等领域得到应用。但在汽车领域面临推广应用难题,尤其是在汽车动力总成行业应用推广效果不佳,机床主机与汽车用户之间缺乏有效的合作研发与工艺验证手段。

第四节 实践案例

一、华中数控新一代智能数控系统

1. 应用概况

华中数控的新一代智能数控系统实现嵌入 AI 芯片的创新软硬件平台,采用了国内数控装备工业互联通信协议(NC-Link),构建了 iNC-Cloud 数控云服务平台,形成了面向质量提升、工艺优化、健康保障和生产管理的智能化功能和多轴多通道的高端加工功能,具备了建立智能产线的能力。在高速/精密车削中心、高速/精密立加、车铣复合、高速/精密卧加、六轴砂带磨等高档数控机床上实现了应用,满足国内高速、高精、高效、大型、重型、复合及智能生产线等高档数控装备的配套需求。

2. 解决的技术难点或热点问题

1）随着人工智能技术在基于大数据的深度学习上的突破，制造业与网络化、信息化结合的不断深入，将新一代人工智能技术和先进信息技术与数控系统结合，大大拓展了数控系统功能扩展、性能提升及服务模式升级的空间，形成了国产数控系统由跟随追赶时代迈入变道竞争时代的技术突破口。

2）新一代智能数控系统形成了开放式的智能平台，从数据、算法、算力、工具和平台等多个层面为用户提供定制化的全链条式的开发、部署和运行环境，形成个性化的应用，围绕新一代智能数控系统构建应用生态，为智能制造提供平台。

3. 具体做法和实践经验

1）基于 AI 芯片的边缘计算。研制了嵌入 AI 芯片的总线级智能模块，形成了边缘端计算平台，增强了新一代人工智能算法的兼容性，提高了边缘模块的边缘端算力，扩展了数控系统智能化运行平台，丰富了数控系统的应用场景。

2）机床互联通信协议 NC-Link 标准。该标准实现数控设备间的互联通信，满足毫秒级数据采集，为我国数控机床互联互通建立了一套统一的标准，对我国智能工厂、智能车间的建设及智能生产的推进起到了较好的促进作用。与国际主流的 MT-Connect 和 OPC-UA 比较，NC-Link 的水平与国际主流水平持平，局部实现超越。

3）iNC-Cloud 数控云平台。iNC-Cloud 是基于大数据的数控机床全生命周期管理平台，在工业互联网、大数据、云计算、新一代人工智能技术的基础上，汇集数控系统内部指令域电控实时数据和传感器数据为大数据，建立数控机床的全生命周期"数字孪生"，通过大数据的统计分析与可视化，实现数控设备的状态监控、生产管理、设备维修等智能化应用。

4. 创新性

新一代智能数控系统将先进的信息技术和新一代人工智能技术相结合，具有自主感知与连接、自主学习与建模、自主优化与决策和自主控制与执行的特点。形成了如下实质性的突破和创新：

1）数控系统体系结构的创新。世界范围内，创新数控系统的硬件体系架构，国内外首次在数控硬件平台中嵌入 AI 芯片，为大数据环境下的复杂、高密度、并行式计算提供算力支持。

2）指令域大数据采集与分析方法。以数控系统内部电控大数据为主要数据来源，建立机床响应与加工任务之间的关联关系，赋予数控系统自主感知的智能。

3）新一代人工智能方法在数控系统中的应用。充分挖掘大数据蕴含的信息，从传统的因果关系分析转变为大数据及其响应的关联关系分析，提高了智能决策的准确性和适用性，赋予数控系统自主学习的智能。

4）开放式的数控系统平台及其应用生态。新一代智能数控系统提供开放式的智能化应用开发、部署和运行平台，发挥大众创新的磅礴力量，将终端用户的知识以应用的形式在数控系统中集成，构建了围绕新一代智能数控系统的应用生态。

二、国产高档数控机床在航天大型复杂结构件加工的验证应用示范线

1. 应用概况

航天大型结构功能一体化复杂构件的制造工艺技术复杂、加工难度大、制造周期长、技

术指标要求高，而国内高档数控机床成熟度和可靠性较低，难以满足其制造要求，目前基本依赖进口。北京航星机器制造有限公司建设了基于国产高档数控机床的大型复杂结构件加工智能应用示范线，该示范线采用国内研制的高架桥式五轴龙门加工中心、带 AB 轴的五轴加工中心、车铣复合加工中心，设备全部搭载国产数控系统，以及结合数字化管控系统及自动物流系统。通过一年的应用验证，大幅提升某重点航天产品关键件的加工生产能力，优化了大型复杂构件的生产制造流程与产品生产节拍，生产效率提升了 30%，生产成本降低 20%。

2. 解决的技术难点或热点问题

1）研制的国产数控系统突破了基于数控系统内部数据库的工艺状态实时在线监测与故障预警技术、数控远程工艺设计与优化技术等智能制造难点，成功应用于国产五轴加工设备。

2）攻克了双摆角数控万能铣头的技术性能和精度提升、z 轴大行程（$z=2200\text{mm}$）下的机床横梁部件和滑枕部件的高刚性设计、车铣复合机械式高速动力主轴的精密装配等技术难点。

3）国产高档数控机床验证应用示范线建设突破了国产高档数控机床研制与应用能力瓶颈，满足了大型复杂构件制造要求，打破了该类产品加工设备需要依赖进口的局面，实现了自主可控。

3. 具体做法和实践经验

1）针对产品特点研制了智能生产线，包括数字化管控系统、自动上下料系统、AGV 等，实现了产品的智能排产。

2）针对原构件加工设备相对离散、跨车间、跨部门的多重工序协调的问题，将主要加工设备集中建设了验证应用示范线，配置了 AGV 及自动上下料系统，建设了数字化管控系统，实现协同加工，加工效率提升 30%，加工成本降低了 20%。

4. 创新性

1）智能示范线实现了自动物流、自动排产等，实现了大规格铸造零件的自动物流、自动上下料，装卸加工产品及工装总重量超过 300kg，采用 AGV 直接自动上下料，定位精度达到 0.02mm，处于国内领先水平。

2）首次在大规格车铣复合加工中心上使用国产智能数控系统、所有五轴设备均配置 30000r/min 的高速主轴，AB 轴交换工作台设计、龙门加工中心 z 轴大行程设计均属于国内领先水平。

三、国产高档数控机床与技术在航天发动机制造领域的综合验证及工艺研究应用生产线

1. 应用概况

北京动力机械研究所创建了包括总计 26 台国产高档五轴数控机床在内的综合试验与验证平台，配备离线、在线叶轮、机匣测试设备及配套设备，搭配航天发动机关键零部件切削加工车间级 MES，建设了一条高度信息化、生产过程高度可控、生产线人工干预合理减少、生产计划排程智能化，集智能手段和智能系统等技术于一体的高效、节能、绿色、环保、舒适的数字化柔性生产线。

2. 解决的技术难点或热点问题

针对航天涡扇发动机核心零部件高效、高质量、低成本的研制生产需求，以叶轮类零件为典型件开展数字化制造技术研究，以数字化柔性生产线的建设为切入点，开展了产线布局规划、信息化网络构建及智能决策、快换工装系统设计、在线检测、刀具智能化制造等方面的研究，掌握了典型工艺流程的价值流分析技术、基于详细作业流程分析的信息化框架构建技术、生产线数字化管控技术、快换工装系统应用技术、在线检测技术，具备了多种产品的数字化柔性制造能力，充分挖掘产能，有效缩短了产品流转时间及辅助时间。

3. 具体做法和实践经验

（1）**航天发动机关键零部件生产线**　建成了一条集智能手段和智能系统等技术于一体的高效、节能、绿色、环保、舒适的数字化柔性生产线，建设了与之配套的自动化仓储物流系统，包括智能立体库、自动上下料桁架机械手、AGV、RFID 系统、配刀库，实现物流自动化、智能化；ERP、PLM、MES 初步集成，实现了以 EBOM→PBOM→MBOM 为核心的数据传递方式，打通企业层、业务层、执行层的数据流及信息流，初步实现了发动机设计制造一体化模式，初步实现信息流与物料流的互联互通及自动化、智能化。

（2）**关键零部件工艺应用**　创建了包括 26 台国产高档五轴数控机床在内的综合试验与验证平台，国产的光洋数控系统在高动态特性加工方面已经具备了加工能力，针对五轴立式加工中心的相关功能和模块已经基本完善，数控系统的稳定性和成熟度大幅提升。

（3）**关键零部件切削数据库**　针对多种高温合金、钛合金、不锈钢、铝合金和 C/C 复合材料，进行切削试验和切削物理仿真，研究切削工艺过程（切削参数、工艺系统等因素）对加工质量及刀具磨损的影响规律，研究上述材料的切削加工性，优化切削工艺参数，并建立切削数据库。

4. 创新性

（1）**基于国产高档数控机床的数字化柔性生产线技术**　通过自动化立体库、AGV 物流转运系统、桁架机械手系统、零点定位系统和 SCADA 系统等集成，借助数字化、网络化、自动化、信息化和智能化手段改变传统的运行规则和工作流程，完成航天发动机制造资源调配、业务调整的智能化及信息交换共享、业务协同，优化生产能力布局，实现全过程质量数据采集、实时质量监控、质量信息统计及挖掘，建立实时在线的双向质量追溯机制。

（2）**在线测量技术**　在线检测主要是为加工过程提供关键几何尺寸、表面轮廓尺寸等实际数据，用于修正原加工状态下存在的误差。选用机匣类和叶轮类零件主加工设备立式五轴加工中心作为测量平台，研究快速刀位轨迹修正生成技术，通过分析检测数据，生成与加工设备匹配的刀位轨迹程序，用于加工误差的修正。

（3）**国产高档五轴摆篮式数控切削机床技术**　突破了机床结构优化技术、双轴转台 A 轴驱动方式设计改进、激光尺反馈技术、机床热变形分析及综合误差补偿技术等关键技术。

（4）**航天发动机典型零件切削加工数据库技术**　根据零件特性、刀具特性、工艺特性，在上述研究成果基础上，结合已有切削理论研究成果，提出切削数据层次划分的主要原则和方法，建立了切削数据的基本关系描述理论，开发出飞航发动机关键零件切削数据库系统。

第五节 发展趋势

一、高档数控系统的智能化与网络化

随着互联网与信息技术、新一代人工智能技术的发展和应用,数控加工逐渐呈现出网络化与智能化的发展趋势。数控系统的智能化功能也随着机床精密和复杂化的要求日趋发展,智能化系统可以进行自主学习、自主决策、自主执行、自主调解和通信等,帮助客户提升产品性能和生产能力,并降低制造成本,最终实现制造过程的高效、高精、绿色及低成本运行。如,采用智能化数控系统可以简化编程、简化操作、优化加工工艺、提高加工效率和加工质量;通过对机床设备的全方位监控,实现加工过程的智能化控制,降低数控机床的故障率,保证生产线的运行节拍,降低维护成本等。

高档数控系统与互联网技术相融合,推动机床互联,并集成机器人等自动化设备,实现设备之间的互联互通。为满足用户提质增效、互联互通和工艺融合的要求,达到机床厂家、数控厂家和终端用户三方协作创新、合作发展,高质量、高性能、AI、互联互通且具备足够开放性的数控系统将成为机床制造业不断发展的有力推手。

二、新一代人工智能技术与数控机床的融合应用

新一代信息技术和机床行业紧密融合的巨大潜力,将会重塑整个行业的未来生态。在机床研发中,涉及大量的机、光、电、液等方面的试验,通过设计软件、大数据平台与数字孪生技术应用,进行仿真设计和试验验证,能够加快设计和工艺的改进,提高研发效能。同时,结合物联网和5G技术高效收集机床设备的运行参数,通过大数据分析,实现远程运维和预测性维护,并作为设计优化和工艺提升的依据。

新一代人工智能技术与数控机床的融合应用为发展智能机床、实现高档数控机床真正的智能化提供了重大机遇。智能机床是在新一代信息技术的基础上,新一代人工智能技术和先进制造技术深度融合的机床,它利用自主感知与联接获取机床、加工、工况、环境有关的信息,通过自主学习与建模生成知识,并能应用这些知识进行自主优化与决策,完成自主控制与执行,实现加工制造过程的优质、高效、安全、可靠和低耗的多目标优化运行[5]。

三、机床机械设计与数控系统智能化的协同创新

机床整体结构的创新将推进数控系统的智能化功能提升,机床机械设计与数控系统智能化协同创新才能实现真正的智能化。机床企业和数控系统企业各有所长,数控系统企业偏重于数控系统智能化功能的提升,机床企业偏重于机床整体结构的创新,机床企业有丰富的用户加工工艺经验,在熟悉和理解用户需求的基础上,可以在机床机械结构方面进行创新。数控系统企业能为机床企业提供稳定可靠的数控系统平台,提供开放的二次开发接口和HMI定制功能。可将机床企业所需要的智能控制要求、加工工艺和使用特色要求方便地融入数控系统,尽量减少烦琐和重复的操作任务,高效完成零件加工,并能保持加工的稳定性、可靠性和经济性等,实现操作智能化和加工智能化,提升数控系统的智能化功能。

四、在机测量与误差补偿提升数控加工的智能化

离线检测的生产模式对人的依赖性高，在检验过程需要大量的质检人员与众多检测环节对品质进行管控，存在漏检等不可控的风险；由于准确度不可控，也增加了产品批量不合格的风险。采用在机测量技术可以降低产线对人的依赖，实现测量数据的数字化；所有测量活动都能够在机完成，不再依赖多种复杂的测量工具，也可以减少检验辅助环节；机床计时严格执行、检测频次变量控制且容易变更，不会存在漏检情况；检测程序严格、统一，准确度有保证，在机测量技术将促进工厂检验模式向智能化方向转变。

机床周围的温度变化及加工过程中产生的热量，都会对加工精度产生很大的影响，如强烈的室温变化、室内上部下部的温差、来自顶棚与墙壁的热辐射等，都会使机械加工不断发生热变形。采用误差补偿技术可以有效补偿加工误差、环境误差等，提高加工产品的质量，实现高精度加工。

在机测量与误差补偿技术的有效集成和协同应用，将实现加工过程的可监控、测量数据的智能分析和误差的补偿修正，保证加工过程的连续稳定和数控加工的智能化。通过加工过程中各工序误差的在机测量，并基于测量数据进行在线分析，实现产品的智能修正误差和补偿加工，提升生产的良品率和品质管控效率；通过检测工件关键尺寸，实时监控原点位置，智能补偿由装夹变形、丝杠热伸长、环境温度变化等原因导致的原点漂移误差，确保加工尺寸及位置的准确性。

第六节　措施建议

一、完善联合攻关机制，推动共性技术创新

以高档数控机床为主攻目标，选择取得较好成果的优势单位，组建国家高档数控机床创新中心，形成分布式、网络式的新型研究机构，并与美国、德国等先进制造领域的研究机构开展深度合作，学习国外先进研发经验及成果共享机制，构建高端机床装备研发和自主知识产权体系，开展协同攻关，重点突破高档数控机床正向设计、数控系统及功能部件性能提升、智能加工自适应控制与补偿、制造一致性稳定控制等核心共性和关键技术。

加强数控系统企业与机床企业的深度融合和协同创新，以及制造企业与用户企业的紧密结合，从用户需求出发，围绕工艺突破，形成主机厂、系统厂、用户厂的战略联盟，在开发、生产、验证、使用各个环节加强信息沟通，团结协作，使三者有机的战略联盟形成长效机制。重视工艺验证，加强工艺与装备的紧密结合，不断提升装备的精度保持性与可靠性；注重系统集成，保障主机与刀具、量具和模具，主机与检测和物流设备，以及多台主机的集成联线等均能实现系统优化，确保功能部件与检测系统的有效匹配。

二、加大政策扶持力度，助推产业规模化发展

国产数控机床产品除技术层面外，还需要采用一定的政策扶持，以推进数控机床在各个领域的推广应用。纵观德国、日本、美国等发达国家机床工业发展历史，各国都出台过一些保护本国机床企业的政策，大力发展机床产业。因此，建议我国出台相关重大扶持政策，加

大政策扶持力度，为国产数控机床产品营造有利的市场环境。推进数控机床与工业互联网、新一代人工智能技术的融合发展，大力支持机床高性能智能数控系统、智能机床（智能精密加工机床、智能多轴联动机床、智能超精密机床，多工艺多工序复合智能机床）等产品研发和成果的推广应用，提高国产数控系统和功能部件的配套能力，满足用户个性化和多样化的需求，提升国产数控机床的可靠性、精度保持性和产业化水平，推动国产高档数控机床的规模化和产业化发展。

三、构建社会化、智能化的制造新模式[6]

智能制造的发展基于生产效率和装备效能的提升，由提供单机向提供成套装备及技术解决方案转变，能够给用户提供更好的生产管理方式，推动用户生产制造方式向智能制造新模式升级。构建智能工厂，从产品设计、生产规划、生产过程、制造现场等端到端的核心制造过程，到外部材料采购、产品营销和客户服务等购销及服务过程实现每个环节的数字运营，推动机床制造的精益化[6]。

以用户为中心，实现人、机、物等环境信息的融合，用户通过智能终端及智能制造服务平台随时随地按需获得智能制造资源、产品与能力服务。越来越多的工业企业正在数字化、网络化、智能化的路上，逐步走上"企业上云"之路，国内一些知名机床企业已经开始进行机床上云布局，将数字化工厂管理平台进一步延伸到移动端。上云可为企业管理者提供数字化、图表化的机床状态监控和加工效率分析功能，企业可以通过APP随时随地了解设备状态和生产情况，享受专业、智能、安全的跟踪服务，分享制造过程中生产管理、设备维护等先进经验，从而提高企业的核心竞争力。

参考文献

［1］高端装备发展研究中心. 国内外高档数控机床技术现状及发展趋势［R/OL］.（2017-03-28）［2020-03-12］. https://www. sohu. com/a/130686244_628943.

［2］中国机械工程学会.《国家中长期科学和技术发展规划纲要（2006-2020年）》制造业领域专题评估结题报告［R］. 2019.

［3］杨雪莹. 赛迪顾问｜2019年数控机床产业数据［R/OL］.（2020-03-05）［2020-03-18］. https://www. sohu. com/a/377941725_378413.

［4］中国机床工具工业协会. 2019年我国机床工具行业经济运行情况分析［R/OL］.（2020-02-27）［2020-03-18］. http://www. mei. net. cn/jcgj/202002/1582796563. html.

［5］CHEN J H, HU P C, ZHOU H C, et al. Toward Intelligent Machine Tool［J］. Engineering, 2019, 5（4）: 679-690.

［6］搜狐网. 中国通用技术集团陆益民：以工业互联网引领机床行业再出发［R/OL］.（2019-09-29）［2020-04-16］. http://www. sohu. com/na/349560443_765124. html.

编撰组组长：刘炳业
编撰组成员：韩清华　刘艳秋　钟永刚　韩维群
审 稿 专 家：刘强　梁玉

第五章

工业机器人领域智能制造发展报告

第一节 发展概况

一、工业机器人重要战略地位

机器人是国家先进制造产业的核心技术和产品,其生产规模与研发水平已成为衡量一个国家综合国力和科技实力的重要标志之一。机器人产业是事关国家经济发展、国防建设、信息现代化的基础性、战略性产业,近年来得到了国家层面、省市地区的政策支持。

在国家层面上,国务院、工业和信息化部、科技部、发展改革委、自然科学基金会等部委陆续发布了一系列政策。如《国家中长期科学和技术发展规划纲要(2006—2020年)》,将智能机器人列入先进制造技术中的前沿技术[1]。中国制造强国战略明确机器人将围绕各行业应用需求,积极研发新产品[2];《机器人产业发展规划(2016—2020年)》计划在五年内形成我国自己较为完善的机器人产业体系[3]。2016年7月,国家自然科学基金委员会启动"共融机器人基础理论与关键技术研究"重大研究计划,共融机器人(Coexisting-Cooperative-Cognitive Robots, Tri-Co Robots)是指能与作业环境、人和其他机器人自然交互、自主适应复杂动态环境并协同作业的机器人。面向智能制造、医疗康复、国防安全等领域对共融机器人的需求,开展共融机器人结构、感知与控制的基础理论与关键技术研究,为我国机器人技术和产业提供源头创新思路与科学支撑。从2017年开始,科技部启动重点研发计划"智能机器人"重点专项,支持围绕智能机器人基础前沿技术、新一代机器人、关键共性技术、工业机器人、服务机器人、特种机器人等方向开展研究。

从区域政策上来分析,各地区积极出台相关政策措施推动机器人产业的发展,具体情况如下:

(1)长三角地区 长三角地区是以上海、昆山、无锡、常熟、徐州、南京为代表的城市群,主要发展省市是江、浙、沪。截至2018年,长三角地区已经建立了功能相对完善、系统较为健全的机器人产业生态系统,成为具有国际竞争力的产业研发高地。2019年12月公布的《长三角区域机器人产业链地图》数据显示,长三角区域机器人产能占全国50%以上。长三角地区在机器人发展方面,聚焦在产业技术创新、人工智能引入、领域结合应用等方面。其中,上海希望通过技术创新加大机器人在生产线上的应用,通过产能的扩大实现产业规模的提升;江苏计划加强机器人与人工智能技术的集合,推动工业、服务、特种三类机器人的智能化发展;浙江则重点关注机器人场景应用拓展和细分领域的"机器人换人"需求满足。以上政策表明,长三角地区的产业发展正在走向应用阶段,如何将技术、产品落实到生产线和领域场景之中,是未来该地区的主要发展重点。

(2) 珠三角地区　珠三角地区是以深圳、广州、东莞、佛山为代表的城市群。截至2018年,珠三角地区的机器人产业链条建设基本完备,基础技术实力充足,在自动化控制器、无人化设备等领域具有一定优势,并且培育壮大了一大批本土机器人企业。珠三角地区重点集中在基础核心技术和企业培育两方面。福建特别将核心零部件的技术发展写入新的政策之中,广东则一直推动本土高产能高技术企业的成长和发展,积极建立先进制造基地,助推行业产值的增长和规模的扩大。珠三角的发展策略是通过核心技术的突破,培育行业龙头企业的快速形成和崛起,最终实现该区域产业规模走向成熟。因此未来在珠三角的发展中,推动技术和企业崛起的人才力量,将是发展的重中之重。

(3) 京津冀地区　京津冀地区是以北京、天津、河北为代表的城市群。截至2018年,京津冀地区在机器人产业链、智能资源、创新平台、应用开发等方面发挥出了技术优势和产业专长,形成了高速发展错位竞争、优势互补的基本格局。从京津冀地区政策可以看出,各地区根据自身区位优势各抒己长。其中,北京主要布局智能机器人产业创新体系和生态环境;天津围绕机器人整机和配套零部件展开重点建设;而河北则着重培育在系统集成及特种机器人领域拥有特色的影响力企业,形成自己的产业集群发展态势。京津冀地区并没有统一的发展方向,根据不同条件进行不同侧重的发展,形成独具特色的产业优势。因此,未来该地区发展的重点,仍将是考虑如何将产业发展与自身可利用优势相结合。

(4) 东北地区　东北地区是以哈尔滨、沈阳、抚顺等为代表的城市群。截至2018年,机器人产业已经成为东北地区经济转型升级的重要抓手,区域内各省市积累了一定的基础和优势,一批国内知名机器人企业龙头坐落于此,产业发展不断壮大。东北地区机器人产业发展的特点呈现出多元化趋势。由于东北地区是我国重要的老工业基地之一,具有良好的资源区位优势和制造业发展基础,制造业企业聚集程度比较高,因此发展工业机器人等智能制造装备很有优势。在这样的情况下,东北地区出台的相关政策一方面巩固了工业机器人和相关核心制造的发展,另一方面也强调了产业向服务机器人、特种机器人等方向的多元化延伸,充分将自身优势利用和扩大,推动机器人产业走向更加全面和丰富的发展。

(5) 中部地区　中部地区是以芜湖、洛阳、武汉、长沙、湘潭为代表的城市群。截至2018年,中部地区借助政府宏观战略部局和政策支持,积极推动机器人产品研发、产业化应用、集成应用示范、公共服务平台建设等各项工作,投入专项资金重点支持企业创新和新品推广,建立起了功能完善、结构合理的机器人产业链条。可以看出,中部地区这几年机器人产业的发展更多是依托后发优势。由于该地区机器人产业发展晚于其他区域,产业机构偏中下水平,创新能力处于中游水准,集群程度属于平均水平,经济环境尚有待培育,先发优势基本没有。在这样的情况下,国家政策成了重要的发展依托,因此中部地区的政策数量众多且显得十分全面。

(6) 西部地区　西部地区是以重庆、西安、成都等为代表的产业集群。截至2018年,西部地区通过共性关键技术的研发，以及本土特色机器人企业的重点扶植，正在不断激发区域内机器人应用市场潜力，打造相对成熟的产业链。西部地区机器人产业发展的重心在于共性关键技术的突破和企业集群的打造。西部地区由于起步晚，区位资源有限，机器人产业布局建设的规模不是很大，集群效应不甚明显。因此，该区域的政策偏向于共性技术的打造和特色企业的培养两方面，希望借此快速激发机器人应用市场的潜力，进而形成较大规模的发展。

二、国内外工业机器人发展概况

1. 国外工业机器人发展概况

工业机器人是集机械、电子、控制、计算机、传感器、人工智能等多学科先进技术于一体的现代制造业重要的自动化装备。当前，全球机器人基础与前沿技术正在迅猛发展，涉及材料、机械、控制、传感器、自动化、计算机、生命科学等各个方面，大量学科在相互交融促进中快速发展，共同促进工业机器人向着更高水平发展。

（1）**智能化、灵巧化发展提速** 当前工业机器人的应用场景愈加广泛，苛刻的生产环境对机器人的体积、重量、灵活度等提出了更高的要求。与此同时，随着研发水平不断提升、工艺设计不断创新，以及新材料相继投入使用，工业机器人逐步向着小型化、轻型化、柔性化的方向发展，类人精细化操作能力不断增强。例如，日本 EPSON 公司首款新型折叠手臂六轴机器人 N2，可在现有同级别机械臂 60% 的工位空间内完成灵活操作；折叠手臂六轴机器人 N6 采用内部走线设计，其折叠手臂可自然进入高层设备、机器、架子等狭窄空间；T3 紧凑型 SCARA 机器人将控制器内置，避免了在设置和维护过程中进行复杂的布线，大大提高了成本效率并保持较低的总运行成本。德国费斯托（Festo）公司的新型全气动驱动机械臂，将刚性的"抓取"转变为柔性的"围取"，能完成灵活抓取不同大小部件的任务。为进一步提高机器人的性能和作业能力，近年来，工业机器人已逐渐向智能化发展。日本发那科（FANUC）公司研发的学习机器人（Gakushu Robot）可以通过学习抑制机器人动作时产生的振动，优化机器人的作业运动速度，缩短节拍时间，提高生产效率；德国人工智能研究中心（DFKI）研究出了智能抓取与装配机器人，其头部和手臂分别安装有立体智能相机和摄像头，左手内部装有天线可以读取产品的尺寸和重量，进而通过抽象记忆系统实现自适应抓取与智能产品装配。

（2）**人机协作不断走向深入** 随着工业机器人易用性、稳定性以及智能水平的不断提升，工业机器人的应用领域逐渐由搬运、焊接、装配等操作型任务向加工型任务拓展，人机协作正在成为工业机器人研发的重要方向。传统工业机器人出于安全性考虑，一般放在保护围栏或者其他屏障之后，以避免人类受到伤害，这极大地限制了工业机器人的应用效果。同时，传统工业机器人主要负责工厂中重复性的工作，对柔性、触觉、灵活性要求比较高的工作往往力不从心。人机协作将人的认知能力与机器人的效率结合在一起，从而使人与机器人相互协作，共同完成各种复杂任务。例如，瑞士 ABB 公司的双臂人机协作机器人 YuMi 可与工人一起协同工作，在感知到人的触碰后，会立刻放慢速度，最终停止运动；德国库卡（KUKA）公司的协作机器人 LBR iiwa 可以每秒 10mm 或 50mm 的速度抵近物体，并在遇到阻碍后立刻停止运动；德国宇航中心机器人研究所的 Kinfinity Glove 机器人手套可由操作者穿戴，并远程同步控制一台具有两条手臂的机器人；丹麦优傲公司的 e-Series 协作式机器人可设定机械臂保护性的停止时间和停止距离,并内置力传感器提高精度和灵敏度,满足更多应用场景的需求。

(3) 工业互联网成布局重点　随着新一代信息技术与制造业的深度融合,制造业越加显著地表现出网络化、智能化的前沿发展趋势,机器人龙头企业纷纷布局工业互联网。例如,德国库卡(KUKA)机器人可与基于云技术的 KUKA Connect 相连,实现机器人与设备的联网,实时查看和分析工业机器人的运行状态,减少系统停机时间、进行预测性维护等,并通过大数据分析持续提高生产率、质量和灵活性;ABB 推出 ABB Ability 工业云平台,并与华为联合研发机器人端到端的数字解决方案,实现机器人远程监控、配置和大数据应用,进一步提升生产效率和节约成本。

(4) 智能工厂解决方案加速落地　当前,全球制造业格局面临重大调整,智能工厂作为工业智能化发展的重要实践模式,已经引发行业的广泛关注。例如,日本发那科设立 Fanuc Intelligent Edge Link and Drive(FIELD)平台,并采用 NVIDIA 人工智能系统,能实现自动化系统中的机床、机器人、周边设备及传感器的连接并进行数据分析,提高生产过程中的生产质量、效率、灵活度以及设备的可靠性;三菱电机打造的智能工厂 e-F@ctory,强调"人、机器和 IT 协同",可以根据数量、品种、交货期等指标的变更,灵活调整生产节奏,削减企业总成本以达到推动高端制造和提高企业价值的效果;安川电机推出 i3-Mechatronics 概念,其中 i3 指的是 integrated(集成)、intelligent(智能)、innovative(革新),安川电机试图通过对自身机器人、电机等自动化零件组合和集成控制,实现更智能的制造解决方案。

2. 国内工业机器人发展概况

目前,我国工业机器人研发仍以突破机器人关键核心技术为首要目标,政产学研用通力配合,初步实现了部分关键零部件的国产化。工业机器人国产化进程再度提速[4]。

(1) 应用领域向更多细分行业拓展　继汽车和电子制造行业之后,五金卫浴、家具、家用电器等行业也成为国内工业机器人的主要应用领域。同时,随着近年来国家对环保和民生问题的高度重视,工业机器人在塑料、橡胶等高污染生产行业,以及与民生相关的环保、食品、饮料和制药等行业的应用也在不断扩大。

(2) 越来越多的龙头企业投入机器人研发　由于采购规模增长和企业转型需求,部分制造业领域处在产业链重点的龙头企业开始进行机器人的并购和研发进程。例如,美的集团收购库卡公司布局机器人领域的中游总装环节,积累下游应用经验,建立竞争优势,并在收购德国库卡公司后,与以色列运动控制系统解决方案提供商 Servotronix 达成战略合作,增强在工业机器人领域的研发实力。碧桂园集团进军机器人领域成立子公司博智林机器人,开发研制应用于建筑业、餐饮、物业管理、医疗、农业等领域的机器人产品。娃哈哈成立人工智能机器人公司,加大智能机器人研发力度,已实现对集团内部子公司的自主供货,并开展对外销售。

(3) 研发与投资共同加速国际化进程　当前,我国机器人企业具备了一定技术、市场和资金实力,通过国际合作已成为扩大市场和影响力的重要途径。例如,埃斯顿自动化通过入股英国 Trio、德国 M.A.i、美国 Barrett、意大利 Euclid 等公司,并在米兰建立欧洲研发中心,在品牌和技术上初步完成国际化布局。新松机器人自动化股份有限公司收购韩国 SHIN-SUNG 自动化业务分公司 80% 的股权,力图通过海外并购在研发、技术、销售等跨领域协作方面与海外公司进行深度资源共享和合作,进一步扩大海外市场的竞争实力。哈工智能及在德国的子公司 HIT KG 收购 NIMAK GmbH、NIMAK KG 及 Nickel GmbH 的 100% 股份和权益，进一步完善在系统集成、机器人本体以及机器人核心装备等方面的布局。

三、工业机器人的市场规模与需求

当前，全球机器人市场规模持续扩大，机器人产业正迎来新一轮增长。目前，工业机器人在汽车、3C 电子、金属制品、塑料及化工产品等行业已经得到了广泛的应用。随着性能的不断提升，以及各种应用场景的不断明晰，2014 年以来，工业机器人的市场规模正以年均 8.3% 的速度持续增长。据国际机器人联合会（IFR）2019 年 9 月发布的《全球机器人 2019——工业机器人》报告显示，2018 年全球工业机器人出货量 42.2 万台，首次突破了 40 万大关，比上一年增长 5.5%；年销售额达到 165 亿美元，创下新纪录[5]。这是根据各国机器人协会报告的预测数值，该数值仅包括机器人本体，如果把软件、外围设备和系统工程包括进去，该数值约为 500 亿美元。IFR 预计从 2020 年到 2022 年平均每年增长率可保持在 12%，预计 2022 年约达到 58.4 万台的装机量（见图 5-1）。

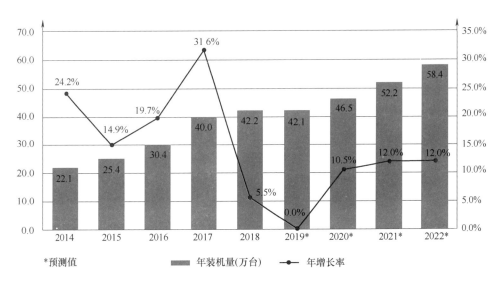

图 5-1 2014—2022 年全球工业机器人年装机量及增长率

（资料来源：国际机器人联合会 IFR）

IFR 发布的《全球机器人 2019——工业机器人》报告显示，2018 年，中国、日本、韩国、美国和德国五大工业机器人市场占到全球安装量的 74%。中国仍然是世界上最大的工业机器人市场，占总安装量的 36%。2018 年中国工业机器人安装量约 15.6 万台，虽然比前一年减少了 1%，但仍然超过了欧洲和美洲机器人安装总数。安装价值达到 54 亿美元，比 2017 年增长 21%。中国机器人供应商在国内市场总安装量中的份额由 2017 年的 22% 上升至 2018 年的 27%，增加了 5%，这一数据符合中国制造业发展的实际情况。另一方面，国外机器人供应商（包括非中国供应商在中国生产的设备）的安装量减少了 7%，约为 11.3 万台（2017 年约 12.2 万台）。这一减少也是由于汽车行业疲软造成的。日本的机器人销量增长了 21%，达到 55000 台，创下了该国有史以来的最高值。目前，日本也是世界第一大工业机器人制造商，2018 年交付了全球供应量的 52%。美国的机器人安装量连续第八年增长，

2018 年安装量约 40300 台，达到新的峰值，比 2017 年高出 22%。2018 年韩国的机器人安装量约 38000 台，下降了 5%，这主要是由于该国在很大程度上经历了电子行业艰难的一年。德国是世界第五大机器人市场，欧洲排名第一，其次是意大利和法国，安装量主要来自汽车制造业的驱动。

近年来，我国机器人产业迎来了飞速增长时期，中央及各地方相关主管部门密集出台产业细化政策，在项目支持、平台建设与应用示范等方面为机器人产业发展营造良好的生态环境。相关数据表明，我国机器人行业迅猛发展，约占全球市场份额的三分之一，是全球第一大工业机器人应用市场。从产品来看，中国在三大机器人领域的市场发展均领先全球。2017 年中国工业机器人已突破 13 万台，占全球工业机器人市场份额超过四分之一。服务机器人需求潜力巨大，特种机器人应用场景显著扩展，核心零部件国产化进程不断加快，创新型企业大量涌现，部分技术已可形成规模化产品，并在某些领域优势凸显。

据中国机器人产业联盟（CRIA）与国际机器人联合会（IFR）统计，2018 年中国工业机器人市场累计销售工业机器人 15.6 万台，同比下降 1.73%（注：IFR 调整了上年同期数据）。中国工业机器人市场销量首次出现下滑，但年销量连续第六年位居世界首位，从装机量来说，中国占全球市场的 36%。虽然较 2017 年下降了 1%，但依然比欧洲和美洲装机量加在一起还要多。我国自主品牌机器人销售量保持稳定增长，销售 4.36 万台，同比增长 16.2%，在本土市场总销量中占比 27.88%，比上年提高 4.3%。与上年相比，自主品牌工业机器人销售增速虽有放缓，但依然保持了较为稳定的增长水平，这说明中国鼓励自主品牌机器人的政策导向带来了成效。另一方面，外资品牌的装机量（包括非中国供应商在中国生产的产品）为 11.3 万台，同比下降 7.2%，这主要是由于汽车行业的疲软所导致的。多关节机器人在中国市场中的销量位居各类型机器人首位。总的来说，2018 年自主品牌机器人在主要行业市场占有率总体呈现上升趋势，应用行业继续扩大，释放出更多的市场需求。2019 年以来，受贸易摩擦、宏观经济承压、汽车及电子等下游产业景气度下行等多重因素影响，国内工业机器人产业景气度有所减弱，据智研咨询发布的《2020—2026 年中国工业机器人行业市场全景调查及供需态势分析报告》数据显示：2019 年全国国产机器人累计产量 186943 台，同比减少 6.1%，2019 年总体维持负增长状态，但累计增降幅收窄。10－12 月产量绝对值逐步增加，行业回暖迹象进一步凸显。从应用领域和制造环节来看，搬运和上下料依然是首要应用环节，在搬运、焊接加工、装配、涂层等制造环节的市场占有率均有所提升。电气电子设备和器材制造连续第 3 年成为首要应用领域，汽车制造业仍然是十分重要的应用行业，此外应用于食品制造业的机器人销量有所增长。

第二节 实 施 进 展

一、关键零部件

国产关键零部件核心竞争力持续提升。目前，我国已将突破机器人关键核心技术作为科技发展重要战略，国内厂商攻克了减速机、伺服控制、伺服电动机等关键核心零部件领域的部分难题，核心零部件国产化的趋势逐渐显现。在三大核心零部件当中，控制器产品在软件的响应速度、易用性、稳定性方面仍稍有欠缺，硬件平台在处理性能和长时间稳定性方面已经与国外产品水平相当。在原本外资企业占据较大优势的伺服系统和减速器领域，目前国产企业经过多年积累和技术沉淀，已经逐步获得国际市场认可，产品竞争力及销售量持续提升。减速器方面，以南通振康、苏州绿的、浙江来福为代表的国产企业经过多年技术积累，在模块化技术、柔轮生产工艺等方面实现连续突破，目前生产的减速器在性能与可靠性方面已经与国际产品持平，部分产品型号使用寿命可以达到3万h。例如，南通振康成功开发出300kg以下机器人使用的RV减速器，包括RV-E、RV-C、RD等三个系列18个产品，目前已被包括ABB、KUKA、FANUC在内的多家国际厂商试用，并拥有近300家机器人制造商客户，具备年产3万台的生产能力，2018年RV减速器出货量在5万台以内；苏州绿的谐波减速器完成了2万h的精度寿命测试，超过了国际机器人精度寿命要求的6000h；浙江来福开发生产的精密谐波减速器，具有高可靠性、高精度、高扭矩、高寿命、大速比、小体积等特性，目前其产品已有25mm到200mm的40余种规格，2018年其谐波减速器出货量为2万~3万台。在伺服电机领域，近年来交流伺服电机相比直流伺服电机具有精度高、速度快、使用更方便等特点而逐渐成为国际主流产品，随着国内企业针对性地投入研发力量并在交流伺服电机核心技术上取得关键性突破，国内产品各项性能均有大幅提升，部分伺服产品速度波动率指标已经低于0.1%，与国外技术差距已经开始出现缩减趋势。

二、机器人整机

近年来，我国机器人产品整机系统的国内市场份额在不断提升，特别是在食品、医药、电子等轻工业应用广泛的并联机器人。我国并联机器人行业中涌现出一批竞争实力较强的国产企业，主要有翼菲自动化、勃肯特、李群自动化、华盛控、阿童木等。随着竞争实力不断提升，2017年国产并联机器人市场占有率已经达到55%，2018年国产并联机器人市场占有率进一步提升至71%，2019年达到75.23%。国产厂商已逐步占据一定的市场主动权。

目前，在国产机器人整机厂商中较为有代表性的企业有：埃斯顿、埃夫特、新松、新时达、济南翼菲等。南京埃斯顿机器人工程有限公司目前已经拥有全系列工业机器人产品，包括Delta和Scara工业机器人系列，其中标准工业机器人规格从6kg到300kg，应用领域分布在点焊、弧焊、搬运、机床上下料等；2019年受下游需求不足影响，公司营业收入出现同比负增长，但得益于技术创新和性能提升，埃斯顿的机器人本体业务仍在稳定增长。安徽埃夫特智能装备有限公司与哈尔滨工业大学自主研发的国内首台载重165kg机器人宣告试制成功，奠定了其在机器人本体制造领域的重要地位；通过"海外并购"+"自主研发"的发展策略，逐渐实现关键技术的自主可控，不断提升核心竞争力。沈阳新松机器人自动化股份有限公司经过多年发展，其工业机器人产品填补了多项国内空白，创造了中国机器人产业发展史上的多项突破，其移动机器人产品综合竞争优势在国际上处于领先水平，被美国通用等众多国际知名企业列为重点采购目标。上海新时达机器人有限公司掌握机器人控制系统、伺服系统和软件系统关键技术，具备定制化开发能力；目前，新时达机器人可以实现焊接、折弯、涂胶、上下料、搬运码垛等多种工艺，已经广泛应用于汽车零部件、3C、白电、食品饮料、电梯等制造领域；2020年新时达机器人投运了年产10000台的机器人制造机器人工厂，进一步提升了产量，加快了交付能力。济南翼菲自动化科技有限公司自主研发的轻量级高速工业机器人是机器人本体技术、视觉识别技术、传送带跟踪技术完美结合的成果，实现了高速并联机器人及多机器人高速协同作业系统的核心技术难题的突破，填补了国内空白，产品应用中快速流水线作业中能够准确跟踪传送带的速度，通过视觉智能识别物体的位置、颜色、形状、尺寸等，并按照特定的要求进行装配、涂胶、装箱、分拣、排列等工作，以其快速灵活的特点大大提高了企业生产线的效率，降低了企业的运营成本，广泛应用于食品、药品、电子、日化等行业。

第三节　面临的突出问题

一、基础薄弱，人才储备不足

由于机器人核心技术和关键部件长期受制于人，近年来的高速发展虽然正在缩小与先进国家的差距，但是相关零部件仍在质量、系列化、批量化供给等方面存在差距。同时，产业人才缺口大，机器人教育基础薄弱。据不完全测算，目前全国有7353家机器人企业，人才缺口达5万人左右，随着工业机器人销量进入爆发式增长，预计2025年机器人工程师需求量将达到100万，用于工业机器人操作维护、系统安装调试、系统集成。目前国内高职院校在工业机器人应用方面的对口专业刚刚兴起，大部分相关专业的应届毕业生技能水平仍然无法达到机器人企业需求，必须经过专业的岗前培训才有可能找到合适的工作。

二、行业标准与规范不完善限制产业发展

我国工业机器人市场发展不完善，标准和规范有待健全。伴随我国工业机器人需求的迅猛增长，工业机器人企业大量涌现，同时产生的问题就是良莠不齐，质低价廉的恶性竞争严重。由于产业发展迅速，国家标准无法及时跟进，造成机器人产业处于前景广阔但尚无秩序的"各自为政"阶段。完善的机器人安全标准体系（包括使用者的安全、机器人本身的安全及机器人对于人类社会的安全要求等）及评价体系，是机器人能被企业和使用者认可接受的基础。我国亟须建立符合我国国情的机器人安全标准，为国内服务机器人企业开拓市场提供支持。

三、传统制造模式制约机器人应用推广

首先是制造模式惯性较大，我国制造业存在三个"密集型"特点，即劳动力密集型、资源密集型和污染密集型，依然是推广机器人的障碍。其次，仿制为主的技术路线致使大量行业产能过剩，在市场经济成熟的前提下，以仿制为主的技术路线会严重限制机器人技术的推广。此外，目前国内企业粗放生产的车间管理，用机器人难以从根本上解决问题[6]。

第四节　实践案例

近年来，国内工业机器人相关企业在智能制造领域进行了一系列卓有成效的尝试与探索，以沈阳新松机器人自动化股份有限公司、埃夫特智能装备股份有限公司、南京埃斯顿自

动化股份有限公司、华数机器人有限公司等为代表的国内机器人领军企业,均提出了较有代表性的智能制造解决方案。

一、机器人生产企业智能制造案例

1. 新松机器人 5G 技术应用

5G 技术的应用不同于 4G,需要无线网络与服务器始终处于连接状态,对于服务器的稳定性和产品质量提出了更为严格的需求。2019 年,新松规划设计制造的服务器智能车间项目正式上马,该项目由智能装配线、MES 系统、立体仓库、移动机器人等系统组成,实现了服务器处理器、内存、主板等设备的自动化装配作业。2020 年年初,新松承接的又一服务器工厂项目开始落地实施。该项目创新性地融入了协作机器人等工作单元,可实现服务器绝大部分零件的柔性装配作业,打造了国内第一个采用协作机器人进行服务器生产的智能工厂,使高端服务器的生产制造过程更加稳定、更加高效。

新松为长飞光纤光缆股份有限公司设计制造的智能工厂,打造了从原材质到成品装车的全流程产线,全新开发了可在特殊作业环境下使用的特种机器人以及 MES、重载水平多关节特种机器人、智能装载机器人、倒挂式智能装载机器人、重载精密装配机器人等核心设备。同时,该智能工厂还集成了新松智能物流系统、移动机器人搬运系统以及工业机器人分拣系统等,完成了从原料到成品包装出厂的产品全生命周期自动化设计。项目实现生产效率提高 26%,运营成本降低 27.3%,产品研制周期缩短 34.4%,产品不良品率降低 24.7%,能源利用率提高 48.4%。针对 OLT(光线路终端)产品自主研发的机器人高精度视觉引导装配线成功交付客户现场。为 3C 行业同类装配工艺的自动化柔性实现进行了技术性示范。视觉引导系统采用了新松自主研发的基于遗传优化理论的多点对位算法,具有速度快、稳定性高、抗干扰能力强等特点;同时基于模糊识别的多点优化功能,有效降低了对输入数据精度的要求,进而提高了对位应用的精度和整个视觉引导系统的鲁棒性。

在 MWC2019 展会上,中兴展区展示了融合 5G 技术的新松协作机器人——观众只要带上 AR 眼镜,就能切身感受新松协作机器人的高超技艺,完成复杂的零部件抓取作业。不久的将来,在智能化工厂里,通过工业 APP 即可实时控制智能设备,几乎感受不到延时的现象,而机器人和机器人之间的数据传递和通信,将让未来的智能化工厂创造更多可能性。而 5G 技术与机器人技术的融合和发展,也将迸发更多灵动的火花。

2. 埃夫特机器人智能化技术

埃夫特在智能化方面进行了有效尝试。第一是基于机器学习的算法和三维模型,实现了喷涂轨迹的自动规划,利用仿真引擎实现了规则库和算法库的训练,验证了经验继承的可行性,下一阶段将利用真实采集的数据对轨迹生成进行学习和训练。第二是基于二维模型和规则的规划算法,实现了对平面物体喷涂轨迹的自主规划,规划喷涂轨迹和工艺参数下发到机器人端,由机器人实现自主喷涂,这也是家具行业共享工厂的一个技术方案。第三是在钢结构、智能打磨及智能抓取方面的探索。在钢结构焊接中,除了基于模型的自主规划外,因为要求的精度高,还需要基于传感数据的实时纠偏,以及解决在打磨应用中来料的差异化问题,所以需要基于传感进行测量,并基于测量的数据实时地进行轨迹的规划来实现智能化作业。第四是在卫浴行业,基于工件模型和修坯工艺方法,实现对修坯轨迹的自动生成,再通过人工的辅助完善，最大化地提升编程效率。机器人的高刚度设计及模块化设计，为这套系统提供了更高性价比的产品。

3. 埃斯顿机器人智能制造

在生产车间智能化方面，埃斯顿打造了 MES 系统，建立了数字化机器人部件生产车间，主要加工机器人关键零部件，包括手臂和手腕。机器人生产车间的智能化使得机器人的装配精度、位置精度、重复定位精度及产品的一致性得到保证，使机器人噪声进一步降低，使用的寿命延长。在智能化装配车间完成机器人的总装，用机器人装配机器人，年产能可达到 15000 台，从零部件的装配到装配好的零部件检测，再到喷涂，均在智能化工厂完成。埃斯顿工业机器人智能工厂将机器人自主产品成功应用到生产线中，实现了机器人本体生产的智能化、自动化、信息化，保证了机器人产品的品质和过程监控。在装配、搬运、检测等工艺环节用机器人生产机器人，并使用 MES 系统、WMS 系统、云数据等信息化手段实现机器人本体生产的智能化。"用机器人生产机器人"的智能生产线的建立让埃斯顿拥有规模化的效益，产能、成本、质量的控制也得到提升，产品交付能力更强。

在新能源领域，埃斯顿锂电池隔膜多道智能制造系统能够实现工厂 ERP、MES、DCS 及智能生产设备互联互通。整个生产系统实现模块化和可重构设计，便于扩展和维护；实现智能化生产，既能满足多品种小批量生产，也能满足海量订单生产，最高产能为 3.2 亿平方米/年；所有生产实现 AGV 自动化物流 + 自动化上下料及仓储智能化。

在家用电器行业，埃斯顿提供集生产、装配、检测、包装及信息处理于一体的智能装配生产线，可根据用户不同产品工艺流程进行量身打造，并实现自动排产功能。通过将 AGV、MES 系统、动态检测、现场总线、条码识别、RFID、工业机器人等技术完美融合，实现高效、均衡生产。埃斯顿智能制造系统已经广泛应用于电冰箱、洗衣机、空调等厂家。

智能压铸岛由埃斯顿压铸行业专用机器人结合定制化开发的压铸行业 MES 应用系统以及各类压铸设备组成。由 2 人管理的智能化压铸岛，可以完成传统压铸线 4~5 人的工作负荷，同时效率及良品率均有明显的提高。智能压铸岛可以实时监控生产、各设备运行情况，能够快速地根据生产数据进行排产，让复杂的生产流程通过数据化表述一目了然。设计精巧、性能优越的智能化压铸岛适用于所有规模的压铸企业。智能化压铸工厂贯通 ERP、MES、PLM 等多个系统，实现了协调一致的数字化生产。

4. 华数机器人智能制造

重庆华数机器人的母公司是华中数控，其在 3C 结构件的智能制造中，实现了从初成型的冲压和 CNC 加工自动化，到外观处理的磨抛、喷砂及阳极，再到机加高光、镭雕，最后到涂胶热压和总装全过程。并助力 3C 结构件生产厂家如胜利精密、丰川电子、东矩金属、英力电子等企业实现了智能制造转型升级，降低了产品研发和生产过程对人的依赖度，提高了产品的质量和生产效率，降低了能耗和成本，实现了装备自动化、工艺数字化、生产柔性化、过程可视化、信息集成化和决策自主化。

在 3C 制造领域，重庆华数机器人与重庆东矩金属制品合作建设的笔电结构件智能工厂，完成以华数机器人为核心的自动化线全套改造后，在冲压初加工工序减少 80 人左右，在环境最恶劣的外观处理工序磨抛、喷砂及阳极工序去减少 150 人左右，机加高光减少 50 人左右，以及最后组立阶段镭雕、涂胶热压及装配工序，省人 130 人左右。同时，生产效率均提升 30% 左右，产品一次性良品率提升 25%，某些工序如磨抛的某些复杂产品，合格率提升 40% 以上，真正做到了提质增效减人。该项目也是 2017 年国家科技部智能机器人专项"面向电子行业制造的机器人自动化生产线"的应用示范点。

5. 遨博机器人智能柔性生产线

2019 年，遨博建成由模块智能产线、智能仓储配送物料系统及智能平台系统三个模块组成的智能柔性生产线系统，实现遨博协作机器人的一体化关节和其他零部件的自动化生产。该生产线针对各工序特点开发了多种协作机器人应用模块以解决行业性技术难点痛点，灵活运用人机协作、双机协作、多机协作等多种模式完成对机器人关节的谐波注油、谐波锁附、刹车装配锁附、防尘盖涂油穿线螺丝锁附、光学编码器组装、油封涂油组装等多道工序。并结合以 AGV 复合机器人为主体的智能仓储配送物料系统和基于大数据的工业互联网平台智能控制系统对产线状态和生产计划进行在线监测和调整，保证生产稳定有序进行，为协作机器人在工业生产领域应用提供了稳定高效的参照样本。

6. 库柏特机器人智能操作系统

库柏特致力于研发工业机器人智能操作系统，融合人工智能 3D 视觉、力控等核心技术，将机器学习算法模型植入"机器人大脑"COBOTSYS，确保工业机器人安全、稳定、易用，已经成功应用于医疗、食品、物流、教育、汽车等行业，多项人工智能落地场景获得各界的关注认可，与京东、菜鸟、国药、裕国等大型企业紧密合作。在食品行业，库柏特研发出国内首条香菇智能无序分拣流水线，每条产线可完美替代 50 位工人工作量，均产量达 200kg/h。在医药行业，库柏特搭载智能操作系统，输出了智慧门诊药房、远程医疗、智能康复系统等具有革命性意义的解决方案，解决了现有行业的诸多痛点。在教育行业，库柏特为全国多所大专院校、科研院所提供全套智能机器人教育产品与解决方案，助力我国人工智能人才培养及产业升级。

二、利用机器人实现智能制造的案例

1. 航空领域

机器人制孔工艺与装备技术：飞机装配是缩短飞机制造周期、降低制造成本、保障制造质量的关键环节。浙江大学柯映林教授团队结合国家重大战略需求，从航空制造加工工艺基础研究转向飞机装配工程关键技术攻关。依靠跨学科、跨领域的科学研究，团队攻克了装配连接失效、制孔失准、定位变形三大技术难题，成功研制了动态成组定位系统、移动机器人制孔系统、环形轨道制孔系统、5+X 轴专用机床制孔系统、卧式双机联合钻铆机等全产权、全配套的飞机自动化装配原创装备，掌握了综合运用机械设计、机器人、运动控制、视觉伺服、难加工材料加工、传感器、动力学建模和仿真技术系统解决飞机数字化装配技术难题的方法，解决了数字化调姿定位、大尺度空间测量、自动化精准制孔等难题，研制出多个系列数控定位器、移动或固定式机器人制孔系统、环形轨道制孔系统、新型自动化钻铆机等工艺装备，成功应用于 Y-20、J-20、J-10、Y-9、JH-7、ARJ-21 等 9 个重点型号的研制和生产。研究成果获国家技术发明二等奖 1 项、国防科技进步二等奖 2 项。

2. 能源领域

大型风电叶片多机器人智能磨抛系统：无锡中车时代智能装备有限公司针对大型风电叶片全自动化智能打磨作业这一难题，开发研制国内首套大型风电叶片多机器人智能磨抛系统。完美解决 50m 以上大型风力发电机玻璃纤维转子叶片由于大尺寸、弱刚性、空气动力学特性曲面形状复杂带来的特征识别难、定位难、效率低、打磨力难以保证等问题。团队在曲面测量以及拓扑控制、叶片特征识别和定位、区域划分与轨迹规划、多机协作碰撞与干涉规避、力控与柔顺控制等核心技术方面取得突破。产线共安装 32 台直线导轨式移动机器人，每台机器人末端搭载滚轮式高效打磨工具，实现 4 台机器人协同完成叶片打磨。研发的智能生产线系统集成了打磨机器人系统、叶片装夹与支撑系统、生产控制与辅助系统，实现加工全过程的在线监测与控制。目前该系统稳定运行于中车株洲新材料科技股份有限公司光明基地，完成了两百余片大型风机叶片的高效高质量磨抛，并证明其产能显著优于人工打磨，正逐步加大推广应用力度，以进一步提升经济效益。

3. 交通领域

高铁白车身、新能源汽车车体机器人智能磨抛系统：高铁白车身、电动客车车体是典型的大型复杂构件，是高铁动车、新能源客车上的关键功能部件，具有尺寸超大、结构形状复杂、变/弱刚性、加工难度大等特点，其加工过程中涉及多道磨抛工序。当前，高铁白车身与电动客车车体的磨抛国内普遍采用人工方式，其劳动强度大、生产效率低、质量无法保证，粉尘污染严重，严重影响人体健康，且成本费用高。而国外在此领域的自动化装备技术也基本属于空白。华中科技大学无锡研究院联合中车株洲电力机车研究所有限公司研制的国内首套大型构件多机器人智能磨抛系统，以移动导轨式工业机器人为执行装备，配以力觉、视觉等感知功能，基于工艺知识模型与多传感器信息对运行参数进行滚动优化，构建大型构件机器人分区域协同磨抛系统，实现了高铁白车身和新能源客车车体等高效洁净智能化磨抛加工。目前，新能源客车车体智能机器人打磨系统完成试运行测试，并正式通过了中国中车验收。该系统已批量打磨 100 余辆车体，在显著提高打磨质量的同时，将人工成本降低至原来的 30%。此外，现场粉尘浓度降低至原来的 10%，极大改善了工人的车间作业环境。高铁白车身机器人自动化打磨示范线预期在青岛四方投入使用，单节长 25.8 米白车身的磨抛人力时间成本从 6 个人 4 个小时减少到 4 台机器人 2.5 小时。

第五节 发展趋势

随着世界范围内各工业大国提出机器人相关产业政策，如德国工业 4.0、日本机器人新战略、美国先进制造伙伴计划、中国"十三五"规划与制造强国战略等，皆将机器人产业发展纳入重要内涵，将促使工业机器人产业的持续增长。未来工业机器人的发展呈现出以下趋势。

一、工业机器人技术发展趋势

1. 机器人与人工智能、大数据的深入融合

（1）融合人工智能 随着人工智能的不断发展，机器人与人工智能不断融合升级。借助于语音识别、视觉处理、虚拟现实控制技术等人工智能技术，机器人能够实现包括意图识别、视觉引导、柔性物体操作等功能，丰富感知与运动之间的智能关联度，突破现有认知局限性并明显改善人机交互体验，在制造业场景中实现人机交互共融。

（2）融合大数据与云存储技术 大数据和云存储技术使得机器人逐步成为物联网的终

端和节点。信息技术的快速发展将工业机器人与网络融合,组成复杂性强的生产系统,各种算法如蚁群算法、免疫算法等可以逐步应用于机器人应用中,使其具有类人的学习能力,多台机器人协同技术使一套生产解决方案成为可能。

2. 机器人产品整体性能与稳定性提升

(1) 操作机构　通过有限元分析、模态分析及仿真设计等现代设计方法实现机器人操作机构的优化设计。探索新的高强度轻质材料,进一步提高负载/自重比。例如,以德国库卡公司为代表的机器人公司,已将机器人平行四边形结构改为开链结构,拓展了机器人的工作范围,加之轻质铝合金材料的应用,大大提高了机器人的性能。此外采用先进的 RV 减速器及交流伺服电动机,使机器人操作机几乎成为免维护系统。

(2) 控制通信　行业将趋向于发展开放式、模块化控制系统。向基于 PC 机的开放型控制器方向发展,便于标准化、网络化;器件集成度提高,控制柜日见小巧,且采用模块化结构,提升系统的可靠性、易操作性和可维修性。控制系统的性能进一步提高,已由过去控制标准的 6 轴机器人发展到现在能够控制 21 轴甚至 27 轴,并且实现了软件伺服和全数字控制。机器人控制器的标准化和网络化,以及基于 PC 机网络式控制器已成为研究热点。日本 YASKAWA 和德国库卡公司的最新机器人控制器已实现了与 Canbus、Profibus 总线及一些网络的联接,使机器人由过去的独立应用日益接近网络化应用,同时由过去的专用设备向标准化设备发展。

(3) 传感技术　传感器作用日益重要,除传统的位置、速度、加速度等传感器外,激光传感器、视觉传感器和力传感器可实现目标自动跟踪和自动定位以及精密操作作业等,大大提高了机器人的作业性能和对环境的适应性。机器人则采用视觉、声觉、力觉、触觉等多传感器的融合技术来进行环境建模及决策控制,为进一步提高机器人的智能和适应性,预计研究热点在于有效可行的多传感器融合算法,特别是在非线性及非平稳、噪声非正态分布时的多传感器融合算法。

3. 机器人机构向模块化和系统化方向发展

机器人机构向模块化、可重构方向发展,并深度改变传统机器人的适用范围有限的问题,工业机器人的研发更趋向采用组合式、模块化的产品设计思路,重构模块化帮助用户解决产品品种、规格与设计制造周期和生产成本之间的矛盾。例如,关节模块中的伺服电动机、减速机、检测系统三位一体化,由关节模块、连杆模块用重组方式构造机器人整机;机器人的结构更加灵巧,控制系统越来越小,二者正朝着一体化方向发展。基于机器人技术,实现高精度测量及加工,实现机器人技术向数控技术的拓展。工业机器人控制系统向开放性控制系统集成方向发展,伺服驱动技术向非结构化、多移动机器人系统改变。

二、我国工业机器人产业发展趋势

近年来,我国机器人产业继续保持较快发展势头,利好政策持续释放,技术研发不断突破,产业化能力显著提高,应用领域稳步拓展。

1. 国产工业机器人技术水平将持续提升

在传统的机器人核心技术方面,随着国内厂商在减速机、控制器、伺服电动机等关键核心零部件领域的持续投入,核心零部件国产化的趋势逐渐显现。尽管在稳定性、易用性、可靠性等方面仍有不足,但是与国外先进水平的差距正在减小。同时,伴随着国内科技产业在5G通信、移动互联网、大数据、云计算等技术的高速发展,信息化、网络化、智能化技术领域不断深入,我国国产工业机器人技术水平将持续提升。同时,在国家重点研发计划、自然科学基金委员会重大研究计划等大力扶持下,通过机械、信息、力学等多学科交叉,我国机器人领域正在刚-柔-软耦合柔顺结构设计与动力学、多模态环境感知与人体互适应协作、群体智能与分布式机器人操作系统等方面不断取得创新性研究成果。可以预见我国机器人研究的整体创新能力和国际影响力将会不断提升。

2. 行业应用持续拓展,需求稳中有升

食品医疗、仓储物流和汽车电子等传统行业对于工业机器人应用持续增加,同时5G技术带动计算机、通信及其他电子设备固定资产投资增长,同步带动了工业机器人产业发展。2018年,机器人下游应用市场中占比较大的主要还是3C电子和汽车,其中3C电子的占比约为23%,汽车应用的占比约为36%;但受到汽车和手机销量下滑的影响,我国汽车整车和3C电子对工业机器人的需求都出现了下滑,需求量增长比较快的行业主要是食品医疗、仓储物流和汽车电子等行业,食品医疗和仓储物流等行业机器人市场规模增速都在30%以上。同时,受益于5G渗透率的逐步提升,从2019年3月份开始,计算机、通信以及其他电子设备等制造业固定资产投资逐步回暖,计算机、通信和其他电子设备制造业固定资产投资完成额累计同比增速已提升至13.6%。2020年,5G建设将进一步加速,相应的设备需求量将显著增加,计算机、通信及其他电子设备固定资产投资有望进一步提升,进而有望推动工业机器人在相关领域的大规模应用。

受到国际贸易摩擦以及宏观经济下行影响,我国工业机器人需求从2018年开始出现明显放缓,2018年9月—2019年9月,产量都处于同比下滑的状态。2019年10月工业机器人产量同比增长1.7%,结束了连续1个月的同比下滑。2019年11月我国工业机器人产量为16080台,同比增长4.30%,环比增长11.91%。可见,我国工业机器人产业的需求呈现出波浪式发展、稳中有升的趋势。

3. 产业政策将持续支撑工业机器人发展

近年来,国家陆续出台一系列产业政策为机器人产业发展提供充分保障,从顶层设计、财税金融、示范应用、人才培养等多角度发力支持机器人产业发展,政策叠加效应为我国机器人产业营造了良好的发展氛围。可以预见,随着我国制造业自动化率的逐步提升,对于工业机器人的需求量将显著提升;此外,我国人口红利逐渐消失,人工成本不断攀升,而工业机器人价格在下降,生产效率却明显高于人,替代人力的成本优势将更加突显。因此,从实业兴国的角度出发,工业机器人产业的发展将进一步获得政策上的支持。

第六节 措施建议

通过深入分析发达国家机器人技术和产业发展规律以及我国机器人产业发展现状,我国机器人领域在产学研用等方面应当重点关注以下几个方面。

一、加强基础研究,重视科研团队培养

发挥高等学校、科研院所、企业和实验室相结合的优势特色,贯彻习近平总书记关于夯

实科技基础的指示[7],国家重点研发计划要重视机器人领域创新链的前端和中端,加强制造科技基础研究,突破颠覆性技术。在重大制造创新领域,组建智能制造国家实验室等,面向国家重大战略需求,对重大制造科学技术问题,进行系统性、基础性研究,加强制造科学的多学科交叉融合研究。将基础性研究与人才培养紧密结合,培养科技领军人才。依托国内有基础、有实力的核心研发队伍,建立多层次的产学研用紧密结合的机器人技术创新体系。产学研结合,按产业链要求实现创新价值链的有效整合,是实现技术突破和产业发展的根本途径。

二、遵循产业发展规律,深化产业顶层规划

深刻认识机器人技术和产业发展的规律,实现跨越式发展。"机器人革命"是以数字化、智能化、网络化为特征的第三次工业革命的有机组成部分。移动互联网、大数据、云计算等技术的推动,使机器人有望成为物联网的新型终端和结点,以致极大地拓展了机器人能力。我们必须高度关注这一新的发展动向,面向新工业革命的需求,研制作为网络终端的新一代信息化机器人,实现产业技术的革命和突破。在借鉴先进发达国家发展工业机器人经验的同时,针对我国机器人产业的特点及面临的问题,加强机器人技术路线的顶层设计,细化产业发展路径和实现方式,尽快制定我国下一代机器人技术发展蓝图、产业统一发展规划,为产业发展奠定坚实的基础。确保我国机器人产业能够按着正确的方向持续地发展下去。

三、深入推进政策指导,形成产业规模优势

结合智能制造发展规划,推进工业机器人发展政策措施落地实施。对于从事机器人研发和产业化的企业,国家应该在WTO规则允许的前提下,给予相应的政策扶持和鼓励。特别是针对国家重大工程项目,积极挖掘用户需求,调动用户采用国产机器人的积极性,推进首台应用和产业化进程;鼓励和发展机器人自动化成套公司提高应用机器人解决国民经济需求和行业工程问题的能力,形成机器人本体研发和机器人工程应用良好互动的局面。培育建设智能制造和工业机器人示范基地,促进产业集聚发展。在优势制造业行业应用和推广工业机器人,发挥示范带动作用。

参考文献

[1] 习近平. 决胜全面建成小康社会夺取新时代中国特色社会主义伟大胜利:在中国共产党第十九次全国代表大会上的报告[M]. 北京:人民出版社,2017.
[2] 中华人民共和国国务院. 国家中长期科学和技术发展规划纲要(2006-2020年)[Z]. 2006.
[3] 中华人民共和国国务院. 中国制造2025[Z]. 2015.
[4] 中华人民共和国工业和信息化部,中华人民共和国国家发展和改革委员会,中华人民共和国财政部. 机器人产业发展规划(2016-2020年)[Z],2016.
[5] 中国电子学会. 中国机器人产业发展报告(2019)[R/OL]. (2019-10-03)[2020-08-15]. http://www.imrobotic.com/news/detail/17088?from:singlemessage.
[6] International Federation of Robotics. World Robotics 2019 edition[R]. 2019.9.
[7] 谭建荣. 智能制造与机器人应用关键技术与发展趋势[J]. 机器人技术与应用,2017(03):18-19.

[8] 习近平. 为建设世界科技强国而奋斗：在全国科技创新大会、两院院士大会、中国科协第九次全国代表大会上的讲话 [EB/OL]．（2016-05-31）[2020-08-15] http：//www. xinhuanet. com/politics/2016-05/31/c_1118965169. htm.

编撰组组长：陶波　刘辛军
编撰组成员：龚泽宇　赵兴炜　望金山　卢皓
审　稿　专　家：于靖军　吴超群

第六章

航天装备领域智能制造发展报告

第一节 发展概况

一、行业基本情况

航空航天装备作为我国制造强国战略十大重点领域之一,大力推进数字化、网络化、智能化制造是航天工业跨越升级发展的战略选择和必由之路[1]。以智能制造为主攻方向,发展高端装备,以两化深度融合带动生产力进步,已成为航天制造企业生存、发展,及提高核心竞争力的重要举措。

航天制造业经过近五十年的发展,初步搭建了智能制造技术体系架构,陆续配置了一系列高档数控设备、仓储及物流装备,初步具备了基于三维模型的数字化制造能力,在智能制造技术与装备研发、信息化平台建设、数字化制造单元、生产线、车间建设等方面取得了一定的成绩。持续开展了一批数字化示范生产线建设,解决了壳段机加工、典型泵阀制造等产品生产瓶颈问题,提升了制造能力,在行业内具有示范效果,初步具备了数字化生产线策划、方案设计、实施的能力。同时,积极开展基于三维模型的数字化制造实践,已具备全三维模型设计和制造协同能力、远程异地制造协同能力、三维工艺设计能力、三维工艺仿真能力、数字化制造能力;开展了以刀具管理技术、设备数据采集及分析技术、自动化仓储及物流技术、机器人上下料技术、可移动机器人在线检测技术、智能网关应用技术等技术为代表的智能制造关键技术研究与突破,具备了一定的智能制造技术积累。另外,持续开展自主创新信息化建设,开发了以工艺设计系统(PDM)、制造运行管理平台(MOM)、质量信息管理系统(QMS)、工业物联网平台(IIOT)为代表的信息化平台和系统建设,初步具备了数字化生产线集成管控能力。建立了部分数字化相关配套标准、规范、数据库及知识库,初步建立了数字化制造标准体系,但智能制造相关标准仍然缺失。综上所述,航天制造企业虽然具备一定的数字化、智能化实施的基础,但智能化水平还有待提升。

二、发展水平

1. 基于模型的三维数字化实践初见成效

基于模型的定义（MBD）技术逐步在型号研制中得到广泛应用，形成一系列基于三维模型的数字化定义技术标准规范，各单位的三维建模工具正在逐步完善。部分新一代重点型号已基本实现基于三维模型的产品设计研发、基于三维模型的数字化工艺设计及基于三维模型的典型零件数字化加工、装配与检测，尤其在基于三维数模机加工件的快速编程、数字化装配集成应用等方面应用较为广泛。

2. 智能制造技术和装备研发作用明显

通过持续投入，相关单位在锻造、铸造、机加、焊接、铆接、总装、特种加工等领域的工艺装备得到升级，设备数控化率普遍有所提升。一批先进装备的应用，使大型壳段整体机加工、部段柔性自动对接、壳体精密铸造等关键技术得到突破。以刀具管理技术、设备数据采集及分析技术、自动化仓储及物流技术、机器人上下料技术、可移动机器人在线检测技术、智能网关应用技术等技术为代表的智能制造关键技术研究与突破，以及配套的机器人、自动运输小车（AGV）、自动化立体库等设备的应用，为智能制造的实施奠定了坚实的技术基础。

3. 信息化管控水平有效提高

以产品研制流程为主线，围绕工艺、生产、质量、计划等核心业务环节搭建信息化平台架构。在此架构的支撑下，普遍建立工艺数据管理平台（PDM）、制造资源管理平台（ERP）和制造运行管控平台（MOM）、工业物联网平台等一批信息化管控平台或系统，使数字化示范生产线（单元）得到有效的运营管控，型号产品研制效率和质量得到普遍提高。部分单位已初步建成模型、工艺、生产、质量信息集成管理平台，实现业务管理的网络化和无纸化，生产过程管理的透明化和可视化，初步形成从经验决策向数据支撑决策转变。

4. 数字化制造单元、生产线和车间建设稳步推进

将智能制造技术与工艺布局调整相结合，将数控设备与制造执行系统相结合，探索柔性制造、单元制造、敏捷制造、精益生产等先进生产管理模式，取得初步进展，在行业内建成了一批数字化示范生产线（单元），聚焦科研生产瓶颈，解决关键技术环节难题，提高生产效率和产品质量，在行业内具有示范效果，为智能制造的实施奠定基础。同时，总结和固化了数字化制造单元、生产线和车间建设的流程、思路和方法，形成了《航天数字化柔性生产线建设指南》，具有很好的指导和借鉴意义，推动了行业内数字化制造单元、生产线和车间建设。

5. 数字化制造标准体系逐步健全

梳理航天各领域业务需求，搭建涵盖数字化设计与工艺、数字化生产与现场管理、自动化仓储物流、数字化经营管控、数字化服务、数字化工厂建设在内的数字化制造标准体系，全面覆盖航天科研、生产和应用的全流程数字化制造标准需求，推进航天数字化制造标准的统一组织、规划和部署，随着智能制造技术的研发及应用，将会涌现出越来越多的智能制造标准体系建设需求，智能制造标准体系将持续完善和更新。

第二节 实施进展

一、策划搭建航天智能工厂架构

以产品研制生产过程的智能化为主线,坚持两化深度融合发展,推进先进制造技术和新一代信息技术的融合应用,搭建智能工厂框架。在框架的基础上,开展以 PDM、ERP、MES 为核心的信息化平台建设,形成科研生产经营管控能力;构建适应航天特色的先进制造模式,聚焦研制瓶颈,推动一系列示范数字化生产线论证与建设;全面掌握数字化制造的关键技术,实现数据和信息的全面集成,实现产品工艺规划、加工制造、质量检验、生产过程、物流配送等全过程的数字化管理与控制。补充智能化装备,强化集成应用,固化生产机制,创新研制模式,推行精益制造,实现技术和装备的全面升级换代,完成智能工厂建设,有效保障航天产品高质量高效率高效益发展。

二、实现面向制造全过程的数字化管理与应用

面向典型产品的制造过程,开发数字化生产过程控制与管理系统,实现计划、准备、派工、执行和交付等电子化管理,型号产品制造过程的全电子化管理。实现计划管理、准备管理、执行管理、交检管理、资源管理电子化,并实现信息系统集成,以及与数字化加工设备、自动化仓储与运输设备、自动化检测设备、刀具管理设备等硬件的集成。

针对制造过程质量管理需求,建立过程质量控制系统。该系统是以精细化质量管理为目标,以工艺文件检验点自动提取和制造过程检测数据采集为基础,以统计过程控制和大数据分析为核心的信息系统,由质检策划、质检任务、质检执行、过程监控、异常处理、质量绩效、质量改进和过程数据包等模块组成。通过过程质量控制系统的应用,实现航天产品制造全过程检测数据的高效、准确采集记录,关键质量特性和关键影响因子自动监控和异常报警,实现由人员错漏检造成的产品质量问题明显降低,最终推动航天产品制造全生命周期质量有效控制。

三、实现设备状态的数字化运行监控

对车间现场的设备运行状态进行监控,提供精确的设备运行相关数据,包括机床状态(开机、关机、运行、报警)、加工程序名称、加工开始和结束时间、当前刀具号、主轴负载、机床操作履历、倍率、报警开始和结束时间、报警号、机床坐标系等数据,这些数据将为监控、设备综合性能分析、改善决策等提供有力的数据支撑。通过画面监控工具,实现图形化监控,可以一目了然地监控各设备的状态(加工、停机、维修),车间管理者可以合理调配生产资源,减少设备冲突,提高设备的利用率。

四、实现典型产品可移动式在线检测

开发一套移动式在线三维扫描测量系统,针对典型型号壳体产品的车铣复合加工过程,集成大负载平台自主导航及精密定位技术、高亮加工表面非接触光学扫描测量及误差分析控制技术、多系统部件协同控制及通信等技术,具备复杂工件装夹状态原位在线测量及过程质

量监控功能，可有效提高测量质量及效率，减少人工检测错漏风险，规避加工设备自检系统误差等问题等。

五、实现智能仓储及自动化物流配送技术应用

开展仓储资源优化整合、库存感知及平衡、基于模糊时间的优化配送等技术研究，集成优化 WMS 等库存管理系统，应用二维码技术，保证各个库存之间信息共享，为整个生产线物料供应提供支持，使物料存储地点合理化，提高配送效率，减少错误和重复作业，提高快速响应能力。通过信息化技术的运用使各仓库能及时响应生产现场需求，缩短物料配送提前期，降低安全库存。搭建自动化仓储及物流系统，在壳段机加工、典型产品装配等典型车间开展应用验证，通过基于条码的自动化仓储及物流周转技术研究及应用，解决了大量在制品及大型工装占用生产空间的难题，同时提高了产品周转的效率和自动化程度，实现了物料的实时精准定位。

六、实现基于智能网关的数据感知及应用

在离散制造企业生产现场，数控加工中心、智能机器人、三坐标测量仪器等设备组成了数字化生产单元和生产线，由 ICS 工业控制平台进行总体调度和控制，配合智能网关的应用，实现设备的监控及数据采集，实现工件、物料、刀具的自动化装卸调度，可以达到无人值守的全自动化生产模式。通过基于智能网关的数据感知、数据采集及应用，实现通过设备联网、数据采集、报文解析、离线存储、边缘计算和端口转发等功能，联接物理和数字世界，提供轻量化的联接管理、实时数据分析及应用管理功能。同时具备数据安全防护功能，对可疑数控程序、疑似入侵行为进行检查、拦截和报警，防止生产设备和服务器遭受攻击。目前，已在机加车间得到初步应用。

七、实现工业机器人技术的初步应用

研究以上下料机器人为代表的工业机器人应用技术，通过在线测量系统、数控机床和机器人技术的集成，实现机器人自动分拣应用。对机器人的运动路线进行合理规划和详细工作流程设计，实现机器人上下料运动路径的精确定位。通过对现有数控机床的改造和应用工业相机，实现数控机床与机器人自动化匹配升级。通过对机器人末端夹持工装设计，使上下料机器人能够适用于多种规格的产品加工。并通过对系统 PLC 控制和程序编制，建立通信机制，实现对上下料机器人的总线控制。通过对上下料机器人技术的研究与应用，大幅缩短生产准备时间，减少人工干预，降低劳动强度，从而提高生产效率，提高产品质量稳定性，提升车间制造过程的自动化和智能化水平。

八、实现数字化示范生产线（单元）的初步应用

聚焦航天产品研制瓶颈环节，研究数字化生产线（单元）构建方法、思路、流程，搭建数字化生产线（单元）整体架构，应涵盖生产现状诊断、产品工艺流程再造、生产线能力配置、布局优化、生产线数据分析、生产线软硬件支撑、基础环境及标准体系等几部分内容。集中优势力量，突破自动仓储物流、MES 系统建设及实物编码管理、离线装夹、机器人等关键技术，面向典型机加工和装配过程，建立数字化示范生产线（单元），实现核心产品产能的大幅提升及生产效率和质量的有效提升。

第三节 面临的突出问题

航天产品制造还处于智能制造的起步阶段，多数人员对智能制造的理念与认识有待统一与提高，单位之间、部门之间知识共享壁垒有待打破，基础建设与发展需求不匹配，对智能化的认识尚显局限，智能化标准体系还不健全，这些都导致智能化整体效能未能充分发挥，基于智能化的制造体系尚未真正形成。

一、航天协同研制平台应用程度不够

目前，在三维协同研制平台建设中开展很多卓有成效的工作，并已在新型号研制中得到很好的应用。但是，平台功能还不完善，基于统一模型的支撑产品全生命周期的集成协同研发环境尚未建立；在面向全生命周期的主模型建模方法、工具和仿真验证、三维数控制造和检验、维修保障、项目管理等方面还有许多管理难题和关键技术有待解决和突破；在各自业务领域的专业信息化应用已比较深入，但是跨部门、跨单位、跨专业的集成协同管理平台尚未建立，流程割裂、数据分散，异构、孤立的各种资源未能有效地集成和共享。此外，相较于军民融合和民用领域，航天领域的差距更大，目前，还尚未建立基于互联网的服务平台，物联网、云计算、大数据、"互联网+"等新技术和理念还没有得到广泛应用。信息技术对企业强大的引领和对商业模式的变革作用并没有得到很好的体现。

二、基于大数据的信息化管理深度和广度不足

目前，流程和信息化的融合互动已经成为企业管理进步的重要手段。近些年来，随着航天事业和信息化技术的发展，计划、成本、工艺、质量、物资等已部分实现了信息化管控，但信息化融入度低，且车间级的生产过程管理、制造资源管理、生产成本控制等信息化技术及能力水平低下，研制、生产更主要依赖人来管理，难以实现人、财、物资源统一有效的管理。各种业务数据和信息分散、独立，难以形成集中唯一的数据仓库；数据的及时性和有效性难以保证；基础数据、信息资源标准不统一，共享整合难度大。随着大数据技术的广泛应用，基于大数据的产品数据共享与重用、现场数据的实时获取、关键质量过程数据的管理与追溯等环节尚未得到有效应用。

三、工业互联网平台应用有待持续加强

目前航天建立内部涉密网络，但还不能很好地满足型号研制和科研生产管理的应用需求。主要体现在：已实现联网的发射试验基地网络带宽还不能满足型号应用；特别是涉密网因受测评标准、保密安全关键技术尚待突破等因素限制，与仿真专网、工控网、测试网等专用网络不能实现互联互通；物联网、云计算、虚拟化、无线通信等先进信息技术如何在涉密网络中应用，需要进一步研究和探索；因受网络物理隔离，涉密网资源无法实现与非涉密网共享等，已经成为后续信息化应用深入推进的制约因素。

四、航天智能制造技术和装备应用有待提升

通过智能仓储物流装备、上下料机器人等单点智能技术和装备的应用，航天在智能制造

技术与装备应用方面取得了初步的成效。但针对航天制造的智能设计、智能加工与装配、智能服务及智能管理等领域的关键技术大多没有系统性的技术储备，尚未构成智能制造技术集群，无论是智能制造技术还是智能制造装备，距离工程化实用的程度还有较大差距。另外，针对先进制造系统所需的人工智能关键技术研究不全面、不深入，人工智能感知、解算、推理、决策等基础理论与方法尚未达到实用化程度；人工智能技术与制造装备的结合尚处于较低层次，只有少数专业的部分装备具有初步的智能能力；制造领域的专家系统与知识库建设和应用未与人工智能技术相结合，缺乏自学习、自重构、自优化等能力。

五、航天智能制造标准体系有待健全

经过近几年的重点建设，信息化标准体系建设已经取得显著成效，但随着智能制造技术的不断应用，智能制造标准体系还需健全，与先进制造企业相比仍有较大的差距。主要体现在：统一的主数据管理、编码体系与基础资源库等尚处于建设过程中，标准精细化程度、覆盖程度不足，远没有达到每一个环节、每一步操作、每一项数据都有标准可依，大多数信息化、数字化乃至智能化标准还处于厂所级，还没有上升到行业级。另外，智能制造技术的应用尚处于起步阶段，行业内相应的标准体系都在相继建立过程中，距离在智能制造过程中发挥强有力的支撑作用，还有很长的路要走。

第四节　实践案例

一、发动机泵阀产品自动化检测单元

1. 总体概况

为全面提升发动机泵阀产品现场检测能力，以发动机泵阀产品为试点，通过优化工艺、现场改造、补充设备、调整设备布局等措施，构建以产品为导向、以单元为基础的数字化检验检测模式，打造适合航天泵阀多品种、小批量特点的数字化检验检测单元，实现产品从出库、人工预装、转运、检测到入库的流水作业，提升自动化数字化检测能力，实现设计全特性参数的检测与数据采集，满足全特性尺寸快速检测采集需求。

该泵阀自动化检测单元打破了现有落后的手工检测模式，为满足设计全特性尺寸的快速检测和检测数据的快速采集，优先采用自动化检测设备，提高产品检测效率。检测单元底层配置数据采集终端，包括自动化和数字化的检测系统，满足设计特性数据的快速检测和采集要求。中间层构建数据存储和应用平台，通过工控网实现底层采集终端的互联互通，通过数据管理平台，实现检测数据的存储、管理与统计分析应用。顶层预留与其他信息化系统对接接口，实现各系统对所需数据的抓取调用。

2. 建设内容

对现有泵阀检验现场布局进行单元化布局设计，将检验现场整体上划分为四个区，分别为数字化检测区、自动化检测区、工件物料区、检测数据集中管理和展示系统。单元共配置自动检测设备5台套，数字化采集系统2台套，主要承担车间泵阀零件线性和形位几何公差等全特性尺寸检测任务。

（1）**数字化检测区**　该区域配置图像识别采集系统，实现中小型零件产品数字化智能

采集应用。配置检测数据数字化采集系统已实现泵阀典型产品的数字化检测应用。数字化检测系统可覆盖阀门产品中小型零件的 95% 以上线性尺寸数字化检测、采集与分析，杜绝了传统的人工记录、转录、传递数据的方法。

（2）**自动化检测区** 数字化生产线高效运行的核心是各信息系统的数据共享与集成管理，生产线现场集成管控，包括数控化装备的控制、物料仓储系统的控制、生产过程信息的集成管控等多方面的内容，目前已通过 MES 系统将上层的 AX、QMS、PPS 和其他业务平台与底层的 MDC、WMS、TDM、DNC 和物料编码等系统集成，实现生产线过程数据的实时集成管理，并可通过逻辑判断来发送对应现场控制指令，实现数字化泵阀产品生产线按预设优化流程高效运行的设计目标。

目前，该区域已引进六自由度自动测量系统、现场型自动坐标测量系统、光学轴类自动扫描测量系统、并联机器人比对自动检测系统、螺纹通止机器人半自动检测系统相关系统，并通过自动检测程序编译，实现了发动机泵阀典型产品中小型零件产品线性尺寸和形位尺寸的自动化检测和数据采集，提高了检测效率。开发应用了自动化检测系统，可实现基于模型的自动检测程序仿真与编译、产品自动检测和数据自动采集，可覆盖泵阀产品大中型零件 70% 以上线性尺寸与几何公差等参数的批量检测。

（3）**工件物料区** 目前，已完成检测产品立体库及 WMS 软件系统的开发并投入使用，以及现场 8 个货架库存待处理产品的入库管理、产品周转区产品入库管理、待检产品入库管理，已用库位约 70%，为自动化检测单元建设腾出空间。检测产品入库时，WMS 系统采集了产品的质控卡信息，并随着产品出库将质控卡信息自动传递给预装平台和数据管理系统，以完成产品检测任务制定和产品检测，实现产品唯一信息传递。

（4）**检测数据集中管理和展示系统** 开发了发动机产品检测数据集中管理和展示系统，涵盖了检测项目管理、检测任务管理、检测数据采集、产品数据管理、系统基础信息管理等功能模块，为单元检测数据采集和管理奠定坚实基础。

3. 运行效果

泵阀产品自动化检测单元建设，全面提升了发动机产品的自动化检测能力，优化检测模式，提升检测效率，提高检测质量，降低检测成本，使先进检测设备的检测能力得到充分释放。检测单元可实现基于模型的自动检测程序仿真与编译、产品自动检测、数据智能采集与分析，以及全自动装夹、检测、分拣和换装，可覆盖发动机产品大中小型零件线性尺寸、几何公差、外形轮廓等几何参数的批量检测，实现设计全特性参数的检测与数据采集，满足全特性尺寸快速检测采集需求。具体效果如下：

1）零件检测周期大幅缩短。自动化检测设备和技术的应用，提高产品检测效率，进而节省大量人工操作时间，大幅缩短检测周期。

2）检测结果一致性提高。随着检测方法由传统的人工检测到设备自动化检测的转变，检测结果不再依赖于个人经验，程序控制下的重复检测结果一致性显著提升。

3）数据采集能力提升。通过自动化检测单元建设，借助图像、语音识别、自动检测等多种先进手段，实现检测数据自动采集，杜绝了传统的人工记录、转录、传递数据的方法，有效提升数字化检测能力。

4）通过自动化检测人才培养，检测工艺先进性得到显著提高，设备的先进功能得到充分挖掘，提高了设备利用率。

5）通过规范单元现场管理，零件、工装、工具摆放不规范的现象被杜绝，现场面貌干净整洁。

二、发动机喷嘴自动化加工试验生产线

1. 总体概况

发动机喷嘴是推进剂的输送装置，是氢氧发动机推力室头部喷注器以及燃气发生器的核心零件，直接影响着发动机的燃烧稳定性和火箭推力。喷嘴类零件一般主要生产流程涵盖数控加工或普通加工、去毛刺、清洗、过程检测、成品检测、装配、流量试验、清洗、交付等。针对发动机喷嘴加工存在以普通加工为主、自动化程度低、产品质量过程控制能力不足、产品尺寸一致性较差等问题，建立了发动机喷嘴类零件集加工、过程检测、打标、清洗、成品检测、封口装配、流量试验、成品库存于一体的自动化生产线。

2. 建设内容

1）分析喷嘴加工工艺，测算设备能力，形成了喷嘴自动化加工试验生产线整体布局。

2）对现有喷嘴零件进行了工艺梳理，根据工艺特性和生产线系统布局对喷嘴进行了工艺分类。

3）引进数控车削中心、激光打标机、毛刺检测设备、比对仪、清洗机、三坐标检测仪、流量试验系统等设备，同时，配备自动回转库、机器人等智能设备，形成发动机喷嘴类零件集加工、过程检测、打标、清洗、成品检测、封口装配、流量试验、成品库存于一体的自动化生产线。

4）配合制造执行系统、仓储管理系统等信息化系统建设，实现喷嘴自动化加工试验生产线数字化集成管控。

3. 运行效果

建成喷嘴自动化加工试验生产线，满足在研型号发动机及其他新研型号发动机共34种喷嘴零组件的研制需求，实现加工过程的自动化，保证批产品的一致性；实现检测过程的自动化，保证喷嘴所有特性尺寸100%检验，实现喷嘴标准化生产。

三、典型产品集成制造数字化生产线

1. 总体概况

以典型产品机加、部段装配及总装测试过程为研究对象，突破生产线整体规划、生产线集成管控平台应用、自动化仓储及物流配送等关键技术，开发数字化集成管控平台和智能物料系统等系统平台，实现多系统集成的综合展示，构建集机加、部装、总装、总测为一体的典型产品集成制造生产线。通过开展基于机加、部装、总装集成的物流规划和车间布局设计，运用系统仿真建模技术，开展典型产品集成制造系统的建模与仿真优化，形成生产线总体规划；建立典型产品机加、装配集成制造管控平台，实现业务环节的无缝贯通与集成。通过基于条码的自动化仓储及物流周转技术研究及应用，解决了大量在制品及大型工装占用生产空间的难题，同时提高了产品周转的效率和自动化程度，实现了物料的实时精准定位。

2. 建设内容

1）以典型产品制造流程为主线，对生产线布局进行规划，开展自动化、数字化工艺技术的研究，同时对生产流程及管控模式进行优化，搭建生产线集成管控系统，实现多系统集

成的综合展示，构建集机加、部装、总装、总测为一体的典型产品集成制造生产线。

2）开展生产管控核心业务流程梳理，开发生产线集成管控系统，实现生产计划管理过程、生产技术准备管理过程、订单任务执行过程、周转物流过程等过程的数字化管控。

3）配置包括立体库、AGV自动导引车、升降库和立体库系统在内的自动化仓储及物流系统，通过研究集中物料管理与自动化物料配送技术，实现生产线管控系统与自动化仓储物流系统集成，实现毛坯、半成品、成品、工装的自动出入库和自动运输过程控制，管理任务执行进度和物料流向，最终实现生产线内部物流的自动化管理，大幅减少物料周转等待与查询追踪时间，提升生产线物料精准配送能力。

3. 运行效果

通过调整工艺布局完成机加、装配、总装、总测的典型产品集成一体化制造转型，建立典型产品集机加、部装、总装、总测为一体的数字化集成制造生产线，有效提高了典型产品生产制造的周转效率和年产能；积极开展生产流程驱动的可视化执行技术研究及应用、实施生产集成管控系统MES，对产品生产过程进行了全生命周期的实时管控，对各类生产数据进行了自动统计和结果分析，为管理流程优化提供了重要参考依据；通过基于条码的自动化仓储及物流周转技术研究及应用，解决了大量在制品及大型工装占用生产空间的难题，同时提高了产品周转的效率和自动化程度，实现了物料的实时精准定位，有效提升生产线的运行管控能力。

四、铝合金舱段铸造生产线

1. 总体概况

以铝合金铸件批量生产为主要研究对象，通过开展数字化铸造生产线总体方案设计、工艺布局优化、典型制造单元构建、铸造工序自动化、数字化生产线集成管控系统开发等技术研究，突破铝合金舱段铸件的自动造型单元构建技术、异形舱段砂芯自动涂覆技术、异形舱段的差压铸造工艺设计与优化技术等关键技术，改变现有铸造工序手工操作的模式，解决当前铸件产品现有生产能力无法满足未来任务需求、批生产周期长、质量一致性差等问题，构建以数字化工艺、数字化制造资源为基础的单元制造模式，形成生产过程集成、管理集成、数据集成的铝合金舱段数字化铸造生产线，满足铸件"多品种、批量生产"的任务需求，为实现铸件产品的快速稳定高效批产和精益生产管控奠定基础。

2. 建设内容

（1）**生产线总体方案设计** 基于产品成组及工艺流程分析，开展工序优化、单元构建、工艺布局等技术研究，构建典型铸造单元，形成铸造生产线总体方案。将铸件产品分为异形结构近净形铝合金铸件、圆锥形全加工铝合金铸件、圆筒形全加工铝合金铸件三类，开展工艺流程分析与优化。

（2）**生产线总体布局设计** 重点研究生产线各铸造设备资源配置、缓冲区设置、工位的平衡，以物流强度最小化、设备的利用率最大化等为目标，对单元间的布局规划优化进行研究。搜集梳理产品基础数据；根据产品生产纲领、工艺等数据进行资源配置，确定各个区域面积大小；综合考虑物流和非物流要素，确定各区域相对位置关系；考虑厂房约束，进行区域的布局规划，产生不同种类的方案，并根据物流、面积等角度进行择优方案；对择优所得方案进行单元内部的详细布局规划。

（3）自动造型单元构建　自动造型单元包括模具装配（准备工位）、填砂、振动紧实、硬化、脱模和铸型精修6个工序。设置模具装配工位（准备工位）、填砂和振动紧实工位、硬化工位、脱模工位、铸型精修工位。

（4）自动化表面涂覆单元构建　自动化表面涂覆单元承担铸型、砂芯的表面涂覆、补涂及烘烤任务，设置涂覆及涂层精修工位、烘烤工位，自动造型单元内制作完成的砂型通过机动辊道转运至涂覆烘烤单元进行流涂，铸型流涂完成后通过翻箱结构将铸型转运至摆渡辊道车上，根据烘烤炉运行节拍进行烘烤，砂型烘烤完成后由钢结构吊车或电动叉车将铸型转移至铸型存放区。

（5）高效集中熔炼与差压浇注单元构建　熔炼及浇注单元承担合金熔炼及产品浇注成形的任务。结合铸造过程中熔炼和浇注生产要求，利用自动化集成手段，构建集炉料准备、熔炼、熔体转移、除气精炼、差压浇注于一体的自动化熔炼和浇注分离单元。

（6）生产线集成管控系统开发　铸造生产线集成管控系统是适用于生产线现场的生产综合管理集中系统。它集成了工艺设计、质量管理、任务下发、数控传输等各个独立系统，实现集中调配、集中管理、集中处理的功能。系统将上层计划管理的信息实时传递至作业现场，使信息上下层对等交互，突出了数据的实效性。通过生产线集成管控系统实现对任务状态的实时管控，实现生产任务流的有效流转以及透明化管理，监控的同时实现管控的目的，达到对生产线及产品进度、成本的综合管控。

3. 运行效果

建设铝合金舱段铸造生产线，铝合金铸件批生产能力年产提升三倍，典型铝合金铸件生产制造周期缩短30%以上，铸造过程关键工艺参数数据自动采集率达到70%以上，工序自动化率由25%提高至60%以上，典型铸件产品合格率由70%提高至85%。

五、化学铣切产品自动浸胶生产线

1. 总体概况

化学铣切是将工件不需要加工的部位用可剥性保护胶加以保护，将加工部位通过刻形暴露于腐蚀溶液中进行选择性腐蚀，以完成对工件加工的一种特殊加工工艺，简称"化铣"，在航天航空工业领域中应用广泛。目前，化铣涂胶全部依赖手工生产，生产效率低下，涂胶层的质量一致性较差，会对后续化铣生产带来质量隐患。另外，化铣生产过程中使用的绿胶为溶剂型胶液，稀释剂为甲苯，企业职工在刷胶过程中会直接与苯系物接触，对职工健康造成一定程度的伤害，急需改进化铣生产方式，实现化铣自动浸胶，替代手工操作，降低职工健康安全风险。

2. 建设内容

（1）完成生产线工艺布局调整　在原小件化铣场地建设自动浸胶生产线，结合现有场地面积形状、生产规模、工艺流程特点等要求，经过前期调研，自动浸胶生产线按结构特征采用直线型生产线，确定为半封闭式直线型生产线工艺布局。

（2）完成胶液选型、确定工艺参数　调研选购CTN-7853、AC-828两种化铣保护胶，分别进行工艺试验，确定了自动浸胶所需的保护胶及自动浸涂工艺参数，为生产线建设提供基础数据支撑。

（3）确定生产线主体结构及建设内容　完成生产线土建工艺技术条件编制，将原有槽体拆除、进行现场土建改造及维护保养工作；完成生产线梁架结构搭建及吊车、槽体等硬件设施的设计。

（4）定位工装　为生产线配置定位工装，其作用为固定每块产品的装夹位置，使两个装夹点的连线通过产品的重心位置，并固定产品之间的距离，方便行车上挂。

（5）吊夹具　吊夹具采用手动装夹。夹具采用顶针卡爪形式，螺旋压紧，使顶针进入壁板周边余量区域2mm，确保装夹强度。吊夹具的卡紧部分采用高强度钢镀铬，不易粘胶，即使粘胶在夹紧时顶针上的胶膜也很容易被刺破，不影响装夹强度。

（6）浸胶槽　浸胶槽由不锈钢槽体、自动槽盖、搅拌系统、一体式吸风口、胶循环装置、液位计、比重计、小件零件打捞装置等组成。配置浸胶槽封闭装置，其作用为有效收集浸胶及烘干时产生的含有机溶剂（四氯乙烯）的废气，使其不外泄。

（7）翻转工装　为保证浸胶均匀，零件浸胶两到三次后需翻转，然后再浸胶两到三次，翻转工装采用卡爪夹紧，电动翻转。翻转工装由基座、夹紧装置和翻转装置组成。夹紧力采用压力传感器控制，既保证夹紧又保证零件不变形。

（8）硫化室　每个工作日进行9块至12块产品的浸胶，之后在硫化槽中进行集中硫化，硫化加温采用蒸汽加温，硫化温度和时间由计算机程序控制。

（9）化铣胶及溶剂输送装置　化铣胶及溶剂需用泵输送到胶槽，输送泵采用螺杆泵，管路采用不锈钢材质，输送量每小时15吨，扬程20米，为保证泵体内及管路内胶不凝固，泵出入口及管路进出口设置空气隔绝阀。

（10）生产线自动控制系统　整条生产线除上挂、下挂、翻转需人工干预外，其余浸胶、晾干、硫化、自动门及槽盖开启关闭、排风量、时间、温度等各工序均由计算机程序自动控制。

3. 运行效果

建造半封闭式自动浸胶生产线，实现化铣产品的批量性浸胶生产，浸胶效率达6块壁板/天或24件瓜瓣/天，浸胶效率较手工浸胶提升3倍，同时有效减轻职工的劳动作业强度，将以非易燃易爆溶剂取代甲苯等易燃易爆溶剂，降低了安全风险。

第五节　发展趋势

21世纪将是智能化在制造业获得大发展和广泛应用的时代，可能引发制造业的变革，正如《经济学人》杂志刊发《第三次工业革命》中所言，"随着制造业的数字化全球制造业将面临第三次工业大变革"。航天制造业将顺应制造业发展趋势，加速朝向智能化方向发展，主要呈现出以下五大趋势。

一、制造全过程建模技术将成为产品创新研发的重要手段

制造全过程建模已成为制造业不可或缺的工具与手段。构建基于模型的企业是航天制造业迈向数字化智能化的战略路径，已成为当代先进制造体系的具体体现，代表了航天数字化制造的未来。基于模型的工程、基于模型的制造和基于模型的企业作为单一数据源的数字化企业系统模型中的三个主要组成部分，涵盖从产品设计、制造到服务完整的产品全生命周期业务过程，从虚拟的工程设计到现实的制造工厂直至产品任务交付，建模技术始终服务于产

品生命周期的每个阶段，为制造系统的智能化及高效研制与运行提供了使能技术。

二、基于 VR/AR 的技术成为减少实物试验、提高协作效率的有效途径

国外先进企业利用大型计算形成高效、完整的数字化仿真验证体系，仿真系统的应用从单机和系统级向体系级发展，仿真手段从单一的仿真验证向虚实融合发展，已形成一套自顶向下的标准规范体系，专业化的仿真团队和实验室已成为仿真技术发展和应用的基础支撑。借助虚拟现实（VR）和增强现实（AR）技术的应用，实现对航天型号产品制造过程进行全面仿真，借助虚拟环境中的信息对产品工艺方案进行验证与优化，通过在虚拟世界的迭代验证实现实物生产一次成功的工艺设计，减少产品研制过程中的实物验证环节，降低生产成本，缩短生产周期。VR 技术主要应用在虚拟装配、虚拟培训、虚拟展厅等场景，重点实现设计、工艺、操作人员的异地协同，指导现场装配。AR 技术主要应用在即时通信、远程协助、智慧运维等方面，通过实时通信手段，实现即时与设计、工艺协同工作，快速完成产品技术状态更改及确认等；通过智能运维手段，实时反馈现场环境给远程专业维护人员，通过音频或 AR 操作方式，快速指导现场完成维保工作；通过远程协助的手段，后台专家可以通过语音视频通信、AR 实时标注进行远程协助，实现了现场人员和远程专家的"零距离"沟通，大大提高了工业生产、设备维修、专业培训等价值链的效率。

三、基于工业大数据平台的数据采集及应用，是实现产品研制过程智能决策的重要基础

充分利用大数据技术，将在航天型号产品研制过程中形成的大量模型信息、工艺数据、设备数据、资源数据、产品数据、试验数据、飞行数据以及计划信息、流程信息、执行信息、交付信息等原本孤立、海量、多样性的数据，通过大数据计算分析手段和方法，实现对设计指标满足度、试验充分性、测试覆盖性等进行高效分析，对产品质量与可靠性进行精确预测，对研制结果进行快速评估，对科研生产状态进行实时监控、提前预警。以工业大数据平台为基础，提供数据采集接口，对航天企业经营管理的业务数据、机器设备互联数据以及运维等数据进行采集、清洗，并基于工业大数据处理、分析、建模等关键技术，根据具体应用场景及需求，结合知识和算法，实现顶层应用支撑，为产品智能决策提供重要支撑。

四、基于物联网的精准管控与执行，是实现产品快速交付的有效支撑

制造执行能力的提升是实现产品快速交付，提升市场响应速度的根本，必须基于工业物联网技术，通过智能运营管控系统建设来实现航天产品研制过程智能过程控制，支持制造执行力提升。针对航天产品制造为典型的多品种、小批量生产模式，制造执行管理成为企业计划和底层加工制造之间急需解决的瓶颈问题。建设智能运营管控系统，实施智能调度排产、生产过程调控与执行、物流优化调度、过程质量管控、智能运维与服务等内容，从而全面实现基于网络化、数字化、智能化的生产工艺管理、生产资源管理、生产过程管理、集成质量管理，实现车间人员、工件、设备之间信息的无缝交互，支持从生产任务下发到产品完成的全部生产活动优化管理，支持质量数据的信息化和动态可跟踪性，实现生产过程透明化、高效化、柔性化、可追溯化管控，提升航天企业的精准执行能力，提升产品质量和快速交付能力，从而提升核心竞争力。

五、知识积累与重用成为航天制造能力持续提升的核心驱动力

航天产品研制生产能力、产品质量的提升必须借助设计、制造、试验等过程中各类知识的积累、传承与重用。开展知识梳理与采集，对成熟产品与模块、研发标准规范、专业领域研发知识、研究成果等知识进行规范化管理，从知识的产生、知识的收集、知识的传输、知识的集成、知识的存储、知识的发布、知识的重用等各个方面，建立制造全过程知识库，基于知识库建立集多维知识管理、知识关系管理、知识评审管理、知识聚类分类处理等内容于一体的制造过程知识管理体系；面向设计专业，开展基于知识的快速设计系统建设，将设计知识和设计标准融入设计工具，结合研发流程与业务活动，主动推送知识应用，实现基于知识的产品设计，加速产品成熟。面向制造专业，将制造过程中的知识融入工艺设计、生产制造、质量管理等过程，建立制造过程知识管理体系，实现基于知识的智能化推送，实现企业智力资产的持续积累。

六、智能生产线（单元）的深度推广提升核心竞争力

研究智能生产线（单元）的规划与建设技术，重点突破智能产线布局规划技术、智能产线设计技术、智能生产集成管控技术、智能仓储与物流配送技术、制造全过程质量数据采集分析与管理技术、智能产线绩效分析与决策技术等关键技术，搭建以制造运营管控平台、工业物联网平台为代表的智能生产线（单元）信息化平台，配备智能立库、AGV、机器人等智能装备应用，建设实施一批智能生产线（单元），以点带面，在企业范围内深度推广应用，建设智能工厂雏形，全面提升企业核心竞争力。

七、云化机器人应用带动企业生产效率和智能化水平提升

研究基于移动机器人的智能应用场景，将人工智能与云计算技术相结合，形成云化机器人应用场景。云化机器人将控制"大脑"放在云端，真正实现机器人的自主服务和自主判断。将云化机器人的应用与产品上下料、翻边、打磨、装配、物流周转及检测等制造过程紧密结合，通过大数据和人工智能对生产制造过程进行实时运算控制，由自组织和协同机器人来满足柔性生产的需求，从而带动企业生产效率和智能化水平提升。

第六节 措施建议

一、大力支持基础技术研究

结合航天装备型号产品研制需求，加强机械加工、焊接、表面工程、各专业工艺仿真、在线高精度检测、设备故障诊断与维护、智能制造执行等基础技术研究，强化工艺综合集成应用，注重智能制造技术规范和体系的建立，为航天装备研制提供技术支撑，并促进智能制造技术的可持续发展。

二、着力加强技术创新

加大技术创新力度，加强与战略性新兴产业重大创新发展工程的衔接，在航天智能制造

装备研制技术不断突破的基础上，切实掌握智能制造的关键核心共性技术，鼓励智能制造技术在智能感知、智能决策、智能控制、智能执行方面的自主创新，推动技术成果的转化及工程化应用。

三、建立依托工程发展机制

建立航天智能制造专项工程，优先扶持企业开展智能制造技术攻关、智能制造装备研发、智能制造单元/生产线/车间建设、智能制造技术推广等举措，建立长效的工程发展机制，定期通过航天智能制造专项工程项目的形式，推动智能制造技术在航天领域的落地实施。

四、培育优势核心企业

通过联合研发攻关的形式，加强企业与高等院校、科研院所的紧密联合，集中优势力量，集智攻关、分步实施、重点突破。通过强强联合、产学研合作，充分调动社会资源，快速突破智能制造核心技术，加快培育一批具有一定规模、优势突出、掌握核心技术、具有型号应用背景的企业，推动智能制造技术示范应用，树立行业标杆，带动航天行业智能制造能力提升。

五、加速推进人才队伍建设

积极营造良好环境，鼓励企业创新人才培养机制体制，针对航天行业智能化发展需求，搭建合理的人才梯队，建立合适的人才评价体系，培养一批具有国际领先水平的专家和学术带头人，培养和锻炼一批优秀的从事智能制造技术及装备研发和创新的团队，培养和造就大量面向高层次需求的实战型工程技术人才。同时，搭建高层次学习交流平台，营造高端学术氛围，加快培养航天行业智能制造人才队伍。

六、完善航天产业化发展体系

由政府主导制定相关智能化技术研发及应用的政策，组织建立具有先进性、科学性、合理性、兼顾长远发展的智能制造技术及装备体系，及时制定促进行业发展的相关政策和技术标准，充分发挥行业协会、中介组织在行业管理中的积极作用，逐步健全航天产业化发展体系。

参考文献

[1] 中华人民共和国国务院. 中国制造2025. [Z]. 2015.
[2] 刘玉生. MBSE：实现中国制造创新设计的使能技术探析 [J] 科技导报，2017, 35（22）.
[3] 蒋小勇，葛兴涛，沈毅奔，等. 大型复杂卫星实施基于模型的系统工程研制的研究与思考 [J]. 航天制造技术，2017, 10（5）：1-4, 14.
[4] 刘强，丁德宇. 智能制造之路：专家智慧实践路线 [M]. 北京：机械工业出版社，2017.

编撰组组长：落海伟
编撰组成员：落海伟　孙莹　陈缇萦　姜军　杨振荣
审 稿 专 家：周世杰　赵洪杰

第七章

船舶领域智能制造发展报告

第一节 发展概况

船舶工业是为海洋运输、海洋开发及国防建设提供技术装备的综合性产业，也是劳动、资金、技术密集型产业[1]，对钢铁、石化、轻工、纺织、装备制造、电子信息等重点产业发展和扩大出口具有较强的带动作用。随着新一代信息通信技术的快速发展，数字化、网络化、智能化日益成为未来制造业发展的主要趋势，世界主要造船国家纷纷加快智能制造步伐[2]。

为贯彻落实党中央、国务院关于建设制造强国和海洋强国的决策部署，加快新一代信息通信技术与先进造船技术深度融合，工业和信息化部等主管单位先后制定印发了一系列政策文件，2017年《船舶工业深化结构调整加快转型升级行动计划（2016—2020年）》和《海洋工程装备制造业持续健康发展行动计划（2017—2020年）》正式发布，明确了"十三五"期间船舶工业深化结构调整加快转型升级的总体要求、重点任务和保障措施，引导船舶企业健康平稳发展[3,4]。2018年12月，工业和信息化部、国防科工局两部联合印发《推进船舶总装建造智能化转型行动计划（2019—2021年）》，提出加快新一代信息通信技术与先进造船技术深度融合，逐步实现船舶设计、建造、管控与服务全生命周期的数字化、网络化、智能化，推动船舶总装建造智能化转型[5]。

一、发展基本情况

1. 世界造船业发展格局

世界造船业进入新一轮调整周期，竞争日趋激烈。世界造船业在一段时间内将继续保持中韩日竞争的基本格局，主要体现在船舶和海洋工程装备领域。2019年年底中国两大造船集团中船集团（CSSC）和中船重工（CSIC）战略重组；韩国的两大造船巨头现代重工（HHI）和大宇造船（DSME）也正在合并中；近期日本开始论证"全日本造船合并计划"，探索整合国内15家主要造船厂的可能性。当前国际造船行业进入新一轮调整周期，全球造船业竞争格局势必更加激烈。

我国近年来造船能力增长迅速，自2009年以来在造船三大指标方面连续保持世界第一。

从整体上来看，新扩建的造船设施主导了我国造船能力的增长方式；从竞争角度来看，中国船舶集团近年来国际竞争力的显著提高不容置疑，其国内市场地位难以动摇。韩国船舶工业加速发展，生产技术、生产效率全面提高，高附加值船型领域的大力投入开始收到成效，这些因素使得韩国在世界造船格局中的地位更加稳固。日本船企在生产技术、效率以及船用配套等方面保持很高的水平，航运业发展迅速，在全球造船业中的地位仍处前列。欧洲造船业在常规船型方面已远远落后于东亚地区，竞争力有限，但在特殊船型（海洋工程船、挖泥船）和高附加值船（大型邮轮）方面保持着较强的竞争力，造船产量已难与中日韩相比，但造船产值仍十分可观[6]。

2. 国内外智能制造政策动态与相关规划

日本为强化船舶制造业竞争力，推出了新的船舶产业创新政策——"i-shipping"，计划将物联网、大数据技术应用到船舶运营和维修中，通过及时反馈信息达到设计、建造、运营和维护一体化的效果，实现从提升产品和服务能力、开拓商业领域、提升船舶制造能力和加强人力资源储备等方面助推日本船舶工业创新做强，以扩大产品出口量，提升产业价值[7]。

韩国从2010年起实施了"智能船舶1.0"计划，韩国现代重工集团及韩国电子通信研究院（ETRI）共同开发了船舶通信技术"有/无线船舶综合管理网通信技术"（Ship Area Network，SAN）。2013年，现代重工开启了以"经济、安全、高效航行服务"为主旨的"智能船舶2.0"计划；基于"智能船舶2.0"计划，现代重工还提出了"Connected Ship"的新概念，把船舶、港口、陆上物流信息一并提供给船舶运营。2017年，现代重工与英特尔、SK航运、微软、大田创意经济与创新中心（DCCEI），以及蔚山创意经济与创新中心合作签订协议，联合韩国国内的信息与计算机技术公司共同开发软件，提高船员的安全系数，改善他们的健康状况，满足船东的需求以及安全航运标准[8]。

欧美船厂在高水平现代化的造船基础之上，以全面数字化、自动化和网络化平台为支撑，组建模块化、专业化合作生产的动态联盟，保持在高人力成本下的竞争优化。

我国船舶行业专家围绕智能制造的推进提出了"三步走"发展路线[9]，提出到2020年突破工艺设计与数据库、制造过程自动化与智能化、车间智能管控、智能制造基础等共性技术，实现我国造船效率和质量接近日韩水平；到2025年突破信息高度集成与大数据应用、数字化虚拟船厂、智能船厂示范和模式推广等技术，将智能制造技术从分段制造环节向外场建造环节延伸，有体系、分步骤地实现智能船厂的全面建设，并实现造船效率和质量赶超日韩。到2050年实现船舶智能制造联盟，引领造船技术进步与创新。

二、发展特点及水平

1. 国内外船舶建造技术水平的总体判定

从工业4.0的角度，国外先进造船企业处于由"工业3.0"向"工业4.0"推进阶段，日韩等国外先进造船企业普遍使用了数字化、自动化和精益生产等技术，实现厂域空间全网络覆盖，物联网技术大量应用；大数据技术在局部领域应用，由智能单元向智能生产线推进，为智能船厂打下了坚实的基础。国内骨干船厂总体处于"工业2.0"阶段，正向"工业3.0"迈进，国内船厂在数字化、自动化、精益生产等方面发展水平参差不齐，骨干企业仍有短板补齐；少量骨干企业在物联网、智能单元等方面取得一定进展，智能造船技术与国际先进水平相比有较大差距。

2. 我国船舶工业发展面临的问题

虽然我国船舶工业取得了长足进步，但与国际先进水平相比，尚存在较大差距：造船效率仅是日韩的 1/3，造船设计、制造和管理一体化平台技术处于初级阶段，难以满足船舶工业提高企业综合素质和整体效率的需要，具体表现在数字化工艺设计能力不足、制造装备与系统的自动化与智能化水平低、过程管控缺少有效的数据支持、制造技术与信息技术融合程度低，影响着我国船舶工业推进智能制造的深入发展。特别是受国际金融危机深层次影响，国际船舶市场需求大幅下降，手持订单持续减少，产业发展下行压力加大、环保要求不断升级；国际航运和造船新规范、新公约、新标准密集出台，船舶产品节能、安全、环保要求不断升级；需求结构加快调整，节能环保船舶、船舶、海洋工程装备等高端产品逐渐成为新的市场增长点。世界船舶工业已经进入了新一轮深刻调整期，围绕技术、产品、市场的全方位竞争日趋激烈。同时，我国船舶工业创新能力不强、高端产品薄弱、配套产业滞后等结构性问题依然存在，特别是产能过剩矛盾加剧。

3. 我国船舶工业迎来发展机遇

在市场需求的驱动下，国内骨干船厂逐步开展了一系列关于智能船厂方面的有益探索，将新模式、新技术、新装备引入船舶建造过程中，进一步提升国内造船企业的软实力，推进我国船舶工业高质量发展。随着新一代信息通信技术的快速发展，数字化、网络化、智能化已经成为未来船舶制造业发展的重要趋势。近年来，我国船舶工业快速发展，骨干船舶企业不同程度地开展了智能化转型的探索工作，智能科研攻关取得了积极进展，智能技术工程化应用成效初显，具备了一定的技术和产业基础。但是，总体上我国船舶制造业仍处于数字化制造起步阶段，企业发展水平参差不齐，三维数字化工艺设计能力严重不足，关键工艺环节仍以机械化、半自动化装备为主。面对我国在造船技术上仍存在的差距，以提升造船质量、效率和效益为核心，以推进数字化、智能化造船为重点，以关键环节智能化改造为切入点，突破一批关键共性技术和短板装备，夯实智能制造基础，推进船舶设计、建造、管理与服务数字化网络化集成，加快促进我国船舶建造技术水平提升，增强国际市场竞争力，支撑我国船舶工业由大到强转变。

第二节 实施进展

一、智能制造实施应用

近年来，我国推进船舶智能制造取得了快速发展，成为世界造船大国，造船三大指标位居世界前列，达到国际领先水平；结构调整步伐加快，主流船型形成品牌，船舶、海洋工程装备研发制造取得新进展，船用配套能力不断增强；产业布局得到优化，城市船厂搬迁有序推进，三大造船基地形成规模，发展质量明显改善。目前已经建成一批高水平的造船基础设施，其上下游产业齐全，劳动力资源充裕，国内市场潜力巨大，比较优势依然突出。依托"面向智能制造的船舶设计技术研究""船舶智能制造技术集成应用研究""船体分段智能车间制造执行管控技术研究"等一系列科研项目，突破一大批船舶智能制造核心技术与装备，智能制造在船舶产业方面的应用得到迅猛发展，并获得喜人成果。

1. 船舶生产数字化设计

大力开展基于三维模型的船舶智能设计模式研究，应用基于模型定义的船舶设计方法，通过三维体验平台开展基于 MBD 的船舶生产设计，突破当前现代造船模式下"三维模型+二维图样"的船舶设计困境，解决科研院所和造船企业船舶总体设计与生产设计平台不统一、船舶三维模型多次构建、船舶设计数据不唯一、设计工作重复、现场智能设备无法识别或者很难识别设计图表等问题。应用基于模型定义的三维可视化作业指导方法，引进三维 CAD 系统开展设计建模，通过数据集创建、工艺设计与 BOM 重组生成 PBOM 形式，基于 PBOM 对中间产品进行三维标注，在模型轻量化转换软件中将其发布成 PDF 格式形式，从而生成三维可视化作业指导书，指导现场作业，所有设计交付物的审查、签审、发放与接收统一受产品生命周期数据管理软件（PDM）管理，技术路线如图 7-1 所示，从全过程规范了设计交付物的创建与下发，有效保证 MBD 技术的船舶数字化设计与制造实施。

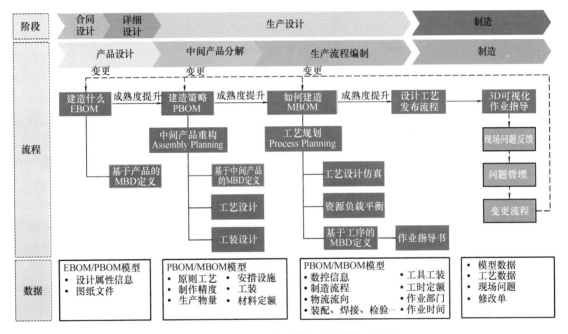

图 7-1 基于 MBD 的船舶生产设计技术路线

通过引进 CATIA、AVEVE MARINE 系统、二次开发 TRIBON 系统、改进 PDM 系统等手段，提升产品数据后处理能力与船舶建造的生产设计能力，加快数字化制造能力形成，从设计系统中提出更多的物量、生产数据以及为未来可能会应用更多的数控设备，一方面提升设计人员的工作效率；另一方面满足其他信息化系统的数据采集要求。

2. 智能生产线和生产单元建设

结合目前船舶行业智能制造发展现状，针对短板瓶颈工位，重点开展智能生产线和智能生产单元的建设，国内多家骨干造船企业形成了相关应用，如表 7-1 所示，形成了船舶中间产品智能生产线解决方案与系统集成能力，支撑我国骨干造船企业智能制造转型升级，企业造船效率与质量得到显著提升。

表 7-1 智能生产线和生产单元实施应用

序号	智能生产线和生产单元	主要实施应用企业
1	型材智能切割生产线：在多家骨干船厂验证应用，生产效率显著提高，机器人等离子切割速度达到 3~6m/min，智能生产线配员人数大幅度减少，降低了人工依赖程度	外高桥、广船国际、黄埔文冲、中船澄西
2	智能打磨单元：机器人打磨速度能达到 6m/min，减少人力成本，产能提高至 10000 米/班次，打磨砂轮片耗材用量减少约 15%	黄埔文冲
3	吊马智能焊接单元：采用实芯焊丝比人工焊的药芯焊丝减少焊丝消耗 17%。生产时智能焊接单元工人有 60% 工作时间空闲，可交叉从事第二作业	黄埔文冲
4	先行小组立焊接单元：机器人焊接速度可达到 1.5m/min，生产效率显著提升，人工成本大大降低	外高桥、黄埔文冲
5	小组立智能生产线：由十一所自主研制的小组立智能生产线在多家骨干船厂投产应用，焊接小车焊接速度及机器人焊接速度达到 0.5m/min，智能生产线配员人数降低为传统生产线的 20%，生产效率显著提升	外高桥、黄埔文冲、广船国际、沪东中华
6	高强度复杂曲板加工单元：人工弯板班组人数大大降低，智能弯板单元产能明显提升，模具成本单船只节省 1000 万元	江南造船
7	平面分段流水线：由十一所自主研制的平面分段流水线在广船与黄埔文冲投产应用，智能生产线产能显著提高，人力成本大大降低，能耗成本相应减少，人均生产效率明显提升	广船国际、黄埔文冲
8	薄板平面分段智能生产线：目前在建，预计 2020 年 10 月建成，可显著提高薄板焊接质量与生产效率	外高桥、广船国际
9	小径管智能生产线：智能生产线 1 个班次产能 182 根管子，人均生产效率大大提升，人工成本每年节省 69 万元，能耗成本显著降低	中船澄西

3. 数字化车间建设

近年来，我国船舶行业不断朝着智能制造方向发展，车间是船舶建造的最前沿，是分段建造的主要场所，国内骨干船厂纷纷投入建设船体分段车间、管子加工车间、涂装车间等智能制造车间，并应用车间制造执行管控系统，对智能车间进行管控。

（1）**船体分段数字化车间** 在船体分段数字化车间方面，充分结合船体分段建造的特点，重点围绕型材切割、条材切割、小组立、中组立、平面分段智能生产线控制等技术的试验验证，提出了船体分段智能车间的解决方案。结合我国骨干造船企业船体分段车间的差异性与制造技术水平现状，提出了船体分段智能车间的实施路径。在焊接方面已从最初的船体对接焊自动化、角焊自动化向复杂区域内机器人焊接方向发展，有效提高作业质量和效率，降低人力成本。同时，以船体分段建造为起点，国内船厂纷纷投入建设数字化车间管控系统，实现车间实时、透明的管理，物联网、大数据技术等新一代信息技术不断应用到数字化造船过程中，进一步提升车间的数字化管控水平。

（2）**涂装数字化车间** 针对分段涂装智能车间的建设需求，分析分段涂装车间的国内外现状，充分结合分段涂装建造的特点，重点围绕分段喷砂和喷漆生产流程环节，配置分段喷砂机器人装备、分段喷漆机器人装备和视频监控装备等，按照"总体规划、分步实施"

的原则，兼顾各个造船企业的实际需求，安装部署分段涂装车间制造执行系统软件，分两个阶段逐步实施建设中间产品生产线到智能车间，在新智能制造模式下，转变管理思路和方法，进而有序推进分段涂装智能车间的建设。

（3）管子加工数字化车间　围绕船舶管件加工智能化需求，建设管子加工智能车间，其中包括全自动中小径直管柔性生产线，改造大、中、小、特种四条生产线。建设智能管加车间系统通过智能综合管控平台系统、产品生产周期管理系统等 11 个子系统，打通从管理、计划、设计、制造、检测到服务的信息流，搭建工业网络，采集设备信息，改造机加工单元，配置基础工程，构建虚实互联、数据共享，全面受控的智能机加中心。管子加工数字化车间总体架构如图 7-2 所示。

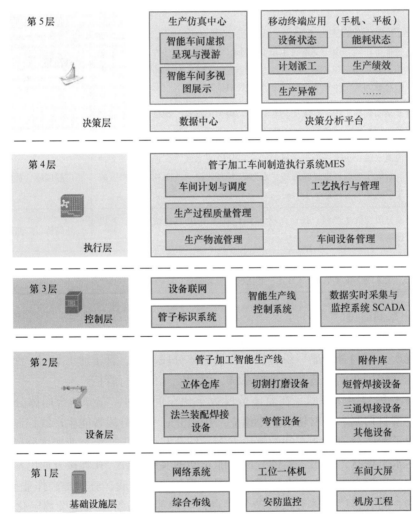

图 7-2　管子加工智能车间总体架构

4. 智能船厂探索

智能船厂是未来造船企业发展的方向，推进智能造船工程首先是打造智能船厂的支撑平台，其次是综合集成智能制造技术，包括物联技术、传感技术、云计算、大数据等。由于船厂基本特征在未来一段时间内不会变,即是典型的离散制造业,所以推行智能造船工程必然是以船舶智能制造物理空间与数字化空间相融合的信息物理 CPS 系统为手段,以深度的量化融合为推手,着力打造升级版的造船工程,从关键制造环节和工厂两个层面实现装备智能化,实现设备、系统和数据的互联互通,以及制造流程与业务的数字化管控,从而达到建设智能船厂的目标,其总体架构如图 7-3 所示。

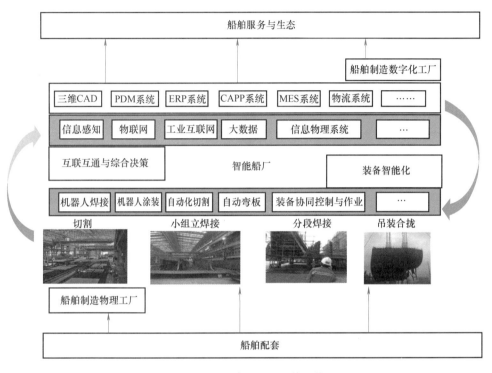

图 7-3　智能造船工程总体架构

随着船舶智能制造的不断发展,数字化工艺设计能力显著提升,建造过程不断向自动化、智能化迈进,研发应用分段建造车间执行管控系统,实现高效、精细管理,进一步融合信息技术,将车间设计、工艺、制造、管理、监测、物流等环节集成优化,大幅提升造船效率,显著改进船舶建造成本、产品质量与建造周期,提高市场竞争力。近年来,经行业探索形成船舶智能制造模式定义如下:

船舶智能制造模式是基于新一代信息通信技术(云计算、大数据、物联网、人工智能、区块链等)与现代造船模式的深度融合,贯穿于船舶设计、生产、管理、服务等制造活动全过程,以基于单一数据源的设计生产管理一体化为基础,以船舶中间产品壳舾涂一体化关键制造环节的数字化、智能化为核心,以网络互联互通为支撑,以智能车间、智慧船厂为载体,具有船舶制造过程自感知、自决策、自执行、自适应特征的先进制造模式。

二、关键技术及装备

船舶工业推进智能制造围绕造船工艺流程的船体分段制造、管子加工和分段涂装三大关键环节,开展总体方案顶层设计,基于智能车间通用模型和船舶行业的特点,研究提出船舶智能制造模式、智能车间设计方案等，对智能车间的总体运行体系、功能与机制提出要求。针对船舶智能车间关键共性技术，开展三维数字设计、工艺智能化设计等研究；构建船舶分段制造、管子加工、分段涂装三大智能车间管控系统，形成智能制造核心技术和系统集成能力，支撑船厂示范应用，如图7-4所示，形成船舶工艺、设计、生产智能化的船舶智能制造关键技术体系，支撑船舶工业建立面向智能制造的新体系和新模式，积累并掌握一批核心知识产权，为实施智能制造提供技术保障。

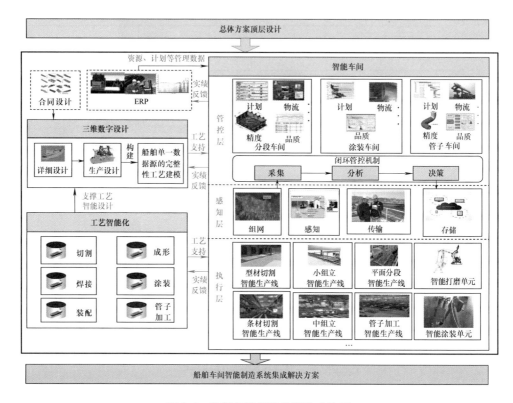

图7-4　船舶智能制造关键技术体系

1. 面向智能制造的船舶设计技术

为实现船舶设计统一的数据源，详细设计和生产设计深度满足智能制造的要求，开展船舶单一数据源详细设计和生产设计建模，以及完整性要求和智能化工艺设计技术研究，实现基于三维模型的设计制造一体化，为车间智能制造提供完整、准确的工艺数据和管理数据，实现详细设计三维建模和审图，详细设计和生产设计三维模型共享率80%以上，船舶中间产品制造工艺可视化指导应用率60%以上，生产设计总体效率提高20%以上。

（1）基于统一三维模型的详细设计及审图技术　针对传统基于二维详细设计导致的分析与建模工作分离、数据库不统一、设计容易出错和产生干涉、设计评审效率低等问题，开展面向送审的三维详细设计与集成技术研究，提出基于统一数据库的三维模型详细设计以及三维模型送审模式，以船体结构专业为对象开展基于三维模型的送审技术验证，实现基于三维模型的详细设计及审图。

（2）详细设计与生产设计集成技术　针对传统设计模式下详细设计与生产设计之间存

在重复建模的问题,开展面向生产设计的详细设计、详细设计三维模型的评审、详细设计与生产设计产品管理技术、面向生产设计的分段生成技术、典型船体结构详细设计与生产模型设计协同的验证、管系和电气原理设计与生产设计协同的验证等研究,形成详细设计与生产设计模型数据无缝对接,即详细设计模型与生产设计模型一体化技术,实现船舶详细设计与生产设计集成协同,达到提高生产设计建模效率、减少数据转换差错、提升生产设计质量的目的。

(3) 船体构件加工成形工艺智能化设计技术 针对船舶制造在构件成形加工方面存在的效率较低、自动化程度不高等问题,开展船体构件加工成形工艺智能化设计技术研究,把脉目前船舶构件成形加工中的瓶颈环节,形成船体构件成形加工智能制造的工作范围与研究需求;突破应用智能技术提升船体构件成形工艺的关键共性技术,同时结合未来发展趋势和国内船厂自身特点形成满足自身需求的专有技术。

(4) 面向现场作业的三维工艺可视化技术 针对传统二维图纸工艺信息表达不直观、信息更新不及时等问题,开展基于三维模型的工艺可视化设计、大规模产品设计数据组织与存储研究,研发船舶三维作业指导书系统,构建车间三维作业指导平台,以基于MBD技术的船舶产品设计、工艺设计标准规范体系为基础,以厂所协同设计的一体化综合数字设计平台为支撑,推进设计制造管理一体化全三维综合数字设计,打通总装厂与船东、设计院所、船检、供应商的信息链条,实现以单一数据源贯穿于产品全寿命周期的全过程的、面向现场智能制造的三维可视化作业指导和无纸化施工。

2. 船舶智能制造集成应用技术

为实现智能制造技术在船舶制造过程的应用,通过开展船舶智能制造模式、智能制造车间解决方案、船舶中间产品智能生产线设计、面向船舶智能制造的统一数据库集成平台开发、船厂大数据技术等研究与应用,形成船舶车间及生产线智能制造系统集成解决方案,为我国造船企业推进智能制造提供方向指引和手段支撑。

(1) 智能造船模式技术 基于新一代信息通信技术(云计算、大数据、物联网、人工智能、区块链等)与现代造船模式的深度融合,贯穿于船舶设计、生产、管理、服务等制造活动全过程,以基于单一数据源的设计生产管理一体化为基础,以船舶中间产品壳舾涂一体化关键制造环节的数字化、智能化为核心,以网络互联互通为支撑,以智能车间、智慧船厂为载体,形成具有船舶制造过程自感知、自决策、自执行、自适应特征的先进制造模式,为我国造船企业总体规划、分类施策地推进船舶智能制造提供必要的目标图像与路径指引。

(2) 智能生产线设计与集成技术 为实现智能制造技术在船舶制造过程的应用,重点开展以智能装备与单元为核心的船舶典型中间产品智能生产线设计与系统集成,为我国造船企业推进智能制造提供方向指引和手段支撑。

1) 型材切割智能生产线设计与集成技术。以型材切割智能生产线为研究对象,研究型材切割智能生产线的总体布局设计方案,从控制系统构架、测量系统控制、机器人系统控制、辅助设备控制等方面开展研究,支撑型材切割智能生产线的应用。

2) 条材切割智能生产线设计与集成。围绕条材切割生产线的技术现状进行分析,针对条材切割生产线的高效化和智能化需求,从条材切割智能生产线的布局设计、功能实现、技术要求、资源利用等方面研究条材切割智能生产线的设计与智能控制技术,开发条材切割智能生产线的控制系统,支持条材切割智能生产线的应用推广。

3）船体小组立智能生产线设计与集成技术。针对小组立生产线的智能化需求，基于智能制造技术，从小组立智能生产线的各工位功能设计、智能决策系统开发、模拟仿真、系统集成技术等方面开展系统研究，形成具有应用推广指导意义的小组立智能生产线设计集成方案和可实现生产线集成控制的智能决策系统。

4）平面分段智能生产线设计与集成技术。船体分段是船体建造中的重要工艺阶段，体现一个船厂船体建造能力。以平面分段为研究对象，综合平面分段装焊工艺及分段装配因素等要素，从平面分段智能生产线的整体布局设计、焊接机器人配置、智能设备设计等方面，研究平面分段智能生产线的设计与智能控制技术，开发平面分段智能生产线的控制系统，支持平面分段智能生产线的广泛应用。

5）管子加工智能生产线设计与集成技术。管子加工系统包括切割、分道、弯管、焊接、修整等任务和加工设备组成，各组成元素虽有独立机能，但这种独立机能只有通过将各元素有机地、智能地组织起来，才能使得系统的效能最佳。针对不同类型管子的加工工艺，基于智能制造技术，从管子加工智能生产线的布局设计、功能实现、平衡优化等方面，研究管子加工智能生产线的设计与智能控制技术，开发管子加工智能生产线的控制系统，为管子加工智能生产线的应用提供技术支撑。

（3）智能车间设计与规划技术 针对造船企业车间智能化建设起步晚、数字化水平不高，缺乏总体设计与系统解决方案等现状，重点开展船舶智能车间通用模型、船体分段、管子加工与分段涂装等典型智能车间设计研究，为船厂推进智能制造提供经验证的船舶智能制造车间（船体分段、管子、涂装）解决方案，支撑我国骨干造船企业智能制造的推进。

1）船体分段典型作业环节工艺智能化设计技术。针对船舶建造过程加工成形、船体焊接、船体结构件装配、分段肋板焊接等工艺环节存在效率低、自动化程度不高等问题，分析目前各环节存在瓶颈工位，开展了各环节工艺智能化设计技术研究与应用，支撑智能制造技术与装备在各环节的应用。

2）船体分段建造专用机器人研制与应用。针对船体零件切割、成形、焊接、打磨等造船过程中的"苦脏累险"与简单重复的作业环节，开展型材/条材/板材切割机器人、船体零部件焊接机器人、自由边打磨机器人等专用设备研制，实现制造过程的自动化与智能化，解决船舶建造过程"苦脏累险"等环节的作业难题，显著提升船舶建造质量与效率。

3）船体分段建造配套物流设备研制与应用。针对船舶建造智能化转型升级需求，开展基于物联网的船舶建造配套物流设备研发，聚焦无人堆场、智能行车、专用 AGV、RFID、智能分拣等领域开展相关配套物流设备研制，并在船体分段车间内部，甚至在船厂区域进行示范应用。

3. 智能制造工艺与数据库

围绕船舶制造关键环节，面向精益化、数字化和智能化的先进造船模式，开展船舶智能制造关键共性工艺体系总体方案、工艺流程及工艺规范、关键工艺决策及在线检测等内容的研究工作，解决面向船舶制造的单一数据源工艺建模与完整性技术、关键工艺决策及在线检测技术、工艺智能化及数据库技术、基于数据挖掘的关键工艺知识获取技术等关键技术问题，提升船舶中间产品智能制造水平和效率，降低船舶中间产品废品率。

（1）单一数据源工艺建模与完整性技术 针对目前船舶生产设计过程中的加工工艺、装配工艺、焊接工艺、舾装工艺及涂装工艺主要依靠二维图样表达，没有完整地反映在三维模型中，尚未形成单一的数据源，造成建造过程中相关工艺信息和管理信息不完整的问题。从深化生产设计工艺建模、建造过程中的物量信息抽取等两大环节，开展工艺建模规范、工艺完整性定义、物量与工艺信息抽取、船体制造工序定义等技术研究，实现基于单一数据源船舶三维工艺设计技术应用。

（2）关键工艺决策及在线检测技术　　针对船舶企业精益化、数字化、智能化制造的需求，以船舶中间产品为对象，结合零件、部件、组件制造环节的在线检测和数据采集处理技术，进行中间产品多工序、多工艺自动决策和在线检测技术研究，突破加工工艺、装配工艺、焊接工艺、涂装工艺等关键工艺在线检测技术，对船舶中间产品制造关键环节在线检测获得的工艺数据进行分析，构建关键工艺数据库，通过数据挖掘形成可以驱动智能制造的工艺知识库，从工艺流程的合理性、制造精度的可靠性以及制造成本的经济性等角度对关键工艺进行自动决策。

（3）工艺智能化及数据库技术　　为提高船舶建造的智能化程度，以生产设计为起点，对船舶建造过程船体构件加工成形、焊接、管子加工、装配、舾装、涂装进行工艺智能化设计，形成工艺数据库系统架构，研究工艺数据库数据模型及查询方式，利用模糊方法实现数据的挖掘和工艺模式分析，以支撑船舶建造典型作业环节智能制造的目标。

（4）基于数据挖掘的关键工艺知识获取技术　　船舶智能制造至关重要的是制造过程中涉及的关键工艺知识的获取和有效运用。船舶建造工艺知识的来源是多方面的，包括工艺手册、生产现场、工艺实例和工艺专家知识等。因此，围绕切割、成形加工、装配、焊接等关键工艺环节，开展基于数据挖掘的关键工艺知识获取技术研究，设计包括粗糙集在内的知识挖掘算法，结合数据挖掘工具，提取有价值的工艺知识，构建关键工艺环节知识库，并通过知识库及其管理技术，实现工艺知识的建模、查询和重用，从而使船舶建造人员能够快速获取和运用合适的工艺知识资源，提高船舶建造工作的效率。

4. 船舶智能制造管控

为引领船舶行业向数字化、网络化、智能化发展，亟须开展船舶智能车间仓储物流、计划、精度和质量等业务环节制造执行的关键共性技术研究，建立支撑制造过程数据实时采集、分析、决策及反馈执行的闭环管控机制，开发船舶智能车间制造执行管控集成系统，形成面向船舶行业应用的标准、系统集成工具和解决方案。

（1）作业计划与物流执行管控技术　　以作业计划与物流管控为对象，通过船舶制造过程的数据采集、智能仓储管控、作业计划排产与自适应调整、动态感知的物流实时配送及作业均衡的仿真优化等技术的研究，实现造船过程物资、计划、物流等制造执行过程的协调与均衡。

（2）造船过程精度管控技术　　为满足船舶制造过程各工序精度高标准、精度数据全程积累与智能化精度管控等需求，针对造船过程中精度控制流程不畅、测量自动化程度低及精度管控效能不足等问题，开展船舶制造精度控制工艺优化、制造过程的在位精确测量、制造精度误差诊断与传递、焊接变形建模优化、精度智能评价与反馈控制等技术研究，实现船舶制造的快速测量、评价诊断、决策控制等技术的系统集成应用。

（3）船舶制造质量管控技术　　针对船舶智能制造质量精细化管理要求，开展船舶制造数字化无损检测、质量管理标准体系构建、检验项智能分解、质量数据采集等技术研究，搭建船舶制造质量数据库，运用大数据技术实现船舶制造流程质量信息的自动采集、全寿命信息追溯，质量管控过程全面无纸化、数据连通共享。

（4）船舶制造执行过程辅助决策技术　针对船舶建造过程的智能化决策需求，开展造船过程智能决策方法研究、知识库组织和构建等技术研究，突破造船过程中计划、物流、质量、精度等核心业务环节的智能决策技术，提高决策效率与决策准确性。

5. 船舶分段智能制造装备

（1）船体零件自由边打磨装备　针对目前船舶工件打磨工序自动化程度低、人工作业量大、劳动强度高、工作环境恶劣、健康损害严重等问题及打磨工艺、对象的特点，开展智能打磨装备的设计与优化工作。根据工艺流程需求，设计整体控制方案，开发智能打磨装备综合控制系统；联合骨干船厂开展试验验证工作，实现可示范应用的船体零件自由边打磨装备。

（2）船体零件智能理料装备　针对数控等离子切割阶段，零件编码识别、零件几何特征识别及其自动抓取、零件理料路径决策规划、零件分类等智能功能需求，开展船体零件智能理料装备研究，依次进行船体零件智能理料装备的总体方案设计与优化、控制系统开发、系统集成和调试等工作，总结经验形成可向行业推广的智能装备成果。

（3）船体小组立智能生产线　针对船舶小组立制造过程中的自动化与智能化需求，研究突破基于3D扫描的自适应编程技术，梳理小组立智能焊接装备关键功能与技术体系，依次完成装备总体设计与模拟优化、集成控制系统设计与开发、装备集成与调试等装备研制工作，形成自主研发的小组立智能焊接装备。

（4）中组立智能焊接装备　针对目前中组立焊接普遍存在制造自动化程度低、人员作业环境恶劣、智能装备设计集成与控制技术自主化能力不足等现状，开展门架式中组立智能焊接装备和便携式中组立智能焊接装备的自主研发工作。进行装备总体设计与优化、装备综合控制系统设计与开发、装备试制与系统调试等内容研究，验证装备的适用性与实用性，总结经验形成可向行业推广的示范成果。

（5）船舶分段非结构面智能喷涂装备　针对车间内分段外表面的喷涂需求，分别开展超大空间冗余自由度智能喷涂装备和船舶分段悬臂式多自由度智能喷涂装备的自主研发工作，依次完成智能喷涂机器人系统的总体方案设计与优化、控制系统开发、部件和组件制造、系统集成和调试等研究内容，形成船体分段非结构面智能喷涂装备在骨干造船企业进行应用验证，并总结经验形成可向行业推广的示范成果。

（6）管件智能加工装备　自主研发具有船舶管件智能化加工特征的管件智能测长装备、定长切割装备、法兰智能装配装备、法兰智能焊接装备、管件智能弯曲加工装备，并设计管件智能加工装备的综合控制系统，实现直管或弯管管件从下料、装配到焊接、弯曲全过程一体化的智能加工，实现可示范应用的管件智能加工装备。

（7）分段艉轴管智能加工装备　针对镗排数字化需求，分析目前镗排特点与现状，开展分段艉轴镗孔伺服系统、激光测量系统、运动控制系统的设计与优化，以及控制系统开发、装置试制与调试等研究工作，实现对镗孔作业的智能化，形成自主研发的分段艉轴管智能加工装备在骨干企业应用验证，并将研究成果向行业进行示范推广。

第三节　面临的突出问题

数字化、网络化、智能化日益成为未来制造业发展的主要趋势，现代造船模式正在向着以智能制造为特征的新造船模式方向发展。船舶制造是典型的离散型制造，由于船厂空间尺度大、船舶建造周期相对较长、工艺流程复杂、中间产品种类繁多、非标件数量高、物理尺寸差异大、作业环境相对恶劣等建造特点，对数字化、网络化、智能化技术应用提出了特殊要求。

尽管我国船舶工业骨干造船企业建立起以中间产品组织生产为特征的现代总装造船模式，并不同程度开展智能化转型探索工作，智能制造基础初步建立。但是，总体上我国船舶制造业仍处于数字化制造起步阶段，而且各造船企业发展水平参差不齐。设计与管理的信息化水平有待提高，制造过程自动化、智能化装备自主可控程度低，5G 等新一代信息技术应用尚处于起步阶段，高端船型专用建造技术受国外制约，绿色制造技术储备不足，信息集成化水平低等突出问题亟待解决。

一、设计与管理的信息化水平有待提高

骨干船厂已经实现了数字化设计、业务管理信息化，构建了 CIMS 系统，但设计完整性、准确性、标准化等方面仍有不足；管理系统在使用范围（模块数量）、应用深度、各系统间的数据交换与复用等方面存在一定差距；生产管理精细度不高，管理决策依靠人员经验，智能决策支持手段匮乏，尚未应用人工智能技术对海量数据进行处理，实现钢材堆场管理、车间场地计划、分段堆场计划等的智能决策支持。

二、制造过程自动化、智能化装备自主可控程度低

目前我国船舶行业制造装备的自动化、智能化水平仍明显偏低，打磨、理料、焊接、涂装以及管子加工等领域的短板装备问题亟需解决。2017 年我国骨干船企的平均焊接高效化率达到 91.23%，平均焊接自动化率达到 16.22%，而韩国三星船厂目前自动化率达到了 68%，主要涉及切割、焊接、喷砂、涂装、管路焊接等工艺方面。开展船舶制造装备技术能力和智能化水平提升的科学研究，通过提升共性技术、掌握核心技术、突破关键技术，形成一系列具有我国自主知识产权的高端制造装备，为我国船企进行智能化升级改造提供重要支撑保障。

三、5G 技术应用尚处于起步阶段

5G 具备大带宽高速率、低功耗大连接、低时延高可靠等特性，相比于传统通信技术，5G 技术将带来更大的系统容量、更高的数据速率、更低的通信延迟、更强大的接入能力、更高稳定性及更低的功耗。5G 技术与船舶行业的深度融合将对船舶智能制造关键装备的数字化应用起到关键作用。国外船企基本建立了覆盖船舶制造全过程的制造信息感知网，实现各类生产信息的快速连通，为要素的实时感知与监控打下坚实基础，在车辆、作业人员监控方面，通过对设备植入 RFID 标签、GPS 定位系统以及为人员配备识别装置等方式，实现设备、人员等生产资源的实时管控。国内在物联网先行应用领域积累了一定数据量和取得了一些应用，但在数据挖掘、分析、综合等大数据领域仍处于起步阶段。

四、高端船型专用建造技术受国外制约

相比韩国，国产 LNG 船在性能提升、成本控制、建造工艺、质量控制、维护保养和技

术标准体系建设等方面尚存在一定差距,建造周期长、成本高;大型邮轮建造关键设备大都为国外进口,3D设计软件及项目管理系统,受限于国外公司的技术封锁,邮轮舱室配套、空调系统等总包供应及安装的核心技术仍被国外公司垄断,具有自主知识产权的核心关键技术亟需突破;俄罗斯、美国和澳大利亚均已围绕极地、深海开展了"南极活动发展战略""蓝丝带项目""南极战略规划未来20年科考计划"等国家级战略计划。目前,国内在极地、深海船舶建造所涉及的成形、焊接、涂装等工艺技术的掌控及工艺装备的研发仍有较大不足。

第四节 实践案例

一、广船国际薄板平面分段生产数字化车间

1. 应用概况

(1)智能生产线 薄板平面分段智能生产线以豪华客滚船薄板平面分段制造过程中的钢材预处理、划线切割、零件加工、拼板、小组立、薄板平面分段等重点环节为对象,利用大数据、虚拟仿真、机器人等技术,开展生产线装备设施智能化、生产线生产要素状态采集与集成控制、仿真优化等能力建设,建成预处理、装配焊接、分拣等智能化生产线,形成高效生产制造能力。

(2)智能生产车间 通过构建数字化车间,包括型钢自动化切割流水线、中小组立机器人焊接生产线、数字化堆场、分段车间数字化测量场、车间看板系统,建设车间级工业互联网,形成涵盖智能单元、智能生产线、感知系统和智能管控系统等的完整智能车间体系。推广基于大数据分析的决策支持、可视化展现等技术应用,实现生产准备过程中的透明化协同管理、数控设备智能化的互联互通、智能化的生产资源管理、智能化的决策支持,全方位达到智能化的生产过程管理与控制,提高薄板平面分段制造效率和质量。

作为转型升级的智能制造车间,对整体智能制造的模式进行了详细研究和规范设计,实现了薄板平面分段设计、生产计划、制造执行、物流跟踪、检验跟踪、检验控制等业务一体化管控及优化运行的智能制造新模式,从而为解决目前企业面临的研发周期长、信息透明度低、物流管控困难、生产成本高、生产质量难以控制等问题提供了一种有效的方案。

2. 解决的技术难点或热点问题

(1)智能车间数字化建模与仿真 本项目结合客滚船薄板生产工艺、制造特点,基于车间总体设计、工艺流程及布局优化,设计了离散型智能车间总体框架,总体框架由设备层、感知层、数据层、管理层与用户层组成,整合了平面分段流水线、型钢切割线、T排生产线、围壁线等多个生产对象,覆盖了钢料起水、划线切割、安装、焊接、运出等多个环节。

(2)产品设计仿真、产品数据管理、工艺仿真 广船国际船舶三维设计系统AVEVA MARINE(简称AM系统),可以实现95%以上的船舶零部件的三维建模。可以使船体、管路、舾装、电气、涂装等各个专业在一个平台共同建模,通过模型的干涉检查,使各个专业能够高效协同设计,大大提高了设计的质量和效率。AM系统可以快速输出各个专业的不同类型图样,可以对模型进行仿真处理,为生产施工提供指导。实现基于三维模型的产品设计

与仿真、关键制造工艺的数值模拟以及加工、装配的可视化仿真。

（3）生产数据、MES、ERP 等系统的协同与集成　广船国际产品全生命周期管理系统（简称 GSI-PLM），包含产品数据管理（PDM）、设计计划、设计派工、图样纳期、设计图档、设计变更等功能。上游与三维设计系统相关联、下游与 ERP 和 MES 系统相集成，使产品数据与图样贯穿整个供应链、制造、生产和交付全过程。广船国际制造执行系统（简称 GSI-MES），实现从钢板堆放、计划排产、下料切割到零件及中间产品制作全过程管理。广船国际生产资源一体化智能管控平台（简称 GSI-eRIM），在决策规划、经营接单、物资采购、仓储物流、生产计划等环节实现高效化、一体化、协同化的精益管理。

（4）采用工业互联网和工业大数据技术　根据生产过程管理需求、动态 MES 需求和未来制造大数据分析需求，对采集的生产现场数据进行统计分析处理，研究基于大数据驱动的预测诊断与优化技术，建立集成化的客滚船薄板生产设备故障诊断系统、生产工艺预测优化系统、产品在线智能化检测系统、能源预警系统，实现设备、工艺、产品、能耗的实时监控及预见性维护。

3. 具体做法和实践经验

建设薄板平面分段生产数字化车间，以薄板平面分段为生产对象，形成涵盖智能生产线、感知系统和智能管控系统等的完整智能车间体系。预处理场主要处理薄板中心所需钢板和型材，在预处理线前道配备一台校平机用于薄板的校平，提高薄板的平整度，使其满足激光拼板焊接的平整度需求。集成智能拼板、划线、数控切割、装配焊接机器人等设备，从型钢加工切割生产线、小组立装配焊接生产线、薄板平面分段生产线智能化建设入手，实现各加工工序的智能制造，达到工装自动化、工艺流程化、控制智能化、管理精细化。拼板工位包括：铣边、拼板焊，再铣边、再拼板焊，直到主板焊接完成，输送到切割工位；切割划线工位包括：喷丸打磨，划线，切割，喷码，输送到纵骨工位；纵骨装焊：片段、型材定位，纵骨焊，依次定位焊接完成整个片段；型材加工线：矫直、铣边、打磨、切割、分拣、旋转，型材依次输送至纵骨焊工位。T-Beam 机器人焊：焊缝定位跟踪、机器人焊接。建立薄板平面分段生产数字化车间数字模型系统：通过车间数字模型系统、数字化测量与质量控制系统等建设，对工艺流程、作业计划、资源配置、物流调度、精度控制进行预测预控，开展智能物流、智能安全生产监控、智能能源管理等研究与实践应用。

薄板平面工场分为三个区域，分别为型钢/T 型材制作区、片段装焊区和分段装焊区。根据薄板平面生产线的布置，薄板平面工场的主要工艺设备有激光复合焊拼板设备、等离子切割/打磨/划线设备、MAG/MIG 纵骨装焊设备以及数控等离子型钢线、T 型材安装门架、T 型材焊接机器人设备和围壁安装门架等。激光复合焊拼板设备采用激光复合焊 + MAG/MIG 进行拼板焊接。设备包括进料门架、出料门架、钢板夹紧门架及铣边单元、激光复合焊接单元、操作控制系统等。等离子切割/打磨/划线设备是对完成拼板的板列进行打磨、喷码划线和切割，设备主要为一个切割横梁，包含一个打磨头、一个喷码划线头和一个等离子切割头。MAG/MIG 纵骨装焊设备采用双丝 MAG/MIG 焊接，完成纵向型材和纵向型材构架的装配和焊接。设备主要包括型材缓存及自动分拣、型材进料装置、二次缓存区域、自动进料门架、装焊门架和反变形装置，该工作站和型材线同步工作。数控等离子型钢线主要为纵骨装焊设备及部件线提供型材零件的加工，可切割的型钢包括角钢、球扁钢、扁钢和 T-Beam。型钢线主要工位及工序为：型材上料缓存工位→矫直→铣边、清边工位→机器人切割工位→

下料缓存工位→型材分拣工位，以及相应的控制系统和安全设施等。T型材安装门架主要负责T型材和嵌入件的装配，每个门架配置有T-Beam提升旋转装置、T-Beam压紧装置、焊接设备和工具等。T-Beam机器人焊接工位主要对前道装配好的T-Beam进行焊接。每工位配置2个焊接门架，每个门架配置2台焊接机器人，2个门架同轨。围壁装焊工位对围壁等小组立部件进行装配和焊接，并完成嵌入板等其他未完的焊接工作。

实现智能车间装备物联感知平台的研制集成，建立分段所需的各种规格的板材、型材、焊条、焊接规格、铁舾件、设备等的物资及工时数据管理系统（PDM），对自动下料切割、自动焊接拼装等关键工艺的数值模拟及加工、装配的可视化仿真。CATIA软件系统各模块基于统一的数据平台，使各专业间的协调能够更高效。通过场地优化、智能物流及自动化生产线等核心装备与生产管理软件的进一步集成研究，实现车间制造执行系统（MES）与产品全生命周期管理（PLM）以及企业资源计划（ERP）的新型邮轮、客滚船薄板平面分段离散型智能工厂集成应用研究。

4. 创新性

（1）突破自动化和数字化融合核心技术　推进制造业机械化和数字化融合是发展智能制造的先决条件，制造业只有率先实现了机械化和数字化融合，达到数字化研发设计和生产控制之后，才能推进软件化和网络化应用，进而方能实现智能化制造。

（2）实现关键工业软件集成　项目采用插件式的应用，各模块可独立运行，通过开放的平台，可实现和企业现有系统的集成，从而避免信息孤岛。决策层：主要包含大数据分析、移动应用等，使计划、派工单、图样直接到生产端、管理端，通过大数据分析使综合运营、生产管理、设计研发、供应链、质量、成本、人力资源、设备效能等环节的数据得到实施展现和分析，为经营和管理决策提供有效支持。管理层：主要是各个系统管理功能，主要体现在每个业务流程的管理，以及各个业务之间的协同管理，如生产计划与供应链计划及设计计划的协同。物量数据从设计端产生，经过供应链环节，到达生产施工端。管理层和执行层主要涵盖了三维设计系统、PLM、MES、一体化平台以及外部协同平台等系统模块。执行层：执行制造系统层（MES），主要是制造车间的排产与过程管理及控制。设备控制/作业层：主要通过物联网对主要的生产加工设备、吊装设备、运输设备、能源设备进行有效管理。设备层：联入物联网及工业互联网的所有设备，主要接收执行层与控制层的指令，并完成制造任务。

（3）实现工业大数据采集和挖掘　ERP系统是企业资源计划系统，将企业运作中各个相关领域的资源进行合理规划和协调，包括生产计划、采购计划、物流计划、财务控制等；MES负责接收生产指令和生产过程的定义，对生产活动进行初始化，及时引导、响应和报告工厂的活动，对随时可能发生的生产状态和条件做出快速反应，提供从接收指令到最终产出成品之间全过程的生产活动的信息，然后及时反馈给ERP，由其调整采购、物流等计划，并产生财务数据。MES是一个工厂层的信息系统，介于企业领导层的计划系统与生产过程的直接工业控制系统之间。它以当前视角向操作人员和管理人员提供生产过程的全部资源（人员、设备、材料、工具和客户要求）的数据和信息。MES在工厂综合自动化系统中起着中间层的作用。在ERP系统所产生的长期计划的指导下，MES根据底层控制系统采集与生产有关的实时数据，对短期生产作业的计划调度、监控、资源配置和生产过程进行优化。

二、南通中远川崎互联互通船厂

1. 应用概况

南通中远海运川崎在建设智能化船厂方面做出了一系列的探索和实践。自动化、智能化生产线的相继投产,大大改进了业务流程,提高了生产效率、降低了劳动强度、稳定了产品质量、减少了人工成本;主要生产车间实现了自动化、数字化、网络化、智能化生产。自动化生产系统使相应工序的生产效率提高了七成左右、个别工序提高了3倍。在确保生产安全和质量稳定的基础上,将产品建造周期缩短10%~15%,生产效率提高15%以上,在船舶性能、造船效率和船舶质量上始终领先于国内主流船厂,成功打造了南通中远海运川崎的企业品牌。

公司凭借在造船业界先进的智能制造技术,成功实现了由劳动密集型向技术信息密集型企业的转型,建立起了智能、高效、集约、精益的智能化造船模式,步入了效率和效益同步增长的良性发展快车道。公司以数字化精益设计为源头,集成化信息系统和工业互联网平台为支撑,精益生产和智能化装备为抓手,精益管理为保障,将工业机器人应用和自动化生产线改造作为两化融合、智能制造的切入点,分步推进智能制造;在自动化、智能化生产线的基础上建设智能车间,目标为建设有中国特色的智能船厂。

2. 解决的技术难点或热点问题

(1) 解决船舶制造领域多种核心智能制造装备的关键技术　根据船舶建造流程,聚焦主要工序(钢板预处理、切割加工、焊接、先行小组、小组、管加工、大组、打磨等)进行自动化、智能化改造,实现船舶制造领域多种核心智能制造装备的自主设计和应用。

1)小径、中径、大径全系列管径的自动化加工与机器人焊接技术。建成投产小径、中径、大径等全系列管径的自动化焊接生产线,产线监测装备具备管规格的自动判别能力和自动化读取数据能力,从而实现数据传输到管子加工的全自动化。

2)划线、印字、切割一体化应用。船用加工材料涉及型钢、条材、板材等多种类型和规格,项目利用多条具备复合功能的先进生产线来实现加工材料的整体管理和分类加工,进而形成一套完整的自动化预处理、划线、印字、切割方案。

3)组立焊接机器人的应用。船舶分段焊接工艺复杂,而焊接机器人适用范围有限,通过加强工艺设计系统功能和现场的合理管控,解决从小组、中组到大组分段的焊接数据制作、传输、转换、加工等智能化难题。

(2) 为船舶行业的信息系统集成应用和核心数据利用提供解决方案

1)通过设计系统的深度二次开发,基于单一数据源的三维数字建模,完善船舶设计工艺数据库,解决基于三维模型的设计与工艺、工艺与制造协同问题。

2)在推进船舶制造自动化、智能化生产线的过程中,解决核心数据来源和不断优化其加工能力等问题,实现船舶制造技术与信息技术的融合。

3)自动采集智能化生产线的运转率、运行状态、实时加工情况、加工量统计、生产效率等关键指标,并辅之以质量、安全信息,进行生产计划和进度的跟踪,逐步解决造船过程生产资源的动态平衡问题。

4)解决异构系统、多源数据的转化、集成,建立信息系统集成总线,实现各信息系统、智能设备间的互联互通。

（3）基于物联网、人工智能与大数据等新一代信息技术，充分发挥智能装备的潜能，提高生产效率、优化资源配置等

1）人工智能技术应用。应用计算机视觉技术，实现焊接轨迹的自动定位和加工的实时监控。

2）智能制造核心技术应用。采用空中移载设备、焊接单元、接触单元、激光检测系统等智能制造核心技术装备。

3）物联网技术应用。配置自动化设备 PLC 模块；运用 OPC 软件等互联网设备和技术实现制造过程现场数据采集与可视化。

4）大数据平台应用。构筑设计系统、PDM 系统、ERP 系统、MES 系统等核心系统为基础的大数据平台。

3. 具体做法和实践经验

南通中远海运川崎推进智能制造的具体做法：

（1）做好智能制造顶层设计　公司制定了船舶智能制造发展纲要，指导思想是"以智能+为抓手，建世界一流船厂，造世界一流船舶"，核心是"目标智能船厂，建设五个平台，打造一个生态"，路径是以精益管理为基础，打造数字化设计平台、车间智能化平台、信息管控平台、产品服务平台、互联互通平台，增强国际竞争新优势，践行高质量发展。

（2）持续推进智能制造工作　按照总体规划、分步实施原则，以两化融合为主线，以生产线自动化、智能化改造为切入点，持续推进智能制造，目前五大平台已初见成效，两个江苏省示范智能车间已初步建成（其中一个为工业和信息化部智能制造试点示范项目）。

1）建设互联互通平台，夯实智能化转型基础。

① 构建了覆盖全厂的通信网络基础设施。利用光纤通信、工业以太网、工业互联网等技术，实现厂区网络全覆盖，对船厂主要工位的关键设备，实现数据采集和传输。通过"互联网+设计"，实现船舶产品异地协同设计，共享了设计资源、缩短了设计周期、提高了市场反应速度。

② 构建生产过程数据采集与分析系统。围绕造船全过程，推进生产、安全、质量、效率等各环节数据采集和分析系统，通过精准的数据分析，实现精益化的生产管控。例如，通过自动化生产线可视化系统，实现生产数据和设备状态采集。

2）建立精益设计体系，提升精益建造能力。精益化设计核心是精准匹配客户需求与船厂资源能力。面向船东，定制出性能更好、满足船东和规范要求的绿色节能船舶；面向船厂，充分发挥生产装备条件、提高生产效率、节约生产资源。

一是高效安全的设计理念。通过优化设计确保每个生产环节都能在最佳状态下实施，实现生产设计最优、安全状态最佳、物流成本最低。二是对船型的优化设计。利用异地协同，各专业人员协同设计，通过分析历史船型数据，对在建船型进行优化，缩短设计周期，为船东提供最经济的绿色环保船型。三是设计与生产一体化。引进先进设计系统，结合公司生产条件进行二次开发，将设计数据与生产能力匹配，形成具有南通中远海运川崎特色的生产设计体系，覆盖生产全过程的每块钢板、每个零部件的编码体系，将超大型复杂结构的船舶制造过程数字化、符号化，保证生产过程始终处于可控、在控状态。

3）推进智能化改造，加快智能车间建设。智能化车间正成为船舶制造中物流和信息流的枢纽。南通中远海运川崎初步建成了船体和管舾两个智能制造车间。

① 打造高效管控的制造执行系统。在推进船舶智能制造过程中，南通中远海运川崎聚焦船体、装焊、外业、涂装、管加工、舾装等主要工序数字化管控。根据自身制造模式，定制了制造执行系统（MES），将上述流程中所需的大预定计划与执行、工艺设计等管理基准固化其中，上承企业资源计划管理系统（ERP），下接车间底层智能化设备，MES 解决了 ERP 系统与生产现场信息脱节的问题。

② 持续建设智能化生产线。智能化生产线是智能车间、智能船厂建设的基础。南通中远海运川崎在船舶建造的预处理、切割、焊接、装配、管舾等主要工序，建成投产 29 条自动化、智能化生产线，包括型钢自动切割生产线、条材机器人切割生产线、先行小组焊接机器人生产线、小组焊接机器人生产线、钢板全面印字生产线、大中小径管材加工焊接机器人生产线等，其中大部分智能化装备属于国内首台套应用。

4）建立集成化信息系统，为智能制造提供支撑。公司初步实现了 CAE/CAD/CAPP/CAM 与 ERP、PDM、MES 的有效集成，建立数据管理平台，打通了船舶项目计划、设计数据、产品模型、工程图样、技术规范、工艺资料、加工流程等数据流，为进一步挖掘船舶建造数据价值奠定基础。ERP 系统能有效管理船舶上万种材料，对钢板、型钢、管材、电线、金物进行分类管理；精确控制船舶物资的采购节点、入出库节点，实现库存零目标。

5）开发产品服务平台，顺应服务型制造转型。公司建立了覆盖设计、生产、质量控制等业务环节的客户意见处理系统，快速、准确处理船东意见，提升满意度；推进智能船舶系统的研发和产业化，为船东提供增值服务；打造"互联网＋"售后服务平台，利用大数据分析，优化船舶建造；对船舶产品信息进行统一管理，正建设覆盖船舶研发、设计、制造的生命周期管理系统，未来尝试向运营端延伸。

智能制造是船舶总装实现效率、效益革新的手段，也是提升核心竞争力的重要途径。南通中远海运川崎推进智能制造的实践经验归纳起来大致有以下几个方面：

1）精益设计是龙头。精益设计贯穿了生产经营全流程，设计阶段产生的大量数据，最大限度地被后道工序直接利用，即使在严峻的船舶市场环境下，南通中远海运川崎始终坚持"精益设计"，以精益设计作为接单依据，实现质量与效益双赢。

2）精益生产是手段。以设计数据为源头，以自动化、智能化设备应用为手段，以产品价值实现全过程的计划管理为核心，以工业互联网平台为基础，通过 PDCA 持续改善，努力降低资源消耗，创造尽可能多的价值。

3）精益管理是保障："精"即资源投入小、消耗少，不投入多余的生产要素，"益"即摒弃浪费和无效，使所有生产要素投入都要具备高质量、高效能、低成本的特征。通过完善各业务环节的精益管理，为建设低资源消耗、高生产效率、高产品质量的船舶智能制造新模式提供了坚实的管理保障。

4）系统集成是支撑。数据流是两化融合和智能制造的核心。在实际工作中，我们将设计、采购、制造、质量、财务、仓储等一体化管理，实现了物流与信息流的协同，也为向服务型制造转型奠定基础。

5）分步实施是路径。在推进智能制造过程中，我们遵循"以点到线再及面"的推广思路，以由简单设备到复杂生产线、再到智能车间的模式逐步推进智能制造。在切入点的选择上，优先选择"3D"（即 Dirty、Dangerous、Duplicate）业务环节进行自动化、智能化改造，并按照相关性，推广到线和面。

6）协同研发是保障。智能化改造需要充分利用外脑，在此过程中，我们需协同研究所、设备供应商等组成联合体，通过智能化改造，既提升了国产装备智能化水平，也培育了设备供应商的集成能力。

南通川崎通过智能制造车间的建设与实践，具备了智能化生产线的研发和定制能力。以提升造船质量、效率和效益为核心，以数字化、网络化和智能化技术应用为主线，以数字化精益设计为源头、集成化系统为支撑、精益生产和智能化装备改造为手段、精益管理为保障，将工业机器人应用和自动化生产线改造作为两化融合、智能制造的切入点，分步推进智能制造，在自动化、智能化生产线、流水线的基础上，推进智能车间的建设，在国内率先开辟出一条具有中国特色的"智能船厂"建设之路。

4. 创新性

通过推进智能制造，南通中远海运川崎变革船舶超大型复杂结构件的传统建造方式，创新形成具有自身特色的船舶智能制造新模式。其创新性主要表现在以下方面：

1）核心智能装备的创新应用达到国内船舶行业领先水平。南通中远海运川崎在机器人切割、焊接、小组、大中小径管加工、大组、打磨等核心智能装备的创新应用达到国内船舶行业领先水平，大部分智能化装备属于国内首台套应用，如"钢板全面印字生产线"是世界首台实现钢板全幅面数码印字、划线工艺的智能设备，印字、划线能力达到100枚/8h。

2）推行先进的设计理念和制造技术。南通中远海运川崎已建成投产29条自动化、智能化生产线，均采用先进的设计理念和船舶制造技术，智能装备的功能及技术规格和造船企业的生产、管理特点相契合，能够最大程度上发挥设备产能和效率。

3）建设高度集成的一体化信息平台。在推进智能制造的过程中，构建了数字化设计、工艺数据支撑、业务管控一体化的信息集成平台。充分发挥智能化装备和精益管理的优势。在高度集成的一体化信息平台的支撑下，实现数字化设计与工艺规划系统（CAD/CAPP）、辅助制造系统（CAM）、企业资源计划管理系统（ERP）、制造执行系统（MES）等深度集成和各造船业务一体化，同时为固化精益管理和知识管理提供工具和平台。

4）量身定制智能、高效的制造执行系统（MES）。以规范生产的管理和优化业务流程，完善物流管理与控制，全程监控全过程，提高生产管理实时性与工作效率为目标，打造智能、高效的制造执行系统。实现生产计划、调度、统计、操作与管理的业务集成，统一数据源，保证调度与统计的数据一致性。在生产环节建立数据采集和分析系统，能充分采集制造进度、现场操作、质量检验、安全状况等生产现场信息。各坞、各船项目、各分段、各工种等的制造进度、主要工程节点、生产质量、物料配送情况等生产现场信息都有专门的信息化工具采集、整理、分析。进一步提升企业在车间层面的精益管理和数字化管理水平。

5）突破以工业互联网为基础推进智能制造。工业互联网面向智能制造生产线、智能车间、智能工厂，通过构建低时延、高可靠、广覆盖的网络基础设施，包括光纤网络和无线网络，实现各信息系统互联互通，打造智能制造的"血液循环系统"。基于数字专线和VPN技术，构建互联网协同设计平台，实现船舶产品设计异地协同化。另外，基于物联网、云计算与大数据等新一代信息技术的应用，为工业互联网平台提供数据采集、存储计算、分析决策等服务。

三、沪东中华三维作业指导书试点应用

1. 应用概况

（1）基于移动设备的分段制造三维作业指导书的试点应用　项目以 13000t 重吊船为载体，推进基于工业 PAD 的分段制造三维作业指导书应用，将原先的分段工作图、各类工艺图样调整为按工位的出图模式，形成了切割、加工、部件制作、中组制作、大组制作、大组完工、船坞（台）总组搭载等 7 个工位的电子作业指导手册，并通过电子化载体反馈技术，实现了基于移动设备的无纸化船体作业模式应用。在该模式下，不仅取消了原先的一些冗余交付物生成，减少设计工作，同时还减少了具体工位的冗余资料下发，使得现场资料翻查便捷，大大减少了原先的资料查阅时间；可快速记录切割机号、完工时间等，显著提高作业反馈的效率和体验；目录与图样施工状态的同步方便现场管理人员及时掌握现场施工的进度。

（2）生产现场数字化设备互联互通的试点应用　焊机联网管控项目已经完成了制造部的内场作业区 204 台数字化焊机的联网，针对数字化焊机设备进行通信协议研究，以供应商开放的通信协议为准，实现了数字化焊机管控数据的采集和下发。基于底层协议进行自主化数据采集软件开发，实现了突破通信接口、参数信息实时采集和工艺信息下发等技术，实时监测焊机工作电压、电流、送丝速度，统计焊接时间、焊丝用量等功能。通过应用，打破了信息壁垒，实现了数据共享，焊机工作数据、工艺参数、系统指令的上传下达，实现了焊机故障自动报警，提高了报修维修响应，以便合理安排设备保养。降低了设备故障率，能够对空闲焊机远程控制开关降低能耗，提高了设备利用效率。

在互联互通方面，针对现有的 14 台数控切割机进行相关模块化改造，目前已实现了在线联网、切割指令的统一分发与集中管理、切割物量数据的采集、切割机设备状态管理，为公司后续推进精细化派工和执行管控提供了数据和技术支撑。

（3）船体小组立作业工位机器人焊接的应用　公司已在船体小组立工位应用焊接机器人，实现了小部件的自动焊接。以设计数据为基础，通过机器人运动轨迹的自动生成、焊接工艺数据库的自动调用、自动定位、智能检测、自动焊接等技术手段，实现 LNG 分段小部件的柔性化、智能化、高品质焊接。根据统计，应用近 7 个月，焊接整体能耗降低，较好地提高了箱船隔舱片体制作精度和效率。单班次目前最高能烧到 350m。去除试生产期间不完全生产日，目前平均班次生产量约为 240m，从烧焊物量角度，该机器人已能顶替 3~4 个熟练工人进行生产，且焊接质量更稳定。

2. 解决的技术难点或热点问题

（1）数字化装备的数据接口技术　通过研究焊机的底层中间件接口协议与管控系统软件中间件进行数据交换，实现焊机工作电压、电流、送丝速度实时上传到管控系统数据库，实现管控系统数据查询分析功能进行人机交互查询，实现了 WPS 的规范管理。

（2）现场数字化装备的通信与联网　按照企业信息化建设遵循 ERP/MES/PCS 三层体系结构的原则，管控一体化位于信息化管理三层体系结构中的 MES 层。根据企业生产管理结构，并结合各节点机构的地域分布和控制系统安全，又将管控一体化系统划分成数据采集层、数据集中层和数据应用层。数据应用层挂接服务器和应用站点，数据集中层实现对数据的处理、分析、保存和发布。数据采集层采用具有协议转换、安全隔离和数据缓存的控制通

信接口机连接各控制系统,进行生产过程的实时数据采集。

3. 具体做法和实践经验

(1) **资料整合是无纸化审图的关键环节** 生产设计完成后,需要提交完整的分段工作图、分段零件明细表进行设计审查;而在出图颗粒度细化后,设计人员若是对若干份组立PDF进行设计审查时,查看十分不便,资料的完整性也缺乏手段保证,因此需要寻找解决方案。经过分析研究后,公司提出以产品结构为依据,按照组立设绘三维作业指导书,已通过开发程序,突破按产品结构的零部件、组立结构的PDF合并关键技术,开展产品结构解析与重构、多3D域在同一PDF共存、PDF书签自动创建、节点图尺寸自适应添加等研究,解决了设计审查资料完整性的难点问题。

(2) **现场记录和反馈的无纸化应用观念转变** 现场施工人员在使用三维作业指导书后,原先需要现场在纸面记录的完工信息、炉批号等信息如何反馈、如何解决、能否解决成了项目成败的关键分岔点。公司对3D PDF文件进行了大量的试验和数据提取测试,也对操作可行性进行了充分分析,提出通过程序为PDF自动添加域的方法,突破批量自动化添加PDF域和脚本程序的关键技术,开展域编码规则制定、可变模板自动加域、脚本执行对象自适应等研究,解决了现场无纸化反馈信息的应用难点。

(3) **焊机联网管控的实时通信** 组织网络组、软件设计组、现场设备管理人员及采集器研发组现场采集样本数据,召开专家会议分析问题出现原因,逐一排查验证,建立故障排查逻辑树等工程方法。通过综合分析得出联网不稳定和断网的原因是现场工业环境比较复杂,高温、粉尘、潮湿的天气对联网接口腐蚀现象严重,拟定了技术解决方案,更换氧化过的水晶头,对网络接口进行加装工装防潮、防尘保护;采集器时钟不准确的问题是采集器软件版本出现问题,造成采集器MAC地址重复,通过升级采集器版本软件,修改时钟校对程序处理,从而解决采集时钟不准确的问题。因此,在智能设备应用到工业领域过程中,要综合考虑工业场景的复杂环境。

4. 创新性

(1) **推进设计模式,提高数字化建模的完整性** 无纸化作业模式推进的前提就是对设计模式和设计交付业务模式的调整,一方面需要结合企业制造现场的实际,在三维设计环境中构建产品制造结构,并按照工位情况进行相应的设计输出调整,这需要对企业现有的模型数据组织方式、交付物呈现方式、设计编码进行适应性调整;另一方面,为满足加工过程的信息准确和无纸化传递,对数字化建模的完整性提出了要求,在推进三维作业指导过程中,公司将原先大量的后道二维工艺设计工作提前至前道三维工艺设计,如吊环、脚手、胎架等工装件的建模及精度控制线、密性要求等工艺定义等。可见,通过无纸化应用的推进,大幅提升了设计的完整性和数据的准确性。

(2) **推进制造模式转变,提高现场作业的质量** 基于移动设备的无纸化作业既是对作业模式的变革,也是数据可视化与集成化应用的创新。借助移动终端和可视化工具,将工位需要查阅的多种资料进行整合,比如原有的图样、工艺制作要求、工艺步骤文件、零件明细表等,通过一份可视化指导文件进行集中下发,工艺的步骤通过动态类视频方式进行指导、零部件明细通过目录体现等,通过可视化技术的创新应用,丰富了图面的表达内容,降低了视图的难度,提高了现场作业的质量。

(3) **推进数字化装备的应用,提高"三化"造船的水平** 大力推进数字化装备应用,基于完整的模型数据,通过一系列技术手段实现了从设计向现场终端设备的信息连贯传递,并通过数字化装备实现现场数据的采集与反馈,对生产任务计划的调整和及时管理提供了技术支撑,从自动化、机械化、工装化方面提升整体造船水平。

四、江南造船焊接数字化管控

1. 应用概况

焊接是船舶建造最重要的作业内容,是造船的核心工种之一。良好的焊接质量是保证船体结构抵抗冲击、振动和疲劳的重要条件。焊接工时占全船总制造工时的35%,船体结构复杂,狭小空间多,且为单船定制化生产模式,焊接作业仍存在大量人工操作。若焊接工艺规范的执行得不到保证,则会导致焊后修补工作量大。江南造船通过研发和推行船舶焊接管控智能现场模型,并在多个型号工程化应用和推广,显著提升了焊接质量。

江南造船提出数字化焊接方式对焊工施焊过程中的焊接参数进行管控,通过人、机、物的互联实现了焊接规程、焊缝、焊工权限等要素的预设、违规操作警示、自动停机阻止和规程作业可追溯等。目前,已有1300余台焊机纳入管控范围,以数字化、信息化的技术来管控焊接质量,实现了从"人控质量"到"机控质量"的变革。

现代造船模式是以中间产品为导向组织生产的总装式造船,现代造船模式中船台/船坞在造船厂中处于核心地位,所有的生产计划和生产组织都要满足于船台生产的计划需求。同时,在多船并行建造时,船台也将成为紧缺资源,提高船台的总装和搭载效率成为缩短船舶建造周期至关重要的因素。为了有效地缩短船台周期,大型船厂逐步引进了总段建造工艺,把总段作为船体总装单元。由于总段较大、刚性好,并且有较完整的空间,可以减小船台工作量和焊接变形,同时总段的预舾装程度较高,可提前进行预密性试验。推进总段建造工艺,可以将大量的建造工作前移,并且可以并行建造,从而缩短船台建造周期,但是总段建造法对船厂的起重运输能力及整体定位、对接工艺要求较高。

2. 解决的技术难点或热点问题

焊接作业从焊缝设计、焊前准备、焊接数据管控到焊后质量评估与问题追溯,涉及流程复杂、数据量巨大,需要强大而稳定的信息化平台作支撑。基于焊接仍以人为主要生产资源的作业形态,运用数字化技术,把焊工、焊机、焊接过程、焊材等焊接工作要素有机地融为一个系统进行有效的管理,以实现焊接更加规范,焊机管理更为有效,焊工管理更为合理,达到质量可控,从"人管机器"向"机器管人"转变。

围绕船舶总段区域化、批量化高效建造的迫切要求,针对船舶总段尺度超大、结构复杂、快速搭载、精度要求高等显著特点,重点解决船舶总段并行建造难题,突破局部刚性、整体柔性的超大尺度复杂结构体数字化调姿、高精度测量系统组网与集成、运输装置动态协调等关键技术,实现总段快速对接与低应力建造,形成一套适用于大型船舶总段建造的数字化对接装备,总段对接效率提高40%,对接工时减少30%,在线测量精度±0.5mm,提升低应力制造水平,研究成果实现行业应用示范和推广。

3. 具体做法和实践经验

目前已形成了约1300台焊机的智能现场模型,焊接工艺规程数据库涵盖各类型高新材料,完成了百万条焊缝的设计建模工作。焊机覆盖了唐山松下、福尼斯、OTC、开元、林肯等多家船舶行业主流焊机厂家,包括手工焊条焊、CO_2气体保护焊、氩弧焊、埋弧焊等多种焊接方法。船舶焊接管控智能现场模型已应用于6个船舶型号，焊接拍片合格率从94%提升至98%，焊接变形明显减小，焊接燃弧时间提升50%，焊接效率明显改善，焊接质量进一步提升，经济和社会效益显著。

船舶总段结构复杂、重量重、尺度大，总段调姿难度大，总段对接是船舶建造的关键环节，直接影响船舶建造的质量和效率。总段对接主要采用人工调控的方式，存在自动化程度不高、生产效率低、质量一致性差等问题。通过历时近3年的技术攻关，攻克了对中小车的升级改造、软硬件开发、系统集成等难关，2020年4月23日上午，长74米、宽60米、重量接近7500吨的A1020船总段首次利用智能对接系统顺利完成与艉半船精确对接，整个过程仅耗时1小时10分钟，经检测确认，中心、水平等技术指标均满足要求，标志着总段智能对接研究成果正式转入工程应用。

4. 创新性

瞄准船舶焊接关键环节，提出智能关键管控思路，应用工业互联、数字化等技术，实现焊缝模型智能化精准设计、焊接任务及参数智能化预设、基于过程参数的焊缝质量智能预判、基于焊接质量的焊接智能管控、焊接进度实时跟踪与显示等，在多个型号工程化应用和推广，形成了行业应用示范。提出船舶总段智能定位及精确对接的工艺和技术体系，实现超大尺度在线测量、实测数据模拟对接仿真与分析、对接坐标勘定与精度标定，为实现大型复杂结构的高效率、高精度对接提供了新思路、新方案、新模式，通过实船应用验证，该方法有效提升建造效率和质量。

五、中船十一所智能制造装备解决方案

1. 应用概况

（1）船体小组立智能生产线　近年来，由十一所自主设计集成的船体小组立智能生产线（见图7-5）分别在广船国际、黄埔文冲、外高桥等国内骨干造船企业投产应用，本生产线用于壁板部件的完整性生产，包括拼板焊接、拼板矫正、自动划线、人工装配、机器人焊接、自动矫正、变形检测与补焊工位。实现了小组立焊接作业自动化，保证了焊缝质量，提高了作业稳定性，有效降低了人工成本，大大提高了企业的生产效率。

（2）平面分段智能生产线　通过对总体布局、智能机器人焊接、管理系统集成等关键技术的研究与建造，该平面分段流水线

图7-5　船体小组立智能生产线

（见图7-6）实现了生产、信息集成、网络化管理，完成了关键核心工位如自动拼板对齐、FCB拼板单面焊接、纵骨及组件自动焊接、分段流水运输运出等设备的建造与实际应用，投产后产量可达全年753个标准分段，不仅完全满足项目对智能制造技术、工程产品质量和工期控制的要求，同时还能满足船舶分段的建造。目前由十一所自主设计集成的平面分段智能生产线，已在广船国际、黄埔文冲等骨干船厂投产应用，大大提高了船厂平面分段流水线的

自动化、数字化、智能化水平。

（3）薄板平面分段智能生产线 薄板平面分段智能生产线（见图7-7）主要包含1条片段生产线、1个横移工位，以及2条分段生产线。该薄板线共设置13个工位，整合了目前国际国内具有先进技术优势的公司，如IMG、格雷柏、ESAB、Kranendonk公司，结合船厂建造流程和豪华游轮工艺特点形成了整个生产线的方案设计。目前，外高桥的薄板平面分段流水线已经建成并开

图7-6 平面分段智能生产线

始投产应用，广船国际薄板平面分段流水线国产工位顺利验收移交，通过薄板平面分段智能生产线的应用，作业人员可减少50%，产品生产周期降低50%，不良率降低60%，设计修改率减少20%以上，现场更改率减少30%，生产效率提升20%以上，企业运营成本降低20%以上，单位产值能耗降低10%以上。

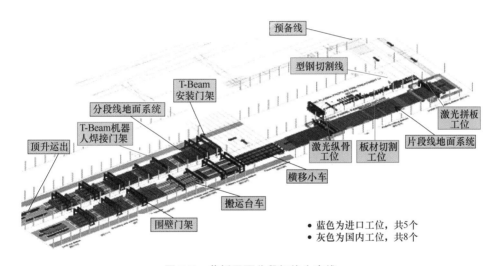

图7-7 薄板平面分段智能生产线

2. 解决的技术难点或热点问题

（1）生产线总体设计 采用辊道式流水线，实现零件上料、装配、自动扫描识别焊缝、机器人自动焊接、自动背烧、卸料流水线自动化作业。

（2）智能生产线自适应编程及控制技术 设计并研制焊接机器人自适应编程及控制系统，建立焊接工艺数据库，应用三维激光扫描识别技术，设计开发片体智能生产线控制系统，实现片体（小组立）实时在线扫描及编程，无须人工导入离线编程数据。

（3）离线编程功能 通过信息处理插件能读取造船建模软件输出的分段设计数据并转换成机器人离线编程用数据格式，提供至离线编程软件进行二次建模。

（4）焊接工艺数据库 开发针对小组立焊接工艺参数的焊接工艺数据库，依据船厂的焊接工艺规范，建立焊接工艺数据库，将数据库中的焊接电压、焊接电流等焊接规程信息进

行匹配。

（5）视觉系统功能　通过视觉系统及时读取传感器数据感知工件位置等工况情况，进行分析、判断，为机器人的动作做出决策。焊接前采用激光寻位装置进行焊缝寻位指导机器人进行准确焊接作业。

3. 具体做法和实践经验

（1）小组立智能焊接流水线　根据生产对象、生产纲领、生产场地，规划设计船舶小组立智能焊接流水线，该流水线主要由机械传送装置、一个3自由度门架、两个6自由度焊接机器人，以及相关焊接设备等组成。小组立智能焊接流水线典型布置如图7-8所示（示例中为规划设计的60m×8m流水线，供参考）。

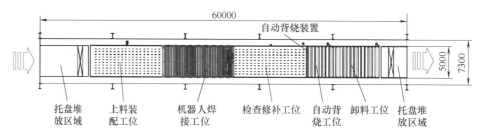

图7-8　小组立智能焊接流水线布置

根据船体小组立加工工艺流程，其智能焊接流水线主要硬件设备列表见表7-2。

表7-2　主要硬件设备列表

序号	设备类别	设备内容	数量	备注
1	输送系统	各工位工业辊道	1套	
2	装配工位设备	装配平台	1套	
3		桥式起重机	1套	
4		控制台	1个	
5		扫码设备	1套	
6	焊接工位设备	门架及伺服电动机	1套	
7		机械臂	2台	
8		机器人控制器	1台	
9		摄像头	1套	
10		激光识别设备	2套	
11		弧压传感器	2个	
12		冷却泵	2台	
13		清枪剪丝装置	2套	
14		焊接电源	2台	
15		焊枪及其配件	2套	
16		送丝机	2台	
17		遮弧帘	1套	

(续)

序号	设备类别	设备内容	数量	备注
18	背烧工位设备	自动背烧设备	1套	
19		控制台	1个	
20	卸料工位设备	桥式起重机	1套	
21		控制台	1个	
22	控制站	PLC	1套	
23		工控机	1台	
24		集线器	1台	
25		报警灯	若干	

（2）平面分段流水线

1）生产线工位布置。结合国内外船舶平面分段建造工艺流程及智能化装备应用情况的调研，将船舶平面分段智能生产线按照拼板、单面焊、划线修补、纵骨安装、纵骨焊接、肋板安装、肋板焊接、预舾装、顶升运出等工序划分各个工位，并根据后道工序——肋板安装、肋板焊接、预舾装——节拍时间约为前道工序一倍的特点，将生产线由传统的直线型优化为 h 型，如图 7-9 所示。

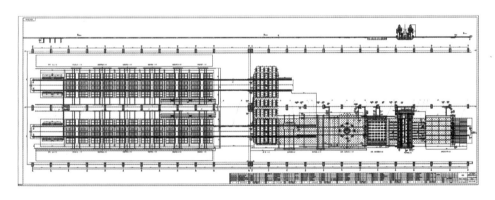

图 7-9 平面分段流水线工位布置

2）关键硬件设备要求。由于大部分企业已经配置分段生产线，在此基础上，可配置肋板自动焊接设备，根据需求选择适合的形式，提升船体分段建造的质量和效率。同时，应配置过程数据采集装备，掌握生产线的动态数据，利用平板进行展示，提升管理精细化程度。

中船十一所通过智能装备和生产线的建设与实践，不断探索、不断创新与进步，针对船厂实际需求，不断优化智能制造装备和生产线解决方案，为我国多家骨干造船企业提供智能生产线建设解决方案，大大提升了造船企业的生产效率与质量水平。

4. 创新性

（1）突破船体小组立智能生产线离线和在线编程系列关键技术 船舶小组立智能化焊接流水线，应用基于模型的离线编程技术以及基于视觉识别的在线编程技术，在国内船舶行业首次应用了机器视觉定性分析、焊接路径自动规划和全自动高效焊接等先进技术，实现了小组立生产线焊接机器人全自动作业。自主研发设计了小组立智能生产线控制系统，创新性地提出了以扫描分析、在线编程和自动焊接等为核心的智能小组立生产线解决方案，大大提高了生产效率和焊接质量。

（2）自主研发设计平面分段智能生产线控制系统　该系统主要从生产资源管理、生产计划排产、生产过程协同、设备互联互通、质量精度管控、决策分析支持等六个方面着手，实现对平面分段生产线全面的精细化、精准化、自动化、信息化、网络化、智能化的管理与控制，如图7-10所示。

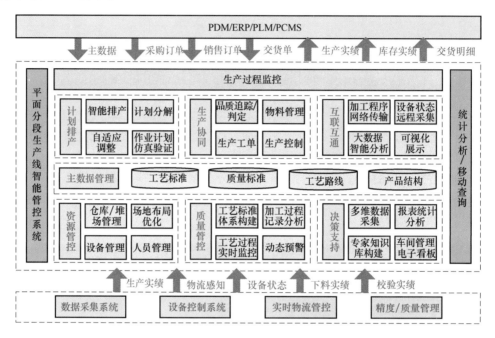

图7-10　平面分段生产线智能管控系统

（3）建设薄板平面分段智能生产线　突破薄板结构激光焊接变形控制技术和激光焊接过程自适应控制技术，降低成本投入，摆脱国外技术依赖。

1）突破薄板结构激光焊接变形控制技术。激光及激光复合焊接在薄板结构焊接有热输入量小等优势，但焊接变形仍难以避免，为减少变形矫正工作量，应在焊接过程中尽量减小焊接变形。在焊接工艺试验中开展薄板结构激光焊接变形因素分析结合数值模拟，掌握薄板变形的规律，通过优化焊接工艺参数和焊接路径，达到减小焊接变形的目的。

2）突破激光焊接过程自适应控制技术。由于薄板片段长度大，尺寸、焊缝位置和装配间隙与图样存在较大的偏差，且焊接过程中也很可能产生变形，焊接时需要实时调整焊枪位置和焊接参数来改善焊接质量，避免产生焊接缺陷。焊接过程中能够实现反馈焊缝变化、实时修正机器人姿态，调整焊接参数。

第五节　发展趋势

一、船舶工业智能制造标准体系建设

针对船舶智能制造跨领域、跨行业以及高度集成、系统融合等特点，围绕船舶设计、生

产、管理与集成开展基础共性标准、关键技术标准、行业应用标准研究，构建涵盖基础共性、关键技术和船厂应用三个层面的船舶智能制造标准体系，在船舶行业全面推广。充分利用现有多部门协调、多标委会协作的工作机制，形成合力，凝聚国内外标准化资源，扎实研究满足产业发展需求、先进适用的智能制造标准。

二、智能制造集成装备自主研发

聚焦感知、控制、决策、执行等关键环节，推进产学研用联合创新，攻克船舶工业专用关键技术装备，自主研发具有自感知、自决策、自执行的专用制造装备，提高船舶整体建造效率和质量，加强智能制造关键技术、核心支撑软件与工业互联网等系统集成应用。

三、船舶智能制造工业软件自主开发

针对船舶建造过程感知、控制、决策、执行过程中面临的数据采集、数据集成、数据计算分析等方面存在的问题，亟需开展基于信息物理系统的工业软件顶层架构设计，研发相关的设计、工艺、仿真、管理、控制类软件，推进集成应用，培育重点行业整体解决方案能力，建设软件测试验证平台，形成一系列国产化设计与工艺仿真、工业控制、业务管理、数据管理等工业软件。

四、工业互联网基础和信息安全系统建设

研发融合新型技术的船舶行业工业互联网设备与系统，构建工业互联网标识解析系统，在骨干造船企业建设试验网络并开展应用创新。研发安全可靠的信息安全软、硬件产品，搭建基于可信计算的信息安全保障系统与试验验证平台，建立健全工业互联网信息安全审查、检查和信息共享机制，在有条件的船厂进行试点示范。

五、开展船舶领域 5G 核心关键技术研究

以 5G 在船舶应用的关键共性技术、前沿引领技术创新等为突破口，支持企业联合高校和科研院所组建产学研用联合体，开展核心技术研发攻关，融合 5G 与卫星通信技术，研究智能船舶的天地一体化自组网技术，建立面向船舶智能制造的 5G 应用安全架构，采用统一身份管理构建统一信任服务体系，实现对船舶制造系统多维度全方位的立体防护。通过示范应用验证关键技术的可行性，由点到面推进实施，带动整个船舶行业的技术进步。

第六节　措施建议

一、建立完善发展机制，支持产业体系构建

构建船舶行业先进制造创新平台，加快培育产业链的生态环境。鼓励并推动成立各具特色的产业创新联盟；支持先进制造领域自主创新能力建设。依托国家地方科技项目支持，推进先进制造领域发展。通过提高自主创新能力，建立产学研用一体的创新体系和协同机制，加快科研成果转化。积极支持先进制造领域内优势产业提升能级，打造一批先进制造业基地、产业园区。

二、强化技术创新和示范应用的支持力度

加大对船舶先进制造关键技术研究、标准制定、先进制造装备研制、工业软件开发以及行业性大数据中心建设等方面的支持力度。支持相关试验验证平台建设，开展船舶先进制造工艺、装备、软件、关键技术、标准等验证，鼓励其发展成为行业公共服务平台。鼓励造船企业积极协同装备生产企业，建立创新联合体，加快先进制造短板装备的研发、工程化和产业化。充分利用首台（套）重大技术装备、工业互联网示范应用有关政策，促进船舶先进制造装备创新应用。

三、强化人才引进和培养力度，推动先进制造领域长远发展

建立健全多层次的创新型人才培养体系，支持校企联合开展定制式人才培养；鼓励企业加大职工培训力度；支持高端人才引进政策。充分创造和利用开放共赢的国际合作环境。积极参与国际重大项目合作开发，探索专利互换、标准互换、联合开发等多层次合作与交流。

参考文献

[1] 中华人民共和国国务院. 船舶工业加快结构调整促进转型升级实施方案（2013-2015 年）[EB/OL]. (2013-07-31) [2020-08-15]. https://www.ndrc.gov.cn/fgsj/tjsj/cyfz/zzyfz/201308/W020190910695082815396.pdf.

[2] 中华人民共和国工业和信息化部，国家国防科技工业局. 推进船舶总装建造智能化转型行动计划（2019-2021）[EB/OL]. (2018-12-28) [2020-08-15]. http://www.miit.gov.cn/n1146295/n1652858/n1652930/n3757018/c6567267/part/6567282.pdf.

[3] 中华人民共和国国务院. 船舶工业深化结构调整加快转型升级行动计划（2016～2020 年）[EB/OL]. (2017-01-12) [2020-08-15]. http://www.miit.gov.cn/n1146295/n1652858/n1652930/n3757018/c5459940/part/5459951.doc.

[4] 中华人民共和国工业和信息化部，中华人民共和国国家发展和改革委员会，等. 海洋工程装备制造业持续健康发展行动计划（2017～2020 年）[EB/OL]. (2018-01-05) [2020-08-15]. http://www.gov.cn/xinwen/2018-01/05/content_5253494.htm.

[5] 中国船舶工业市场研究中心. 世界主要造船企业发展概况报告 [R/OL]. (2008-04-01) [2020-08-15]. http://jz.docin.com/p-88495704.html.

[6] 中国船舶报. 日本政府助推船舶工业创新做强 [J]. 船舶与配套, 2016 (7)：32-35.

[7] 陈琳，杨龙霞. 世界主要造船国家智能船舶发展现状 [J]. 船舶标准化工程师, 2019 (4)：10-14.

[8] 林忠钦. 船舶工业推进智能制造的解决方案建议 [z]. 2016.

[9] 中国船舶工业年鉴委员会. 中国船舶工业年鉴：2018 [z]. 2018.

编撰组组长：储云泽
编撰组成员：王俊利　金向军　于航　姜军　马秋杰　牛延丹　陈好楠　赵玫佳
审　稿　专　家：谢新　邢宏岩

第八章

汽车领域智能制造发展报告

第一节 发展概况

我国汽车装备制造业与汽车工业发达国家相比起步较晚,但汽车制造水平发展迅速,基本实现与世界汽车制造技术同步发展,已经由当初起步阶段的单一品种小批量机械化生产逐步向大批量流水线生产、多品种柔性化自动化生产、信息化精益化制造方向发展。近年来发达工业国家陆续发布了适合本国的智能化制造发展战略,我国政府也适时出台了制造强国战略。在国家制造业总体制造规划的指引下,我国汽车产业正以信息化与工业化深度融合为主线,强化工业基础能力,提高工艺水平和产品质量,节能型汽车产品正向智能化、电动化、轻量化加速变革,汽车制造产业正逐步向智能化大规模定制方向发展。

一、汽车制造企业信息化建设加快完善

随着国内汽车消费市场的发展变化,汽车制造企业面临的挑战越来越多,原材料成本的上涨、人力成本的提升以及产品竞争的加剧等都迫使汽车企业不得不采取相应手段来提升自身产品竞争力[1]。ERP(Enterprise Resource Planning,企业资源计划)系统作为一种先进的管理模式,采用科学的管理方法、以系统化的管理思想以及先进的信息技术,为汽车企业决策层及员工提供决策运行手段的管理平台,有效提升了企业的管理水平,得到了汽车行业认可并在国内得到广泛应用。

国内合资品牌汽车制造企业在建厂过程基本照搬其在国外工厂模式,企业信息化系统一般采用国际供应商产品或本企业自主开发的管理系统。如上汽大众的 ERP 系统选用国际一流 ERP 供应商公司产品,与 MES 的集成系统则是大众公司自己开发的产品;日本合资品牌企业更是如此,基本使用日本原厂提供的管理平台。随着我国自主品牌汽车制造企业逐步发展壮大,企业也逐步采用 ERP 系统,经过近几年 ERP 系统建设,自主品牌企业管理水平大幅提升,已基本达到合资汽车企业水平。在后续的信息化建设中,自主品牌企业投建 MES 系统将实现企业管理数据与生产数据无缝对接。

在数字化工厂建设方面,国内外汽车生产企业正在从产品设计端向制造端延伸。从目前的数字化工厂建设情况看,自主品牌如吉利汽车、长安汽车进展快速,实现了制造车间数字

化,并将三维仿真模型应用于前期工厂的设计规划。合资品牌中,欧洲汽车制造企业处于行业领先位置,数字化技术除了应用于新工厂设计建设,还用于原有工厂的升级改造,利用三维仿真技术搭建与实际工厂相对应的虚拟数字化工厂。企业一方面对工厂、工艺的改善和革新可以先在虚拟工厂中进行试验和验证,实现缩短换产时间、降低开发成本;另一方面,还可以通过数据采集、传输系统在虚拟工厂和现实生产之间建立互联,虚拟工厂操作直接指导实际生产或操作现场工作机器人及其他制造设备。

与合资品牌企业相比较,自主品牌企业的劣势在于对汽车生产制造工艺的掌握和理解方面,主要体现在对现有制造工艺进行变革和创新的能力不足。针对这方面日本汽车及零部件制造企业有很强的实力,尤其丰田汽车及其零部件企业。日本汽车制造企业没有像欧美企业那样强调数字化工厂或虚拟工厂,而是更加注重制造工艺改善、精益生产、自动化和信息化。丰田汽车看板管理系统是企业信息化的典型代表,很早以前已经实现了车间无纸化电子屏显示,其功能相当于目前各汽车制造商运用 RFID 技术对各生产节点进行采集并实时告知汽车生产状态的功能,用于指导生产现场工人了解汽车生产状态、进行后续工作安排和操作。另外,丰田汽车在生产制造大数据方面也进行了有益的探索,实现了机器人生产大数据采集和分析、机器人预防性维护等典型的智能制造工作。

二、整车制造工艺装备总体进步明显

1. 冲压技术

国内冲压车间的数字化、网络化进程与国外车企冲压车间基本保持一致。目前,我国冲压车间的关键装备、工装夹具、模具等初步完成数字化升级,部分设备已经根据功能需要实现了设备之间的互联互通,已具备成形生产线的整线集成能力,但仍有众多关键装备需要进口。

在冲压装备方面,现代汽车生产的大批量、多品种、车型更新快的发展趋势,决定了车身大型覆盖件冲压装备向高速、高效、智能化操作方向发展。整车安全性能、轻量化技术和多材质车身的发展趋势,使大型覆盖件拉伸装备技术多元化趋势明显,大型多机联线高速全自动冲压生产线以其所具有的高效、柔性而成为汽车主机制造企业覆盖件冲压制造的首选。目前,整车生产冲压工艺装备中的压力机,是为数不多的国内产品占据主导地位的大型汽车制造装备。大型伺服压力机在研究开发方面已经取得部分技术突破,但其关键零部件仍然依赖进口,如低速大扭矩伺服电机、大功率伺服驱动器、多电机同步驱动技术和伺服控制系统等,故在整机集成和关键部件等核心技术装备方面均与国外有很大差距,欧洲、日本等冲压装备企业已掌握大型伺服压力机的核心技术,设备成熟稳定,垄断国际市场。

在柔性化激光开卷落料线方面,国内研究尚属空白,欧洲、日本等冲压装备制造企业已经掌握柔性化激光开卷落料线核心技术,且已经推广应用。

在模具吊具天车方面,国内尚不具备设计制造能力,欧洲相关企业已开发出全自动智能模具吊具天车并掌握核心技术,已开始推广应用。

2. 焊装技术

随着我国汽车工业近二十年的快速发展,焊接车间产线逐渐由成套国外进口转化为整线集成国内制造,如天津福臻自主研发成功年产 20 万辆的柔性焊装线,并已为国内外诸多汽车厂商提供数十条整车焊接生产线。广州明珞已为长安 PSA、上汽大众、一汽轿车等企业提供了多条柔性焊接生产线。

焊装机器人是实现焊装工艺柔性化、智能化的关键装备,但KUKA、ABB、FANUC等国外品牌机器人占据了绝大部分市场份额,国内自主工业机器人品牌虽然有示范应用,但仍难以在汽车制造行业得到广泛应用。主要原因在于国产工业机器人在重复定位精度、使用寿命、无故障率等关键技术指标方面与国外工业机器人有一定差距,针对高强度、高精度、高可靠性的汽车生产制造需求满足程度有待提高。面对未来定制化、多车型共线柔性化焊装生产需求,由于零件上下料、线内传输、装配与连接、质量检查各工序尚处于手工、自动化、数字化等不同阶段,焊装车间各工位工序面临巨大挑战。

3. 涂装技术

在数字化、智能化程度方面,我国汽车涂装水平已达到国外主流水平,实现了车身内外表面均采用机器人喷涂。欧美日处于行业领先水平,其分布在全球各地的汽车涂装生产线主要由德国杜尔及日本大气社、日本帕卡等国际涂装工程公司提供,其中德国涂装生产线技术装备水平处于领先地位。

近年来国外涂装技术发展迅速,尤其是欧美、日本等国家高效节能环保技术设备正在应用和推广,高效专用功能设备不断推陈出新,智能控制技术正在向深度扩展。随着节能减排日益严峻的形势和环境法规要求的提高,以及消费者对汽车个性化定制的需求,对汽车涂装工艺及装备提出了新需求,如柔性装备技术(电泳柔性控制装备、平面与立体柔性输送存储装备、个性化涂漆装备)、涂装智能装备技术(在线质量监测、装备状态智能监控、工艺参数智能调整等)。

4. 总装技术

国内整车企业总装工艺的整体水平已达到国外主流水平。智能化输送设备受投资水平影响,大部分国内车企在新技术应用方面尚处于起步阶段,大多采用较为成熟的技术,随着节能与新能源汽车生产比例增大、生产线投资水平提高,部分车企已经达到国外水平。

在总装及发动机装配设备中很大一部分是拧紧设备,目前拧紧设备关键技术主要掌握在国外厂商手中。特别是国外发动机装配拧紧设备以及关键部件,可以占据约80%的市场份额,其中以瑞典阿特拉斯、德国博世、美国史丹利、美国英格索兰、日本第一电通等为代表,其产品遍布国内各大汽车、发动机总装厂。

三、智能化产品与服务水平不断提高

目前,我国具备发展智能化汽车的多重优势,随着新一代移动信息通信、云计算、人工智能等技术的广泛应用,智能化汽车将逐渐走进普通消费者手中。当前中国汽车产业正经历着以互联网、大数据和人工智能为代表的新技术浪潮冲击,为汽车行业的商业生态重塑带来了新机遇和新挑战。传统车企只有与互联网等科技型伙伴"跨界融合",才能使汽车产品在电动化、智能化、网联化和共享化等方面齐头并进。自主品牌汽车企业在产品开发过程中逐步加大了产品在智能化水平上的投入,产品开发周期已大幅缩短、产品智能化水平进步明显,市场竞争力显著增强,在语音识别与控制等方面甚至已经赶超国外车企同类产品水平。

物联网对汽车行业的影响深远,也促使传统车企在产品服务方面往智能化方向发展的意愿更加强烈,OTA(Over the Air,空中下载)技术就是汽车智能制造中提供智能化服务并实现汽车产品智能化升级的典型应用,汽车行业通过 OTA 技术应用带来的升级需求也日益增长。在未来的智慧出行方面,国内汽车制造企业正通过与科技公司的跨界合作,采用智能制造手段实现由传统制造企业向智慧出行服务提供商转型升级。

第二节 实施进展

我国的汽车制造行业在智能制造技术实施应用方面取得了积极进展和成效。工业和信息化部开展智能制造试点示范专项行动,通过创新驱动强化智能制造核心装备的自主供给能力,不断完善智能制造标准体系,逐步夯实了工业软件等基础支撑能力,通过示范带动构建了集成服务能力,通过集成应用提升了新模式应用水平。专项行动的实施涵盖传统及新能源汽车乘用车、商用车、客车等以及智能网联汽车等领域,以及发动机、变速器、底盘系统、动力电池、汽车电子、轮毂、轮胎、汽车玻璃等关键零部件。工业和信息化部 2019 年智能制造系统解决方案供应商项目,支持方向由原来的用户方向转为供应商方向,专项中的数字化车间涉及整车、关键零部件、动力电池的制造等。总体来讲,专项实施的成果显著,在汽车行业能够起到非常良好的示范带动作用,企业自身提质增效作用十分显著。

一、智能制造技术进入整车及零部件工厂

整车及零部件制造业要实现个性化产品的高效率、批量化生产,必须综合兼顾物料供应协同、工序协同、生产节拍协同和产品智能输送等诸多环节,围绕智能制造技术的一体化整厂设计是智慧工厂建设的必然选择,也是实现智能制造的重要基础和保障。目前,国内汽车行业整车及零部件企业已经开始将智能制造技术应用于研发生产等阶段,实现了设计可视化、制造数字化和服务远程化,最终实现企业的提质增效。

长安汽车是国内汽车行业首家"国家智能制造示范企业",其智能柔性焊接生产线、智能柔性高速冲压生产线入选国家智能制造示范专项。长安汽车两江二工厂冲压、焊接车间被认定为 2018 年度重庆市数字化车间和智能工厂,以智能制造理念建成的两江二工厂,首次完成了国内"数字化双胞胎工厂"在汽车行业的应用,通过智能连接、智能传输、智能切换、智能检测的柔性生产线,实现多种车型混流、稳定和智能生产,为高质量产品提供制造保障,该工厂焊接自动化率达到 90%,较传统工厂生产效率提升 20%,产品不良率降低 20%,交付周期缩短 15%,运营成本降低 21%。

东风楚凯公司与华中数控、宝鸡机床等机床企业通过战略合作,共同打造汽车零部件智能制造生产线,生产线以汽车关键零部件数控加工环节为主要示范点,引入自主可控的国产先进数控系统、机器人、高档数控机床、精密检测设备等先进智能制造装备,提高了装备整体自动化、数字化、网络化程度。该条生产线建立了适合汽车节能关键零部件高效制造模式的智能化制造系统,基于指令域大数据的数控机床 CPS 模型,应用加工大数据的智能化技术,改善生产效率、提高产品质量、降低制造成本。同时发挥示范带动作用,促进汽车关键零部件行业向智能制造模式转型升级,在汽车零部件制造领域具有很好的示范意义。

二、虚拟仿真、工业大数据、云平台等技术得到越来越多应用

基于虚拟仿真技术的数字化模拟工厂是以产品全生命周期的相关数据为基础,采用虚拟

仿真技术对工厂规划、建设到运行等不同工艺过程进行模拟、分析、评估、验证和优化，能够指导工厂的工艺路径规划和改善现场管理。由于仿真技术可以处理复杂生产系统，能够准确地模拟现实工况，分析影响系统运行的因素，因此该技术在生产规划设计、验证和缩短研发建设周期等方面都有着重要的作用。当前，数字化虚拟工厂仿真技术在汽车制造企业中得到了广泛的应用，通过基于仿真模型的研究分析可及早发现设计中的问题，减少建造过程中设计方案的更改。

一汽奥迪利用三维仿真软件对制造过程进行工艺规划和模拟验证，如图 8-1 所示，包括工厂内部所有制造相关资源的布局，检验输送设备、工装夹具与产品之间是否干涉，优化工艺路径，进而优化最终的生产线，最终把项目周期从 30 个月减少到 18 个月。

现代汽车生产过程中产线处于高强度运行，产线中各台设备上安装了数以千计的小型传感器来探测其设备的温度、内部压力、振动噪声等信息，从而产生大量繁杂数据。利用这些数据可以进行各种数据分析，包括状态诊断分析、能耗分析、加工质量事故分析、生产计划与排程优化等。大数据的另一个非常重要的功能是可以对产品的生产过程建立动态虚拟模型，或者对在工艺规划阶段建立的三维仿真模型进行验证和实时信息连接。实时数据与三维仿真模型连接后，工厂将实现可视化和透明化，工艺人员可持续对

图 8-1　利用三维仿真验证总装车间生产流程

生产工艺进行优化和改进。另外，智能化装备在大数据分析与积累的基础上可实现自我修正补偿。如焊装工业机器人在夹具轻微磨损的情况下，可依据传感器反馈位置信息通过计算自主补偿磨损引起的误差。

随着云平台技术的进步使得大数据分析变得更加完善，从而为汽车企业带来了更多的收益。越来越多的汽车企业倾向于利用云平台执行大数据分析等业务。云平台技术另一个显著优势是能够使员工快速启动远程工作，企业能够迅速恢复生产力，一汽大众已经率先应用该项技术，如图 8-2 所示。

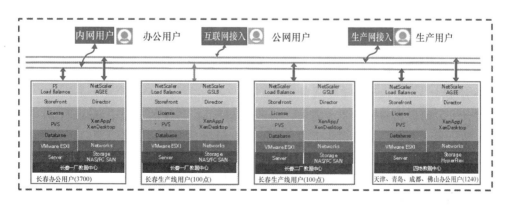

图 8-2　一汽大众五地六中心虚拟化平台

三、汽车行业智能制造装备水平不断提升

近年来随着汽车行业竞争的加剧,汽车厂商新车投放、旧车改型步伐不断加快,周期越来越短。由于生产装备通常无法做到用同一条生产线生产不同车型的产品,推出新车型或换代意味着投资建设新的生产线或是原有生产线的升级改造。汽车技术本身的发展也会带来新的生产线需求。另一方面,我国汽车产业的兼并重组稳步推进。未来几年,一部分规模小、技术力量弱、成本高的汽车企业将退出市场或被并购,我国汽车工业将逐步形成几家大型企业集团,并最终形成少数几家集团控制全国大部分汽车市场的局面[2]。我国汽车产业良好的发展前景为国内外汽车智能制造装备企业的发展提供了广阔的空间。

我国汽车生产制造中的关键装备对外技术依存度长期以来一直保持较高水平,严重依赖欧洲、日本、意大利等发达国家,与汽车产业的蓬勃发展形成巨大反差。部分本土装备虽可满足汽车工业制造的基本需求,但在成套性、可靠性等方面与国外先进水平仍有一定差距。近年来,伴随国内汽车市场竞争日趋激烈,新建汽车产线更加注重服务和成本效益,国产汽车智能制造装备的进口替代已成为行业发展的未来趋势和主要驱动力。目前,随着汽车制造关键技术国产化率的不断提升,我国汽车智能制造装备业已进入自主创新和技术引进相结合的阶段,在汽车装备行业具备一定的竞争实力。

第三节　面临的突出问题

汽车智能革命是一场空前"跨界"的盛宴,涉及汽车制造公司、汽车经销商、车联网运营公司、电子公司、软件公司、通信服务商等多方机构,由于其未来市场空间广阔,有可能给相关企业带来几倍乃至数十倍的增量。据中国产业调研网发布的《2019年版中国智能汽车行业深度调研及市场前景分析报告》显示,智能汽车是一种高新技术密集型的新型汽车,是今后的主流汽车产品,而研究智能汽车所必需的理论与技术支持条件大部分已经具备。随着智能汽车研究步伐的加快和新产品的推出,必将导致国际上汽车现有生产体系和市场份额的重新组合。因此,应迅速提高我国汽车工业水平,在汽车智能制造推进的进程中,传统主机厂将面临巨大的挑战,具体概括为以下四个方面。

一、以客户需求为中心的"个性化定制"

"以用户需求为中心"并不仅仅是接受客户主动表达的需求,也需利用大数据等先进手段深度挖掘客户潜意识需求。从覆盖范围上来说不应仅仅停留在产品层面,也需要注重打造服务,让客户参与过程体验,使用户和企业间的关系变得更紧密、更有温度。其难点主要体现在三个方面:

在设计开发阶段实现贴近主流需求、提供创新产品。传统的车企市场调研存在三大局限性:一是数据量级有限,这种模式下收集到的数据量级达到上万甚至上十万已经相当可观,且投入不菲。但是,对比全国上亿的汽车潜在消费者仍旧是冰山一角。二是数据有效性存疑,受访人群往往并非是真正的潜在购买者。三是信息时效性的缺陷,一辆乘用车的研发周期以3~5年起算,而消费者的偏好瞬息万变,即使数据量级和有效性均得到保证,也无法避免信息滞后的窘境。综上所述,通过传统方法很难在开发阶段精确地摸索出市场主流

需求。

产品推出后如何解决各类长尾的个性需求。新车上市后，主机厂通过事先定义好配置的基型车覆盖大众需求，却不得不忽略少数消费者的长尾需求。考虑到现有的操作模式，如果将配置完全开放给客户，将对整个供应链和生产形成巨大压力，造成高额成本。另一方面，线下局部改装也不是早已适应了大规模流水线生产方式车企们的优势，除去某些特种商用车辆，乘用车领域很少有主机厂的官方改装业务。

主流需求变化加快后保证产品快速更迭紧跟主流需求。新车型推向市场后一般保持"三年一小改，五年一大改"的节奏，以此促成车型对主流需求变化的持续跟进，延长车型生命周期。然而这一速度已经无法满足新一代消费者越发"喜新厌旧"的用车态度。"如果车能像手机一样自动更新升级就好了"是最符合当下汽车消费者心声的比喻。站在主机厂的角度，每一次改款的背后都伴随着巨额的生产设备与研发经费的投入，这一切都需要长期的销量保证来维持股东的投资收益，过于频繁的改款将使得绝大多数传统主机厂入不敷出。

个性化定制的生产方式无疑能够提升企业的竞争力，但也对企业提出了更高的要求和挑战。在产品研发阶段，就要考虑产品的模块化设计，产品主数据需要支撑同种车型上万甚至几十万种多样化配置组合的研发到制造全过程；在生产制造方面，需要建立柔性化的生产线，满足不同配置的车辆的生产需要；在供应链管理方面，需要打通零部件供应商、主机厂、4S店之间的信息流，还必须尽量缩短从顾客下单到车辆交付的整个周期，从而提升客户满意度；此外，原材料库存的管理、个性化定制平台的建设等问题都是对企业的挑战。

二、数据采集及数据的安全性

在工业2.0和3.0阶段，制造端的架构是基于信号控制和文档流转来赋能体力劳动者；而在工业4.0"智能制造"阶段，制造端的架构则是基于数据流动、数字化模型和算法驱动，来赋能脑力劳动者。与传统制造业的线性思维逻辑不同，数字化时代的制造企业实现智能制造需要具备多个维度交互思维的能力。除了企业自身运营中产生的大量数据之外，来自客户、供应链、合作伙伴、终端消费者等多个利益相关方的数据，都会实时在线地渗入企业个性化定制、柔性生产、新产品开发、投放市场、采购和资源整合等各个环节，并在此交互过程中，为企业决策和营销提供战略性指引。企业只有确保内外部数据的高效、准确采集，才能真正发挥数据的价值，驱动企业实现智能决策。

现阶段存在的问题是，智能自动化制造系统并非简单地对自动化设备进行各种设定动作，而是必须在设备底层导入软件架构，让设备的动作信息得以被搜集，进而累积成庞大数据库，以进入制造管理系统，还要对数据的正确性做出分析，最后做出决策。这是一个庞杂的系统工程，涉及汽车整个产业链，需要上中下游厂商相互合作，单靠某个环节的推动根本不行，其中还有很多技术和利益的问题需要协调。

随着移动互联网、物联网、社会化网络的快速发展，无论是生产企业还是消费者获取产品、市场等需求信息的渠道逐渐增多，互联网企业通过日常运营中生成、积累的用户网络行为加以分析形成价值数据，并通过互联网技术的广泛推广，将价值数据渗透于各行业发展应用中，改变着传统制造业生产方式和经营模式[3]，成为推动汽车产业变革的重要力量。工业核心数据、关键技术专利、企业用户数据等数字化资产已成为企业核心资产，并逐渐成为智能制造和工业互联网发展的核心。

在工业大数据发展过程中，安全作为生产的首要保证，将成为汽车企业智能化升级决策的重要依据。例如，工业核心数据、关键技术专利等数字化资产对企业的价值正在加速提升；降低数据安全隐患、提升系统安全和数据安全成为企业数字化改造升级中愈加重要的参考指标；当智能制造融合了机器人[4]、人工智能众多前沿科技后，事故的及时反应和控制似乎变得更加简单，但在设备增多的情况下如何有效管理人机交互时的安全性也是重点之一，增加厂区生产安全、过程安全迫在眉睫。此外，越来越多企业加入大数据发展浪潮，各种结构化、半结构化、非结构化的海量数据应运而生，海量数据的安全管理问题随之而来[5]，数据的集中储存增加了信息数据的风险，各行业之间相互设防，跨行业之间的"信息孤岛"问题凸显，制约了我国大数据产业发展及汽车"企业上云"进程。

另外，制造业引入工业物联网后，数据遭到攻击事件时有发生，所以企业设备、产品等数据的安全也显得尤为重要。目前我国数据安全法规体系和监督机制尚不健全，一定程度上抑制了企业智能化升级步伐。建立完善的大数据管理与分析平台体系，把控信息安全，帮助企业实现大数据的有效管理和应用，将成为大数据发展中亟待解决的问题，也是当下互联网及大数据平台运营企业最为关注的热点。未来，提高数据全生命周期的安全性，增加企业上云信任度和意愿，将成为我国汽车企业智能化升级决策的重要依据。

三、供应链的运营管理

供应链管理是从原材料采购到制成品传递给最终用户的过程，是通过计划、生产、存储、销售等一些活动，在每一环节的供应商和顾客之间形成一种衔接，使每个企业均能够满足下一个环节企业内部和外部生产作业和消费活动的需要。对于信息和网络技术的要求很高，高效率的信息沟通和交流，使得市场竞争日趋激烈。在汽车行业中，也逐渐成为各大汽车企业与供应商、顾客之间合作，以及与同行企业间竞争的决定性因素。传统的汽车供应链管理系统存在着一些问题，大大阻碍了供应链管理的有效性，具体体现在以下三个方面：

一是供应链信息系统功能不完善。汽车企业信息化建设能够提升物资供应链服务水平，同时也可以增强汽车企业活力，汽车企业服务质量在一定程度上得以提高，服务也更加精准，但是信息管理系统也需要不断完善，物资供应链系统实时地进行更新换代，以适应不同条件下的物资供应链需求。我国物资供应链系统，应该实现信息管理的优化与路径的优化，最大限度地降低成本和提升工作效率，同时加大计算机在物资供应链控制管理中的应用，做好人工智能发展的工作。但由于是与第三方软件公司合作共同开发的信息系统，双方所处的立场不同，以及对问题理解的角度不同，导致供应链信息管理系统仍然存在一些不足的地方。

二是对供应链信息的分析挖掘不够。大部分汽车企业采用传统的供应链模式，更多地采用人力方法进行筛选与统计，这样会导致工作效率偏低。同时对于供应链信息的分析与挖掘也不够，无法对汽车企业需要供应链的产品进行较好地统计与归类，易导致供应链工作的冗杂，无法形成高效的供应链。对于大型汽车企业，供应链信息的分析与管理极为重要，在传统的供应链模式下，很多重要的信息都被忽略，因此需要信息化的系统来对其进行记录与管理。

三是缺乏专业的供应链信息管理人员。汽车企业的发展需要物资供应链信息管理人才，需要吸取传统供应链行业的优势，不断促进物资供应链发展。在物资供应链管理方式上，汽车企业管理人员不仅要进行信息管理，同时对信息管理决策进行专业判断，科学促进物资供应链发展。目前，供应链的信息管理人员主要来自于公司信息部，以信息技术人才为主，对公司业务的理解不够全面，无法为业务提供有力的技术支持。

汽车产业通过加强供应链管理，可实现以物流为纽带，使每一个零件生产企业都和上下游企业联成一体，彼此依赖于畅通的物流活动来降低成本和提高生产效率，从而使供应链系统都能达到一个高效率、低成本的运营模式，形成一种切实有效的管理模式。

四、汽车的智能网联

智能网联汽车是汽车工业4.0时代发展的战略方向。面对国际上智能网联汽车产业的竞争，在我国智能网联汽车发展过程中，虽然在智能驾驶辅助技术的产品化应用和高等级自动驾驶技术研发方面取得了很大的进展[6]，但在智能网联汽车领域的核心技术、研发水平、关键零部件系统的产业链基础等方面还比较薄弱，产品和产业化发展相比发达国家来说总体上仍相对滞后。我国发展智能网联汽车面临着严峻挑战，也存在着明显的短板。

一是智能网联汽车的相关标准与法规尚需健全。我国自动驾驶相关标准的制定权分属政府的不同部门，《公路法》《保险法》等并未包含自动驾驶的相关内容，《网络安全法》《测绘法》等也存在与自动驾驶发展所不适用的规定，这些方面都亟待完善和改革。另外，社会对智能网联汽车的接受度仍需检验，包括道路伦理、社会安全问题等一系列问题需要面对。

二是智能网联汽车的跨界融合问题突出，缺乏统一协调机制。智能网联汽车是车辆、通信、安全等技术交叉互通的新兴产物，跨界融合的特点明显。从产业推动上来说，很难由单一行业或部门完成，亟需从国家层面统筹发展规划，构建多部门协调推进机制，形成统一的智能网联汽车技术、标准、法规的发展路线，聚集各界资源，协同攻关，从而推动智能网联汽车乃至智慧城市交通系统的快速发展。我国目前尚未形成有效的跨行业组织管理机构和统筹推进机制，汽车、信息科技、通信企业各自为战，未能形成合力，不利于在新一轮全球汽车工业变革中的竞争。

三是智能网联汽车的技术亟待突破。智能网联汽车是高新技术的载体，对我国智能网联汽车产业发展来说，相关核心技术亟待突破。应用于智能网联汽车的高性能传感器（如车载视觉、激光雷达、毫米波雷达等）、汽车电子器件、底层操作系统、专用芯片等关键基础零部件，其核心技术与产品主要被国外企业所垄断，我国自主企业自身的掌握积累远远不够，长期依赖进口，存在对国外依赖度过高、基础技术空心化严重等问题。自主零部件企业缺乏可持续的自主研发体系，国家尚未形成智能网联汽车政产学研协同创新体系，行业缺乏有效协同研发机制，从而未形成合力。另外，在系统集成方面的自主能力还有待加强。

四是信息产业与汽车融合层次较浅。我国虽有强大的互联网产业基础，但与汽车产业的结合尚停留在信息服务、售后市场等领域，未能深入汽车智能化和网联化的决策与控制的层面，也无法形成抱团参与国际竞争、掌握国际标准话语权的局面。智能交通、智慧城市尚未实现与汽车产业协同发展，汽车、通信、交通、互联网等领域的跨行业融合式技术创新体系尚未建立[7]。深化信息产业与汽车融合，实现基础设施间的互联互通，还涉及周期长、投资大的问题，以及增加投入后如何进行商业化运行的挑战性问题。

第四节 实践案例

一、吉利智能驾驶舱的创新实施

1. 应用概况

智能驾驶舱的项目规划是以指标体系为出发点，以吉利制造体系、质量管理体系和经营管理体系为依托，基于分层级预警响应拉动，采集生产执行系统、质量管理系统、物料管理系统以及企业资源管理系统等基础系统数据；同时，利用 IoT 平台向传统系统未覆盖的物联层数据扩展，根据底层数据的采集、分析、运算得到各层级指标[8]。通过指标体系的建立，可以准确识别指标未达成的根本原因，从根源上解决问题，避免问题的反复。利用驾驶舱、显示屏及手机端等进行推送及反应确认，实现指标的预警、报警及响应闭环的全过程控制。并通过生产运营监控平台的搭建，有效改善现有制造管理模式，充分保障生产运营的实时、高效与透明；通过生产运营的大数据采集与分析，支持决策、挖掘数据价值，为生产运营和管理升级提供有效支撑。

2. 解决的技术难点或热点问题

智能驾驶舱项目实施解决的难点问题主要体现在如何从烦冗的数据里识别出有用数据，并将其与相应指标进行互联，及时发现问题并提供相应的解决方案。具体体现在以下几个方面：

（1）数据的互联互通 目前在生产运营中，涉及质量 Q、成本 C、交期 D 的数据很多需要人工线下收集，工作量大；数据统计滞后性严重，无法在问题发生第一时间进行处理；部分数据已经实现现有系统管控，但不同数据分属不同的系统，彼此关联性差，不便于整体分析、管控；数据处理仍需后期人工干预，系统内无法提供快速支持领导或技术人员做决策的帮助信息。

通过建立指标体系，使相应的问题得到解决。由 SMQCD 各领域共 16 项一级指标，拆分到 52 项二级指标，再分解出 138 项三级指标，574 项影响因素，以及 1326 项根本原因，整个业务梳理以及数据的关联工作是整个规划团队集体智慧的结晶，也是整个吉利规划及制造专家经验的结晶。

（2）数据的采集方式转变 将传统的点对点数据采集，逐步转化为共平台的数据汇集，同时采用一网到底的网络方案，将网络覆盖到底层设备，引入 IoT 平台，让底层设备的数据采集变为可能。

（3）数据的分析引入专家库 将制造专家的经验转化为数据语言，按照专家的分析逻辑搭建数据模型，实现对各种失效模式的自动分析，依据历史数据以及衰减曲线加以智能算法对趋势进行预测。

（4）数据的赋能 搭建工厂运营的数字化模型，利用实时的数据驱动，在虚拟环境中直观地体现工厂各个环节的运行状态，仿真模型与实时数据的联动是实现该功能的难点，如图 8-3 所示。

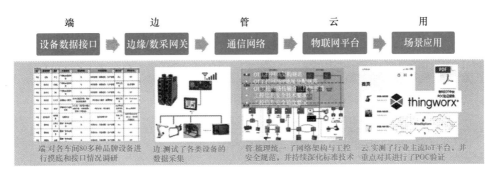

图 8-3　数据赋能图

3. 具体做法和实践经验

（1）确定项目实施架构图　确定开展智能制造业务的三条主线：纵向集成的生产制造"创新链"、端到端集成的生命周期"价值链"和横向集成的产供销"产业链"。具体内容如下：

1）纵向集成：随着客户需要的多样性，现有汽车 4S 店和销售公司进行销量预测的生产模式的弊端越来越突出，造成越来越多的供应商库存积压，带来巨大的成本浪费，因此急需改编为以需求驱动的生产模式，消费者订单直接汇总进入生产系统进行生产排产。

2）端到端集成：构建产品设计数字化平台，打通销售、研发和制造。

3）横向集成：打通产供销 OTD 链信息流，对生产和物流运输进行全程监控，建立智能制造驾驶舱，对涉及质量 Q、交期 D、成本 C 进行展示和分析，实现生产制造全过程透明、敏捷。

通过如图 8-4 所示架构，实现"研发、工艺、生产、物流与销售"各环节的无缝对接，实施的智能驾驶舱项目就是其中的一条主线横向集成的产销供"产业链"。

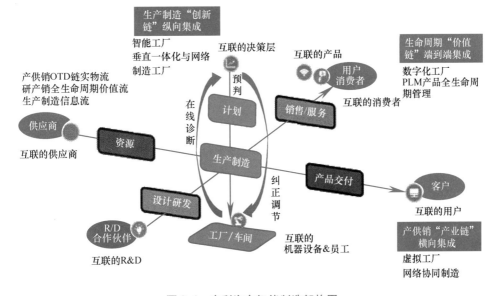

图 8-4　吉利汽车智能制造架构图

（2）项目推进方法　智能驾驶舱项目通过体系、标准、信息、系统、交互的规划原则，推进部署项目的整体落地，以驾驶舱的形式汇总、分析和整理工厂运营全价值链的数据，利用数据之间的内在联系，开发每条数据链的数据应用，如图8-5所示。

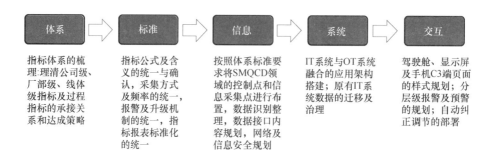

图8-5　智能驾驶舱项目整体推进逻辑图

（3）规划方法　为实现指标的智能管控，以管控地图的形式，对影响到关键和重要工位的过程指标进行分析，制定达成策略，并明确信息上传的路径和所使用的信息系统。从各信息系统中抓取、集成关键信息，呈现在管理驾驶舱上。进行分级管理，实现精准对标、质量预判、快速决策及响应，形成PDCA循环提升。其项目规划方法如图8-6所示。

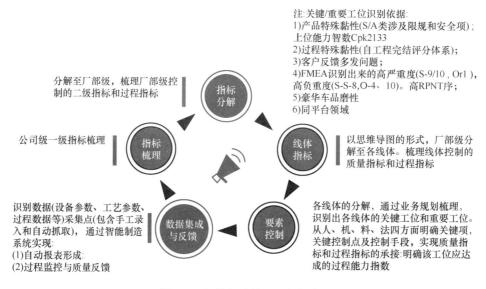

图8-6　智能驾驶舱项目规划方法

（4）指标梳理和智能制造课题识别　从公司执行系统入手，梳理QCD各领域指标（公司级、厂部级、线体级），以及各级指标的承接关系，并在集团内实现标准化。根据管控的要求定义各级指标的升级机制。为确保工厂的各级控制指标及管理指标能够细化分解（图8-7）并落实至生产工位，编制控制地图（布局与车间的实际生产线布局一致），对整个生产流程，以BOP为基础，基于豪华品质特性、特殊特性清单、同平台问题规避及市场问题进行关键工位与重点工位的识别，从4M要素（人、机、料、法）方面进行分析（见图8-8），制定指标达成策略及保证方案，并增加必要的系统/硬件/智能制造手段，实现对公司和厂部级指标和过程指标的承接，确保一、二级指标达成。根据识别的智能制造课题进行信息化布点，进而实现具体数据的采集。

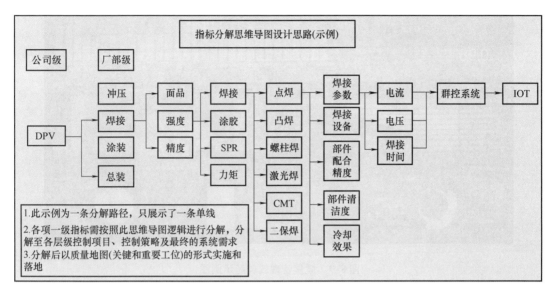

图 8-7 单车不良 DPV 指标分解图

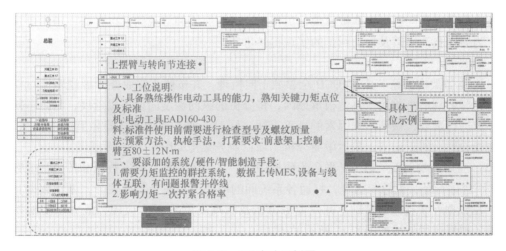

图 8-8 4M 方法示例图

（5）数据采集 依据控制地图信息化布点需求，按层级进行数据采集规划，形成设备数据采集清单、人工录入表单、系统数据治理清单等工作事项，进行设备接口数据需求开发、人工录入表单开发、系统数据治理方案的规划工作，共开发设备接口 80 余项，人工录入表单标准化开发 30 余项，系统数据治理 20 余项；同时为了满足数据的采集需求，OT 网络也进行了相应的变化，采用最新的网络架构，一网到底，做到设备直连入网。

（6）数据平台 针对生产制造及 OTD 数据特点，选取横纵两个数据平台，采用 IOT 平台对接生产制造数据，采用企业资源管理平台对接销售、生产、供应链、运输及存储数据。两平台既能够实现数据共享，又能够针对各自对应业务的运行做到顺畅执行（见图 8-9）。

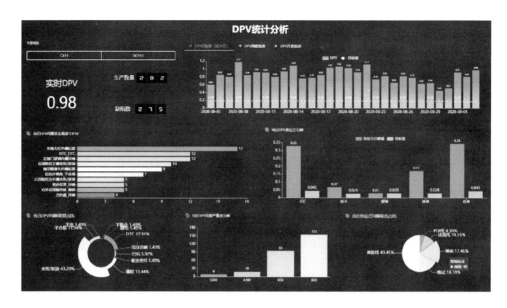

图 8-9　质量管理驾驶舱示例图

（7）数据应用开发　将驾驶舱与各层级管理者及工程师的日常工作内容进行结合，不仅呈现指标、发现问题，还模仿各层级人员的思维习惯去逐步钻取到问题发生的原因，同时给出解决方案。让问题更快地被发现，更快地追踪到原因和寻找到解决办法，进而更快地被处理，为后期自动决策及自动纠正的实现提供可能。

4. 创新性

（1）业务架构创新　从 SMQCD 全领域正向梳理，并按照正常业务开展逻辑进行模拟分解，直到分解到最小单元，直达根本原因，将分析的纵向深度向设备层延展，将原本割裂的数据环节进行融合，做到影响因素的真正直达；同时，业务架构的搭建做到事前数据预判、事中在线诊断、纠正调节，事后敏捷分析。项目业务架构如图 8-10 所示。

（2）应用架构创新　以 IoT 平台为数据中台，将设备数据、研发数据和传统系统数据放到 IoT 平台进行统一汇总与融合，打通各系统间的壁垒，实现全数据融合，做到数据互联互通[9]，在数据互联互通的基础上开发业务分析及管理决策的 APP 应用，最大限度地挖掘数据价值。项目应用架构如图 8-11 所示。

（3）技术创新　利用 IoT 平台作为数据中台，并结合边缘计算技术，分层级计算和汇总，并将管理决策与业务分析进行结合，将传统面向管理层的驾驶舱向基层员工延展，不仅反映出问题是什么，更能够快速分析问题出在哪里，并且给出如何进行纠正调节的建议，帮助各层级用户做到快速发现问题、迅速解决问题，以及相应闭环的追踪，不断提升问题响应速度，同时利用多种智能算法对趋势进行预测分析，做到提前处理、闲时处理，不仅降低了制造成本，还能够提升运营效率。

另外，智能驾驶舱将系统数据与虚拟环境打通，可以将现场状态直观地反映到仿真模型中，并通过系统将仿真页面进行集成，真正做到虚实同步，辅助业务人员快速聚焦问题。

第八章 汽车领域智能制造发展报告

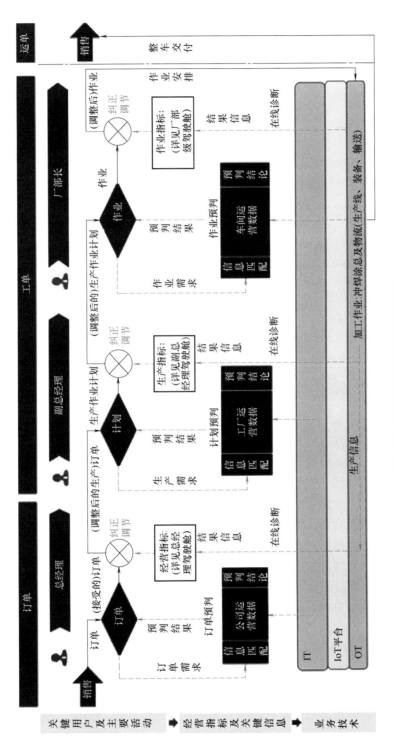

图 8-10 智能驾驶舱项目业务架构图

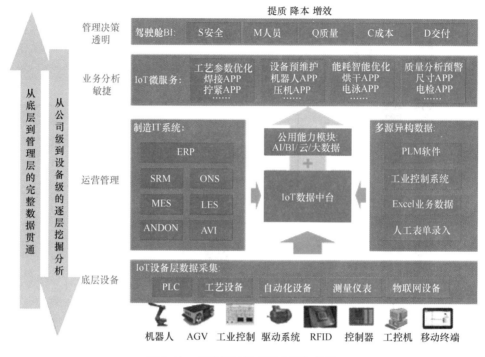

图 8-11 智能驾驶舱项目应用架构图

二、上海德梅柯虚拟调试技术在焊装车间的应用

1. 应用概况

汽车产业近年来快速发展且产品升级换代周期逐步缩短，越来越多的数字化工作将在前期完成以减少现场工作，虚拟调试技术是在计算机虚拟环境中，应用数字化虚拟技术对整个生产过程进行仿真、评估和优化，对制造工艺和工厂在真正建设之前进行"演练"和优化，从而降低投资成本、减少建设和投产时间，以及缩短产品上市周期。当前，虚拟调试技术已在国内汽车自主品牌及合资品牌工厂项目中得到应用。

上海德梅柯汽车装备制造有限公司将虚拟调试技术应用于焊装车间，其电气部门输出的PLC 程序和机器人仿真部门输出的机器人离线程序，可以运用电脑进行虚拟联调；机器人仿真部门输出的机器人离线程序和机械设计部门输出的焊装夹具，也可以运用电脑进行虚拟联调。因此，在虚拟调试阶段，能够预先发现设计问题并得到及时解决，从而提高调试质量，缩短现场调试时间，降低调试成本和调试现场工作人员的工作强度。

2. 解决的技术难点或热点问题

传统调试方式是基于可编程逻辑控制器的自动化技术，现场调试时间非常漫长，由于较长的现场调试时间带来了生产上的损失，也推迟了新品的上市时间。虚拟调试技术解决了这一技术难题，通过虚拟技术创建出物理制造环境的数字复制品，以用于测试和验证产品设计的合理性。

在车身项目中既有新制白车身生产线，也有改造生产线。改造生产线的难度非常大，由于客户往往只会给 7~10 天的时间来完成新车型的导入以及旧车型的复线工作；一旦改造过程中出现 PLC 程序出错导致夹具和抓手相撞、机器人和钢结构立柱相撞等突发情况，会给现场调试人员带来非常大的工作压力。如果无法按时改造完毕生产线，无法及时交付将会给客户带来巨大的损失，即使只有 1 天延迟，也将给客户造成大约 1.2 亿元的营业额损失。

3. 具体做法与经验

目前，虚拟调试技术在全球范围整车厂还没有形成各自的规范，但德系合资品牌召开的线体集成商大会上已开始讨论虚拟调试技术如何在未来工厂项目中实施的问题。目前，国产化奔驰汽车明确要求集成商在项目中使用 Winmod 和 RobSim 进行虚拟调试，BMW 也明确要求集成商在他们的项目中使用 Process Simulate 进行虚拟调试。基于 Winmod 和 RobSim 的虚拟调试系统架构图和侧围线的平面布置图分别如图 8-12 所示。

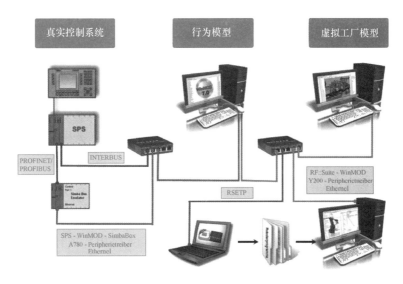

图 8-12　基于 Winmod 和 RobSim 的虚拟调试系统架构图

（1）现场调试风险大幅规避　在设计阶段，提前发现机械干涉结构或动作，如图 8-13 所示，以及编制程序中的漏洞或错误，可有效避免现场遭遇机械撞机或者逻辑动作不对等时序问题，虽然在虚拟调试过程中可能产生大量整改工作，但是降低了后期实际调试过程的风险和成本，节约了调试时间。

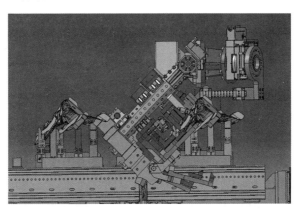

图 8-13　虚拟调试过程发现机械干涉问题

（2）使用虚拟调试人员亲历感受（见表 8-1）

表 8-1　虚拟调试与传统调试人员感受对比

序号	事项	虚拟调试	传统调试
1	焊点垂直度	只需验证一次	大量反复重复性工作
2	人员强度	一般，比较轻松	经常加班、非常辛苦
3	涉及人员	ROBOT	ROBOT、钳工、电气、设计、工艺
4	焊接质量	高效	漫长的调整优化

（3）实施成效　使用虚拟调试后，大大提高了车身质量，缩短了项目进度，节约了人力资源。在 MTO 阶段结束时，侧围车身焊接质量达到 94.3%，远超客户此阶段要求的 85%；项目进度比原计划提前 12 天；项目整体时间缩短使效率得以很大提高，并且增大了人员利用率，工时节省率达到 29.69%。

4. 创新性

上海德梅柯采用虚拟调试技术替代传统调试方式，实现了电气部门输出的 PLC 程序、机器人仿真部门输出的机器人离线程序、机械设计部门输出的焊装夹具三者之间的虚拟联调，在虚拟调试阶段预先发现问题并得到修正，达到降低成本、缩短现场调试时间的调试目的。

三、长安汽车智能柔性高速冲压新模式应用

1. 应用概况

长安汽车实施的"长安汽车智能柔性高速冲压新模式应用"项目，采用智能化设备、数字化仿真、生产信息集成等先进技术，搭建了汽车生产线信息化、智能化的系统架构平台，实现生产线底层物联网与上层管理系统（MES、ERP 等）的互联互通，填补了企业上层管理和现场自动化制造之间的信息断层；应用 PDM/CAD/CAE 协同设计，缩短冲压工艺设计制造时间；实施车间、物流虚拟仿真验证，提高工艺流程设计和生产计划管理准确率；建设冲压车间制造执行管理系统、BI、SCADA 等信息化平台，大幅提升长安汽车冲压工艺智能制造水平。

2. 解决的技术难点或热点问题

1）开展数字化工艺设计，在进行各项仿真工作时，数据大部分为经验值，准确仿真的可靠性不高，需要有大量的基础数据作为支撑。因此收集了长安汽车生产现场的实际运行参数，并通过多次仿真对比，建立了长安汽车的资源库。

2）搭建车间"物联网"数据集成平台。规范生产设备接口、规范数据采集规则、统一数据通信协议，建成兼容性好、可扩展的数据集成平台。其主要技术难点在于冲压车间内的生产数据种类繁多，尤其是车间内各种单体设备的数据封闭性，对实现全数据采集是极大的挑战；而打破不同设备与控制系统间的数据隔离，通过远程终端控制系统全面采集数据以取代人工录入的方式，在数据采集方面可有效地减少 70% 人力资源，保证 95% 以上的数据覆盖率及数据准确性，并将系统响应时间控制在 2s 以内。

3）安全可控的超高频 RFID 技术在复杂金属环境下的远距离读写应用。在车间开放式生产环境和物流中，采用 RFID 技术实现盛具、托盘的物流跟踪，在移动状态下保证 98% 以

上的正确读写率。稳定且高水平的 RFID 读写正确率，是冲压车间实现"物联网"信息全采集的基本保证。

4）生产业务对象的抽象化，包括现场生产因素的基本元素数字化、设备功能的模块化、生产管理逻辑的数字化，以及用于管理分析和决策的数学算法。

5）冲压智能检测系统在提升冲压产品质量、降低产品返修率和提升模具寿命等方面，需要大量的时间验证。尤其是在确定稳定生产过程中的阈值方面，如顶杆、平衡块的受力、模具温度等，需要大量的冲压实践数据，并且需要与现场冲压产品质量相匹配。

6）工厂能源管理系统是全新的能源管理系统，暂无数据积累，而能耗分析模型的建立，尤其是四大工艺车间能耗分析模型的建立，需要大量的数据积累作为模型建立的依据；能源管理系统需要对整个工厂的能源数据进行分级采集，需要与车间级制造执行系统、工厂级 MES 系统、设备管理系统等信息化系统建立接口进行数据交互，采集相关数据来完成能耗分析和管理，由于各系统的集成商不同，数据存储格式不同，从而使后期协调的难度加大。

3. 具体做法和实践经验

在"互联网+"时代下制造业的大环境下，长安汽车以智能制造的发展战略为牵引，在智能化工厂、智能化产品、智能新模式、智能化管理、智能化服务五大领域全面推进智能制造工作。产品设计采用平台化开发的新模式，以市场需求为导向，采用智能化柔性生产线实现长安 C301、S201、V301 等节能与新能源车型的柔性智能生产。本项目智能制造总体构架如图 8-14 所示。

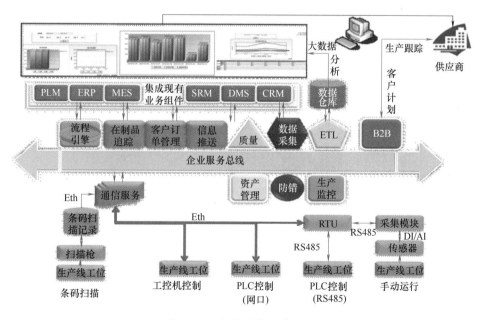

图 8-14　智能制造设计总图

基于上述的智能制造总体框架，长安汽车智能柔性高速冲压生产线以压力机多连杆节能机构、高速传输、通用端拾器匹配、生产线与立体仓库、模具、端拾器智能匹配应用等优势装备为重点，积极采用自动控制技术、网络技术、数字技术对产品进行技术改造，提升装备的自动化、信息化、数字化水平,推动冲压装备加快向智能化、高端化转变。项目以高效设计、精益生产、快速交付为管理基础,以数字化、网络化、智能化、柔性化制造为核心,以可集成、快速反应、快速交付的管理流程和业务运营管理平台为特征,整合企业计划、采购、生产、销售、物流等各环节,集成企业内部及内部与外部之间各个信息系统,实现信息的及时传递与交互,打造高效协同的汽车制造供应体系。采用的智能制造手段主要包括以下七个方面。

(1) 建设鱼嘴乘用车基地智能柔性高速冲压生产线 以鱼嘴乘用车基地冲压生产线建设项目为载体,通过平台化冲压能力设计、全自动化高速冲压线、高参数自动化立体端拾器仓库、智能生产信息管理系统等关键技术的应用,建设智能、柔性、高速冲压生产线,为长安汽车智能柔性高速冲压新模式应用提供了研究和实施载体。

(2) 建设冲压车间智能制造执行系统 智能生产信息系统包括整线控制系统、设备监控系统、质量管理系统、物流监控及生产智能排程系统、生产防错系统、工艺参数监控系统及SCADA数据采集集成平台。通过车间智能制造执行系统的建设,解决底层自动化设备间、上层各系统间(如MES、PMC、MQS等)的互联互通,以及设备参数、工艺参数、质量信息、生产过程数据全面采集。开发工艺参数、设备运行状态、生产计划状态、质量大数据分析优化模型,以支持工艺、质量、生产管理的持续优化,形成产品内部执行代码解析、工装字段定义、冲压设备数据采集及管理等内容的创新应用。冲压车间智能制造执行系统功能结构如图8-15所示。

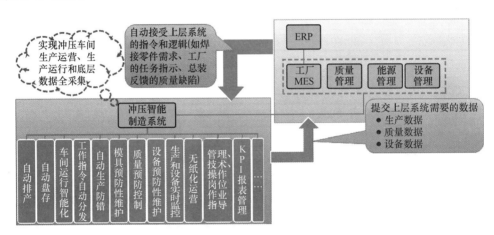

图8-15 冲压车间智能制造执行系统

(3) 冲压车间制造执行系统结构和数据集成方案 车间网络包括三层网络结构:车间办公网络、车间设备控制网络(主要是工业以太网,少数不支持工业以太网的设备用现场总线连接)和车间数据采集网络。三层网络结构在网络硬件上相互独立,通过交换机和核心PLC相互连接。车间办公网络采用标准TCP/IP协议,负责连通车间管理层的服务器、数据库、上层企业级管理应用系统(ERP、MES、PLM等),以及车间现场其他由PC控制的设备(三坐标或其他质检设备);车间设备控制网络采用工业以太网协议,组成区域环网结构,负责连通现场设备的控制器、设备通信模块、网关等;为避免干扰设备控制信号,单独建设车间数据采集网络,数据采集网络采用星型结构,将自动化子系统的设备控制器、离散仪器仪表、传感器、网关等连入核心 PLC，再通过核心 PLC 与车间管理系统连接。

（4）冲压车间制造执行系统功能方案　开放式物流跟踪管理方案实现板料和零件库存的实时监控，采用 RFID 技术对板料托盘进行跟踪。根据 RFID 物流监控管理获取的零件库存和板料库存、上游 MES 系统提供的零件拉动需求、生产监控系统计算的平均生产能力、设备管理系统提供的工装可用资源，通过系统服务器综合计算当前的生产任务和原材料采购需求，实现拉动式智能生产排程和原材料需求拉动。现场业务协同指挥和生产防错系统根据自动排程的生产任务，通过现场 LED 屏幕、客户端或广播，指导生产线工艺设备、叉车、操作员等进行相应作业。设备和工装监控管理利用 SCADA 数据采集集成平台，系统自动从压力机、机械手、试模压力机、立体库房、废料输送线等自动化设备控制系统中实时采集设备的状态信息、生产信息、异常报警信息，以及每条生产线的启停状况、生产零件类型及数量、报警信息代码等。

（5）冲压数字化工艺设计和虚拟仿真　通过数字化设计软件及贯穿工艺全过程的 3D 数字化设计模式，形成长安汽车特有的数字化工艺设计体系，对汽车生产制造过程和生产布局方案进行仿真和优化，确保生产工艺最优、设备利用率最高、工厂运行状态最稳定和产品质量最可靠，实现 3D 工厂的建设目标。对标行业应用情况，大众、通用等汽车企业已应用该技术，长安汽车借助规划软件的技术资源，通过业务流程的融合和优化，实现该规划系统的建设目标。数字化工厂平台规划如图 8-16 所示。

（6）冲压模具生产智能检测系统　围绕冲压模具上关键检测项的检测需求，开发相应的智能检测系统，包括硬件系统和软件系统两大部分，其中硬件系统主要是对冲压模具上的各种传感器数据进行采集，软件系统是对冲压模具上各种压力数据及温度数据进行实时的采集、监控和分析，保障生产过程的正常进行并及时发现问题。

（7）能源管理系统　能源管理系统软件平台通过对工厂各区域（四大车间、公用站房、食堂、资料间、试制车间等）大量能源数据（水、电、压缩空气、天然气）的采集，实现对能源波动、能源质量等全方位的监视（画面展示、历史记录、事故报警等）和能耗分析（能源实绩、能流分析、成本计划、平衡优化等），并依靠成熟的软件监控平台和软件系统平台进行数据的展示和分析，最终达到节省能源、控制消耗、成本核算和 KPI 指标制定的信息化管理的目的。能源管理系统层级如图 8-17 所示。

公用设备、能源仪表分布在工厂各区域，由区域 PLC 采集数据并归类；工厂控制网按区域网络需求进行布线，采集各区域 PLC 及其他信息化系统的数据并传输到工厂办公网；服务器上的能源管理系统平台通过工厂办公网对采集的数据进行存储和加工，根据用户需求生成各类展示画面、报警记录及提示、历史记录、能源实绩、能流分析、成本计划、平衡优化和管理建议等。

4. 创新性

1）研发生产线控制系统，将通信、程序、HMI 相关的软件编制成通用模块，硬件和通信接口进行标准化，不同工艺段调用已编制好的模块或者硬件搭建使用自有标准，从而提高研发效率、降低误差。

2）开启工艺设计 3D 模式，实现工艺与产品、供应商的 3D 在线协同设计。利用 3D 工艺规划系统，打通产品-工艺数据平台，在相同的工艺平台上进行生产线数据发包与信息交付，高效、准确地进行在线协同设计。

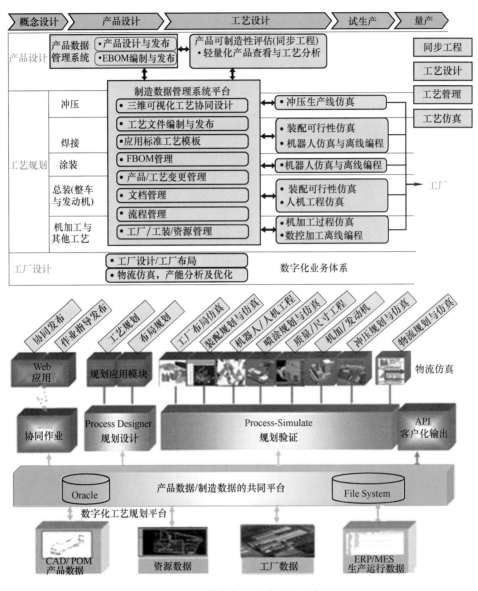

图 8-16 数字化工厂体系和平台

3）3D 运动干涉仿真分析。采用 PLS（Plant Logistic Simulation）仿真软件建立生产线，提前匹配冲压线与模具，拟合干涉曲线，实现数字仿真冲压自动化，减少模具调试时间、消除产能瓶颈。

4）研制标准化、通用化托盘，提升板材更换效率、减少投资成本、保证托盘重复定位精度。

5）端拾器、模具采用自动更换方式，减轻工人的劳动强度，提升生产效率。

6）突破整线封闭技术，实现整线采用全封闭隔离，减少噪声污染，提高工人操作效率；减少粉尘污染，保证产品质量。

7）采用双臂自动化传输系统，提升零件生产效率，达到 10~15SPM 的高速节拍。

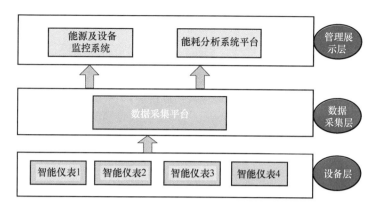

图 8-17 能源管理系统层级

8)开放大型压力机设备内部控制数据,冲压生产线融入车间物联网,打破传统生产线信息孤岛、必须人工值守的状况。

9)首次将冲压生产的管理系统集成到汽车整车工厂的智能制造管理系统结构中,改变了冲压生产在汽车工厂内部形同供应商的管理模式。实现冲压由库房积压的推式生产转变为整车生产计划的拉动排产,进而带动对企业外围钢板原材料需求的信息化拉动,打通了冲压生产与后续焊涂总工艺的信息流链路,使产品信息逆向可追溯性反馈延伸到白车身零件。

10)首次采用模具冲压智能检测系统,实现模具在冲压过程中的实时监控、冲压过程的可视化、冲压生产过程中模具损坏的提前预警及规避,并通过设置阈值的方式来设定模具的维修时间,将生产经验理论化。

11)能源管理系统根据工艺特点和设备特性进行车间级的能源布点,冲压和涂装车间的能源布点细化到单台设备的电和压缩空气,焊接和总装车间布点细化到线体和区域,以实现整个工厂的能源消耗统计;并首次引入单车能耗报表、能源消耗预测报表、能流分析等多种分析模型进行能耗分析管理。

第五节 发展趋势

一、个性化定制作为企业的核心竞争力成为发展重点

个性化定制将成为汽车制造企业的新型竞争力。个性化定制具有能满足客户的特殊需求、增强客户黏性、提升客户体验等优点,汽车制造企业纷纷开展个性化定制的实践,呈现出离消费者越近且技术门槛越低的产业,个性化定制发展程度越深的趋势,其发展程度可大致分为三个阶段:模块定制,提供个性化配置选装包,各选装包之间具有联动、互斥机制,以保证整体协调与美观度;众创定制,将用户需求转化为工程模块,通过模块研发和配置满足个性化需求,满足用户在外观、智能、健康方面的需求,开放用户配置化产生自己需求的产品;专属定制,按照用户自己的想法制作专属产品。定制化生产和产品追溯将成为智能制造的新业态新模式;管理实现智能化需要在生产管理及物流管理等领域结合人工智能等实现机器赋能[10],提升管理效率。

二、产品种类的激增将触发柔性产线的刚性需求

汽车和电子产业的产品种类数量增长迅猛，如何基于原有产线和产能，实现多品种混线生产成为汽车企业的部署方向。响应市场需求，搭建智能制造系统，通过高度柔性生产，实现快速、准确地满足消费者对产品的个性化、定制化需求是汽车产业未来重要的发展方向。为满足客户需求，实现多品种、小批量的生产节奏，就必然要大幅提升自身的产品创新能力、快速交货能力以及连续补货能力。引入柔性机器人，应用于布局紧凑、精度度高的汽车柔性化生产线建设，根据市场需求调整或关闭生产线数量，从而节约能源和减少用人数量。通用汽车的标准化柔性生产线，是基于标准化小型高精度定位台车、高精度定位机器人和标准工位的夹具系统构成的柔性总装生产线。北京奔驰柔性化输送链系统基于车身与底盘的自动运行体系，实现多种车型发动机、底盘与车身合装的精准定位和自动合装。

三、大数据平台将成为智能决策的重要依据

工业大数据将成为智能制造和工业互联网发展的核心[11]。在汽车领域中，工业网络、数据采集和分析等不断地推广应用，也相继地扩大了工业数据的作用，工业大数据正在由理念角度偏向实践方向转变，包括工业大数据云计算的价值以及工业大数据多样化的工业应用生态等。为帮助企业完成满足客户需求、生产系统、商业模式、决策模式的转变，就需要企业构建包括采集、分析、转化、反馈等环节在内的精准数据流闭环。

建立数据中心平台，主要包含数据资源管理平台、企业服务总线、数据抽取工具、支撑数据存储的数据存储库和实现数据应用的报表分析工具等内容。另外，基于云平台的技术基础，企业能够实施相关分析计算，即流计算、Hadoop 等，达到科学、合理地分析处理数据的效果。对于所挖掘以及分析的工业大数据结果，在企业的研发设计、生产制造、管理、供应链等过程中应用诸多。在研发设计环节，实现工艺管理的不断优化、健全和完善；在生产制造过程中，能够完成诊断和维护设备、智能生产以及优化产品质量、个性化定制等；在管理服务环节，可以进行监测和维护产品；在供应链阶段，能够达到全局优化供应链的效果。

四、5G 推进智能制造步入成熟阶段

随着高速无线局域网技术发展和标准的逐渐成熟，在车辆高速运行时，车与车、车与路之间可建立起稳定的通信链路，为汽车互联化提供了应用场景。各大汽车制造商、零部件制造商和通信设备制造商联手开发以车与车之间信息交互为主的系统，欧洲和美国还把专业短程通信技术与 4G 及未来的 5G 技术进行融合设计[12]，在网络管理层实现统一协调。5G 与 4G 相比，具有更高的单位面积移动数据流量、更高的数据传输速率，缩短端到端传输的时延，大幅增加联网设备的数量。5G 一旦实现工业领域应用，将成为支撑智能制造转型的关键使能技术，将分布广泛、零散的人、机器和设备全部连接起来，构建统一的互联网络，帮助制造企业摆脱以往无线网络技术较为混乱的应用状态，推动制造企业迈向"万物互联、万物可控"的智能制造成熟阶段[13]。此外，一些互联网企业也在研究互联网汽车，将汽车与互联网操作系统、大数据、通信、导航、多媒体等信息，汽车集团车辆信息和整车/零部件服务信息进行线上线下整合，为用户提供智慧出行。

第六节 措施建议

工业化、信息化深度融合已成为全球制造业未来发展的趋势,欧美国家将发展智能制造作为打造国际竞争新优势的核心内容,我国也将智能制造作为推进两化深度融合的主攻方向和抢占新一轮产业竞争制高点的重要手段。汽车产业作为我国国民经济的重要产业,近年来快速发展的同时也必须看到自身的短板与劣势,利用智能制造技术提升汽车企业的管理水平与产品质量,才能够有效保证汽车企业在激烈的市场竞争中处于不败之地。

一、加强新型基础设施的部署和应用

大力推动工业互联网、云平台、5G通信、物联网等新型基础设施在汽车制造业的部署和应用,为智能制造技术提供网络基础。同时,通过新型基础设施的部署和应用推进汽车企业的智能化改造,形成良性互动。

推进建设具有汽车行业特色的智能化云平台,开发智能系统服务共性技术,集成云化业务应用系统,打造云、边、端一体化的协同计算体系。探索在有条件的整车、零部件企业实现5G无线覆盖,加快制造业场景下的5G部署与创新应用;提升汽车企业工业互联网大数据资源管理能力,鼓励开展企业内网和外网的升级改造。在智能化改造过程中,注重推进行业工业互联网平台建设,支持企业与第三方机构合作共建企业级平台,形成企业智能化改造的网络解决方案。

二、汽车工业软件与创新

随着我国经济的快速发展和两化融合的推进,给国外工业软件提供了占领市场的契机,国内自主软件则步步后退,尤其是在CAE领域溃不成军。当"工业4.0"变成德国的国家名片,智能制造技术被放到前所未有高度的时候,需重新认识到核心工业软件变得越来越重要。

伴随着数字化、网络化和智能化的深入发展,中国正在向智能制造迅速转型。中国制造业急需发展自主核心工业软件,发展自主的CAD/CAE软件。建立支持不同软件或应用系统的产品信息描述和交换标准,以实现产品模型数据的共享,从而实现产品设计的信息集成,这是汽车制造行业亟待突破的重要领域。

三、加速培育智能制造系统解决方案供应商

加快培育汽车行业智能制造系统解决方案供应商,强化供给侧支撑服务能力。支持供应商提升能力水平,创新服务模式,为汽车制造行业用户提供涵盖咨询规划、方案设计、集成应用和运维迭代的全生命周期解决方案服务。

鼓励供应商紧密结合整车和零部件制造的行业特点,在软件开发、工艺优化、装备研制、系统集成等各个环节,深化信息技术与制造工艺的融合,形成具有行业共性的解决方案,为用户提供专业化、定制化服务。

四、加快智能制造趋势下的高技能人才培养

面对国内汽车市场激烈的竞争和消费者对汽车产品的消费升级,以及汽车产品在智能

化、电动化、网联化快速发展的趋势,汽车行业对复合型智能制造人才需求增多。

在高校人才培养方面,支持高等院校、职业院校设立汽车专业智能制造相关课程,加强复合型人才的培养;在企业人才培养方面,鼓励汽车生产企业重视员工在智能制造技术方面的培训力度,通过理论培训与项目实践并举,快速培养智能制造紧缺人才;在行业交流方面,围绕汽车行业智能制造试点示范项目,举办技术交流和推广活动,加快汽车行业人才队伍成长。

参考文献

[1] 星云海. ERP 系统能给汽车行业带来什么效应?[R/OL].(2019-04-29)[2020-08-15]. https://www.sohu.com/a/310999136_100186153.

[2] 王赫明. 外资对中国汽车产业的影响及策略[J]. 金卡工程,2009(04).

[3] 黄俊,郭耿轩,刘敏,等. 动态能力视阈下我国汽车制造企业智能化转型升级路径研究——对3家本土自主品牌车企的跨案例探讨[J]. 科技进步与对策,2018,35(23):127-135.

[4] 陶永,王田苗,刘辉,等. 智能机器人研究现状及发展趋势的思考与建议[J]. 高技术通讯,2019,29(02):149-163.

[5] 韩哲. 基于大数据的计算机安全性分析[J]. 计算机产品与流通,2020(03):170-171.

[6] 胡晓. 智能汽车信息安全问题探讨[J]. 财富时代,2020(05):28-29.

[7] 王媛媛,宗伟. 第三次工业革命背景下推进我国智能制造业发展问题研究[J]. 亚太经济,2016(05):120-126.

[8] 袁莉莉,袁晓伟,韦安垒. 物联网和区块链在智能工厂中的应用[J]. 信息安全与技术,2020,11(01):91-97.

[9] 张洁,高亮,秦威,等. 大数据驱动的智能车间运行分析与决策方法体系[J]. 计算机集成制造系统,2016,22(05):1220-1228.

[10] 孔凡国,俞雯潇. 智能制造发展现状及趋势[J]. 机械工程师,2020(04):4-7.

[11] 我国智能制造产业发展的新趋势[J]. 经济导刊,2020(Z1):3.

[12] 宋嘉,薛健,吕娜. 智能制造在5G环境下的发展趋势研究[J]. 中国新技术新产品,2019(20):107-108.

[13] 方凯正,朱成,刘頔. 5G技术在汽车产业中的创新应用研究[J]. 科技与创新,2020(06):148-149.

编撰组组长:闫建来
编撰组成员:刘来超 许浩 李瑞方 周军 张洋 王坤 姜旭东 付建林
审 稿 专 家:佟成秋 艾超

第九章

农业装备领域智能制造发展报告

我国是一个农业大国,农业是国民经济的基础,农业现代化的根本出路在于农机现代化[1]。智能农业装备代表着农业先进生产力,是改善生产条件达到精耕细作、转变发展方式、降低生产成本、增强综合生产能力的关键,也是不断提高劳动生产率、土地产出率、资源利用率的重要工具。智能农业装备作为现代农业发展的战略物质基础,也是国际农业装备产业技术竞争焦点。

当前我国农业面临"地板"上升、"天花板"下压、资源亮"红灯"的困境,传统生产模式难以为继,亟需转变发展方式,走出产出高效、产品安全、资源节约、环境友好的发展道路[2]。农机装备领域应以制造强国战略、"农机装备发展行动方案(2016—2025)"战略为契机,以创新实现突破,加快发展农业装备智能制造,通过产业结构优化实现适应经济新常态的战略性调整,为农机行业注入新的动能,实现中国农机由制造大国到制造强国的跨越。

第一节 发展概况

现阶段,我国农业生产面临严峻的资源环境约束和经济发展方式转型的双重压力,农机行业已经从高速增长转向低速增长,从结构不合理转向结构优化升级,从要素驱动、产业资本与金融资本投资驱动转向创新驱动,从隐含风险转向面临多种挑战。

一、行业基本情况

1. 国际竞争压力大,关键装备仍需进口

当前,国际资本正加速进入我国,约翰迪尔、凯斯纽荷兰、马恒达、爱科等正在加快对我国优质农机企业的并购步伐,爱科、格兰、雷肯、格力莫等已在我国建厂,全球5大农机巨头全部在中国落户,给我国农机行业带来了巨大的行业竞争压力。我国智能农业装备总体上与国际先进水平还有一定差距,农业传感器、大马力农业装备、多光谱成像系统、畜牧智能化装备等重要农业装备产品与技术对国外产品与技术的依赖程度较大,中高档传感器几乎完全依赖进口,大马力农机核心技术主要依赖进口,农林勘测使用较多的光谱成像系统多从美国、瑞士等国进口,大型畜牧企业的智能装备大多采用整机进口或核心部件进口。这对我国农业企业长期发展与我国农业科技水平提升都产生了不利影响。

2. 行业增长创新低，国内竞争态势加剧

据国家统计局数据，2019 年 1～11 月，我国农机行业业务收入 2191.51 亿元，比 2018 年同期增长 0.06%，这是历年来最低的增速，创下新低，如图 9-1 所示。从 2019 年初开始，农机行业增速就出现了非常罕见的持续性下跌。这预示着行业发展所面临的环境更为复杂，不确定因素增加，促使国内农机行业竞争态势不断加剧[4]。

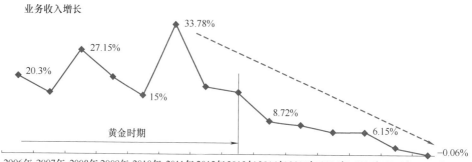

图 9-1 我国农机行业增长状况

资料来源：中国农业机械工业协会及其历年《中国农业机械工业年鉴》

（1）大企业经营困难，新势力强势崛起 由于规模大、人员多、管理成本高等因素的影响，大企业在市场低谷中掉头难、经营更困难。2019 年，这种现象表现得更加突出，骨干企业亏损面增加。而一些新兴的企业，利用社会化配套资源、灵活的营销策略以及细分市场的专业优势，迅速崛起。

（2）规模企业减少，行业洗牌加剧 据中国农业机械工业协会统计，2019 年全国规模以上农机企业数量同比减少 340 多家，大批企业关门停产或半停产。市场竞争也已经陷入红海拼杀阶段，很多企业受到冲击甚至引发生存危机，行业格局重构不可避免。

3. 产业转型升级加快，创新研究依然乏力

自 2018 年 12 月 29 日《国务院关于加快推进农业机械化和农机装备产业转型升级的指导意见》（国发〔2018〕42 号）发布以来，各地相继制定了《关于加快推进农业机械化和农机装备产业转型升级的实施意见》，明确了推进本地农机化和农机产业转型升级工作的实现目标、主攻方向、工作重点、实现路径及保障措施。同时，农机购置补贴政策向绿色需求导向倾斜，对保护性耕作、残膜回收、秸秆处理、畜禽粪污资源化利用等机械装备，对丘陵山区、特色产业急需的农机新产品，实现应补尽补[5]。

基础研究薄弱、创新乏力依然是制约农机行业发展的关键因素之一，如图 9-2 所示，我国农机行业专利申请量排名前三均为外国企业。农机行业一直是利润率较低的行业，创新投入难以加大，行业平均研发投入低于 2%，导致创新能力不足，核心竞争力不强，共性核心技术难以重点攻克，企业作为创新主体地位不强，低端产能过剩，同质化竞争严重。

4. 传统产品下滑严重，智能农机装备受青睐

2019 年，多数农机产品产量下降，尤其是传统产品下滑严重，而采棉机、花生收获机、辣椒收获机、残膜回收机及畜禽处理设备等新产品呈现较好的增长。这一方面说明传统农机产品产能过剩、同质化竞争激烈，市场需求乏力；另一方面说明短板产品、薄弱环节农机装备是市场急需产品，全程全面机械化发展初见成效。

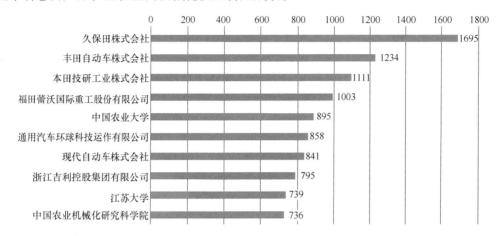

图 9-2　中国农机产业专利申请量排名

农机产品升级步伐加快，无人驾驶、自动换挡、变量施肥播种和远程控制等自动化技术得到应用，受到用户青睐，如图 9-3 所示。2019 年 4 月，200 台东方红 LX904 型自动驾驶拖拉机交付内蒙古通辽市科尔沁汇双利农机合作社，这是我国自动驾驶拖拉机首次大规模应用。10 月，在青岛中国国际农机展上，中联重科展出了人工智能小麦收割机、水稻收割机与植保机。另外，德邦大为公司的电驱云技术高性能免耕精量播种机也在中国国际农机展上亮相。

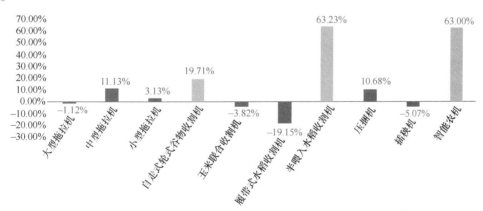

图 9-3　2019 年中国农机销售增长情况

二、发展特点及水平

1. 国家高度重视，政策逐步完善

2020 年中央 1 号文件《关于抓好"三农"领域重点工作，确保如期实现全面小康的意见》于 2 月 5 日正式发布，这是自 2004 年以来，中央 1 号文件连续 17 年聚焦"三农"问题。习近平总书记曾指出，要大力推进农业机械化、智能化，给农业现代化插上科技的翅膀。说明国家领导对农业、农机发展的高度重视。2020 年中央 1 号文件提出，"加快大中型、智能化、复合型农业机械研发和应用"。这对智能农机装备的发展是重大利好。首先在研发生产方面,国家相关部门及各地政府会部署相关的重大科技项目,支持智能农机关键核心技术、产品研发与生产,如智能传感器系统、智能收获系统、农田机器人及大数据平台等技术的研发,各种智能农机产品的研发与生产等。其次在推广应用方面,国家相关部门及各地政府,也会出台一系列相关政策措施,推进智能农机产品的落地应用。比如对于农机主机前装定位装置的补贴,购置补贴实施"三合一"模式,鼓励农机专业合作社、农场等经营主体对农业生产、农机设备运用大数据平台进行监控与管理等[6-7]。

2. 紧跟国际前沿,技术水平长足进步

"十三五"以来,我国智能化农业装备取得长足的进步,一批信息化、智能化应用基础和共性关键技术以及大型智能农用动力及多功能作业、变量精准作业、高效精量植保等重大智能化农业装备成果突破,加速了农业装备技术向信息化、智能化高端发展,使我国农机装备产品品种达到4000多种,自主农机产品市场供给能力达到90%以上,2019年农机工业规模总产值超过2600亿元,全国农作物耕种收综合机械化水平达到70%左右,全国农业机械总动力超过11亿千瓦,我国已成为世界农机制造和使用大国[8]。

农业装备信息化、智能化应用基础及关键共性技术研究取得重要进展。动植物生长信息感知、农业生产土壤及环境信息实时监测、农作物生产过程监测与水肥药精量控制施用、农机工况智能化监测等技术进展迅速,开发形成了植物叶绿素、蒸腾速率、温湿度、光照、CO_2气体等传感器,开发了土壤养分水分、播种量、作业深度、行走速度、喷药量、部件转速等传感控制系统,实现了试验应用,技术达到国际水平。

3. 装备种类多样化,广泛参与国际竞争

现代多功能作业装备智能化发展迅速。总线控制、GPS及北斗定位导航、机器视觉导航、激光远程控制技术、基于神经网络作业功率自适应控制等智能化技术应用日益广泛,突破了复式整地、深松监测、精量播种、变量施肥、精准施药、高效喷灌、收获智能控制等关键技术及装备,水稻精量直播机、高速移栽机、智能变量施肥播种机、高地隙及水田智能植保机、植保无人机、大型智能采棉机等一批智能化农业装备实现了应用,形成了适应不同生产规模的配套粮食全程作业的装备体系,技术延伸拓展应用于棉花、番茄、甘蔗、花生、马铃薯等优势经济作物环节装备,初步形成了智能化农业装备体系。

高端智能化农业装备广泛参与国际竞争。200马力级、300马力级大型拖拉机传动、电控等关键技术自主化水平不断提升,实现了产业化。400马力重型拖拉机实现了无级变速传动技术自主化研发,推进了我国重型拖拉机自主化。60行大型智能播种施肥机突破了远距离气流输送种肥、种肥分开侧深施、种肥深度准确控制、播种质量实时检测等关键技术,达到国际水平。10kg/s大喂入量智能谷物联合收割机达到世界主流技术水平,实现导航作业、在线测产、智能调控、故障诊断等功能。以大型农业装备智能化为引领,带动信息技术、智能化技术在中小型农业装备中推广应用,形成一批具有特点的信息化、智能化农业装备解决方案。

4. 装备体系纵深发展,产业链协同初步完善

我国农业机械化将向纵深发展,重点环节突破和全程突破齐头并进[9]。农业机械化重点从主粮作物向经济作物过渡,向实现覆盖更多作物的广域化方向发展,即全面化发展。目前我国种植业机械化水平处于较高水平,而畜牧业、渔业、农产品初加工、设施农业机械化水平较低，为此，国务院及各地方对此高度重视，制定了设施农业、畜牧养殖、水产养殖和农产品初加工机械化率发展目标，到 2025 年，我国设施农业、畜牧养殖、水产养殖和农产品初加工平均机械化率将达到 50%，处于中等水平。

农机装备全产业链协同发展[10-11]。低碳环控型温室、节能与绿色能源利用、环境调控及精细耕整地、精量播种、育苗嫁接、肥水一体化等高效生产技术及配套装备实现应用。新型养殖设施、环境调控、养殖数字化监控与远程管理、饲料营养加工及快速溯源与在线检定、个性化饲喂设备、养殖场废物环保处理等技术提升了猪、鸡、水产、奶牛养殖集约化、自动化、智能化水平，显著提升养殖综合生产效益。

农产品产地加工智能水平不断提升。以提升增值减损能力、能源利用效率和关键装备国产化为切入点，突破了能源高效利用、干燥、保质贮藏、品质检测、精选分级和包装等关键技术，太阳能高效集热与高效利用、热风与真空干燥、自然冷源高效利用等技术及装备应用促进了量大面广的果蔬产地干燥和预冷节能降耗；粮食、果蔬、棉花、禽蛋等农产品智能化检测分级和畜禽自动屠宰、称重分级成套装备技术及装备，进一步提升了农产品加工智能化水平。

三、农业装备智能制造发展概况

在当前工程设计从传统的数据资源密集型向知识信息密集型转化的背景下，新产品设计逐渐向智能化、集成化、虚拟化、网络化、全球化方向发展。以信息处理为主的智能化设计，能够满足多样化、定制化市场需求，避免大量重复工作，缩短研发周期，增强产品竞争力，已广泛应用于航空航天、汽车、船舶、机床等先进制造领域。

相比之下，农业机械产品设计的智能化程度与上述领域还存在较大差距。具体而言，农业机械产品具有种类繁多、作业环境复杂、工况多变、使用季节性强、配置需求多样、单产品市场需求规模小等特点，其智能化设计是一个知识密集的复杂过程，涉及机械设计、农机农艺、CAD/CAE/CAM（Computer Aided Design/Computer Aided Engineering/Computer Aided Manufacturing）、人工智能与知识融合、知识管理和网络协同仿真等多领域的技术和方法。近年来，国际农机企业间竞争愈发激烈，为提升产品研发效率，抢占市场先机，如约翰迪尔（John Deere）、凯斯纽荷兰（CNH）、爱科（AGCO）和久保田（Kubota）等国外知名企业应用各种自动化及信息技术手段，纷纷建立了以 PDM/PLM（Product Data Management/Product Lifecycle Management）为支撑的产品研发体系和知识积累平台。

虽然我国农业机械产量稳居世界第一，但国内企业正面临来自目标市场多层面竞争的严峻挑战。当前以跟踪和仿造国外产品为主的研发模式明显存在设计周期长、效率低、设计可靠性差等问题，导致企业核心技术自主知识产权水平普遍偏低，企业竞争力不强，单纯依靠国内农机补贴政策无法保证农机企业的可持续发展。中国制造强国战略明确指出，农业机械制造业发展的重点任务就是加强行业技术标准体系、行业信息化数据服务系统、行业试验检测能力、产品数字化设计平台建设，推动数字化、智能化、清洁生产、虚拟制造、网络制造、并行制造、模块化、快速资源重组技术的应用。《农业机械发展行动方案（2016—2025）》也明确要求，加强重点关键技术攻关，推动数字化、智能化等先进技术与农业机械制造技术的深度融合，促进我国由农机制造大国向制造强国转变，显著提高农业机械有效供给能力。

我国农业机械行业智能制造目前现状主要表现为：

（1）制造技术总体比较落后　当前我国农机制造行业在发展的过程中，其制造技术整体还比较落后。大部分企业在制造的过程中，仍然以传统制造技术为主，一些先进的制造技术和设备并没有得到普及应用。在生产过程中，各种中档和高档的数控机床利用率都比较低，这严重影响了农机制造质量和效率。

（2）先进制造技术无法得到充分应用　目前我国农机制造行业在发展的过程中，已经引进了大量先进的制造技术，可是受到企业自身实力和资金等各种因素的限制，这些先进制造技术却没有得到有效地应用，其功能并没有得到充分的发挥。

（3）成熟先进技术的应用不合理　我国农机制造行业在发展的过程中，相关技术人员也在加强对各种先进制造技术的研究与示范应用，虽然 CAD/CAE/CAM 等先进技术已经发展得十分成熟，但在实际应用的过程中却发现无法切实应用于农机生产制造中。在生产的过程中，还需要相关技术人员对操作人员进行技术培训才能使用，这会消耗大量的时间。

（4）自动化程度低　目前我国农机制造行业的自动化水平还比较低，很多智能化技术以及先进的自动化设备并没有得到普及，所使用的制造设备仍然比较落后，使得农机生产的效率和精度得不到提升。

第二节　实施进展

智能农业装备是集成了计算机、电子控制、通信技术、信息感知、人工智能等多种现代化信息技术的农业机械高新技术产品的统称，其主要特点是对各种传感器和通信技术的应用，结合各种人工智能算法，使农业机械产品更加智能化、智慧化，从而有力支撑现代农业的发展。

"十三五"期间及未来一段时期，我国农业装备产业处于由制造大国向制造强国、科技强国、质量强国转变的关键时期，立足国家战略及产业发展需求，准确把握全球科技及产业发展态势，深度融合新一代人工智能技术，瞄准竞争焦点，坚持目标导向与问题导向相结合，找准突破口和主攻方向，集中优势资源，重点突破智能感知、智能控制、智能决策、自主作业、智能管控五大关键技术，及其在高效栽植、精量播施、智能收获，以及精细饲养、畜产品自动采集、农产品智能加工等领域的研发应用，发展新一代智能农业装备。

一、智能农业装备关键技术进展

1. 智能感知技术

智能农业装备感知分为机外感知和机内感知。机外感知是指对农机作业环境和对象信息参数的感知，包括作物生长及其病虫草害信息感知、作业环境与障碍信息感知等。机内感知是指对农业装备自身的工作参数及作业状态参数的感知，包括农业装备共性状态参数感知、耕整机械作业参数感知、施肥播种机械作业参数感知、植保机械作业参数感知、收获机械作业参数感知等[12]。

（1）机外感知

1）作物生长及其病虫草害信息感知。叶绿素、氮素含量是作物生长的重要营养指标，直接决定了农产品产量和质量。在叶绿素含量检测研究方面，俄克拉荷马州立大学的

JONES 等使用多光谱成像传感器检测叶绿素含量和浓度，使用超声波传感器估算植被高度来提高叶绿素含量检测精度；爱达荷大学的 EITEL 等使用平板彩色扫描仪检测植物叶片叶绿素含量；德国慕尼黑工业大学的 BARESEL 等将光谱技术和数字图像处理技术结合用于叶绿素含量检测。国内，李民赞团队研究了基于近红外光谱技术的叶绿素含量检测方法；朱艳团队基于高光谱遥感特征进行小麦叶片含氮量检测、小麦氮素积累动态检测等技术研究。

在作物生长信息感知技术方面，目前叶绿素和氮素的光谱检测分析技术已相对成熟，离线手持式测量仪器已实现产品化，而车载叶绿素和氮素含量高精度实时在线快速检测是变量施肥和精准植保作业的关键，是亟待解决的难题。在农田病虫草害信息感知技术方面，作物病虫草害信息准确感知是精准变量靶向喷施和季节性病虫害预测预防的依据。自然环境下基于机器学习的车载高精度、快速作物病虫害识别技术是要攻克的难题。

2）作业环境与障碍信息感知技术。车载农田土壤信息感知是提高精准变量肥水施用生产率的有效手段。车载土壤信息获取包括土壤养分、水分、酸碱度、压实度等信息。车载土壤养分精确测量目前还没有成熟的手段，但国内外学者都对此进行了大量深入研究，如何勇团队利用土壤的光谱特征来检测土壤的有机质含量、含水率、氮磷含量、pH 值等信息；李民赞团队基于卤钨灯光源和多路光纤法设计了土壤全氮含量检测仪，基于近红外光谱信息对土壤参数进行实时分析，研发了车载式土壤电导率与机械阻力实时测量系统等。

在农田土壤信息感知技术方面，研发低功耗、低成本、小型化、无线通信土壤信息传感器，将土壤参数上传至云端，农业装备按需取用，实现闭环控制是未来的创新发展模式。在作业障碍信息感知技术方面，红外技术是检测人和动物的有效方法，超声与激光雷达测量范围大，对距离、速度检测精度高；三维雷达测量精度高，但成本也高；基于视觉、二维雷达组合的障碍物检测是较理想的方案，多传感融合是农田障碍感知的研究重点。

（2）机内感知

1）农业装备共性参数感知技术。农业装备机内共性参数包括发动机信息、动力输出信息、转矩信息、滑转率、姿态信息、安全隐患信息等。其中发动机信息、动力输出信息等可通过 CAN 总线按照 ISO 11783 协议读出，姿态信息一般可采用北斗模块和陀螺仪获得，而转矩信息、滑转率是农业装备共性参数检测的难点。未来农业装备机内共性参数感知的研究重点是转矩信息和车轮滑转率精确测量。

2）耕整机械作业参数感知技术。耕整机械的作业参数有姿态、压力、位置、深度等。实现深松作业的关键前提是耕整深度的准确检测。孟志军团队提出一种基于深松机组姿态估测的耕深检测方法。朱忠祥团队提出一种基于倾角传感器的自动测量农机具耕深的方法。苑严伟团队提出一种基于超声波测距传感器的悬挂式深松机耕深在线检测方法，实现了耕整机具姿态感知、耕整作业阻力感知、耕整深度感知。未来耕整机械的作业参数感知可以结合土壤信息感知技术，在耕整阶段全方位、多参数地感知土壤信息，建立土壤信息图，实现"一次感知，全过程使用"。

3）施肥播种机械作业参数感知技术。施肥播种机械的作业参数有种肥流速流量、播施深度等。施肥播种机械作业参数的准确感知是施肥播种机械精准自主作业的基础。目前施肥播种精量控制技术比较成熟，但在肥种流量检测方面，虽然有光电、电容等不同方法，但其精度不高，可靠性还有待进一步提高，应侧重于检测数据的智能处理方法以及创新感知原理形成新型传感器设计的研究。

4）植保机械作业参数感知技术。植保机械作业状态参数包括喷雾压力、喷雾流量、喷杆姿态等。目前已解决了传统植保机械容易出现的农药漏喷、不均匀和飘移等问题，但对于植保机械的作业参数感知研究较少，未来应研究液体肥料和农药的感知机理，解决传感器的抗腐蚀性和精度保持性问题。

5）收获机械作业参数感知技术。目前收获机械的作业参数传感原理已基本成熟，国外科乐收等机型也安装有成熟的水分、流量等传感器，国内缺乏成熟的产品，主要在于检测精度与可靠性不高，虽然多年来国内学者一直进行此方面的研究，但在精度、可靠性、算法模型等方面与实际应用还有差距。

2. 智能控制技术

（1）总线控制　多传感以及多智能控制单元是智能农机的一个显著特点，对此国际标准化组织制定了 ISO 11783 标准，详细规定了智能农机的控制系统网络整体架构。国内自 2017 年开始采用 ISO 11783 系列标准，颁布了 GB/T 35381—2017 系列标准。国内福田雷沃、中国一拖、五征集团、中联重机等主要农机公司开始采用 ISOBUS 系统。总线控制系统的研究热点集中在监控终端、主机和机具控制器方面。

（2）监控终端　监控终端是一个状态监控系统，实时显示农机的运行状态，ISO 11783 对监控终端的功能、界面布局等做了详细规定。国内农业装备主机企业一般使用配套公司的监控终端产品。其存在的主要问题是没有实现接口、功能和界面的标准化，没有互换性，不能实现不同企业农机和机具之间的互联互通，未来需要解决的问题是监控终端的标准化问题。

（3）主机和机具控制器　控制器是实现农业装备智能控制的核心部件。如何为用户提供开放的编程环境是目前农机控制器使用中的一个问题。目前的农业装备控制部分没有操作系统的概念，使用基于 Windows、Linux 的上位机程序，或者是基于 LabView 编写的界面来完成应该由操作系统完成的功能。未来应将操作系统纳入标准化的范畴，研究基于农机操作系统的云传输、云控制技术。

3. 智能决策技术

硬件是智能控制的躯体，决策是智能控制的大脑。决策和协同是保证智能农机高效、高精度及高品质作业的关键，主要技术包括变量作业决策技术、路径规划决策技术、多机协同作业技术。

（1）变量作业决策　农机变量作业决策是专家经验、农机动力学模型和人工智能的综合应用，国内在此方面研究较为深入，研究成果也较多。孟志军等开发了基于处方图的变量作业控制和辅助导航软件；魏新华团队设计了脉宽调制间歇喷雾变量喷施系统；苑严伟团队设计了变量配肥施肥机和小麦精量播种变量施肥机，开发了基于作业处方图的氮磷钾配比施肥决策支持系统；赵春江团队论述了基于空间信息的精准施药分析决策方法；刘成良团队研究了基于模糊系统的开度转速双变量施肥控制序列生成方法。今后变量作业决策的发展一方面是新模型算法的深入研究，另一方面是大数据、人工智能及云计算在变量决策方面的深入应用。

（2）路径规划决策　农业装备的作业路径规划是指必须满足相关农艺规范的要求，实现作业区域内不重、不漏前提下，对作业距离、时间、转弯次数、能耗等参数进行优化，寻找合理的行走路线，是农机无人驾驶与自主作业的不可或缺的环节。目前规则地块的全覆盖路径规划算法已经比较成熟，未来的研究方向是不规则地块及多障碍、多约束的全覆盖路径规划算法，解决主机和机具不同转弯半径时的自适应路径规划算法，以及绕过不同障碍物继续进行作业的路径规划算法。

(3) 多机协同作业　现代农机有两种不同发展方向，一是朝超大型化、复杂化方向发展；另一个方向是通过多台小型农机协同作业，提高生产效率。多机协同作业对具有严格的作业窗口期，例如要求抢种抢收的意义重大。多机协同是农机智能控制领域的新技术，目前主要侧重于领航-跟随协同算法的研究，而未来协同技术走向实用化除了领航-跟随协同算法，还需解决协同作业中单机异常诊断及队形恢复、跨区域空-地协同、云-端协同调度，农业装备集群协同作业管控平台技术，多农业装备集群协作云调度技术，分布式多机协同远程运维技术，人机伴行控制技术等。

4. 自主作业技术

(1) 定位导航技术　农业装备的自动定位与导航技术是实现农机自动驾驶的基础，研究重点包括位置定位、行线检测两方面。位置定位主要有 GNSS 定位技术和视觉定位技术。行线检测技术有激光法和视觉法两种，主要用来识别作物行，确定导航的基准线。目前农机卫星导航定位技术相对成熟，并得到了广泛应用，在高端农机中成为标配。而基于视觉和激光的行线检测目前是一种辅助手段，尤其是视觉行线检测的环境鲁棒性是影响其实际应用的重要因素。未来卫星定位与视觉导航结合将满足更多作业场景的需求。

(2) 辅助驾驶技术　目前农业装备的自动驾驶技术大多处于辅助驾驶阶段，辅助驾驶是传统驾驶到无人驾驶之间的过渡阶段，其特点是直线跟踪和地头转弯等行驶项目采用自动驾驶，机具控制等作业项目采用人工辅助，使操作员更专注于农机作业，有利于提高作业质量。农业装备辅助驾驶产品大部分属于后装系统，增加了精确跟踪及作业控制参数调整匹配的复杂性。

(3) 无人驾驶技术　无人驾驶是自动驾驶发展的最高阶段。发展无人驾驶的一个瓶颈是拖拉机的无级变速和动力换挡。无人驾驶的农业装备目前停留在概念机阶段，较为典型的没有驾驶室的无人驾驶拖拉机有凯斯公司的 Magnum 和一拖公司的"超级拖拉机 1 号"。但在未来的一段时间内，搭载辅助驾驶系统的农业装备仍旧是实际使用的主要产品，随着农业智能化的发展，越来越多的企业将推出更为成熟的、更加具有实用价值的无人驾驶拖拉机产品及其配套附件。

(4) 无人作业技术　农业装备的无人驾驶技术与智能机具技术相结合可实现农业装备的智能无人作业。目前农业装备的无人作业主要有三大瓶颈：①电液提升控制技术，传统的机具与主机的连接部分使用的是机械液压提升，以机械反馈提升器为主，不利于实现自动化和智能化控制；②智能机具技术，无人作业的实现不仅需要拖拉机主机实现无人驾驶，还需要机具实现无人操作，需要研究机具的智能决策控制等技术；③控制的鲁棒性，实现无人作业必须解决控制系统的鲁棒性问题，农业装备的作业环境是典型的非结构化环境，对农业装备控制系统的干扰因素多样且复杂，需要解决农业装备的侧滑补偿、滑移控制等技术来提高控制系统的鲁棒性。

5. 智能农机系统

未来智能农机系统是集智能农业装备、云端智慧、服务平台为一体的跨区域作业管控系统。其核心思想是"智能在端、智慧在云、管控在屏"，即现场控制智能化、云端决策智慧化、监控调度移动终端化。目前中国农业机械化科学研究院的科研团队开发的农业全程机械化云管理服务平台、黑龙江建三江七星农场研发的农业物联网综合服务信息平台初步具备了智能农机系统功能。

二、典型智能农业装备进展

1. 智能农机动力机械

智能农机动力机械包括拖拉机、水稻插秧机、自走式蔬菜移栽机、自走式联合收获机、自走式施肥施药机等，这些动力机械在行走、操控、人机工程等方面实现了智能化。其关键技术有动力换挡、全自动换挡、动力转向、自动导航、智能操控作业等。拖拉机除了能在大田作业外，还要能在果园、茶园、菜园、设施园艺及水田、丘陵山地等复杂田块作业[13]。

2. 智能收获机械

联合收割机装备有各种传感器和GPS定位系统，既可收获各种粮食作物，又可实时测出作物的含水量、小区产量等参数，形成作物产量图，为处方农作提供技术支撑。其关键技术是作物产量的测量，根据产量自动控制作业速度和喂入量，同时绘制产量分布图，以便确定下一季的种植计划及种子、化肥和农药在不同小区的使用量。

3. 智能植保机械

智能植保机械能提高农药利用率，减少对土壤、农作物的污染，保护生态环境。其关键技术有路径规划、作物病虫草害快速识别、数据实时传输与处理、变量喷雾控制、高地隙自走底盘的土壤-植物-机器系统适应性等，能实现精准施药、变量施药、对靶施药、减少雾滴飘失，适应"四大"主要粮食作物及棉花、甘蔗、蔬菜、水果、茶叶等经济作物以及水产养殖的施药作业。

4. 智能施肥机械

智能施肥机械在施肥过程中，能依据作物种类、土壤肥力等参数确定合适的施肥量，避免均匀施肥，不断调节瞬时施肥量，提高肥料利用率。其关键技术是系统通过电子地图内叠存的数据库处方（包括产量、施肥计划专家系统），分别对氮肥、磷肥、钾肥的施用量进行调控，满足不同区块对不同肥料的需要量。

5. 智能播种机械

播种机通常是同时完成播种、施肥、开沟等一体复合式作业工序。智能播种机能根据田块的土壤墒情、土壤肥力、作物产量等条件，精确调控播种量及深度、开沟深度、施肥量等复式作业的工作参数。其关键技术是计量装置和播种施肥开沟等的驱动机构，系统调控计量装置，通过驱动机构，就能调整不同地块的播种量、施肥量。

6. 智能灌溉机械

智能灌溉机械能做到按需灌溉，节水、节电、节本省工。其关键技术是能定时获取农作物叶面、根部、土壤等的湿度参数，系统根据专家系统的处方通过计算机发出需水灌溉指令。移动式喷灌机械应加装定位系统，结合存放在地理信息系统中的信息和数据，通过处方实现变量灌溉。

7. 智能设施装备

大棚温室智能化成套装备与技术基本成熟，并向高度自动化、智能化方向发展，其关键技术是：通过各种传感器或其他元器件获取农作物相关生长信息，智能调控农作物生长所需要最佳的光、水、温、肥、药、气等参数，完全摆脱棚外一年四季自然环境对农作物的影响，并且产量高于常规栽培。

8. 智能水果采摘机

智能水果采摘机的机械臂都配有摄像头，它可以通过先进的图像处理单元来判断果实的成熟度，同时配上 3D 感应，利用短距离集成彩色和红外深度传感器来捕捉水果的所有细节，分析核实每个水果的外观和颜色，如水果成熟完好，机械臂才会决定采摘。

9. 智能水产养殖装备

主要是水质调控装备和精准投喂投药装备。在线水质智能监测监控装备可以对水体的温度、溶氧、pH 值、氨氮、亚硝酸盐等水质指标进行 24h 不间断测定，应用专家决策系统进行增氧、调水、投饵、割草、控温等，确保将温度、溶氧、pH 值、氨氮、亚硝酸盐等水质指标控制在安全、健康、高质、高效的养殖标准范围内。智能自巡航多功能投饵投药船能定时、定量、定点、全方位精准投饲、投药，投料次数、投料量均记录在册、可随时查阅，定位自主巡航，手机集成控制，图像实时显示，实现远程实时查看作业船的工作情况，达到精准控制。

10. 农业机器人

农业机器人是一种能感觉并适应作物种类或环境变化，有检测、视觉、演算等人工智能功能的无人自动操作机械，在农业生产的许多领域得到应用。例如，施肥机器人，会从不同土壤的实际情况出发，适量施肥；葡萄园机器人，几乎能代替种植园工人的所有工作；育苗机器人，工作人员只要实现在触摸屏上设定地点参数，机器人就能感应盆栽，并自动把它们移动到目的地；挤奶机器人，不仅能完成挤奶工作，还可在挤奶过程中检测奶质；牧羊机器人，能在农场上代替传统的放牧劳力。

三、农业装备智能设计技术进展

农业机械智能化设计关键技术可以重点概括为用户需求分析、模块化设计、计算机辅助设计建模技术、知识工程、虚拟仿真和虚拟试验验证、基于 PDM/PLM 的协同设计共六个方面，其技术发展现状如下。

1. 用户需求描述与分析

用户需求（Customer Requirements，CRs）通常具有明显的特性，如多样性、层次性、动态性、模糊性、优先性等。在当前竞争激烈的农机市场，农机企业越来越注重设计出用户满意度高、价格低的产品，如何对用户需求进行有效分析，为优化产品设计提供决策支持，是农业机械制造业当前迫切需要解决的问题。

一般通过分析、数据挖掘和预测等方式满足用户需求，实现农机产品的定制化设计。Kano 模型和产品质量功能配置模型（Quality Function Deployment，QFD）是用户需求描述和分析的典型代表。其中，Kano 模型是一种对 CRs 分类和优先排序的有用工具，其特点是将用户需求分为五大需求，通过标准化的问卷调查解决产品属性定位问题，以提高用户满意度。QFD 是一种用户需求驱动的产品设计开发方法，代表了从传统设计方法向现代设计方式的转变，其核心技术产品质量屋（House of Quality，HoQ）采用矩阵图解方法建立用户需求和技术需求之间的关系。

2. 农业机械模块化设计

模块化设计是在产品功能分析基础上,划分并设计出一系列功能模块,通过模块的选择和组合,构成不同产品,以满足用户定制需求。目前,对于农业机械这种具有特殊要求的复杂产品,应用现有技术,在共性单元归并形成模块方面,尚不能得到有效解决,产生的模块适应范围较小,且数量偏多,不能充分发挥模块化设计的优势。因此,针对农业机械模块化设计,国内外相关研究主要集中在模块划分(识别)和模块优化与评价方面。

农业机械作为一种复杂、异质性产品系统,其模块化设计支撑理论及应用技术还相对匮乏,模块化设计在农业机械领域中的应用仍存在一定的不足:

1)农业机械零部件与功能之间通常具有显著异质性、零部件数量巨大、零部件间的耦合强度高等特点。因此,在进行模块划分时,要对其异质的功能和零部件进行同质化约简,剔除冗余功能和零部件。另外,由于农业机械零部件的多维复杂性,需充分考虑产品生命周期各环节的影响,实现模块划分方案的多属性评价。

2)考虑客户需求及设计知识支撑的系统模块参数规划问题。模块化设计要形成完善的应用体系,除实现模块划分之外,还应对模块的主参数进行设计,包括模块接口标准和主参数的取值范围、取值个数等信息,合理的模块规划对满足用户需求和提高变型设计具有重要意义。

3. 计算机辅助设计建模

当前 CAD 建模主流技术是以 PTC Creo 为代表的参数化建模技术和以 SDR CI-DEAS Master Series 为代表的变量化建模技术,广泛应用于农机产品的数字化设计。基于模型的定义(Model Based Definition,MBD)是一种面向计算机应用的产品和制造过程数字化定义技术,实现了基于知识的 CAD 模型全面可视化。MBD 技术在中国的应用还相对较少,在波音公司的影响和要求下,波音公司的中国零部件供应商逐渐开发了一些基于 MBD 的零部件 3D 模型。为满足"三维模型下车间"的技术需求,中国航空工业最早开展了一些基于 MBD 的技术研究,基于 CATIA、NX、Creo 等产品的全三维设计模型规范不断完善,应用水平不断提升,广泛应用于飞机、卫星、火箭以及其他典型航空航天产品的设计与制造领域。基于 MBD 的产品协同设计与智能制造已成为先进制造领域的必然趋势,但尚未出现基于 MBD 的农业机械设计相关研究的报道。

4. 知识工程技术

知识工程(Knowledge Based Engineering,KBE)是源于专家系统而形成的一个研究领域。对智能化设计而言,KBE 技术贯穿整个设计过程,但农业机械设计有别于一般的产品设计,具有领域性强、研究范畴和具体应用多样的特点,当前 KBE 技术在农业机械智能化设计中的应用主要包括知识表示、获取和推理。

(1)知识表示 农业机械知识通常具有模糊性、复杂性、层次性和耦合性特点。除一般机械设计知识外,农业机械的设计知识主要来源包括标准和规范、设计师、领域专家、试验、理论和分析、用户反馈等。根据知识能否清晰地表述和有效地转移,可分为隐性知识和显性知识。其中,显性知识包括经验参数类、公式类、国家标准、整机和关键零部件设计实例等结构化知识,隐性知识则属于设计经验、情感认知等难以形式化表达的知识。

目前,显性知识已经有了很好的表达方式,而隐性知识结构化的映射方式并不唯一,基于几何属性、组合和继承方式的启发式方法确定工程本体的映射仍是当前研究的重点。基于本体理论,融合多种知识表示方法实现农业机械设计知识的有效表达是未来发展趋势。

（2）知识获取　在 KBE 中，知识库的知识量已成为制约其发展的瓶颈，因此知识自动获取技术受到国内外学者的重点关注。

（3）知识推理　知识推理是根据一定的设计原则，从已知判断得出新判断的思维过程。从推理方法上，可将知识推理分为基于规则的推理（Rule Based Reasoning，RBR）、基于实例的推理（Case Based Reasoning，CBR）和基于模型的推理（Model Based Reasoning，MBR）。对于农业机械设计而言，知识的复杂性决定了单一推理模式无法满足农业机械设计的需求，因此，集成多种推理方法的混合推理技术是实现知识重用、支撑农业机械智能化设计的主要手段。

5. 虚拟仿真与虚拟试验验证

农业机械融合生物和农艺技术，是集成先进制造与智能控制、新一代信息通信、新材料等高新技术的先进装备。农业机械仿真是一个涉及农学、机械、电子、液压、控制等多领域、多学科交叉耦合的协同分析过程。现有的仿真工具虽然可以解决大部分单领域仿真问题，但难以满足复杂条件下农业机械多系统、多物理场耦合的仿真需求，因此，基于土壤-植物-机器体系的复杂农业机械多领域仿真分析已成为当前研究的重点和热点。

6. 基于 PDM/PLM 的协同设计

CAD/CAE/CAM/CAPP 等计算机辅助技术在农业机械设计中的应用，一定程度上缩短了研发周期、提高了设计效率，但也带来了信息的爆炸性增长，开发基于 PDM/PLM 的农业机械产品全生命周期管理系统，实现各种 CAX 和 DFX 的集成应用、实时协同、资源共享和数据集成，对提升我国农业机械智能化设计水平具有重要意义。

在国外，PDM/PLM 经过几十年的长期发展，相关研究和系统平台已日趋完善，较为著名的 PDM/ PLM 平台有 PTC Windchill、西门子 TeamCenter、达索 ENOVIA、Autodesk Vault 等。约翰迪尔、凯斯、爱科等国际农机巨头更是将 PDM/PLM 技术作为支持过程重组，实施并行工程、CIMS 工程和 ISO 质量认证等系统工程的使能技术，以保持企业竞争力。而国内的 PDM/PLM 产品引入及自主开发起步较晚，部分农机企业也以基于 PDM 的产品管理系统为主，如中国一拖的 TiPDM、山东时风集团的 WindchillIntePDM、山东五征集团的 WIT-PDM、中国农业机械化科学研究院的 CAXA-PDM、福田雷沃的 TeamCenter 等。PDM/PLM 在国内农业机械领域的应用整体较少，效果也不够理想。

第三节　面临的突出问题

我国是世界第一的人口大国，农业机械作为装备制造业中直接与农业相关的机械产业，对保障国家粮食生产安全、促进农业增产增收起着至关重要的作用。中国制造强国战略提出"推进制造过程智能化，在重点领域试点建设智能工厂/数字化车间"以及"关键工序智能化、关键岗位机器人替代、生产过程智能优化控制"的战略要求，为我国农机工业快速发展，向高端智能制造转型升级带来了新的契机。近年来，我国农业装备智能制造技术及其产业化发展迅速，并取得了较为显著的成效。然而，制约我国农业装备智能制造快速发展的突出矛盾和问题依然存在，主要表现在以下四个方面。

一、要素资源保障不足

一是我国农业装备智能制造专业人才面临断供和失血的双重挑战。制造业当前严重缺乏懂制造、懂信息技术、懂管理的领军人才和专业化的技能人才，目前面临"四多四少"问题，即初级工人较多，高级专业人才少；传统技能人才多，高新技术人才少；单一技能人才多，复合技能人才少；短期速成人才多，系统培养人才少。

二是农业装备企业缺乏发展智能制造所需的资金。我国农机制造业企业纯利润率普遍低于5%，难以依靠自身积累发展智能制造，而受房地产、金融等行业虹吸效应的影响，银行、基金、风投等对企业发展智能制造的支持也非常有限，只有龙头企业和极少数中小企业能够引进先进技术和设备，而大部分中小企业还在使用落后的原始制造技术和设备。

三是资源统筹有待加强。近几年，中央各部门、各地方政府等投入了大量的资金支持农业装备智能制造发展，但存在一定的交叉、重复支持等问题，相关的政策、专项资金等还需加强统筹协调。

二、农业装备智能制造基础理论和技术体系建设滞后

农业装备智能制造的发展侧重技术追踪和技术引进，而基础研究能力相对不足，对引进技术的消化吸收力度不够，原始创新匮乏。控制系统、系统软件等关键技术环节薄弱，技术体系不够完整。先进技术重点前沿领域发展滞后，在先进材料、增材制造等方面差距还在不断扩大。近年来在工业和信息化部智能制造新模式应用项目的带动下，已经初步形成了一些智能制造新模式，但目前尚未完全成熟。

三、关键智能制造技术及核心基础部件主要依赖进口

构成智能制造农业装备或实现制造过程智能化的重要基础技术和关键零部件主要依赖进口，如新型传感器等感知和在线分析技术、典型控制系统与工业网络技术、高性能液压件与气动原件、高速精密轴承、大功率变频技术、特种执行机构等。许多重要装备和制造过程尚未掌握系统设计与核心制造技术，如精密工作母机设计制造基础技术、设计技术和工艺等均未实现国产化。几乎所有高端装备的核心控制技术严重依赖进口。

四、农业装备智能制造行业标准不统一

制造业智能化过程中所需的各种智能化器件、网络端口的链接、系统软件的集成等，都需要有一个标准作为实现制造业智能化在更为广泛的空间中得以顺利对接的前提性条件。大部分传统农业装备制造企业间自动化系统中的技术参数不同，来自于不同的厂商。即使其中的一些标准在各种学科领域、协会机构和工作单位中得到了使用，但是缺乏对这些标准的协调统一，不同网络之间、设备之间存在严重的异构异质问题。

第四节 实 践 案 例

一、中国一拖：拖拉机智能制造新模式

1. 应用概况

中国一拖集团有限公司加快生产设备数字化、智能化、网络化改造，推进主要业务单元制造执行系统（MES）建设和应用，以传感器和传感器网络、RFID、工业大数据的应用为

切入点，实施生产过程控制、制造供应链跟踪、质量追溯、智能服务，推行智能制造生产模式，提高精准制造、高端制造、敏捷制造能力，促进生产订单执行率提高、质量提升和节能减排，打造智慧工厂[14]。

2. 解决的技术难点或热点问题

（1）农机制造业产品结构调整，满足市场需求　目前，我国农机市场面临的问题是中低端产品供给过剩，中高端产品较为匮乏。其中大型、重型与高端动力换挡拖拉机等新型拖拉机的市场需求呈爆发性增长的态势，已成为"十二五"时期乃至"十三五"期间最突出的特征。国内农机市场已开始被世界农机巨头企业蚕食瓜分。发达国家的农机巨头已经采用数字化、信息化、智能制造技术实现各种中高端拖拉机产品的制造，以高质量、高性能、高水平的拖拉机产品快速扩大其在中国市场的占有率，并稳固国际市场。

由于我国农机行业的制造装备、检测装备的数字化、智能化水平低，智能物流与仓储装备、信息采集分析技术集成应用水平低等因素，我国农机行业虽然有一些高档数控设备与工业机器人以及其他智能化装备的应用，但都处在孤岛型独立应用状态，智能化制造装备的综合效能不能有效发挥，智能制造关键技术装备和信息化、智能化集成的技术尚未真正掌握，造成我国农机行业现有传统的制造模式已无法满足高端拖拉机产品的高精度、高一致性、高可靠性的制造要求，成为制约我国大型轮式拖拉机进一步向高端发展的主要制造技术瓶颈。

面对严峻竞争形势，如果不加速我国农机制造行业的转型升级，势必会进一步降低国产农机装备的市场占有率，进而影响到我国农机制造行业的生存和发展，最终会威胁到我国粮食生产的战略安全。

（2）推进行业制造转型升级，提高核心竞争力　在工业4.0时代，智能制造是大势所趋，迅速提高企业的智能化水平，是企业满足市场需求，创新发展的需要，也是落实"推动两化深度融合、促进产业转型升级"政策的迫切要求。

新型拖拉机提出新的材料、制造技术等要求，使得拖拉机的毛坯制造、加工、装配、电控系统等环节的制造工艺技术越来越趋向复杂，质量要求越来越严格。目前，我国农机行业的制造水平难以满足多品种定制化新型轮拖的制造要求，必须在加大产品研发与产品结构调整力度的同时，推进智能制造战略实施，加快制造过程以及产品全生命周期等信息管理技术的应用，进行制造技术转型升级。

推进数字化、智能化制造技术在农机行业的集成应用，打造我国农机行业智能制造的示范平台，符合世界技术进步和发展的潮流。是市场的迫切需求，是提升核心竞争力、保证农机行业生存发展的迫切需求，是制造装备业发展的迫切需求，是满足我国农业规模化、机械化、信息化、产业化发展的迫切需求，也是我国工业发展的迫切需求。

3. 具体做法和实践经验

（1）应用现代信息技术，提高产品研发效率和产品智能化水平　建设PLM产品研发协同设计信息化集成应用平台，通过互联网专线实现产品研发异地协同设计，实施研发、供应链管理和营销服务等系统的横向集成，实现与上下游企业间设计、制造、商务和资源协同，提高效率，降低成本。提升产品研发核心竞争力，参与国际市场竞争。在PLM中建立设计EBOM信息搭建，通过流程进行设计EBOM校对、工艺PBOM转换工作，完成MBOM结构创建，传入ERP系统。通过PLM系统进行BOM数据维护，减少BOM建立过程中的重复工作及过多人工参与，在ERP中管理及调用完整的产品制造BOM。目前系统共有60余种基本机型，14946个整机BOM，产品明细表1302个。

（2）实施智能绿色的生产运营创新　在加快生产设备数字化、智能化、网络化改造的基础上，推进MES系统的建设和应用，实现物流数据采集、分析自动化。运用RFID、条码技术，提升物资分拣、存库、收发准确率和效率，支撑智能化制造需要。细化物流管控、促进账实相符；优化主机收发库存管理，实现下发报工、误发报警、先进先出等管理策略。

（3）实现资源共享协同的生产组织创新　利用工业网络互联互通平台集聚共享市场需求、研发设计、供应商、用户、加工制造等资源，实现资源实时互动和按需配置，打造供应链协同、研发协同的新型生产组织模式。搭建移动互联的供应商服务平台，形成覆盖供应商生命周期的信息化与规范化管理；拓展采购物资询报价、竞价、采购需求传递、收货信息查询、挂账结算信息查询等业务，实现各单位与供应商采购计划、订单传递、交付、结算与库存信息的查询，供应商采购质量要素变动监控等业务合作过程的协同。建设物流信息化平台，实现采购、营销系统与物流信息系统集成，提升全程透明可视化管理能力，增强面向供应链协同需求的物流响应能力，支撑物流和供应链服务。

（4）创新发展电子商务，打造智能服务平台　利用互联网进行产品和营销模式创新，深化应用CRM系统，紧密围绕客户需求和市场形势，增加管理精细度，强化用户体验，了解用户需求，实现精准营销。利用移动互联网、物联网、计算机电信集成（CTI）技术，建立农机行业领先的用户服务平台。实现与销售服务等业务系统的集成，提高数据质量，为服务和销售决策提供数据支持。深化应用基于移动互联网、物联网、GPS系统、传感器技术、总线技术等的产品远程跟踪、远程诊断、远程服务、远程培训、远程保修、专家支持，快速解决设备故障。运用移动互联网技术，提升产品服务能力；梳理服务流程和服务品质，完善产品故障知识库，如图9-4所示为一拖智能农机装备综合指挥中心；持续提升顾客满意度，强力监督服务报表验证，提高服务水平和能力，形成中国一拖在农机行业领先的服务模式和服务品牌。

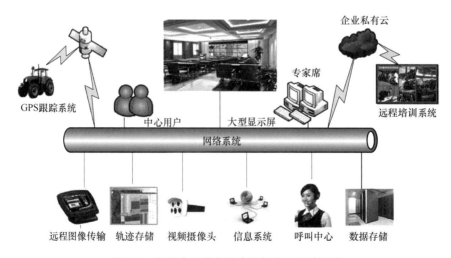

图9-4　智能农机装备综合指挥中心系统架构

4. 创新性

建设的拖拉机智能制造工厂（见图9-5），可实现生产管理信息、制造过程信息的高效协同、互联互通。数字化车间的数控装备、工业机器人、刀具管理系统、数字化测量设备、条码设备等能够完成制造生命周期中的信息传递,使制造过程的效率和效能最大化,使作业及物流浪费降低到最低程度。充分利用计算机网路,通过人机交互界面将数字化的生产指令和作业指导书向操作者传递真实的制造作业,制造作业信息现状及时采集并反馈至智能化工厂相关单位,形成从虚拟到现实再回到虚拟的完整的数字化信息传递链。

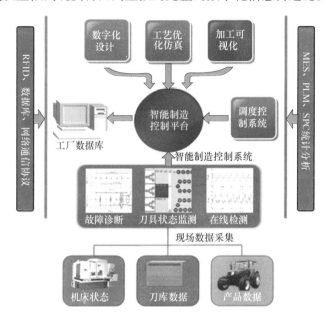

图 9-5　智能工厂/数字化车间系统体系结构图

构建生产管理信息数据融合、异构数控系统高效协同集成的数字化制造系统集成平台,实现计划输入、任务分配、数控程序管理、工艺信息文件处理等任务,实现管理系统之间的信息数据共享互联互通,分布式异构数控系统高效协同集成,刀具管理及车间物流数字化集成,如图 9-6 所示。构建数字化制造系统在线监测平台,实现机床状态监测、刀具状态监测及制造过程状态监测。在制造系统平台上开展刀具在线管理技术研发、数控机床组合工艺优化。

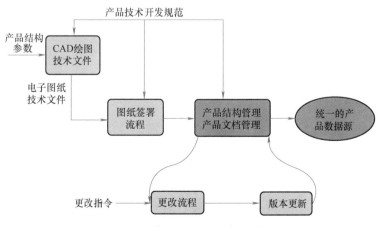

图 9-6　产品参数化设计系统应用框架图

实现产品全生命周期的管理，推进 MES、PLM、ERP 等信息系统的集成与应用，如图9-7所示。通过 MES、PLM、ERP 等信息系统的建设与融合，完成研、产、人、财、物等核心业务流程的优化重组，从传统的人工化、自由化向系统化、流程化、制度化转变，进一步加快企业两化融合速度，发挥信息化集成系统对生产组织、质量改进、采购管理等的支撑作用，为业务发展策略的落地提供保证。

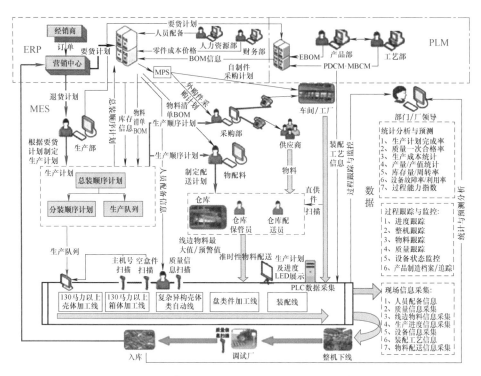

图9-7　产品 MES、PLM、ERP 信息化平台

二、五征集团：打造智能制造时代

1. 应用概况

五征集团已形成农用车、汽车、农业装备、环卫装备和现代农业协调发展的多元化产业格局，按照相关规划部署，高起点推动核心制造能力升级[15]。五征集团从产品的研发、制造和信息化管理入手，依靠高精尖人才、世界先进的制造装备及信息化管理系统，全面提升产品研发能力与制造水平。"信息化"和"工业化"的深度融合，既是工业转型升级的基础，也是实施智能制造的主攻方向。五征集团围绕创新驱动，对标国际，积极推进"两化"融合，让智能制造能力不断取得新突破。

2. 解决的技术难点或热点问题

（1）制造技术总体比较落后　当前我国农机制造行业在发展的过程中，其制造技术整体还比较落后，大部分企业在制造的过程中，仍然以传统制造技术为主，一些先进的制造技术和设备并没有得到普及应用，在生产过程中，各种中档和高档的数控机床利用率都比较低。这严重影响了农机制造的质量和效率。

(2) 先进制造技术无法得到充分应用　我国在经济发展的过程中，也十分重视科技的发展，尤其是在对外交流过程中十分注意对先进技术的引进和吸收。目前我国农机制造行业在发展的过程中，已经引进了大量先进的制造技术，可是受到企业自身实力和资金等各种因素的限制，这些制造技术却没有得到有效的应用，其功能并没有得到充分的发挥。

(3) 成熟先进技术的应用不合理　我国农机制造行业在发展的过程中，相关技术人员也在加强对各种先进制造技术的研究，而且其中 CAD/CAE/CAM 等先进技术，已经发展得十分成熟，但是在实际应用的过程中却发现，无法切实应用于农机生产制造中，在生产的过程中，还需要相关技术人员对操作人员进行技术培训才能应用，这会消耗大量的时间。

(4) 自动化程度低　目前我国农机制造行业的自动化水平还比较低，很多智能化技术以及先进的自动化设备并没有得到普及，所使用的制造设备仍然比较落后，这会使得农机生产的效率和精度得不到提升。

3. 具体做法和实践经验

(1) 整车及零部件的数字化设计和虚拟验证　五征集团建立了国家认定企业技术中心，形成了科学的产品研发流程，以及从关键零部件设计到整车集成的技术体系。具备了量化设计能力、仿真分析能力，实现了对整车及零部件的数字化设计和虚拟验证。建起了国内外一流的试验检测中心，拥有整车侧倾试验台、后桥试验台等关键零部件试验检测设备。形成了传动系统试验检测能力，具有整车、电器、液压、悬架、制动、转向等重要部件试验检测能力。五征集团接轨世界水平的数字化设计手段，在汽车研究院 CAE 性能室，可对一款新拖拉机进行整车振动与噪声虚拟分析，以往需要装车后才能进行，周期需要 1~2 年。现阶段，五征集团的产品研发已由传统的经验、类比设计上升到理论、量化设计。建立了科学的产品研发流程，形成了从关键零部件设计到整车集成的技术体系，并广泛应用三维设计、CAE 分析、精益设计等先进设计方法，研发理论水平、数字化仿真、虚拟验证能力不断提升。五征技术中心采用 1800 余个国家及行业标准，制定了 180 余项设计规范，建立起了 108 项数据库，已经应用于 206 项工作流程与管理。

(2) 农业装备制造工艺的机器人及自动化建设　五征集团对农业装备生产制造四大工艺进行了机器人及自动化建设，建起了机器人全自动冲压、焊装和涂装生产线，数控激光切割、数控折弯、自动化物流车、轮胎输送线等先进装备得到广泛应用。2006 年，五征实现了模具数字化加工生产。2010 年，五征车架生产实现了数控自动冲孔。2013 年，五征开始在关键零部件加工、焊接等重要工序陆续采用机器人操作，有效地提高了生产效率和产品质量。目前，五征汽车事业部投资引进机器人，对阴极电泳涂装生产线的机械臂喷涂进行技术改造，涂装工艺实现了机器人自动喷涂。在总装工艺，零部件工位上料系统以及轮胎、车架、驾驶室等关键工序也都实现了自动化传输。机器人的大量应用，使五征的制造工艺实现了脱胎换骨的变化，其成效已经显现在产品水平上，如图 9-8 所示为五征集团自动化制造过程。

(3) SAP-ERP 系统打造高效协同的综合服务平台　自 2014 年起，五征实施了 SAP-ERP 信息化管理系统（见图 9-9），实现了企业物流、资金流、信息流有效集成，建立了完善的数据体系和信息共享机制。形成了横向集成研、产、供、销等业务环节，纵向贯通产品全生命周期管理，打造出高效协同的综合服务平台，为上下游 600 余家供应商、近 2000 家经销商提供服务，打造汽车及零部件产业综合公共服务平台。

图 9-8　自动化制造过程

图 9-9　信息化管理

4. 创新性

五征集团实施全面信息化管理，选择德国 SAP 信息化管理系统，聘请美国 HP 公司进行咨询和实施，实现了企业物流、资金流、信息流有效集成，建立了完善的数据体系和信息共享机制。全面学习推行日本丰田精益管理模式，实施拉动式准时化生产。应用 6σ 管理技术，追求"零缺陷"，全面推行 IATF 16949 质量管理体系，构建现代化先进质量管理体系。立足国内发展并借助"一带一路"倡议，与国家有关部门和省农科院合作，开拓全球农牧业市场，进而拉动机械装备同步发展。五征瞄准国际先进，利用全球优势研发和采购资源，加快实施新旧动能转换，打造具有国际竞争力的高端优势产品，提升中国制造业国际竞争力，全力拓展国际业务，加速高质量发展步伐。

三、常林机械：智能制造"行动流"武装生产全过程

1. 应用概况

山东常林机械集团股份有限公司（简称常林机械）拥有农业机械、工程机械、高精度铸造、高端液压四大核心业务板块。常林机械借助浪潮 GS 供应链与生产制造系统打造了制造业"智能工厂"，创造了"智能装备"+"智能生产"+"智能产品"+"智能服务"的智能制造行动流，实现了下单、生产、物流、服务的全过程智能化管理。

2. 解决的技术难点或热点问题

（1）在产品设计方面　在缩短新产品开发周期、提高市场反应速度的同时，对提高企业产品市场占有率及提高产品三化（标准化、通用化、系列化）方面都发挥了重要作用。通过对员工进行软件操作技能培训活动，提高了职工的业务素质，造就了一批掌握先进设计、制造技术的职工队伍。

（2）在产品工艺管理方面　在公司范围内建立了统一的产品电子化数据共享知识库，实现对产品所有相关的设计、工艺、工装、模具、生产制造、质量、计划等数据的存放和管理，建立了相关信息共享策略和应用，提高了信息的可用度并方便用户统一查询、快速检索，如图 9-10 所示。建立异构文档可视化机制，改善信息获取、共享、查看、批注与反馈效率，利用统一工具实现各种文件的在线审阅和批准，消除前期产品研发过程中的协作障碍。实现电子化的工作流程管理，确保设计、校对、审核、批准、发放等工作都能够基于网络进行，充分发挥网络效应，实现并行操作，保证产品电子数据的快速流转、有效发放，提高数据归档质量及时效性。

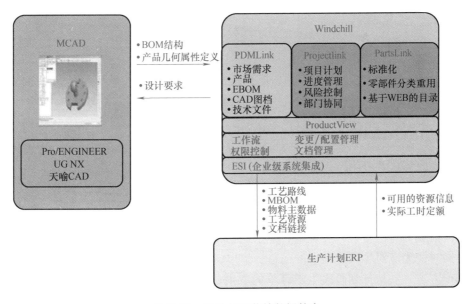

图 9-10　设计与工艺的数据整合

（3）在渠道整合、供应链协同应用方面　建立了基于互联网应用的供应链协同平台，有效整合基于供应链的协同应用是企业增加竞争力最为有效的手段。因此，打破企业间地域及企业内部 IT 技术壁垒的限制，规划并建设相关信息化核心应用，通过协同创新平台，实

现产业链上、下游企业的业务协同，显得更为重要。通过供应链及网上营销平台建设、规范并理顺采购销售三包服务业务关系、创新业务实现方式、建立财务业务的一体化管控模式，有利于提高业务处理速度、降低采购成本、提高客户满意度。

3. 具体做法和实践经验

（1）智能行动流，开启常林"智能工厂" 智能是"互联网＋"集团企业的又一关键特征，常林机械基于浪潮 GS 供应链与生产制造系统对原有 ERP 集成改造后，使现场管理与生产信息化管理系统紧密集成，实现所有作业环节信息的自动采集与自动现场控制，开启了从下单到完成生产的"智能行动流"。

1）自助下单，按需配件。常林机械的用户可以通过浪潮 GS 供应链与生产制造系统搭建的"常林电子商务营销平台"（见图9-11），自助下单，并按照使用需求配置成品所具备的功能。比如新疆的一家农场主，对拖拉机配置有个性化需求，自主选配了 GPS、无人驾驶、数据采集等功能，定制了一台高端智能拖拉机，满足自家农场通过无人驾驶拖拉机实现土地耕、耙、播种、施肥的多种功能，借助精确定位保障株距、行距及直线耕作，使土地利用更加充分。

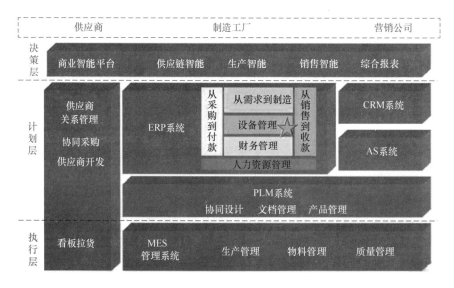

图9-11 供应链协同管理

2）智能排产，预防"例外"。通过将原有系统集成，滚动客户订单信息会产生生产计划建议，系统根据建议能自动计算出物料需求信息，并按年、月、周计划下达任务，安排采购，使供产销成为有机整体，实现生产与采购物料不多、不少、不早、不晚，精准协同，智能排产。同时，为应对生产过程中的插单、追单，紧急订单等现象，常林机械在系统中设置了多种排产方法，支持计划阶段生产订单的取消、分割、合并，以及订单未完工前，数量、计划完成日期和生产工艺等内容的修改，协助集团从容面对各种"例外"。

3）智能设备，实现智能生产。在实际生产过程中，浪潮团队对车间机床、上位机、3D 打印机、电子秤等设备进行了数字化改造，使其成为智能设备；通过与 MES（生产信息化管理系统）、PDM（制造过程数据文档管理系统）集成（见图9-12），自主收集机器运行、物料配送、产品生产、市场订单等数据并自动传输到下一环节，使各生产环节紧密耦合、准确协同，做到车间内"智能设备"的"智能生产"。

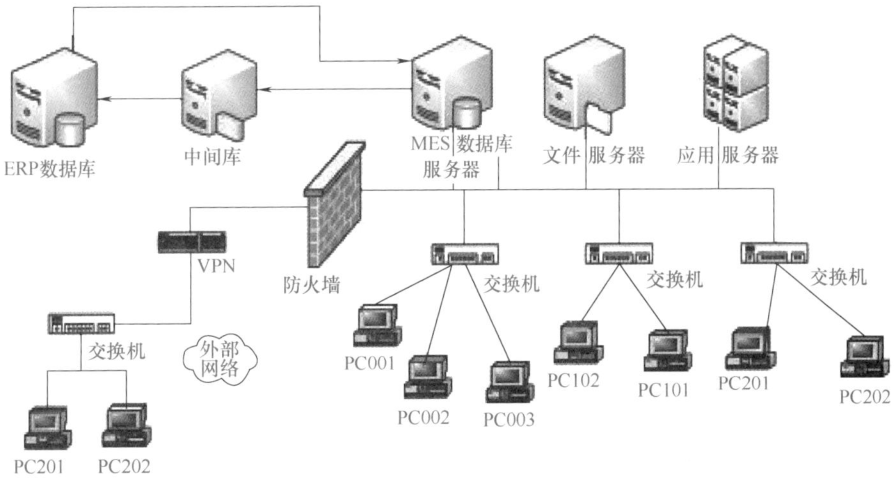

图 9-12　MES 与企业 ERP 系统的信息交互

（2）全程可溯的柔性制造，向智能服务转型　通过与浪潮的合作，常林机械打通了研、产、供、销、服务全价值链管理。定期滚动的订单需求，实现了常林机械从订单选配到生产制造，再到物流配送及设备服务的可溯化、智能化。为智能设备服务、企业智能决策奠定了基础。

借助网上订单和智能排产，推动常林机械由预测生产向定制生产模式转变，实现了推送营销模式，也使物料采购周期由 20 天缩短为 5 天；结算效率由 3～5 天，转变为实时结算，物资计划执行率提高到 80%。为把握整体生产状况，常林生产车间，安装了一块黑底红字的看板。浪潮 GS 供应链与生产系统，通过对生产车间设备运行、生产运行等数据的监测，形成实时准确的订单、生产、物流数据，为智能决策提供数据支撑。另外，常林在产品上安装了 GPS 模块，建立智能监控系统，实时传输农机作业位置及工作状态、土壤情况等信息，准确、随时获知卖出后的产品在什么位置，出现了什么问题。大大缩短了故障组件从发现到维修的时间间隔，提高了售后服务质量与效率，降低了维护成本，推动服务实现智能化。

浪潮 GS 供应链与生产制造系统，通过与智能设备集成帮助制造企业打通了从顶层精益分析到底层基础设施的连接，助力常林机械实现"让耕牛退休，请农民进城，由我们种地"的强农、惠农愿景，也将彻底颠覆传统农业耕作模式，实现农业产业结构的调整和转型升级。

4. 创新性

传统制造模式下整个产业链上游零部件、原材料供应商及下游经销商、代理商无法有效协同管理；互联网时代，个性化定制的逐渐增加，使得单纯的大批量加工生产模式，已不能满足客户的多样化需求。常林机械通过建立精益化、柔性化、均衡化的全过程智能生产管理体系，遏制主营业务农业机械、工程机械制造的利润率下滑，实现由传统产业向智能制造产业转型，成为常林信息化建设的迫切需求和发展方向。充分利用企业内、外部资源优势，建立企业在项目计划控制、产品设计、工艺设计、生产管理、物料及质量控制、客户服务等业务过程中的有机统一。建立健全配套的管理规范、制度和操作控制手册，实现工艺制造数字化、信息集成化、过程敏捷化，进一步加强企业核心竞争力，建立快速响应市场需求的业务管理、控制机制，赢得产品在质量、成本、交货期、经营效益等各方面的竞争优势，从而进一步实现加强企业生产成本控制、增加赢利空间和提高市场占有率的目的，使产品工艺过程管理发生根本性变化，以信息化手段实现工艺管理的智能化、网络化和可视化。

第五节 发展趋势

中国农业经历了原始农业、传统农业、现代农业、智能农业的逐渐过渡。智能农业充分应用现代信息技术成果，集成应用计算机与网络技术、物联网技术、音视频技术、3S技术（遥感技术、地理信息系统、全球定位系统）、无线通信技术及专家智慧与知识，实现农业可视化远程诊断、远程控制、灾害预警等职能管理。近年来，在政府的大力支持下，中国智能农业发展迅速。智能农业按照工业发展理念，充分应用现代信息技术成果，以信息和知识为生产要素，通过互联网、物联网、云计算、大数据、智能装备等现代信息技术与农业深度跨界融合，实现农业生产全过程的信息感知、定量决策、智能控制、精准投入和工厂化生产的全新农业生产方式与农业可视化远程诊断、远程控制、灾害预警等职能管理，是农业信息化发展从数字化到网络化再到智能化的高级阶段，是继传统农业（1.0）、机械化农业（2.0）、生物农业（3.0）之后，中国农业4.0的核心内容。

一、智能农业装备发展趋势

农业机器人是未来智能农业装备的发展趋势。目前，各种农业机器人不断涌现，如剪羊毛机器人、挤奶机器人、移栽机器人、嫁接机器人、采收机器人、除草机器人等。各种智能化技术，如GPS导航、机器视觉等也开始大量应用于农业机器人。根据用途和作业特点，现有的农业机器人大致可以划分为畜牧管理机器人、大田耕作管理机器人、果蔬采收机器人、种苗培育机器人、农产品分拣机器人等。受制于农业作业场景、作业任务的复杂性以及当前软硬件技术发展水平，农业机器人虽然种类和样机较多，但是真正达到产品化水平，能够有效提高作业效率的案例屈指可数，农业机器人的发展水平仍处于较低的水平。茄果类嫁接、果蔬采摘、大田除草和农产品分拣等机器人是未来的重点需求产品。

（1）**茄果类嫁接机器人** 我国设施蔬菜栽培已超过33万亩，年商品种苗需求量达4000多亿株，市场需求空间巨大。设施育苗连年种植产生的连作障碍和病虫害问题日趋加剧，已严重影响生产。人工嫁接效率低、嫁接苗质量难以保证，加之人口老龄化和务农人员的严重缺乏，人工嫁接无法满足于工厂化育苗的生产需求。

嫁接机器人是采用工业化流水线模式替代人工嫁接作业的机器人技术，其能够有效降低嫁接作业劳动强度、提高嫁接作业效率，对设施园艺的集约化种苗培育方式具有重要的影响。嫁接机器人的关键技术主要涉及茄果类茎秆标准化切削、秧苗切口匹配与精准对接，以及新型育苗方法与自动化生产系统集成等。因此，自动化嫁接育苗将成为解决我国当前蔬菜种苗周年供应和育苗产业可持续发展的重要方式。

（2）**果蔬采摘机器人** 鲜果自动化采摘机器人，是先进工业技术和装备在农业生产环境进行创新应用的经典案例，在基础理论研究和技术集成应用方面的研究成果，将对现代农业生产的节约高效发展具有重要影响。采摘机器人的研究应用是农业智能装备技术领域的前沿热点，主要涉及农业复杂环境下作业目标视觉信息稳定获取、针对生物组织的柔性无损操作以及融合农机农艺的生产系统集成等，这些问题也是限制当前农业机器人走出实验室进行产业应用的主要技术瓶颈。

（3）**大田除草机器人**　传统的中耕锄草机主要解决行间锄草问题，由于株间苗草集聚，机械锄草难度较大，目前主要依靠人工，导致劳动成本高且效率低。智能株间锄草机器人是一种能够实时识别作物行和苗草信息，并能控制株间锄草刀高速作业的自动锄草装备，具有智能、高效、环保等特点，可大大减少劳动力，提高锄草效率。大田除草机器人应用的关键技术有机器视觉、对行技术、草苗信息获取技术和末端除草装置等。

（4）**农产品分拣机器人**　高档次、洁净化的农产品如水果、蔬菜等往往需要按照大小尺寸及品质等级标准进行拣选、分类和包装。在分选的过程中，被分选产品的外观形状、内部品质、成熟程度和伤病等特征复杂，人工拣选时对产品等级的判断是根据个人经验、瞬间得出判断结果，其结果往往因人而异。将机器人引入农产品加工车间，可以大幅度提高分选的一致性，降低产品的破损率，提高成产率，降低生产成本和改善劳动条件。

农产品分拣机器人是一种新型的智能农业机械装备，是人工智能检测、自动控制、图像识别技术、光谱分析建模技术、传感器、柔性执行等先进技术的集合。同工业标准化产品分拣机器人相比，农产品分拣机器人还需要机器视觉和图像处理技术、生物传感器技术、光谱建模分析技术、智能控制技术、关键机械机构设计优化等技术支撑[22-27]。目前，农产品分拣机器人已经有了很大的发展，在农产品生产中广泛使用分拣机器人，将会极大地改变传统农业的劳作模式，降低对大量劳动力的依赖，实现从传统农业向现代农业转变。

二、智能农业装备技术的发展趋势

（1）**农田作业机械自动导航**　国外先进农业机械装备技术已开始融合现代微电子技术、仪器与控制技术、信息技术，加速向智能化、机电一体化方向快速发展，已拥有现代农业生产技术装备及配套生产管理技术，形成了系列的智能农业机械化作业装备和高效的生产监控管理体系。各种电子监视、控制装置已应用于复杂农业机械上，光机电液一体化的信息、控制技术在农业装备中的应用，有效提高了农业装备的作业性能和操作性能。国外对农用车辆自动导航技术的研究已经取得了一些成果，有一些技术已经转化为商品。国内基于卫星导航技术的农机自动导航系统的开发研究起步相对较晚，大多借鉴了美国和日本的先进经验。

结合典型农田作业环节，将 GNSS 高精度导航定位技术应用于农业智能装备领域，开展基于 GNSS 的农田作业机械自动导航关键技术研究开发，将能有效地推动农业领域技术进步和农业智能装备技术应用水平，缩短与发达国家在本领域的差距，促进农田作业机械自动导航技术实用化。

（2）**农机作业智能测控**　我国农机装备行业发展迅速，但农机装备的技术水平和质量与发达国家有较大差距，现有主要农机产品可靠性低、作业质量差。广泛应用现代信息、传感与控制技术是国外农业装备质量较高的主要原因。卫星导航、现代液压技术、控制技术、微电子技术和信息技术在国外农业装备上随处可见，使得国外现代农业装备向着智能化、机电一体化方向快速发展。装备作业故障在发生早期就由各种监测传感器实时监测，以便作业人员及早处理。智能装备作业过程信号实时监测也使得装备尽可能运行在最佳工况，这是提高设备寿命和无故障率的重要手段。

（3）果树对靶喷药　　长期以来我国的果园种植模式以小面积个体经营为主，果木种植不规范，园区作业缺乏合理的规划，导致果园作业无法引入智能机械，果园作业机械化程度低。果树对靶施药主要通过拖拉机牵引，采用不同的靶标传感探测技术精确探测果树靶标，结合拖拉机的作业状态，利用微计算机控制喷洒喷头，实现根据靶标信息智能变量施药的目的。整个系统自动作业，只需一人操作，降低人力成本，可有效提高农药利用率，降低药液损失和降低防治成本，同时减少环境污染，降低水果农药残留，符合国家环保和"三农"政策。

（4）设施蔬菜水肥一体化　　设施蔬菜水肥一体化技术未来发展方向表现为由过去单体设施结构或者小面积的管理系统，发展为大型园区或生产基地的设施蔬菜水肥一体化的集中综合管理，可以进一步升级实现更大区域的若干个园区或生产基地作物水肥一体化的集中综合管理，既便于小范围的控制，也便于宏观控制和生产管理决策。

（5）设施环境智能调控　　现代温室之所以能够获得速生高产、优质高效的农产品，就在于其能够在很大程度上摆脱地域、季节或恶劣气候等自然条件的制约，构造出一个相对独立且近乎理想的人工气候小环境，从而实现周期性、全天候、反季节的工厂化规模生产。环境智能调控需要温室环境与作物信息采集系统、温室作物生长发育模型和小气候预测模型、温室智能环境控制理论、测控装备以及平台搭建等一系列的技术发展来支撑。

（6）农用无人机自主作业　　近年来无人机技术飞速发展，其在农业航空应用领域展现出了巨大的潜力。具有自主作业能力的植保无人机，作为空中施药平台，搭载专用药剂对作物进行精准高效的喷施作业，与传统的人工、半机械化植保作业相比，植保无人机喷洒效率可提升近30倍，可节省20%~40%农药使用量，节约90%的用水量，其综合收益约为人工手动喷施作业的20倍，为半机械化作业的3~5倍，作业经济效益非常显著，美、日等发达国家超过50%的农业植保作业由飞机或无人机完成。无人机在植保方面表现出来的巨大优势有目共睹，无人机其中包含了智能飞行控制技术、智能植保无人机喷洒控制技术、智能作业路径规划技术、智能避障与地形跟踪技术以及智能作业管理统计等一系列人工智能领域的技术，紧紧跟随着科技发展的最前沿[33-37]。

随着人工智能在复杂系统应用领域的推广，其展现出巨大的技术优势和革命性的科技推动力，在植保无人机自主作业领域也已经表现出巨大的潜力，在今后的几年里随着无人机植保作业的普及，人工智能技术将对飞行控制、作业导航、对靶施药、作业规划等自主作业技术领域产生深远的影响。

三、农业装备智能设计技术的发展趋势

农业机械的智能化设计技术从早期的数字化设计逐渐向设计的协同化、网络化和智能化方向发展。我国农业机械智能化设计应紧紧围绕农机制造企业的实际需求，以提高农业机械设计能力和核心竞争力、促进农机企业的可持续发展为目标，开展基础理论、关键技术研究，解决当前产品正向设计、三维建模、知识重用、多学科动态联合仿真、分布式协同设计等重大科学问题，形成一套基于知识的农业机械智能化设计理论和体系[38]。未来农业机械的智能化设计技术研究将主要从以下五个方面展开。

（1）农业机械设计基础数据及互作机理　　立足于发展现代农业、保障粮食安全的国家战略需求，针对农业机械设计基础数据匮乏、产品质量和可靠性较差等问题，开展土壤-机

器-作物系统的互作规律、农机载荷谱、基础工艺、材料、部件、关键作业装置等技术瓶颈的研究，研究构建基于网络的农田土壤力学参数、农作物物理特性参数、农业机械载荷谱和结构力学参数、工程材料以及整机和通用零部件数字化设计模型数据库，为农业机械智能化设计提供数据支撑。

（2）以用户需求为导向的农业机械个性化、定制化设计　针对农业机械用户需求的多层次性、模糊性和隐蔽性等特点，开展基于大数据技术的用户需求分析，深入挖掘农机具使用、田间管理与用户需求之间的潜在关系，建立规范化的用户需求模型。同时，研究用户需求和产品设计之间的转化和映射方法，如人工智能算法、TRIZ 理论和 AD 理论等，完成用户域到功能域、结构域的关系映射，从而设计出高效、低成本的农机产品，以满足多样化、个性化的用户需求。

（3）以知识重用为驱动的产品建模技术　在产品全生命周期的视角下，实现多开发人员、多系统、多阶段间的数据交换、信息共享和跨多学科知识重用需要集成的产品建模框架。当前主流建模技术如本体建模、STEP 标准建模、MBD 技术和基于 Modelica 的建模等，广泛用于汽车、航空航天、船舶等领域，显著提高了智能化设计与加工制造的协同性。尤其是 MBD 技术彻底改变了产品的研发模式，保证了设计数据的唯一性，减少了对其他信息系统的过度依赖，实现了设计、制造厂、供应商之间的高效信息沟通。因此，从农业机械的全生命周期角度，开发集成产品 TDP、具有统一建模思想的农业机械产品表示模型，实现知识重用和全生命周期过程的无缝集成与信息共享是未来农业机械智能化设计研究的重点。

（4）基于土壤-植物-机器系统的多领域协同仿真技术　随着精细农业、信息农业的发展，田间管理和农艺对农机性能提出了更高要求，农业机械的仿真分析也由单一领域向多领域协同仿真发展。柔性体建模、多学科优化、人机交互、硬件在环境中的仿真、机电液联合仿真等关键技术成为本领域的研究重点。此外，考虑到农业机械作业的特殊性，从土壤-植物-机器系统角度，深入分析多物理场下作物与工作部件的相互作用机理，实现农业机械的优化设计已引起了人们的广泛关注，而基于虚拟现实技术的农机产品虚拟装配、虚拟仿真和虚拟试验验证等典型应用则成为未来研究的热点。

（5）以分布式计算、CPS 系统为支撑的 PDM/PLM 协同管理平台　未来 PLM 的发展将更加专注于覆盖产品生命周期各阶段及更好地支持工程协同，因此与产品全生命周期相关的技术和应用将成为 PLM 的研究重点。主要包括企业基础信息框架、统一产品模型、单一数据源、基于 Web 的产品设计，以及 PLM 标准与规范体系。此外，分布式计算技术特别是云计算，将支撑下一代 PLM 的发展。基于云的 PLM 将为企业节省部署成本、合理配置资源，同时更有效地实现跨组织、跨地域的实时协同工作，确保数据的准确性、唯一性。而CPS 的应用，推动了制造企业的数字化转型。借助智能传感器、智能化工业设备对数据进行高度可视化及深入分析，优化产品生产制造，形成新工业数据生命周期。因此利用 PLM 提供的协调管理平台，打通流程、人、数据等多个环节以及实现对智能工厂的运营支撑，是PLM 未来发展的主要方向。

四、智能农业技术助力现代农业发展

国内外现代农业发展的实践表明，在智能农业技术的作用下，农业生产力的三要素劳动者、劳动工具和劳动对象均已发生本质性变化，是引领农业发展方式转变的革命性力量。我国经济发展进入新常态,农业发展面临着农产品价格封顶、农业生产成本抬升、进口农产品冲击、农业资源过度利用与紧缺双重约束等多方面的巨大变化和多重挑战。在"四化同步"的大背景下,发展智能农业技术,实现现代信息技术与农业产业的深度融合,变革传统农业发展方式,走集约、高效、安全、持续的现代农业发展道路,是推进我国农业现代化的客观要求和必然选择。

第六节 措施建议

一、智能农业装备重点任务建议

按照"抓重点、补短板、强弱项"的思路,智能农业装备的重点发展任务如下:

(1) **研发具有自主知识产权的农业传感器** 传感器是智能农业核心技术,高端传感器的核心部件(如激光器、光栅等)制约了智能农业发展。应重点研发具有自主知识产权的土壤养分(氮素)传感器、土壤重金属传感器、农药残留传感器、作物养分与病害传感器、动物病毒传感器以及农产品品质传感器等。

(2) **发展大载荷农业无人机植保系统** 包括研发载荷200kg以上的高端无人机的导航和仿形飞控平台、作业装备,重点攻克田间环境感知和自主作业避障技术,发展大载荷自主控制农业植保无人机平台和精准施药技术装备等。

(3) **研制智能拖拉机** 研制农机传感器高性能芯片,智能终端,基于国际标准的控制器局域网络(Controller Area Network,CAN)总线技术控制模块,攻克拖拉机自动驾驶技术,包括农机导航陀螺加速度传感器、全球导航卫星系统(Global Navigation Satellite System,GNSS)板卡、ARM(Advanced RISC Machines)芯片、角度传感器、电动方向盘电动机和基增强技术等。

(4) **研发农业机器人** 研发一批能承担高劳动强度、适应恶劣作业环境、完成高质量作业要求的农业作业机器人。如嫁接机器人、除草机器人、授粉机器人、打药机器人以及设施温室电动作业机器人等。

(5) **解决农业大数据源问题** 信息最初1km是智能农业发展的最大瓶颈,建立高效、低成本的天空地信息获取系统,积极发展农业专用卫星,协同用好高分系列卫星和国际其他卫星资源,解决农业大数据源问题。

(6) **发展农业人工智能** 充分利用新一代人工智能发展的历史机遇,积极发展农业人工智能。重点开展农业大数据智能研究,通过深度学习建立农业知识图谱实现作物病虫害和动物个体智能识别与诊断,研究智能语音精准信息服务系统等。

(7) **开展集成应用示范** 推进智慧农场(大田精准作业)、智能植物工厂、智慧牧场、智慧渔场、智慧果园、农业智能信息服务、典型农业机器人、农产品智能加工车间和智慧物流等的集成应用示范。

(8) **提升智能农业产业** 通过研发农业智能材料、农业传感器与仪器仪表、智能化农机装备、农业智能机器人、农业群体智能搜索引擎、农业智能语音服务机器人、农技推广智能化工具箱、农业软件智能重构工具产品,发展农业装备智能化生产线、农业商务智能、农业综合信息智能服务、农机智能调度与运维管理、农产品质量安全智能监管、农业资源智能监管、农情监测与智能会商、农产品监测预警系统平台等提升智能农业产业。

二、政策措施建议

完善的政策保障是产业快速发展的关键，我国智能农业尚处于起步发展阶段，建议在以下 5 个方面制定相应政策措施，促进智能农业装备快速发展。

（1）**加强政府支持** 统筹各类政府资源，大幅度给予行业从业者政府资源支持。围绕重点领域、重点产业实施一批智能农业重大项目工程，加强智能农业关键技术研究与应用示范，总结经验，建立可复制、可推广模式。

（2）**制定相关资金补贴政策** 鉴于农业的社会公益性、生态区域性、高度分散和个性化特点，推广智能农业不可能像工业那样大规模复制，因此实施成本高、市场利润低。建议相关部门类比农机购置补贴政策，对智能农业技术产品和应用主体给予政策性资金补贴，减免农村地区互联网接入费用和农民移动通信、数据传输费用。

（3）**加强技术标准建设** 依托联盟、协会等团体和组织，快速建立包括数据标准、产品标准、市场准入标准等的团体标准，并积极推动国家和行业标准的建设。建立国家和行业认可的第三方产品、技术检测平台。

（4）**开放数据共享** 农业数据具有散乱杂、孤岛林立等特点，建议政府部门加强农业数据的收集和整合，并在一定范围内开放相关数据，建立共享机制。对于进入国内市场的外国企业产品，要求其提供数据接口标准。

（5）**加强人才队伍建设** 培养农业与信息多学科交叉的人才，建议教育机构在高校研究生课程中开设智能农业相关课程，鼓励信息领域人才进入农业领域开展相关科学研究与应用推广；积极开展技术培训，建设懂技术会操作的智能农业推广队伍[42]。

参考文献

[1] 罗锡文. 改版转型 走进新时代 [J]. 现代农业装备，2019，40（01）：2.

[2] 陈文胜. 推进三大变革 实现乡村振兴 [N]. 经济日报，2018-06-14（014）.

[3] 张保辉，查燕，史云. 智慧农业装备依赖进口情况、潜在风险及对策建议 [J]. 中国农业信息，2019，31（04）：113-120.

[4] 晓琳. 2019 年农机行业 10 大特点："零增长"居首，智能农机受青睐 [J]. 农业机械，2020（02）：59-61.

[5] 邵晓萍. 农机购置补贴政策的成效、问题及对策 [J]. 农机使用与维修，2020（04）：48.

[6] 王艳红. 透过 2020 年中央 1 号文件看农机发展机会 [J]. 农业工程，2020，10（02）：3-4.

[7] 晓琳. 政策解读：透过 2020 年中央 1 号文件看农机发展机会 [J]. 农业机械，2020（02）：74-75.

[8] 方宪法，吴海华. 农机装备亟待智能化转型升级 [J]. 中国农村科技，2018（02）：54-57.

[9] 边永亮，薛春林，李建平. 农业机械化和农机装备产业转型升级发展方向探讨 [J]. 现代农业装备，2020，41（1）：74-80.

[10] 李社朝，李君，知谷 APP. 8 省市确立农机转型 升级工作发力点 [J]. 农业机械，2019（7）：42-44.

[11] 韩忠禄，张华，潘东彪. 突破技术瓶颈，提高农机综合机械化水平 [J]. 贵州农机化，2019（1）：19-21.

[12] 刘成良，林洪振，李彦明，等. 农业装备智能控制技术研究现状与发展趋势分析 [J]. 农业机械学

报，2020，51（01）：1-18.

[13] 马雨秋，孙霞. 智能农机装备与技术［J］. 农业装备技术，2020，46（01）：4-6.

[14] 李璐. 中国一拖：拖拉机智能制造新模式应用实践［R/OL］.（2020-1-11）[2020-5-15]. https://articles.e-works.net.cn/amtoverview/article145461.htm.

[15] 张强. 五征集团迈入智能制造时代［J］. 农业机械，2017，830（02）：115-116.

[16] 选软件网. 常林机械携浪潮软件武装生产全过程［R/OL］.（2015-11-18）[2020-5-15]. https://www.xuanruanjian.com/art/122315.phtml.

[17] 高万林，张港红，张国锋，等. 核心技术原始创新引领智慧农业健康发展［J］. 智慧农业，2019，1（1）：8-19.

[18] 李道亮. 城乡一体化发展的思维方式变革——论现代城市经济中的智慧农业［J］. 人民论坛·学术前沿，2015（17）：39-47.

[19] 李道亮. 智慧农业：中国的机遇和挑战［J］. 高科技与产业化，2015，11（5）：42-45.

[20] 李道亮. 物联网与智慧农业［J］. 农业工程，2012，2（1）：1-7.

[21] 韩瑞珍，何勇. 基于计算机视觉的大田害虫远程自动识别系统［J］. 农业工程学报，2013，29（03）：156-162.

[22] 罗军，高英武，何幸保. 自动嫁接机的研究现状与展望［J］. 湖南农机，2010，37（3）：1-2.

[23] 张铁中，杨丽，陈兵旗，等. 农业机器人技术研究进展［J］. 中国科学，2010，40（增刊）：71-87.

[24] 冯青春，赵春江，王晓楠，等. 基于视觉伺服的樱桃番茄果串对靶测量方法［J］. 农业工程学报，2015，31（16）：206-212.

[25] 陈子文，张春龙，李南，等. 智能高效株间锄草机器人研究进展与分析［J］. 农业工程学报，2015，31（5）：1-8.

[26] 胡炼，罗锡文，张智刚，等. 基于余摆运动的株间机械除草爪齿避苗控制算法［J］. 农业工程学报，2012，28（23）：12-18.

[27] 黄小龙，刘卫东，张春龙，等. 苗间锄草机器人锄草刀优化设计［J］. 农业机械学报，2012，43（6）：42-46.

[28] 薛新宇，兰玉彬. 美国农业航空技术现状和发展趋势分析［J］. 农业机械学报，2013，44（5）：194-201.

[29] 陈无畏，施文武，王启瑞，等. 基于位置信息融合的自动引导车路径跟踪研究［J］. 农业机械学报，2003，34（2）：69-72.

[30] 李建平，林妙玲. 自动导航技术在农业工程中的应用研究进展［J］. 农业工程学报，2006，22（9）：232-236.

[31] 张智刚，罗锡文，周志艳，等. 久保田插秧机的GPS导航控制系统设计［J］. 农业机械学报，2006，37（7）：95-97.

[32] 张智刚，罗锡文，李俊岭. 轮式农业机械自动转向控制系统研究［J］. 农业工程学报，2005，21（11）：77-80.

[33] 王少农，庄卫东，王熙. 农业机械远程监控管理信息系统研究［J］. 农机化研究，2015（6）：264-268.

[34] 王元卓，靳小龙，程学旗. 网络大数据：现状与挑战［J］. 计算机学报，2013，36（6）：1-15.

[35] 王玲，兰玉彬，WCLINT HOFFMANN，等. 微型无人机低空变量喷药系统设计与雾滴沉积规律研究［J］. 农业机械学报，2016，47（1）：15-22.

[36] 徐博，陈立平，谭彧，等. 多架次作业植保无人机最小能耗航迹规划算法研究［J］. 农业机械学报，2015，46（11）：36-42.

[37] 徐博，陈立平，谭彧，等. 基于无人机航向的不规则区域作业航线规划算法与验证［J］. 农业工程

学报，2015（23）：173-178.
[38] 杜岳峰，傅生辉，毛恩荣，等. 农业机械智能化设计技术发展现状与展望［J］. 农业机械学报，2019，50（09）：1-17.
[39] 李文勇，李明，钱建平，等. 基于形状因子和分割点定位的粘连害虫图像分割方法［J］. 农业工程学报，2015，31（5）：175-180.
[40] 郭浩，张胜利，马钦，等. 基于点云采集设备的奶牛体尺指标测量［J］. 农业工程学报，2014，30（5）：116-122.
[41] 李道亮，王剑秦，段青玲，等. 集约化水产养殖数字化系统研究［J］. 中国科技成果，2008（2）：8-11.
[42] 李道亮. 农业物联网导论［M］. 北京：科学出版社，2012.
[43] 赵春江. 智慧农业发展现状及战略目标研究［J］. 智慧农业，2019，1（1）：1-7.

编撰组组长： 姬江涛
编撰组成员： 金鑫　马淏　赵凯旋　王升升　杜新武
审 稿 专 家： 杨炳南　苑严伟

第十章

纺织领域智能制造发展报告

纺织工业是我国传统的支柱产业、重要民生产业和创造国际化新优势的产业，是科技和时尚融合、生活消费与产业应用并举的产业，在美化人民生活、增强文化自信、建设生态文明、带动相关产业发展、拉动内需增长、促进社会和谐等方面发挥着重要作用[1]。

我国已经将智能制造列为国家战略。近年来，随着我国经济社会不断发展，劳动力成本不断上升，传统的劳动密集型产业发展受到严重的影响和制约，在国家重大战略和"智能制造发展规划（2016—2020年）"的指引下，"纺织工业'十三五'发展规划"把推进纺织智能制造作为六项重点任务之一，"纺织工业'十三五'发展规划"的实施大大推动了自动化、数字化、智能化纺织装备的开发，推进了纺织服装智能车间和智能工厂的建设[2]，大规模个性化定制智能生产模式已初步形成。

纺织行业的智能制造技术的不断发展和突破已经为我们展示了一个生动的行业前景，未来的纺织服装行业生产要素的调度将完全不需要人员现场控制，计算机将代替人控制供应链要素成本，进行产品研发和管理，纺织行业传统的管理模式将彻底颠覆，柔性生产和云制造将成为纺织服装生产和供给模式的主流，纺织行业的智能制造的发展潜力具有无限可能。

第一节 发展概况

一、国际纺织智能制造技术发展状况

欧、美、日等国家凭借其在互联网、计算机、工业大数据、工业机器人、增材制造、信息物理系统（CPS）、虚拟现实、人工智能等技术领域的综合优势，在以纺织产业智能制造为代表的新一代纺织工程科技创新中占据主导地位，处于领先水平。

1. 纺织领域智能制造支撑技术得到快速发展

CPS技术得到深入应用，发达国家对现有的制造过程进行了大幅度的优化，企业建立全球化网络并将生产装备、仓储与物流、供应链管理等全部纳入CPS中，给企业的生产制造、供应链、产品生命周期管理带来了根本性的改进，物联网将产品、机器、资源和人有机联系在一起，通过各环节数据共享，实现产品全制造流程和全生命周期的智能化。目前，国外已经研发出多种工艺参数在线监控技术和装备，应用日趋广泛。

2. 纺织产业全流程数字化、智能化、网络化获得全面发展

发达国家在纺织产业全流程数字化、智能化、网络化等方面采用了组合技术，形成了纺织生产流程中基于物联网的监控系统，实现了高精度控制、快速反应和柔性制造，在保证稳定的产品加工质量的前提下，为大规模个性化定制奠定了基础，同时降低了纺织企业的劳动力成本，推动纺织产业在时间、市场上争取效益。

3. 纺织装备自动化、智能化水平取得新突破

瑞士立达公司展示的适用于环锭细纱机的技术成熟、性能可靠的自动接头机械手 ROBOspin（图 10-1），这意味着环锭纺人工接头时代即将成为过去。在全球人工成本和纱厂管理成本不断上涨的形势下，纺纱自动化、数字化越来越成为主流发展趋势。近年来，转杯纺纱机、喷气涡流纺纱机都已基本实现了自动化接头或半自动化接头，环锭细纱机自身也实现了自动落纱、断头自动监测等技术突破，纱厂和业界对细纱自动接头的需求和关注度越来越高。自动接头机械手

图 10-1　环锭细纱机接头机械手 ROBOspin

ROBOspin 相当于一个小型机器人，具有精度高、耗能低、动作灵活、便于检修保养的特点。环锭细纱机两侧各装有一只机械手 ROBOspin，机械手从单锭监测系统 ISM premium 上接收断头位置的信息，并移动至待接头的纺纱单元，从管纱上寻找纱线，将纱线穿过钢丝圈和导纱钩，并置于输出皮辊之后，完成一个接头操作循环。目前，ROBOspin 每小时可完成高质量接头约 80 个，平均接头效率不低于 75%。

4. 智能纺织材料应用从穿戴向更宽领域扩展

美、日等发达国家在智能纺织材料的研制上领先一步，在人体健康监测、运动检测等方面发展迅速，如英特尔推出的"响应式服装"，搭载了只有纽扣大小的硬件平台 Cuie，利用传感器采集体温、心率等人体生理信号，并通过在衣服上集成的形状记忆合金使衣服产生变形。应用于病人、儿童等人群的健康监测服装，对运动员运动状态进行检测的服装如雨后春笋般不断涌现，这些服装采用在织物中内嵌传感器，可与智能手机或计算机互联，采集、记录并分析穿戴者的心率、呼吸频率、呼吸量、运动状态、热量消耗等指标，实现对患者健康状态的报警，或对运动员的训练或比赛提供指导。

二、我国纺织智能制造技术发展现状及水平

随着我国装备制造技术、控制技术、网络和通信技术、计算机及相关软硬件技术的发展和装备制造等基础工业技术的进步[3]，我国纺织产业正在快速从传统劳动密集型向高技术密集型转变。

1. 共性技术的发展为纺织领域智能制造发展奠定基础

在数据采集技术方面，高精度传感器技术成功地运用在纺织生产过程中，对设备状态以及半成品质量进行在线监测。在数据传输技术方面，车间级 5G 网络实现了设备的互联互通，为设备状态实时监控与智能制造架设了一部云梯通达云制造。在控制技术方面，四合一

控制器成功应用在粗纱机控制上，解决了多变频协同控制中的启动加速和停车减速同步控制难题。在信息融合方面，纺织企业通过构建纺织生产流程的信息模型，融合纺织生产数据、纺织设备状态数据、加工过程数据、物流控制数据，为生产提供决策支持。目前，在国内纺织企业得到重点应用的郑州天启MES、品特的细纱单锭监测系统、长岭纺电的实验室管理系统，通过多个子系统的信息融合，实现了纺织生产过程的远程数据查询、远程故障诊断和在线控制。在智能执行技术方面，纺织企业通过建立在线监测系统，能充分采集制造进度、现场操作、质量检验、设备状态等现场信息，并能够对生产计划、生产调度进行模型化分析，实现生产过程的量化管理和动态追踪。从应用情况看，经纬纺机的E系统覆盖了从清梳联到并条、精梳、粗纱、细纱、络筒、包装的纺纱生产全流程[4]。

2. 纺织智能制造试点示范项目引领作用显著

为推进智能制造发展，工业和信息化部自2015年启动实施智能制造试点示范专项行动，以促进工业转型升级，加快制造强国建设进程，2015—2018年纺织行业共有19个项目入围。从示范试点项目来看，已经涵盖了从化纤到纺纱、织造、印染、服装的纺织全产业链。经过四年的试点示范引领，众多纺织服装企业纷纷踏上智能制造征途，涌现出一大批纺织智能制造车间和工厂，使我国纺织行业智能制造整体水平得到大幅度提升，但从地域来看，以东部沿海的山东、福建、浙江、江苏四省领跑，中西部地区的发展相对滞后。

3. 数字化智能化纺织装备和工艺取得重大突破

随着大量数控技术进入我国纺织机械领域，我国纺织装备的自动化、数字化水平快速追赶国际先进水平[3]，山东魏桥纺织绿色智能一体化生产线中的清梳联、粗细络联、筒子纱智能包装运输、智能仓库等主体设备全部国产化，纺纱万锭用工降低到10人左右，标志着我国棉纺织装备数字化智能化整体水平达到世界领先。

4. 纺织智能材料成为产业发展热点

我国智能服饰的研发和应用取得了较大进步，从服装到鞋帽品种繁多，如小米男士双面穿3.0智能温控鹅绒服，有USB接口可实现三档调节的智能温控，15s快速加热。联想SmartVest智能心电衣，能够360°扫描心脏，实时监测用户12导联的心电图，提供心率数据；通过手机端APP应用的实时数据，用户可以随时掌握身体状况，也可以根据数据定制健康趋势分析或是优化训练方案，续航时间达到2周。百度361°智能童鞋，内置520mA·h电池，无线充电，通信模块采用GSM/GPRS/EDGE（900，1800MHz），定位方式采用GPS/WiFi/GPRS+G_SENSOR辅助定位，定位精度户外最高5m，室内最高30m，内置加速度传感器，可实现实时精准定位、电子围栏保护、签到智能提醒、运动数据监测、专业健康指导等功能。李宁云三代全防护跑鞋右脚鞋底中加入了华米智能芯片，能够手动拆卸，记录基本的运动数据，可精确计算跑步时的步频和前脚掌落地的百分比，帮助跑步者了解自己的跑步习惯，从而调整跑步姿态，减少运动损伤，让跑步变得"智能"起来。

5. 数字化转型推动工业互联网发展进程

2019年，纺织行业坚持深化供给侧结构性改革，持续加快推动转型升级，努力克服下行风险压力，实现了相对平稳发展[5]。随着电子商务体系在我国的发展成熟和不断壮大，纺织服装行业电子商务高速增长期已经结束，进入理性发展阶段；新模式、新业态、新消费发展迅猛，产业数字化进程逐步加快。2019年纺织服装行业电子商务持续增长，电子商务交易额为6.69万亿元，同比增长12.06%（图10-2），其中纺织服装企业间（B2B）

电子商务交易额为 4.90 万亿元，服装家纺网络零售额为 1.67 万亿元。纺织行业电子商务交易额持续增长，市场规模进一步扩大；电子商务对行业贡献率不断加强，企业生产效率获得提升，线上交易模式得到优化创新，电子商务服务体系日益完善，进一步推动产业转型与升级。

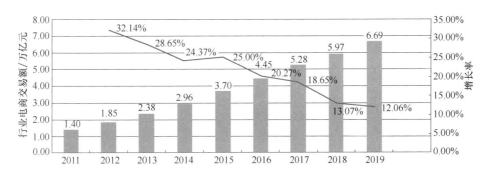

图 10-2　2011—2019 年纺织产业电子商务交易额

（数据来源：中国纺织工业联合会信息化部、流通分会）

产业数字化、互联化的进程不断加速，进一步推动了我国消费市场从消费互联网向工业互联网方向转变。在电子商务驱动下，5G、大数据、云计算、人工智能等信息技术将加快对实体经济的渗透与融合，开放的技术平台将不断为中小企业赋能，数字化产业集群正在加速形成；物流仓储、供应链管理、电子支付、信息技术等服装电子商务相关的服务提供商也将不断提升自身的数字化能力，创新解决方案，形成更加多元化的发展格局。

6. 我国纺织产业智能制造水平与发达国家的比较

（1）**在设备自动化、数字化程度方面**　发达国家自动化程度高，特别是在重点装备，如细纱机、浆纱机、自动穿针机、织机、大型印染装备等方面具有明显的领先优势。我国棉纺设备的自动化、数字化控制发展较快，居世界同等先进行列。

（2）**在设备互联互通方面**　发达国家新型智能纺织设备均自带智能通信接口，且控制通信容量比较大，设备互联互通水平高。我国部分设备具有通信接口，但标准不统一，老旧设备存量大，改造难度大；国内纺织设备互联互通标准缺失，整体水平落后于发达国家。

（3）**在数据采集方面**　发达国家，如德国、日本、英国、意大利等已经实现了信息化，并开发了相关的数据采集和信息管理系统。我国目前还没有真正比较通用的数据采集与信息管理系统，与发达国家先进水平相比，国内纺织生产过程数据采集技术水平相对落后，急需突破。

（4）**在信息融合方面**　发达国家纺织企业已能构建产品全生命周期的信息模型。我国部分企业已经构建了全产业链的数据模型，国内纺织企业信息化尚处于起步阶段，需扩大信息集成度和信息应用。

（5）**在智能执行方面**　发达国家已能实现大多数纺织设备的高精度运动控制、纺织生产和工艺仿真、数字孪生、智能仓储和物流等。我国智能执行技术的研究和应用已经取得明显进步，但仍有少数高速高精度执行机构依赖进口，与发达国家还存在一定差距，需要重点突破。

（6）在智能运营方面 发达国家，如德国、美国、日本的纺织企业在智能运营方面的研究不断深入，应用已经比较广泛。国内纺织企业在智能运营方面属于尝试阶段，与发达国家差距不大，但发达国家技术基础较好。

（7）在供应链管理方面 发达国家已经形成了智能化产品全生命周期管理系统，能有效降低人力、物力、财力消耗，提高了生产效率。我国少数企业开始尝试从智能仓储向外延伸到智能物流，国内外差距显著，国内需要在生产信息实时共享及生产计划的智能化技术上有所突破。

（8）在个性化定制方面 发达国家已经实现订单信息和成品信息的网络化交易，借助大数据为客户提供个性化产品方案，提升了用户体验，降低了库存。我国近几年发展较快，已有青岛酷特、山东如意、宁波雅戈尔、慈星股份等多家企业的成功案例。国内外智能化程度相当，国内需要拓宽个性化定制的应用领域和渠道，扩大终端产品的个性化定制，开发中间产品（纱线、面料）的个性化定制技术。

（9）在智能纺织材料技术方面 发达国家在智能温控、形状记忆等智能纺织材料技术方面相对成熟，智能变色纺织材料技术成熟，电子信息智能纺织材料技术趋于成熟，已有部分产品开始商业化应用。我国智能温控纺织材料技术相对成熟，但商业化产品不精；形状记忆纺织材料技术相对较弱，自主创新不足，基础研发能力较弱，与发达国家相比还有较大差距；智能变色纺织材料紧跟世界先进水平；电子信息智能纺织材料技术水平比较落后，有小规模应用，但技术水平较低。

总之，我国纺织行业在装备制造业方面相对落后于发达国家；在纺纱和织造端处于世界先进水平，在印染和制衣端处于世界先进水平。综合评价是我国纺织行业的智能制造技术整体水平处于世界先进列。

第二节 实施进展

"纺织工业'十三五'发展规划"把推进纺织智能制造作为一个重要的攻关方向，提出加强自动化、数字化、智能化纺织装备开发，推进纺纱、化纤长丝、针织、印染、非织造布、服装和家纺数字化、智能化工厂（车间）示范工程（"七条线"），培育发展大规模个性化定制[6]，具体包括：

（1）化纤长丝智能生产 建设涤纶、锦纶等化纤长丝智能化车间或生产线，实现化纤生产过程模拟，化纤生产数字化集成系统应用、卷装落卷、换筒管、堆放、包装及运输的自动化和智能化，形成化纤长丝系统优化与控制一体化解决方案。

（2）智能化纺纱 实现纺纱全流程自动化生产、数字化监控和智能化管理，工序间物料自动输送，夜班无人值守，设备生产过程、故障可远程控制、诊断，万锭用工20人以内。

（3）智能化针织车间 通过数据网络将针织设备与计算机辅助工艺设计系统、生产管理系统联通，对设备状态、生产数据、工艺数据和花型数据进行在线监控，实现对设备的集群智能控制以及物料、仓储、输送的自动化、智能化。

（4）智能化服装、家纺车间 应用RFID技术，具有自动化缝制单元、模板自动缝制系统、智能吊挂系统、柔性整烫系统，自动立体仓储和物流配送系统，建立包含测体、设计、试衣、加工的自动化生产流程及检验、储运、信息追溯、门店管理等在内的信息化集成管理体系。

（5）智能化印染生产　建立智能化印染连续生产车间和数字化间歇式染色车间，具有印染生产工艺在线采集、智能化配色及工艺自动管理、染化料中央配送、半制品快速检测等系统，实现生产执行管理 MES、计划管理 ERP 系统及现场自动化 SFC 系统的集成应用，从单一装备的数控化向整体工厂的智能化转变。

（6）智能化非织造布生产　开发高速梳理机、智能化多模头纺熔复合非织造布生产线、新型纳米级非织造生产线、双组分纺粘非织造生产线、高效高产环保节能气流成网生产线、湿法成网非织造生产线。实现纺丝、成型、原料输送、包装等工艺技术的自动化、数字化、连续化集成应用，实现非织造布生产的全流程数字化监控和智能化管理。

（7）培育发展大规模个性化定制　制定服装测量方法标准，推动人体数据库建设和服装号型标准制定，提高三维人体测量、服装三维可视化及模拟技术的精准性和实用化。鼓励建设消费者与生产企业信息交互平台、产业链协同供应平台，在服装、家纺行业，推广个性化定制和批量定制，直接对接消费需求，用工业化手段生产个性化产品[1]。

2017 年，在中国科协智能制造学会联合体的积极倡导和指导下，结合世界智能制造十大科技进展和中国智能制造十大科技进展评选活动，中国纺织工程学会开始在全行业组织开展"纺织工业践行智能制造试点示范企业"的申报评选工作，希望通过评选发现和树立一批践行纺织领域智能制造并取得卓越成效的优秀企业，并将其优秀经验和实践推广到全行业，推进纺织企业数字化、网络化、智能化的设计和生产进程，推动纺织行业智能制造产业的快速发展和传统产业的转型升级。此次活动评选出五洋纺机、江苏大生、鲁泰纺织、广东溢达、华纺股份等 10 家企业为践行智能制造示范企业，魏桥纺织、南山纺织、山东如意、江苏明源、山东华兴等 16 家企业为践行智能制造试点企业。

2018 年，中国纺织工业联合会结合工业和信息化部"中国智能制造试点示范企业评选"活动，推出"纺织行业智能制造试点示范企业评选"活动，有 23 家企业列入 2018 年纺织行业智能制造试点示范企业，见表 10-1。

表 10-1　2018 年纺织行业智能制造试点示范企业名单

序号	试点示范项目名称	单位
1	高支环锭纺纱智能工厂	无锡一棉纺织集团有限公司
2	环锭精梳纺纱智能车间	宁夏如意科技时尚产业有限公司
3	喷气涡流纺纱智能生产线	吴江京奕特种纤维有限公司
4	环锭纺纱智能生产线	魏桥纺织股份有限公司
5	环锭纺纱智能生产线	江苏悦达棉纺有限公司
6	差别化聚酯纤维智能工厂	新凤鸣集团股份有限公司
7	锦纶 6 长丝智能工厂	义乌华鼎锦纶股份有限公司
8	涤纶长丝智能工厂	浙江恒逸高新材料有限公司
9	涤纶长丝智能车间	江苏恒科新材料有限公司
10	印染全流程数字化工厂	华纺股份有限公司
11	间歇式印染全流程数字化工厂	徐州荣盛纺织整理有限公司
12	针织智能仓储配送生产线	安莉芳（山东）服装有限公司

(续)

序号	试点示范项目名称	单位
13	针织印染智能车间	湖北嘉麟杰纺织品有限公司
14	针织服装智能生产线	佛山市安东尼针织有限公司
15	水刺复合医卫材料智能生产线	福建南纺有限责任公司
16	聚酯纺粘针刺非织造材料智能车间	天鼎丰非织造布有限公司
17	高速水刺复合法非织造布智能生产线	大连瑞光非织造布集团有限公司
18	热风非织造布智能车间	安徽金春无纺布股份有限公司
19	家纺床品智能生产线	罗莱生活科技股份有限公司
20	家纺床品智能生产车间	无锡万斯集团有限公司
21	家纺毛巾智能工厂	滨州亚光家纺有限公司
22	羽绒服装智能工厂	波司登股份有限公司
23	针织服装智能生产线	江苏东渡纺织集团有限公司

2019年，我国纺织产业向智能制造转型升级速度明显加快，智能制造水平有了大幅提高。中国纺织工业联合会为了深入贯彻国家重大战略和"智能制造发展规划（2016—2020年）"，进一步落实"建设纺织强国纲要（2011—2020年）"以及"纺织工业'十三五'发展规划"，中国纺织工业联合会于2019年10月10日在武汉召开了2019年中国纺织工业智能制造大会[7]，会议公布了中纺联2019年纺织行业智能制造系统解决方案优秀集成商名单（见表10-2）和2019年纺织行业智能制造试点示范企业名单（见表10-3）。

表10-2 2019年纺织行业智能制造系统解决方案优秀集成商

序号	集成名称	单位
1	棉纺智能工厂	经纬纺织机械股份有限公司
2	数字化纺纱物流包装集成系统	赛特环球机械（青岛）有限公司
3	纱线染色智能生产解决方案	泰安康平纳机械有限公司
4	智能制造缝纫设备及系统	杰克缝纫机股份有限公司
5	熔纺成套设备智能制造系统解决方案	北京中丽制机工程技术有限公司
6	氨纶工程智能制造集成系统	中远氨纶工程技术有限公司
7	涤纶长丝智能车间集成系统	东华大学
8	化纤长丝制造全流程智能制造技术集成	中国纺织科学研究院有限公司
9	数字化染整工厂整体解决方案	立信染整机械（深圳）有限公司
10	染整数字化工厂系统集成	杭州开源电脑技术有限公司
11	染整设备能源管理云平台	绍兴环思智慧科技股份有限公司
12	大规模个性化定制平台	青岛酷特智能股份有限公司

表 10-3 2019 年纺织行业智能制造试点示范企业名单

序号	试点示范项目名称	单位
1	纺纱新模式智能生产线	武汉裕大华纺织服装集团有限公司
2	新型纺纱智能生产线	安徽华茂纺织股份有限公司
3	新型纺纱智能生产线	福建长源纺织有限公司
4	全流程锦纶6智能车间	福建锦江科技有限公司
5	超细旦氨纶智能生产线	新乡化纤股份有限公司
6	绿色聚酯纤维智能生产线	桐昆集团浙江恒腾差别化纤维有限公司
7	数字化染整智能工厂	鲁丰染织有限公司
8	家用纺织品智能生产线	愉悦家纺有限公司
9	羊绒粗纺智能工厂	康赛妮集团有限公司
10	针织鞋服柔性定制智能工厂	宁波慈星股份有限公司
11	服装行业C2M智能工厂	安徽红爱实业股份有限公司
12	服装智能制造工厂	雅戈尔服装制造有限公司
13	沙发套智能生产线	临沂东隆家纺有限公司
14	喷水织造智能生产线	江苏德顺纺织有限公司
15	土工格栅智能工厂	山东路德新材料股份有限公司
16	土工织造材料智能工厂	滁州天鼎丰非织造布有限公司

第三节 面临的突出问题

在国家层面重大战略和规划的推动下，我国纺织产业界已经清醒地认识到，在世界新科技革命和新产业革命的环境下，纺织产业走可持续发展之路，追求高端直至引领世界，产业领域践行智能制造是必由之路。

近年来，我国已经在纺织产业领域推进智能制造，并取得了一定的成效。但总体水平上我国纺织产业制造水平还处在工业 2.0 与工业 3.0 交汇、向工业 4.0 发展的阶段，与发达国家相比，纺织产业领域智能制造整体水平差距仍然相当大[8]。制约我国纺织产业智能制造快速发展的主要因素有众多中小纺织企业的传统工业思维、纺织人才队伍和科技资源的薄弱、纺织智能制造研发投入不足、纺织智能制造软硬件基础能力弱、跨领域协同不够等。

一、纺织行业的体系庞大工序繁多制约智能制造实施

纺织行业作为传统的劳动密集型产业，涵盖了化纤、纺纱、机织、针织、非织造、染整、制衣、纺织仪器八大子行业，纺织生产加工工艺流程长、机器种类繁多、性能差异大、操作精度要求高且动作复杂，各工序都需要最聪明最智慧的人来操作，其工艺操作的复杂性、精准性决定了无法通过一个普通的三轴或五轴机器人取代。为了实现我国纺织产业由劳动密集型、资源消耗型向技术密集型、资源节约型、环境友好型转变，纺织产业实施智能制造的重点、难点首先要做好工业 2.0 和工业 3.0 补课，解决好纺织加工过程中众多高复杂性高精度手工操作环节的机器换人问题，实现各工序的数字化控制、无人化操作，为后续智能

制造水平的提高奠定良好的基础。在此基础上，做好工艺（工序）集成，形成自动化、数字化、智能化系统，从而显著减少劳动用工，涉及纺织生产过程的检测、识别、分析、推理、决策的智能化执行，纺织智能设备（化纤、纺纱、机织、针织、非织造、染整、制衣、质量检验仪器设备、仓储、物流）间互联互通、信息融合、制造执行、运营分析、信息安全和功能安全，生产决策、质量控制和全流程追溯的智能制造标准体系。这些工作在我国尚处于起步阶段，个别高水平案例的实施不代表整体水平高和体系完善，纺织行业智能制造转型升级目标明确，需要各学科交叉、各专业协同、全产业链并进来攻坚克难。

二、数量众多的纺织企业还停留于传统工业思维

纺织行业已进入了互联网时代，互联网思维的核心是开放、平等、互动、合作，互联网时代的工业思维须更加关注产品个性化、制造柔性化、服务延伸化、组织扁平化、经营虚拟化、竞争系统化，与传统纺织产业生产大规模、标准化，组织架构多层、多事业单元，营销依靠实体店，竞争依靠低成本的思维有着本质的区别。我国少部分企业已经融入互联网时代，着手重构以互联网为基础的智能制造企业经营管理模式，但相当多的企业还基本停留于传统工业思维[8]，或者简单"触网"，企业内外价值链的数据化尚未形成，互联网与企业的生产和经营管理等未能深度融合。企业的传统经营管理模式仍在延续，组织架构层次多，制造规模化、产品同质化、要素成本高、竞争乏力。

三、纺织行业智能制造亟需加大创新研发投入

目前国内制造领域32个行业中属于纺织行业的化学纤维制造、纺织、服装服饰行业的年度研发经费投入强度都低于1%[9]，而且纺织、服装服饰行业的年度研发经费投入强度排名居于制造领域32个行业的中下游。企业投入的研发资金主要用于硬件设施的引进、更新和产品的创新，真正用于纺织智能制造关键技术创新研发的投入普遍偏少。目前，国家对于纺织产业领域智能制造技术研究方面的投入相对较少，如在2016—2018年的国家重点研发计划项目中，尚无纺织行业领域的智能制造重点研发计划项目。国家重点研发计划的重点专项按照基础前沿、重大共性关键技术到应用示范进行全链条设计，一体化组织实施，涉及纺织产业领域的智能制造须以纺织制造为主体，跨领域组织联合相关力量开展科技攻关，相关机制目前尚不完整，各方的积极性尚未充分调动。

四、纺织行业智能制造软硬件基础和应用能力有待提升

与美国、日本等发达国家相比，我国纺织行业智能制造技术总体落后，主要表现在纺织智能制造的装备、传感器、专用控制器件、控制软件、管理软件等软硬基础能力相对较弱。已经开始实施两化融合的企业大多采用跟随和模仿战略，核心技术缺失，共性技术不足，高端装备、关键部件、基础件和电子元器件等大多依靠引进，或通过引进、消化、吸收，进行二次开发[3]。大多数纺织企业尚未建立 MES 系统，即使建立了 MES 的企业，其计划和成本控制对象也未细化，未完全实现与 ERP 的集成应用。纺织全产业的"两化"尚未深度融合。"互联网+"融入纺织产业，涵盖通信运营商、互联网企业、纺织制造企业等多方面，各方对信息互联互通、接入技术标准等尚未形成统一认识，缺乏对标准规范、业务流程、管理模式、知识经验等数字化能力要素进行全面集成和充分融合[3]。

第四节 实践案例

我国纺织行业的智能制造起步比较早,近年来发展比较快。纺纱行业的无人化车间万锭用工由 20 世纪 80 年代的 300 人减少到目前的 3~10 人。织造端由于新技术的采用和效率的提高,单人看机台数也大幅提高,发展趋势是无人值守车间和黑灯工厂。印染领域的无人化车间案例也很多见,如康平纳的自动筒子纱染色车间、华纺股份的无人连续印染车间等。轰动一时的青岛红领大规模个性化定制引发了纺织行业柔性生产的实践。目前,我国制衣业具有柔性生产能力的企业非常普遍。更加值得关注的是广东溢达集团的卓越工程计划,已实现缝纫车间的自动抓取和缝纫,向无人化缝纫车间迈出坚实的一步。

我国纺织行业的智能制造技术正在企业的引领下突飞猛进地发展,下面几个案例是近来纺织行业践行智能制造比较突出的新案例,值得研究和关注。

一、魏桥纺织绿色智能一体化生产线

1. 应用概况

魏桥纺织股份有限公司(以下简称魏桥纺织)建设的纺织绿色智能一体化生产线,通过优选节能设备和设备运行能耗的监控管理,实现节能目的,通过 ERP 系统与 MES 的无缝连接,形成接单、采购、计划、生产、仓储、物流、客户交付、反馈等环节的闭环管理,实现订单的生产过程全流程智能控制和全流程数据追踪。

2. 解决的技术难点或热点问题

(1)基于 5G 的车间物联网　纺纱车间由于设备功率大造成电磁辐射强度大,架设 5G 物联网,解决了在强电磁干扰环境下,实现纺织设备的互联互通的难题。

(2)棉纺全流程自动运输问题　长期以来,由梳棉到并条、并条到粗纱之间的棉条筒自动运输难题一直没有得到很好的解决,有轨运输小车不仅因为轨道架设施工难度大、费用高,还使人员通行不便,这个问题困扰了众多的纺纱企业。激光导航无轨道棉条筒运输小车的应用,不仅很好地解决了这个难题,而且投资少,定位精度高,调度自由。

(3)大数据采集　大数据是智能制造实施的基础,大数据的采集是项目实施的难点。该项目联合设备供应商和网络集成商,采用了超过 15 万个不同类型的传感器,对所有设备的运行参数进行检测,通过经纬 E 系统进行集成。

(4)信息融合　通过经纬 E 系统与企业 ERP 系统的融合,将企业的生产信息与订单信息、原材料采购信息、半制品及产品质量信息有效融合,实现了产品全流程信息的可追踪溯源。

3. 具体做法和实践经验

魏桥纺织绿色智能一体化纺纱生产线设备国产化率达 70% 以上,仅并条、自络设备和部分关键牵伸部件进口,这样既能保证设备运行的先进性和高水平,又能有效降低投资成本。建成智能纺纱示范车间 4 个,通过整合设备厂商和软件开发商,实现了数据的集成,以经纬 E 系统为平台,实现了 ERP 系统与 MES 的无缝连接;实现了精细化管理,进一步挖掘了设备产能;实现了设备状态预警、质量超标预警、环境超标预警、能耗超标预警的预警机制,使工厂内部的人、机、料、法、环等生产要素实现互通、互联、互动,达到智能化。根

据生产实际情况，不断调整各要素最优化，使智能工厂的智能高度化，建立远程监控下的制造管控，从纵向和横向相连，确立主动性、战略性的信息综合运营系统。该条生产线万锭用工 10 人左右，实现了生产全程自动化、控制系统智能化、在线监测信息化。在项目实施过程中，结合生产实际，对原有技术进行了大量更符合生产实际的改进，如两条自动包装线和筒子纱运输轨道的串联程序改进等，使生产流程更加合理、用工进一步减少、生产劳效进一步提高。

魏桥纺织绿色智能一体化生产线，采用先进的生产设备，并配以强大的大数据平台和先进的管理系统，实现了生产全程智能化、控制系统智慧化、在线监测信息化和制造过程绿色化。

1）纺纱车间采用智能落纱粗纱机、新一代超长智能细纱机、筒纱智能包装物流系统等先进设备，纺纱万锭用工 10 人左右。织布车间采用进口新型的高速喷气织机、电子提花机、浆纱机、整经机、穿经机全部为进口设备，均为世界先进水平。

2）首次在棉纺织领域建立了智能订单、工艺大数据平台系统，形成了接单、采购、计划、生产、仓储、物流、客户交付、反馈等闭环管理，实现了订单的生产过程全流程跟踪。通过纺织生产与现代互联网、物联网的融合，充分运用数字化、网络化、智能化技术，把人、机器、原料、工艺、环境和产品等要素变成有机统一的大系统，使企业的智能制造始终保持世界领先水平。

3）实现全流程、全覆盖、立体数据采集及 360°无死角生产监控，建成了全过程质量可追溯透明工厂。

4）建成与生产厂家供应链、设备厂家技术专家站、产品客户端、公司管理层"四方一体"的 5G 远程运维管控系统。

5）采用激光导航 AGV 小车，实现了纺纱车间全流程物流自动化，并通过 AGV 小车与织布对接，实现了纺织物流的一体化。该项目具备年产高档紧密纺纱 1.5 万 t、高档面料 3200 万 m 的生产能力。

图 10-3 所示为魏桥纺织智能纺纱系统中央控制室，图 10-4 所示为激光导航棉条筒运输 AGV 小车，图 10-5 所示为智能筒子纱包装车间，图 10-6 所示为基于 5G 通信的车间控制终端。

图 10-3　智能纺纱系统中央控制室

第十章 纺织领域智能制造发展报告

图 10-4 激光导航棉条筒运输 AGV 小车

图 10-5 智能筒子纱包装车间

图 10-6 基于 5G 通信的车间控制终端

4. 创新性

1）应用 15 万个传感器，对所有的一线数据进行采集，然后进行智能分析，其结果可反馈给系统自动调节生产过程。

2）5G 技术 + 智能制造。基于 5G 技术搭建车间物联网，实现了高带宽低延时的无线数据传输，通过车间无线控制终端实现设备的实时在线监控。

3）全流程自动运输。棉纺清梳联、粗细络联已为成熟技术，该项目通过激光导航的棉条筒运输 AGV 小车，进一步实现了梳并联和并粗联，同时激光导航的棉条筒运输 AGV 小车克服了有轨小车轨道架设投资大、轨道占用地面影响人员通行的缺点。

二、慈星针织品智能柔性定制平台

1. 应用概况

宁波慈星股份有限公司的针织品智能柔性定制平台，旨在建立一个全新的、面向全世界毛衫市场的 C2M、C2B2C 生态系统，目前已实现 PC、APP（Android、iOS）、微信和小程序等多终端覆盖,消费者可以方便地选择任意终端进行个性化定制。平台还采用了先进的三维仿真技术,通过算法快速构建商品三维模型,用户在选择定制选项时,可以立即看到定制效果,并且可以360°查看商品细节(图10-7)。项目的实施整合、集聚了服装原材料、个性化面料、智能纺织装备、品牌服装等众多资源,各自分工合作,已在适当个体中建立样板智能工厂,开展带头示范,循序渐进,边示范边拓展,形成更广泛的以物联网为基础设施和实现工具的经济发展新形态。

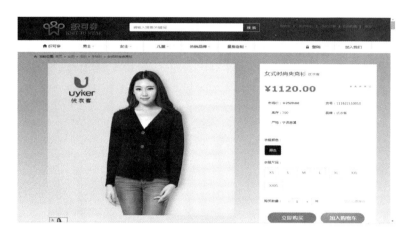

图10-7 慈星针织品智能柔性定制平台

项目改变了整个毛衫产业链运作的规则,建立了一个全新的、面向全球毛衫市场的C2M、C2B2C生态系统。可以满足个性化定制的时尚趋势需求,尤其适合体形差异化大的客户群体,实现低成本、高度智能化的柔性制造,以及销售去库存化和销售渠道的扁平化;用众包模式,充分整合产业资源,特别是全球范围内优秀的设计师资源,引领针织服装设计的时尚和产业的可持续发展。

2. 解决的技术难点或热点问题

1)解决了多系统资源整合和信息融合难题。通过构建针织毛衫产品数据模型、生产流程的信息模型,融合纺织生产数据、纺织设备状态数据、加工过程数据、物流控制数据,为生产提供决策支持,可实现设备的远程故障诊断和工艺控制,对订单进行全流程追溯,准确测算成本、控制交货期。

2)解决了制约国产针织横机发展难题,打破国际壁垒,软硬件控制及制版系统自主可控,提升针织行业产业安全。实现了主要智能装备——新型全自动电脑针织横机的国产化,产品支持工业互联网,组网方便。支持自动对目缝合及柔性个性化定制,实现即时生产,综合性能达到国际先进水平。

3. 具体做法和实践经验

(1)慈星针织品智能柔性定制平台 慈星针织品智能柔性定制平台的开发步骤如下。

1)用户定制流程和毛衫工厂个性化定制生产流程的确定。第一步确定用户定制流程,第二步是优化毛衫工厂个性化定制生产流程。

2)慈星针织品智能柔性定制平台基本架构设计。如图10-8所示,通过整合终端销售商、设计师、智能代工厂、原料供应商、物流配送服务方、支付结算服务提供方等，打造多方参与的共赢的生态体系，实现终端、应用、平台和数据一体的全产业链合作的多方平台。

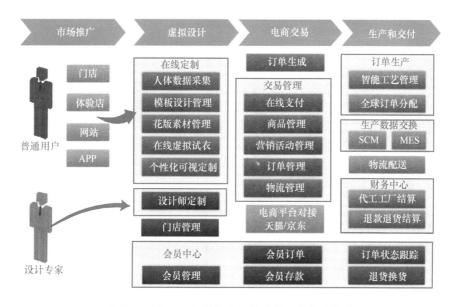

图 10-8　慈星针织品智能柔性定制平台基本架构

慈星针织品智能柔性定制平台以电子商务系统为依托，与其他系统（ERP、MES、APS、SCM 等）进行无缝对接，通过平台数据交互，实现多信息系统融合，使设计到生产再到物流等各个环节形成一个闭环。

3）系统云平台架构。慈星针织品智能柔性定制平台采用公有云＋私有云的网络架构，如图 10-9 所示。公有云＋私有云的网络架构一方面提升了数据处理能力以及数据安全性，另一方面为消费者良好的定制体验提供保障。

4）数据库的建设及功能。慈星针织品智能柔性定制平台数据库架构如图 10-10 所示。

（2）针织智能工厂建设（离散型智能制造模式）

1）智能工厂样板车间建设。慈星针织品智能柔性定制样板车间，按照离散型智能制造模式建设，样板车间横机智能生产线如图 10-11 所示，其特点如下：

① 生产过程可控。通过信息化、数字化的生产过程，尽量减少人工干预，确保每件产品准时、可靠地生产。

② 生产质量可控。通过合理安排生产工序，严格管控每个质检环节，确保每件产品以最高品质送达客户手中。

③ 兼顾生产效率。细化每个生产步骤，合理安排生产工序，通过提高生产效率提高工厂产品的竞争力。

2）数字化车间的网络建设。慈星电脑横机都带有联网功能，利用 RJ45 网口或无线网卡可以组成一个局域网，在此基础上，开发了一款基于 UPnP 技术的横机远程控制系统，可以在 PC、平板计算机、手机等终端上运行监控软件，实现对电脑横机的远程监控和控制，如图 10-12 所示。

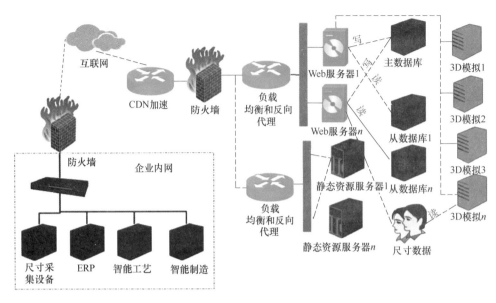

图 10-9　慈星针织品智能柔性定制平台网络架构

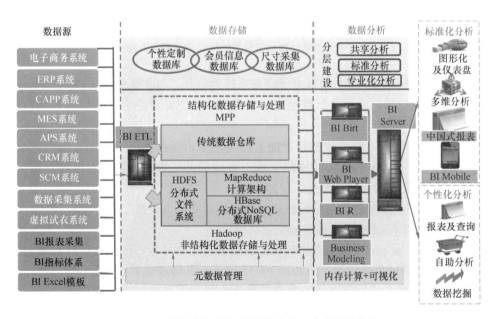

图 10-10　慈星针织品智能柔性定制平台数据库架构

3）智能工厂信息化建设。智能生产管理系统是一套面向针织品制造企业车间执行层的MES，主要为企业提供包括制造数据管理、计划排程管理、生产调度管理、库存管理、质量管理、采购管理、成本管理、生产过程控制、底层数据集成分析、上层数据集成分解等管理模块，为企业打造一个扎实、可靠、全面、可行的制造协同管理平台。

4. 创新性

1）慈星针织品智能柔性定制平台采用公有云+私有云的网络架构，提升数据处理能力以及数据安全性，为消费者良好的定制体验提供保障。

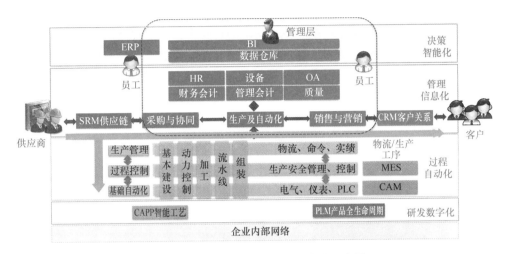

图 10-11　样板车间横机智能生产线示意图

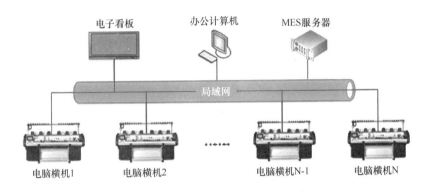

图 10-12　慈星电脑横机网络连接示意图

2）慈星针织品智能柔性定制平台项目建立了一个全新的、面向全球毛衫市场的 C2M、C2B2C 生态系统，具有颠覆性的产业生产模式，改变了整个毛衫产业链运作的规则。

3）系统通过资源整合，继承了职业设计师和自由设计师资源，可以改变设计师的从业模式，引领针织服装设计的时尚，产业的可持续发展。

4）实现销售的去库存化和销售渠道的扁平化。电商平台取消了原来服装销售中很多的中间环节，大大降低了具有高风险性的库存积压，使物流和销售成本大幅降低，从而使品牌服装的低价营销成为可能。

三、愉悦生态纺织品智能工厂示范

1. 应用概况

愉悦家纺有限公司实施四化（标准化、信息化、自动化、智能化）融合战略，推进研发中心、运营中心、制造中心、共享支持中心、战略决策与绩效监控中心、IT 支持中心六大平台建设（图 10-13），打造生态纺织品智能工厂。

公司横向建立起以计划管理、仓储管理、采购管理、销售管理、财务管理、人力资源管理、能源管理等业务顺利展开为目的的高集成管理系统 SAP，同时各项业务流程的顺利展开则辅以及时办公软件 OA 等与生产制造体系进行紧密接合。纵向建立起柔性化智能纺纱生产线、生态纺织品面料智能制造生产线、生态纺织品视觉检测与自动化包装生产线，以及生态纺织制品自动化系统生产线。项目实施可以有效提高产品质量、减少染料助剂浪费和能源消耗、降低单位产品用工量，具有显著的经济效益、社会效益和环境效益，年节染料 270 吨，年节助剂 10397t，年节水 29.2 万 t，年节蒸汽 2 万 t，年废水减排量 15 万 t，减少用工约 320 人。

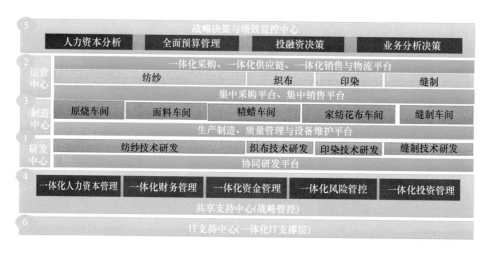

图 10-13　四化融合推进战略的六大平台

2. 解决的技术难点或热点问题

解决了全产业链生态纺织品智能制造难题。一方面是全产业链的智能制造：从纺纱、织造、印染、家纺产品的缝制到产品的包装运输，产业链长，生产制造机器设备众多，各种设备的自动化、数字化水平参差不齐，机器设备的数据采集、传输、存储都存在较大难度。项目通过国外引进与自主研发相结合，采用产学研合作方式，根据总体规划分步实施，将难题一一化解。另一方面是全产业链的生态控制：从产品原料选择到各工序加工过程，充分发挥大数据、智能制造优势，确保各生产环节符合生态要求。

3. 具体做法和实践经验

（1）系统设计　主要围绕产品维与价值链维展开相关设计。产品维包含产品设计、工艺设计、生产制造等，价值链维主要包括生产管理、质量和计量、财务管理等。在智能制造建设方面则合理规划端到端智能生产线的建设。

1）印染面料的销售报价到生产报工：在生产车间应用当前主流的集散控制技术、计算机网络技术、数据处理技术、工厂办公自动化技术等，实现助剂的自动化计量、配送、实时检测与控制、生产数据的记录及在线管理等功能，建立一套完整的工厂自动化智能化系统。

2）印染面料的报工完成到验整入库：在验整车间引进应用国际最先进的 EVS 视觉检测系统与自主研发的自动开裁系统结合，实现印染成品面料布面 70 多种质量疵点的自动检测与定长开裁；针对特殊包装的窄幅服装面料产品联合研发自动贴标与包装生产流水线，实现了贴标与包装技术的自动化和智能化，系全国首台套装备，拥有自主知识产权；针对宽幅家用纺织成品面料，经过 EVS 的视觉检测系统与自动开裁系统后，可直接进入自动包装流水线，进行自动包装与流水线运输，减少人工操作。

3）针对成品出货产品：从验整完成到缝制成包装，在缝制车间裁剪工段采用最先进的自动裁剪设备与自动吊挂系统，同时引进成品自动缝纫流水线，实现了家用纺织品的自动缝制。

（2）建设内容　主要围绕柔性化智能纺纱生产线、生态纺织品面料智能制造生产线、生态纺织品视觉检测与自动化包装生产线及生态纺织制品自动化系统生产线的建设进行展开，项目总体情况如图10-14所示。

1）柔性智能纺纱生产线建设情况。

① 电脑配棉系统。该系统主要包括基于条形码的原棉仓储电子化管理、基于HVI数据的棉包分类分组、配棉分析、排包分析、统计分析、数据查询及原棉采购管理、报表打印、数据库管理等。可根据不同纱线品种进行自动化棉包分配管理。并可根据需要自动生成采购订单。

② 智能纺纱技术的应用。与江南大学、经纬纺机合作，以环锭纺纱系统和转杯纺纱系统为对象，以实现结构参数在线变化和多品种纱线一体化加工两大功能为目标，创新构建包含控制系统、伺服驱动系统和纺纱机械的数控纺纱系统。明晰数字化纺纱成型纱线结构参数动态调控机理，构建柔性化纺纱工艺体系；以数字化调控线密度和混纺比为手段，研究优化数码色纱纺纱工艺，创建数码色纱与纺织面料新的品种体系；纺纱专家系统研制与数码色纱色彩预测与针织面料仿真模拟软件开发。

2）生态纺织品面料智能制造生产线建设情况。

① 碱站智能配液系统建设情况。系统可实现全自动运行，无人值守；模糊算法与遗传算法结合，保障长期稳定性；同时具备数据联网功能，支持远程操作。自动模式（配碱系统接收远程数据，无人值守自动配液）与手动模式（触摸屏设定浓度，自动循环配液）相结合，操作方便。

② 智能配液系统建设情况。全程电脑反馈控制，可集中控制，可分散控制；粉体、膏体重量，加水量自动核算，傻瓜式开料；助剂便捷式清洁上料，劳动强度低，环境清洁；助剂原料储罐液位监测，结合流量监测实时掌握物料备用情况；助剂配方（先计量后分配模式）精度高，安全，方便扩展；配制过程中各助剂由水隔开输送，防止离子反应；电脑控制助剂输送机台，控制加水量，保证成品料快速、准确配制；大批量生产中自动预算耗液量，减少配液浪费；系统环境控制，提高综合配液精度，人机友好；预置网络通信接口。配液中心原理图详见图10-15。

③ 印花自动调浆系统建设情况。印花自动调浆系统主要采用计算机技术、自动控制技术、色彩技术、精密称量技术，结合染整工艺，将色彩空间理论、范例推理、色光-黏度数学模型、数据库、全闭环控制及精密称量技术，应用于印染调浆，N种母色分别储存于N只储罐中。根处方数据可以根据客户订单要求通过网络在配方库管理系统中建立，并待分配系统调用。能够极大地节省染化料及其他能源消耗，提高生产效率。图10-16为印花自动调浆系统工艺流程。

印花自动调浆系统的清洁生产特性要求：保证印花糊料的新鲜度、糊料的细度及均匀性，减少了停机洗网次数，提高生产效率，节省染料；印制时纺织品上浆匀称，染料上浆快，蒸化的着色牢固，水洗时易退浆，缩短了洗涤时间并节省了水的消耗；打样与生产的一致性，使得浆料可即调即用，极大地节省了整个过程中最大消耗品——染化料的消耗。

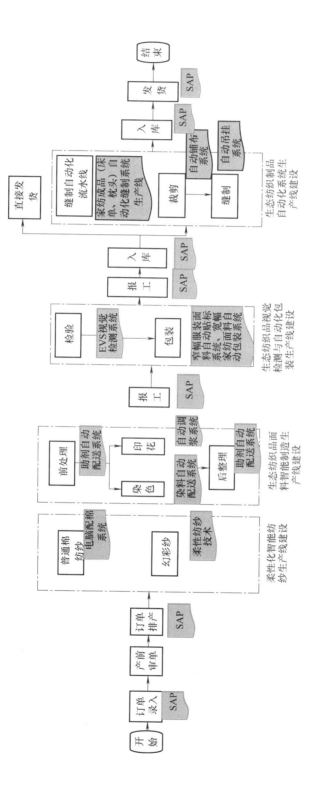

图 10-14 生态纺织品智能工厂示范项目

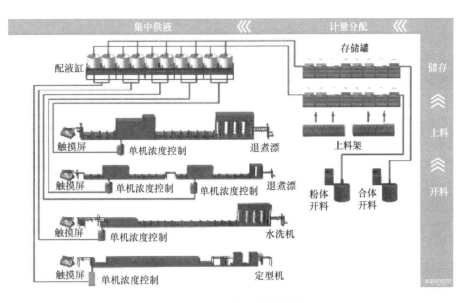

图 10-15 配液中心原理图

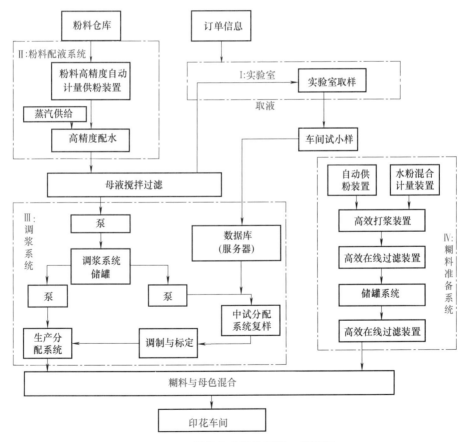

图 10-16 印花自动调浆系统工艺流程

④ 过程自动监测系统建设。

布面破洞检测系统建设情况。双氧水漂白效果好、去杂能力强和无污染等优点，广泛应用于纤维素纤维织物的漂白，但在使用过程中极易产生破洞，造成纤维脆损。由于落布过程人眼检测的缺陷会导致大批量面料的降等，为此项目引进布面破洞检测系统，该系统可以对肉眼难以观察到的细小氧漂破洞或织疵破洞进行预警，避免大批量半成品浪费。

碱、双氧水浓度自动检测及控制系统建设情况。碱浓度在线检测系统应用比重反馈和液位平衡技术，实现闭环控制，丝光碱浓度控制精度高，无跳变。采用高效混合装置，淡碱和浓碱的混合效率高。系统配备过滤装置，有效过滤毛絮和固体杂质，确保测量准确和设备运行稳定性。可选配温度补偿功能，适用不同的丝光工艺。本系统由传感器、仪表、溶液循环系统及自动控制系统组成；PLC 控制，触摸屏显示，实现直观，操作方便。

HD-200 系列双氧水浓度在线测控系统。采用化学方法对多组分助剂中双氧水含量进行在线自动分析，自动测量双氧水含量并进行自动控制，使工艺液双氧水浓度符合工艺要求，以太网通信接口，便于用户远程监控管理，保障生产工艺重现性，提高了产品档次和一次成功率。

布面含潮率检测在线控制系统建设情况。织物含潮率在线检测及控制系统主要包括检测部分、CPU 处理部分、显示部分及控制部分，通过车间机台落布含潮率在线检测及控制系统的安装与使用。系统可分别对布面左中右三点测试，三点分别显示，选取一点或三点的平均值作为控制信号，调节蒸汽供给量。织物工艺过程布身的含水率，介质的相对湿度及落布的回潮率，对于清洁生产，节约能耗极为重要。

圆网印花布面疵点检测系统建设情况。在印花过程中有些疵点如花毛、堵网、漏印、错花等都是因人为因素、半成品、镍网等问题造成，为杜绝因不正常现象造成的疵点连续发生，提高印花一等品率，为此建设印花机疵点检测系统，系统可对印花过程布面进行疵点的实时监控，并进行相应的警报处理。建设完成后减少印花疵点的连续性发生。

3）生态纺织品视觉检测与自动化包装生产线建设情况。

① EVS 视觉检测系统与自动开裁系统建设情况。IQ-TEX4 自动检测系统是 EVS 针对印花、染色、色纺等家纺产品设计开发的最新一代自动检测系统，具有提升检验效率，降低人工劳动强度、降低劳动力成本，实现数据化和信息化管理，在线实时监测、避免批量降级的特点。可检测识别织疵、渍类等布面常见疵点 70 余项。在线检测系统检验与人工检验相比具有的优点：在布面运行平稳的条件下，运行速度可达 60~100m/min。人工一般为 15~35m/min，超过 35m/min 肉眼能看到的疵点会越来越少；检测幅宽一般为 1.2~3.6m，也可根据客户需求进行调整。单个人工检测一般不会超过 1.6m；检测精度一般在 0.1mm 以上。肉眼在 15m/min 的速度下基本看不到；设备可准确直观记录疵点的图片、经纬向位置及整卷布的疵点分布情况。人工记录不够详尽准确且不直观，在记录的同时也会漏检疵点；数据可与 ERP/SAP/MES 系统自动对接导入，便于企业的数据化、信息化管理，避免了人工录入的烦琐和易出错。

② 窄幅服装面料自动贴标与包装系统建设情况。为解决目前验整车间贴标工序效率低、劳动强度高的问题与外部设备生产商联合研发蜡布自动贴标机。在研发过程中突破蜡布商标材质问题与单色胶印机、双色套印、四色印刷、六色油光印刷等技术功能，突破蜡布商标排版问题，与供应商的各种技术进行组合，研发出商标剥离器，并利用该原理制作出贴标机

头,形成输送带式的自动贴标机,再利用输送带的功能代替现在的人工拖布、拿布、剥离商标,完全由机械代替人工。该项技术拥有自主知识产权,现已建成 8 条蜡布贴标机流水生产线,参见图 10-17。通过机器换人,减少用工 60 余人,年节约人工成本 300 余万元;解决包装质量前后不一致问题,解决商标漏贴、商标粘贴不齐等问题,提高产品质量稳定性;解决包装瓶颈问题,提高机台下机效率,保证货单交期。

③ 宽幅家纺面料自动包装线建设情况。目前建有 1 条自动打卷包装流水生产示范线(包括 7 台打卷自动传送机、1 台自动封塑

图 10-17 窄幅服装面料自动贴标

机、1 台热塑机、2 条提升机、7 台自动分离落布机),总投资 200 多万元,可对验整完成后的打卷宽幅家纺面料进行 PE 膜的自动包装与流水线输送。通过机器代人,减少用工 40 人,年节约人工成本 200 余万元;解决单花型单独放置、条码不符、贴错条码、实物不符,提高外观包装质量,提升产品质量稳定性;减轻员工劳动力,减少员工身体损伤。

4)生态纺织制品自动化系统生产线建设情况。

① 家用纺织品缝制自动排产系统建设情况。针对缝制业务数量比较庞大,计划分配不均衡;依据经验分派,缺乏科学性,不能通过供应商管理的规则进行分派;基础数据收集不实时共享等问题,对缝制排单系统进行信息化改造,收到了良好的效果:对 305 种分类产品进行合理保供,实现了均衡排单;完成对供应商的管理和等级划分;通过接口打通排单系统和 SAP 的互联,可执行自动化排单后进行人工调整,减少反复操作,提高整体排单效率;计划权限收拢到计划主任,加强了计划主任管控、决策能力;掌握外放加工点生产进度,可实时报工、回货,并可做三天回货计划,实现了基础数据的收集和信息共享。

② 自动铺布系统建设情况。针对缝制厂在裁剪面料时采用人工铺布方式导致的员工劳动强度大、铺布效率低,以及铺布张力不一致带来的布面尺寸有差异问题,公司联合设备供应商研发了自动化铺布设备,参见图 10-18。采用该设备,每个案板可节省用工 3 人,降低用工与劳动强度的同时极大地保证了面料铺开时的张力问题,从而保证了面料的裁剪质量,裁成率提升 10% 以上。

③ 自动吊挂系统建设情况。吊挂系统

图 10-18 自动铺布机运行过程

贯穿应用于整个生产流程,连接每一道工序,每条轨道接口设计成自动接通和分开,不会造成各道工序之间的堵塞。现在缝制工段采用传统的单纯缝纫机操作模式,员工缝制完一份产品后,自己到裁剪区去搬运,造成搬运的浪费和多余的体力劳动,而且计数需要去清点,造成时间的浪费,吊挂系统的引进克服了传统人工搬运方式费时费力的缺点,提高了生产效率,改善了车间环境。管理人员通过计算机上参数的设定实现裁片的按工位传送和各工位间

的实时调节与控制。正因为如此，电脑控制将各工位自动化缝制的断流、缝制工段到整烫工段的断流、整烫工段各工位的断流、整烫工段到成品物流配送的断流，进行信息的直接联接。

④ 德国先进的床单自动生产线——纵缝横切平缝流水线建设情况。目前家纺成品在缝制过程中存在用工多、生产效率低、检验成本高、质量不稳定等问题，为解决该问题，项目引进自动化缝制设备流水线，该流水线主要分三部分——裁剪系统、缝制系统、自动纠偏系统。自动裁剪系统：进入的大卷布料按照设定的规格尺寸自动切去布边，裁剪成需要的尺寸，裁剪速度快，尺寸准确。缝制系统：根据工艺要求的做工，更换不同的卷边工具或设备，缝制完成。自动纠偏系统：进入的布料由设备的各部位红外探测器进行自动找正纠偏，使产品不会出现尺寸偏差。

自动化缝纫设备因为是自动裁剪到缝制链接完成，缝纫为不间断运行，缝纫机头转速4500r/min 以上，减少了人工拿放半成品和整理产品的环节，效率是人工缝制的 20~30 倍，规避了传统人工裁剪的偏刀、人工缝纫的毛漏、缝纫不直、尺寸不准等问题，达到较高的质量控制标准，自动折叠设备用于产品包装前的折叠，效率是人工折叠的 14 倍，折叠质量稳定，误差小。

⑤ 成品枕头自动生产包装线建设情况。同样为解决家纺产品缝制过程效率质量及用工问题，引进一套意大利生产抱枕、枕芯的自动定量充填、缝口压缩包装流水线，实现快速生产压缩包装，提高公司的生产能力与产品品质，压缩后可减少占用空间提高装箱率，减少包装成本。根据理论测算自动定量充棉机可以填充 2000kg 原料，填充误差可控制在 ±5% 以内，自动缝制枕芯套的设备产量每天 4000 个，缝口设备每分钟约 30 件，每班可以缝制 3000 个左右。该流水线的引进可以节省缝制、充棉、包装三工序的人员，并避免搬运，提升生产效率。

4. 创新性

1）基于"四六三"的顶层设计。确立了标准化、信息化、自动化、智能化四化融合战略，建设了研发中心、运营中心、制造中心、共享支持中心、战略决策与绩效监控中心、IT支持中心六大平台，在产品维、企业管理维、价值链维三个维度进行系统集成。

2）依托产学研合作，关键装备多数实现自主研发，少数引进国外设备，建成柔性化智能纺纱生产线、生态纺织品面料智能制造生产线、生态纺织品视觉检测与自动包装生产线和生态纺织品自动化系统生产线，实现纺织全产业链智能制造。

四、江苏德顺纺织年产 2 亿米高档织物面料生产线智能化改造

1. 应用概况

江苏德顺纺织有限公司实施"年产 2 亿米高档织物面料生产线智能化改造"项目，由瑞士史陶比尔集团生产的全自动穿经机和全自动分经机、苏州深杭智能化技术有限公司生产的织机专用控制系统和杭州汇坤控制技术有限公司实施的"智能工厂信息化（大数据资源共享平台建设）项目"三大系统组成。德顺纺织通过该项目的实施，把车间打造成智能车间，促使企业的发展模式由传统的劳动密集型企业向"黑灯工厂"转变。实现了企业生产成本大幅度降低和生产效率明显提高，同时促进了生产管理水平大幅提升和生产制造资源更加合理化、精细化、有序化的使用与管理，实现了企业的信息化与工业化深度融合。

2019 年，德顺纺织实施"大数据资源共享平台建设"项目，为建立智能工厂奠定基础，根据生产管理中实际存在的问题，整合了 OA、ERP、MES 各系统，充分运用信息化和智能化技术，在生产设备上采用纺织物联网系统、智能制造系统，实现设备联线、车间联网，云端运行，实现生产可视化、智能化。通过大数据资源共享平台的建设，加速了生产节奏，可以更快地发现各车间的异常，让公司、车间、班组管理处更快捷、一目了然地掌握车间的动态，及时处理生产过程中的异常问题，在大屏幕（见图 10-19）、手机端以及其他终端设备上显示所有效率、质量、进度不符合要求的数据，并加以跟踪，减少不必要的停台，从而提升生产效率。

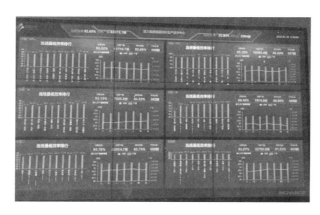

图 10-19　德顺纺织生产运营中心大数据看板

2. 解决的技术难点或热点问题

纺织行业目前存量巨大的老旧设备，是制约我国实现纺织产业智能化升级改造的巨大障碍，项目对原有非数字化信息化的喷水织机控制系统进行了软硬件升级改造，为织机顺利组网、数据采集、织机远程控制与故障诊断奠定了良好的基础。

3. 具体做法和实践经验

1）项目采用的全自动穿经机和全自动分经机将大幅提高德顺纺织的高档织物面料生产线自动化和智能化的水平。将原来需要 130 名工人的穿综生产线，缩减到 55 人左右，减员量达到 55%。经综合研判，该项目大幅降低单位产品的生产成本，使企业人工成本节省 80% 以上，效率提升 700% 以上。以前一个熟练工穿一个盘头需要 6 小时，复杂花型需 7 小时，现在全自动穿经机和全自动分经机穿一个盘头仅需 45 分钟左右且精准零误差。同时，大幅提高了产品质量且极大地降低了员工劳动强度。

2）项目采用的工业自动控制仪表系统织机专用超启动变频器，通过对原有织布机的控制软件进行智能化升级，在织造车间智能化发展中，这些信息化技术的应用使得智能车间管理更加系统化，实现生产车间到管理层的网络通信，而且随着远程控制、远程诊断的普及，故障停车、故障连锁等方面的控制水平也有了较快提高。通过数字化控制，化纤织造机械设备精度、可靠性得到了很大提高，同时操作工艺已趋于稳定。

3）项目采用的大数据资源共享平台建设项目全面运行后，直接从生产计划、生产维护、品质检验、出入库、数据统计、成本核算以及销售辅助岗位上分流出 150 余人，安排到其他新建工厂，工厂整体运行效益提高 5% 以上。

4. 创新性

1）喷水织机数字化控制改造。采用超启动变频器，使织机启动性能提升，提升了织物质量，降低了织机能耗；采用全新的喷水织机数字化控制系统，实现了织机的组网，为喷水织机的数字化改造提供了很好的借鉴。

2）通过 ERP 系统、供应商管理系统、仓储物流系统和办公自动化系统的深度融合，引入边缘计算，实现喷水织机设备的智能化。在此基础上，通过生产信息模块、仓储管理模块、智能排产模块和大数据分析模块的构建实现纵向集成、横向贯通、质量可控、全景可视智能织造工厂。

五、雅戈尔服装智能制造工厂

1. 应用概况

雅戈尔集团自 2017 年起以精品西服车间为试点，推动智能工厂建设。宁波雅戈尔西服精品生产线，实现了从量体、下单、备料到生产、销售、服务的全流程智能化，使生产效率提高了 20%～30%，订单反映周期大大缩短，原大货生产周期从 45 天缩短到 32 天，大大提升市场竞争力；量体定制周期由原来的 15 个工作日缩短到 5 个工作日，最快单件定制周期缩短至 2 天，大大提升高端消费者的体验。通过智能识别智能分工，可实现不同工艺要求产品的"混流"生产，提高大规模个性化定制效率。大规模定制生产能力也由原先不足总量的 10%增加到 100%。通过合作研发的数字化管理平台和 MES 车间执行系统，实现定制西服的规模化生产，使柔性化混流生产从理论变成了现实，真正实现了个性化定制的批量生产。项目传承百年的红帮裁缝经典工艺与智能化技术及大数据手段进行了有机结合，大大减少了对高技术人员（量体师、打版师等）和缝制管理人员（车间班组长）的依赖，能有效降低管理成本，提高了管理效率和生产效率。

2. 解决的技术难点或热点问题

（1）市场响应慢的问题　以往从服装设计到发往经销商销售整个流程，通常需要一年时间，也就是说设计时间比销售时间要提前一年，导致服装公司对市场变化无法做出迅速反应。

（2）企业库存高的问题　由于推式的生产与市场需求存在着巨大鸿沟，服装企业普遍都存在着或多或少的库存，平均达到 30%。以服装行业主要上市公司为例，平均首单占比 97.8%，几乎为纯期货运作模式，6 个月整季售罄率平均仅为 60.5%。

（3）流通环节多造成价格贵的问题　传统销售模式中间流通环节多，从工厂到消费者，利益链上的各个环节必然会层层加价。而我国服装市场分散，品牌也必须依赖各级经销商去开拓当地市场，据光大证券数据显示，传统成衣品牌中，渠道费用占比达 20%～40%。

3. 具体做法和实践经验

2018 年 4 月底，雅戈尔西服全吊挂流水线建成并正式投入使用，6 月基本完成智能工厂的改造升级，实现高档西装的大规模个性化定制生产。图 10-20 为雅戈尔建成的西服全吊挂流水线。

（1）个性化定制从智慧门店开始　综合运用 3D 量体、大数据、VR/AR 等新科技手段，为客户带来交互现实与虚拟的愉悦购物体验。雅戈尔的每一位 VIP 会员不但可以在门店通过 3D 量体设备自动量体，而且能在系统模拟的 3D 场景秀中虚拟试衣，选择最心仪的款式和面料，登录手机 APP 或雅戈尔官方微信下单。订单生成后自动流转至智能工厂进行智能打样、剪裁、生产，然后通过智能物流配送体系 24h 内送达客户。

图 10-20　雅戈尔建成的西服全吊挂流水线

（2）智能化打造"柔性供应链"　通过应用 MES 系统、智能裁剪系统、AGV 智能小车、单工位智能模块等一系列信息化硬软件设备，应用大数据手段逐步完成生产要素间的全域连接，让"智能化"融入企业订单、供应链、生产、销售、服务的每一个环节，打造柔性供应链。图 10-21 为雅戈尔西服智能工厂大数据看板。

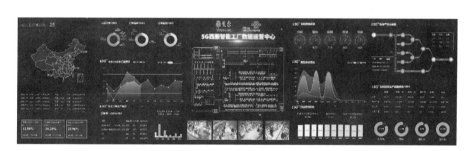

图 10-21　雅戈尔西服智能工厂大数据看板

4. 创新性

实现了高档西装的大规模个性化定制生产，这种 C2M 的生产模式打通了消费者和生产商之间的信息通道，大大提升了市场响应速度，降低了企业的库存，减少了流通环节，没有中间商赚差价，使消费者得到最大的实惠。

第五节　发展趋势

随着互联网经济迅猛发展，纺织行业正面对"互联网＋"、大数据、云平台、云制造、电子商务和跨境电商等新兴网络信息技术对于传统生产经营模式的挑战。纺织产业亟需以"互联网＋纺织"推进个性化定制、纺织协同制造、纺织电子商务、纺织装备远程运维等纺织智能制造新模式，激活企业个性化定制、纺织协同制造、纺织电子商务、纺织装备远程运维等纺织智能制造新模式，激活企业生产活力，增强需求响应度。以纺织智能制造新模式推动跨行业协同制造，提高纺织制造专业化程度，并拓宽纺织品应用领域，使纺织产业为经济建设、社会发展提供更丰富的产品；推进企业供应链智能优化，构建精益供应链，全面提高企业经营管理效率；面向市场需求加快产品更新周期，密切制造过程与消费者需求互动，引领消费需求；推进个性化规模定制，通畅纺织制造商与客户信息，客户服务更加精准及时，产品营销模式向更直接的感知和便捷转变，满足日益个性化的消费趋势。概括起来，纺织行业未来发展趋势归纳总结如下。

一、生产经营模式由批量生产向个性化定制转变

（1）**消费主体的变化** 中国已经逐渐成为全球最大的服装消费市场之一，而以90后、00后为代表的消费主力，拥有独立自我、个性张扬的特征，敢于接受新事物，对潮流资讯拥有自己独特的看法[10]，个性化需求强烈。

（2）**细分市场兴起** 纺织服装行业的发展受社会各项因素的影响。比如"跑步经济"带来了运动品牌的业绩增长；"全面二胎"政策的落地加速了童装市场的发展；人们对贴身衣物重视度的提升带来了内衣品牌的发展。竞争激烈的市场行情使得细分市场成为必然，纺织服装行业要发展，必须针对细分市场做出适应性调整，提前布局才能够抓住机遇，突破当前所面对的瓶颈[11]。

（3）**营销模式转变** 基于互联网、大数据、人工智能，以及通过生产线的自动化、定制化、节能化、柔性化，运用庞大的计算机系统随时进行数据交换，按照客户的产品订单要求，设定供应商和生产工序，最终生产出个性化产品的工业化定制，称作C2M模式。对于消费者而言，C2M模式强调以用户为中心，根据用户的个性化需求组织生产，并吸引消费者加入产品设计环节，有效激发市场活力和社会创造力[12]；对于制造企业而言，C2M模式提高了传统生产要素的生产率，推动企业生产线、供应链、内部管理制度乃至整个商业模式变革。

（4）**线上线下合二为一** 未来服装行业销售思维将发生转变，站在顾客的立场思考问题，以顾客为导向，提供顾客想要的产品。以海澜之家为例的众多国产鞋服品牌，以LV、Chanel、GUCCI等为主的奢侈品牌都在向中国千禧一代靠拢。消费群体转移年轻化、个性化为服装企业的品牌重塑提供机遇。品牌需对自身设计做出调整，增加个性化体验[10]。

（5）**新消费形态逐渐形成** 时代的转变，使得消费者越来越理性，价格不再成为他们决定购买与否的首要标准，消费升级也将随之而来。服装业从商品时代，回归产品时代。商品性价比将进入一个极致的时代。消费者不再为过多的溢价买单，更愿意为爱好和兴趣买单。当价格不再是决定购买与否的首要准则，即消费者越来越理性，因此生存型消费需求转变为改善型需求，物质型消费向服务型消费转变，新的消费形态也悄然形成。

（6）**渠道和原运营模式彻底变革** 智慧供应链的赋能，使得服装渠道层级被极度压缩，工厂到消费的链条也将被无限缩短。市场和消费者的需求反映出对多品牌、全品类、一站式集合店的希望，因此可满足多元购物需求，具备孵化功能的平台型集合店、体验感强的生活方式集合店呈现出良好发展势头。在未来，集合店或将是购物中心招商关注重点。

（7）**服装行业人工智能全面升级** 据了解，高达75%的时尚零售商已经在2018年对人工智能进行投资，像Zara公司使用人工智能来辅助创意、设计和产品开发。根据算法来筛选大量数据，以预测消费者最喜欢哪种产品。由此不难看出，未来的服装消费将无限接近

"私人定制"化，个性化突出[11]。

二、纺织行业发展从外贸依赖型向内需驱动型转变

我国是全球最具成长性的消费市场，内需市场成为产业高质量发展的新优势。2019年，社会消费品零售总额41.2万亿元，同比增长8.0%。其中，全国限额以上服装鞋帽、针纺织品类商品零售额累计增长2.9%，达到1.35万亿元。大规模的市场不仅使得产业面对外部市场冲击有足够的腾挪余地，而且能够更好发挥规模经济、范围经济和网络效应。

需求的多元和发展的异步使得多层级消费正成为国内市场的重要特征。2019年，全国居民人均可支配收入达30733元，同比增长8.9%。依托全球最大规模的中等收入群体，消费升级是大势所趋。另一方面，随着城镇化、区域协调发展、精准扶贫进程的不断深化，下沉市场的潜力也在释放，大众化消费空间巨大。多元化、多层级的需求意味着技术创新、产品创新拥有更多的应用场景。2020年受疫情影响，内需市场受到很大冲击，居民消费意愿、消费信心、消费能力等大幅下降。如何充分激活内需潜力，形成产业新循环是重要课题。

三、产业转移+智能升级

由于中国劳动力成本不断趋升，近年来东南亚地区劳工成本低的优势显现。加上该地区各国实施的税收及政策优惠，许多纺织服装企业纷纷掘金东南亚，到东南亚投资逐渐成为热潮，尤其是对越南、柬埔寨、缅甸、老挝等国，投资者的兴趣更是浓厚。2017年中国纺织企业也在顺应这个大潮，融入掘金东南亚的大军中。近年以来，包括天虹纺织、香港溢达集团、红豆集团、鲁泰纺织、申洲国际等数十家纺织龙头企业纷纷到此地区拓展建厂。而同时在国内经济发达地区的纺织企业也同样在部署新疆等中西部地区建厂。近年来"转移升级"成为纺织产业转移的主旋律。不论是东部企业"走出去"投资海外，还是把部分产能转移到中西部，以及中西部在承接转移及新建企业的过程中，大多数投资伴随着淘汰落后、改造升级、引进新装备，整体的智能化水平不断提升，老旧设备平移的产业转移已不再可能[13]。

第六节 措施建议

一、加大纺织复合型人才培养力度

纺织智能制造涉及纺织、机械、电子、电气、自动化、通信、计算机、信息等多领域交叉的知识和技能，随着纺织产业转型升级的不断深入，从一线员工到管理人才，具备纺织知识，又具备机电、计算机知识的复合型人才都严重匮乏，也反映出我国高校人才培养的前瞻性欠缺，与产业实际需求严重脱节。建议鼓励中高职院校设立纺织智能制造专业，为企业培养能够在纺织智能制造一线岗位从事设备操作维修保养等工作的人才；高等院校设立纺织智能制造专业或专业方向，多学科交叉，培养在纺织智能制造企业从事设备管理、工艺管理、产品开发等的专业人才，高校应与企业紧密结合培养纺织智能制造领域的专业硕士、博士。

二、加大对纺织智能制造基础研究的支持力度

虽然我国已具有世界上规模最大、产业链最完整的纺织工业体系，是全球纺织品服装第

一大生产国、消费国和出口国,但还不是纺织强国。我国纺织科技创新能力总体上仍相对薄弱,纺织智能制造的核心和关键共性技术开发相对不足,关键部件、基础件和电子元器件大多依靠进口,制约着我国纺织产业的智能化升级。建议政府部门加大对纺织行业工业强基项目、智能制造、绿色制造等卡脖子关键核心技术及重点研发项目支持力度,合理扩大现有专项资金的支持范围[14]。

三、设立纺织领域智能制造重大专项

国家层面增设各类加快发展纺织产业智能制造的重大专项、出台政策措施加强纺织产业智能制造人才队伍建设、多方筹资促进纺织产业智能制造共性技术研发及应用等政策措施。支持的方向包括:纺织智能制造标准及共性技术、智能纺织装备、化学纤维智能制造车间(工厂)、纺织加工智能车间(工厂)、染整加工智能车间(工厂)、服装设计与加工智能化、纺织服务制造及网络协同制造、智能纺织材料。纺织智能制造标准及共性技术方向的重点任务是构建纺织智能制造综合标准体系结构、纺织智能装备(各门类)集成与互联互通标准、纺织智能制造工厂通用技术标准与参考模型等;智能纺织材料技术方向的重点任务是,研发智能调温纺织材料、智能形状记忆纺织材料、智能变色纺织材料和电子信息智能纺织材料等[15]。

四、加强对纺织数字经济发展的引导与支持

建议各级政府出台专项政策,引导纺织行业数字经济发展,将纺织行业数字化转型纳入新型基础设施投资支持政策的范围,加大对纺织行业工业互联网平台、大数据中心建设等的支持力度,支持行业加强人工智能、5G、区块链等新一代信息技术的推广应用,加快发展数字化管理、智能化生产、网络化协同、个性化定制、服务型制造等数字化转型新模式,鼓励纺织服装专业市场发展平台经济,深化电子商务应用,提升线上线下融合发展水平。具体建议包括:一是支持中国纺织工业联合会建立行业大数据中心,作为行业公共基础设施服务于行业数字化转型;二是重点产业集群和产业园区政府部门加快推动建设服务于广大中小企业的工业互联网平台,提升中小纺织企业的数字化能力;三是选取若干有条件的大型骨干纺织企业,开展企业工业互联网、数字化、智能化建设的试点示范,形成全行业数字化发展新生态,建议地方政府对企业数字化、智能化转型投入给予一定比例的补助支持;四是在重点纺织服装专业市场开展平台经济示范建设,引导专业市场转型升级。

五、建设跨纺织产业链的工业互联网平台,构筑行业数字化转型的重要基础设施

对于处于转型关键期的纺织行业,工业互联网平台作为数字化、智能化转型核心,对促进纺织行业高质量发展,构筑产业竞争新优势,有着举足轻重的作用。建议支持纺织行业建设跨产业链的工业互联网平台,实现行业制造资源的汇聚共享、优化配置与高效协同,打造行业数据枢纽,打通企业内部、产业链上下游、产业链之间的数据孤岛,赋能行业数字化转型,提高企业生产经营效率,促进产业创新变革。同时建议培育纺织行业工业互联网平台应用新模式,提升纺织产业链网络化协同能力和应对公共紧急突发事件的能力,并对纺织行业工业互联网平台在产业集群产业园区的落地应用给予必要的政策引导和支持[13]。

六、建设纺织行业大数据中心，支撑行业数字经济发展

纺织行业数字经济的发展，势必带来巨大的数据处理需求，承载人工智能、大数据、云计算能力的大型数据中心将是纺织行业向数字化、智能化转型的重要基础设施之一。建议支持纺织行业建设大数据中心，并与重点产业集群区域大数据中心实现互联互通，形成行业大数据服务体系，实现对重点区域和重点企业的数据采集、汇聚和应用，提升数据资源管理能力，为行业宏观决策、企业生产经营、区域经济发展以及应对国际贸易争端等提供数据支撑。同时建议出台相关政策、措施，促进数据有序共享，全局流动，充分使用，释放数据对经济发展的放大、叠加和倍增效应[13]。

七、加强对纺织产业集群和产业转移的引导与支持

在现有的纺织产业集群地或产业转移承接地建立纺织智能制造产业集群。根据客观实际，出台税收、土地以及财政支持等激励政策措施，引导产业有序转移和集群化发展。保持地方政策的连续性与稳定性，更好发挥行业在推动区域协同和产业扶贫中的作用。引导和支持长三角、粤港澳大湾区等纺织产业主要集聚地的纺织服装企业加快转型升级，确保产业发展与国家重大区域战略一致，强化纺织产业在相关区域经济、社会发展中的贡献作用。推动世界级先进纺织服装产业集群建设，在新区域、新领域培育具有时代性、前瞻性、引领性的纺织智能产业集群，促进特色产业与区域经济协调发展。通过财政措施，推动重点产业集群信息化服务体系建设，支持集群公共服务平台升级，建立"集群产业云"系统，实现集群制造与服务资源高效整合。支持中西部地区和东北地区加强园区产业基础设施、配套生活设施、数字化基础设施的建设，以及教育培训、人才引进、运营管理等方面的能力建设。加强产业协作在对口支援、扶贫协作中的作用，深化区域之间供应链、人力资源、园区建设等方面的合作交流，支持建立"共建共管共享"、利益分享等机制。

参考文献

[1] 中华人民共和国工业和信息化部. 纺织工业发展规划（2016-2020）[Z]. 2016.
[2] 中国纺织工业联合会. 建设纺织强国"十三五"需完成六项任务[Z]. 2016.
[3] 万雷. 我国化纤行业智能制造发展现状及展望[J]. 合成纤维工业, 2018（06）：36-41.
[4] 吴迪. 把握行业特点大力推进纺织智能制造[N]. 纺织服装周刊, 2015-06-08.
[5] 中国纺织工业联合会产业经济研究院. 我国纺织行业经济运行压力加大[N]. 中国纺织报, 2020-03-02.
[6] 梁龙. 智能制造开启纺织转型新路径——首届中国纺织工业智能制造大会在泰安召开[J]. 中国纺织, 2018（07）：56-57.
[7] 宋富佳. 2019年中国纺织工业智能制造大会在武汉召开[J]. 纺织导报, 2019（11）：16-18.
[8] 陈向玲, 王华平, 吉鹏. 我国化纤智能制造的柔性与多目标生产[J]. 纺织导报, 2020（03）：13-18.
[9] 陆琦. 当传统产业遇上智能制造：纺织产业能否迎来"第二春"[N]. 中国科学报, 2018-05-07（4）.
[10] 纺友网. 2020年中国服装行业10大最新发展趋势[J]. 网印工业, 2020（02）：53-55.
[11] 纺友网. 年终盘点 回首2019，展望2020[J]. 纺织报告, 2019（12）：11-17.

［12］宋迎，安晖. 制造业供给侧结构性改革可借力 C2M 模式［J］. 中国工业评论，2016（11）：12-15.
［13］中国纺织经济信息网. 顺应新趋势 把握新需求：高勇在 ITMA2019 解读中国纺织工业新格局［R/OL］.（2019-06-24）［2020-06-01］. http://xiehui.ctei.cn/xh_jianghua/201906/t20190624_3892278.html.
［14］辛文. 推动纺织行业科技创新与数字化转型［N］. 中华合作时报，2020-06-19（A08）.
［15］纺织智能制造发展战略研究成果发布［J］. 纺织科技进展，2019（04）：7.

编撰组组长：马崇启
编撰组成员：伏广伟　徐宏　吕治家　袁剑锋　王立强　张永焱　叶磊　陶莹
审　稿　专　家：李立军　殷杰

第十一章

食品加工领域智能制造发展报告

第一节 发展概况

近年来，在党中央与各级政府的高度重视下，在市场需求的快速增长和科技进步的有力推动下，我国食品工业已发展成为门类齐全，既有效满足国内市场需求，又具有一定出口竞争能力的优势产业，并呈现出持续、快速、健康发展的良好态势。近10年，我国食品工业增加值保持稳定增长，总产值年均增幅在10%以上。2019年，全国规模以上食品工业企业营业收入81186.8亿元，同比增长4.2%；利润总额5774.6亿元，同比增长7.8%[1]，为国民经济建设发挥着支柱产业的重要作用。

一、国家政策引领作用显著增强

"十三五"以来，国务院、国家发展和改革委员会、工业和信息化部以及科技部等有关部门，根据不同职能和管理范围，制定了多项规划、指导意见，引领我国食品加工领域智能制造的发展。

国务院印发的《"十三五"国家科技创新规划》指出，遵循现代食品制造业高科技、智能化、多梯度、全利用、低能耗、高效益、可持续的国际发展趋势，围绕标准化加工、智能化控制、健康型消费等重大产业需求，以现代加工制造为主线，加快高效分离、质构重组、物性修饰、生物制造、节能干燥、新型杀菌等工程化技术研发与应用；攻克连续化、自动化、数字化、工程化成套装备制造技术，突破食品产业发展的装备制约。国家发展改革委员会与工业和信息化部联合发布《关于促进食品工业健康发展的指导意见》，提出推进信息化和工业化"两化"深度融合，加快工业云、大数据、物联网等新一代信息技术在食品工业研发设计、生产制造、流通消费等领域的应用。加快推进个性化定制和柔性化制造，鼓励重点行业企业建设数字化车间，开展食品制造智能工厂建设试点示范。科技部制定的《"十三五"食品科技创新专项规划》提出，围绕食品制造关键装备集成创新、引进消化吸收再创新和成套装备制造以及中华传统食品工业化专用装备创新开发等产业发展重大瓶颈问题，开展食品装备的机械材料特性与安全性、数字化设计、信息感知、仿真优化等新技术、新方法、新原理和新材料等基础研究；重点开展具有自主知识产权的智能化、数字化、规模化、自动化、连续化、工程化和成套化核心装备与集成技术的开发研究；着力提升中华传统食品专用型关键装备集成与成套装备开发能力，系统开展新型杀菌、节能干燥和高速包装等核心装备创制。

各类规划、指导意见的有效实施，不同程度地提出了我国食品加工领域智能制造的目标和任务，规划引领作用明显提升，有效推进了食品工业的快速发展。

二、食品加工科技取得突破性进展

在食品加工科技领域，取得了一批以营养健康食品加工、中华传统食品加工、大宗油料综合利用、食品生物工程、食品装备制造为代表的引领产业发展的重大创新成果，突破了工业化连续高效分离提取、非热加工、低能耗组合干燥、无菌灌装、自动化屠宰、在线品质监控和可降解食品包装材料等一批绿色制造核心技术与先进装备，重点装备自给率达到80%；云技术、大数据和"互联网+"等食品新型加工理论与技术取得阶段性突破；"蛋白柔性化加工""合成生物""分子食品""3D制造"等概念食品制造理论与技术已进入初步探索阶段。我国的食品加工科技支撑产业发展能力明显增强。

三、食品加工装备技术水平明显提升

在国家出台的《智能制造装备产业发展规划》《首台（套）重大技术装备保险补偿机制试点工作》《国家智能装备发展专项资金计划》《关于实施主食加工业提升行动》等政策，以及"863计划""国家科技支撑计划""国家重点研发计划"等科研项目的推动下，我国食品加工装备产业的自主创新能力得到明显增强。在食品装备的机械物性、数字化设计、信息感知、仿真优化等重点领域取得了丰硕成果，突破了一批共性关键技术；研发了非热加工、新型杀菌、高效分离、自动包装等食品加工共性装备，节能挤压、高效干燥、连续焙烤等食品加工关键装备，以及连续化、自动化、智能化和工程化成套加工装备；掌握和开发了一批具有自主知识产权的核心技术和先进装备，如单模产量2250瓶/时的第5代吹瓶机、36000瓶/时纯生啤酒玻璃瓶智能灌装线、16000包/时液态奶无菌包装线、10000只/时肉鸡自动屠宰加工生产线等关键设备及成套装备。自主装备的技术水平与国际差距逐渐缩小，部分产品性能达到或超过国外先进水平，全面提升了我国食品装备行业的整体水平。

四、食品工业国际竞争力日益提升

除一部分大型化、高端化加工装备及零配件仍需进口外，我国也有一定数量的拳头产品出口，参与国际市场竞争。2019年我国食品和包装机械行业全年实现进出口贸易总额110.61亿美元，同比增长7.49%。其中出口68.37亿美元，同比增长11.01%；进口42.24亿美元，同比增长2.25%。可以看出，同比出口增长要比进口增长高出8.76个百分点。从全球市场来看，我国食品和包装机械出口的前八个国家和地区依次是：美国、越南、印度、印度尼西亚、泰国、日本、马来西亚、韩国。其中，出口到美国的食品和包装机械产品达到了7.87亿美元。我国食品和包装机械的进出口情况，反映出我国食品加工装备制造业的比较优势在增长，技术装备水平和产品质量在提升，参与国际竞争的势头在增强。

我国食品工业科技国际交流与合作水平日益增强，国际食品合作基地建设不断加快，食品加工先进制造技术和高端智力引进力度不断加大，食品工业科技"走出去"稳步推进，与国际接轨的创新体系逐步构建,食品工业科技国际合作新格局逐渐形成。通过举办系列高水平国际学术会议、共建国际合作实验室、承担国际事务等方式积极融入国际化建设,拥有广泛深入的国际影响力。

第二节 实施进展

"十三五"以来,我国食品工业关键技术和装备保持着持续的良好发展态势,逐步从数量增长向质量效益提升转变,从引进、消化吸收向自主创新转变,从注重单项技术突破向注重技术集成转变。围绕制约食品加工产业发展的共性关键技术、高新技术装备、重大产品开发与产业化示范、产品质量与安全控制、物流配送等重大问题,先后攻克了一批食品加工关键技术难题,开发了一批在国内外市场具有较大潜力和较高市场占有率的食品加工装备,建设了一批科技创新基地和产业化示范生产线[2],形成了连续化生产代替间歇式生产、大型化生产代替小规模生产、全程质量控制代替最终产品质量控制的发展趋势,不断推进行业关键共性技术、重要技术装备的重点突破,整体缩小了与国际先进水平的差距,部分领域达到了国际领先水平。目前,除一部分大型化、高端化食品加工装备及零配件仍需进口外,国内也有一定数量的技术含量高、智能化程度高的装备投放市场,并参与到国际市场竞争中,不断扩大国外出口。

2019年,我国食品加工领域的智能制造进展,主要体现在食品加工智能技术及装备、食品智能生产两个方面。

一、食品加工智能技术及装备

随着我国经济的快速发展和人们生活方式的改变,行业升级和结构调整不断深入,食品的产品类型及包装形式发生了很大变化,更多的智能化、人性化、信息化的食品加工技术和装备应运而生。当前食品加工产业中应用的智能化关键技术与装备主要有以下四个方面:一是在食品加工过程中采用的智能技术与装备,包括杀菌、干燥、粉碎、分离、提取等通用技术与装备,以及与粮食、果蔬、油脂、畜禽等产品加工相关的专用技术与装备;二是在食品包装过程中采用的智能技术与装备,包括信息型包装、功能结构型包装和功能材料型包装技术与装备等;三是为食品检测和品质控制而采用的智能技术与装备,主要有无损检测和在线品质监测等;四是工业机器人应用技术,包括分拣、分装、码垛机器人,以及削面机器人、炒菜机器人等[3]。

1. 食品加工过程智能技术及装备

食品加工过程的通用技术及装备主要包含两个方面,一是为提高和保障食品质量而采用的技术装备,主要有杀菌、干燥、浓缩、均质、超高压、辐照等技术和装备;二是为提高食品有效成分提取率而采用的技术装备,包括粉碎、筛分分离、提取、剪切、压榨、膨化等技术和装备。2019年,食品加工过程通用技术及装备的智能化发展均取得了一定成果,杀菌新技术和装备的研究主要集中在冷杀菌方面,如超高压杀菌、等离子体杀菌、辐射杀菌等;干燥则着重于干燥装备的数字化设计和智能化控制;高效超细粉碎、超低温粉碎、膜分离、层析分离、超临界萃取等新型技术与装备也逐步应用于食品加工生产中。

食品加工过程专用技术及装备按食品种类分为粮食、果蔬、油脂、畜禽等产品加工相关技术及装备。2019年，针对我国大米过度加工导致营养流失、专用米加工过程自动化程度低等问题，研发出内源营养米加工关键技术，包括细砂磨削、智能控制、机电一体化等智能化技术，研发的内源营养米加工设备具有低破碎率、低温升、高效率、低能耗高留胚率、高整精米率等优点，粳米加工只需1道工序，加工精度就能达到国家标准规定的适碾标准，相比日本需要的6道工序明显减少；碾米工段电耗降低50%，出机米粒温升下降10℃以上，整精米率提高5%~8%，经济效益、社会效益显著[4]。中央厨房、果蔬加工等领域技术与装备的需求正在快速增长，海底捞、首农集团、湘粮集团等企业都加速新建、扩建智能化的中央厨房；中央厨房的智能关键技术和装备主要以安全营养、清洁减排、智能数控为目标，研发节水清洗、多功能组合切制、自动变频脱水、抑菌包装等中央厨房调理中心设备，中式配菜和调理参数自动调控的炒制、炸制、蒸煮、烘烤智能烹饪技术和设备，菜肴包装、原料前处理剩余物、餐厨剩余物处理技术和设备，以及配餐食品的清洁化生产、配送技术与装备。

2. 食品包装智能技术及装备

随着包装技术的革新，食品包装不再只是将食品简单地封装贮藏，而是被赋予了更多的功能，如便于食品的制造、物流与贮存，延长食品的保质期，保持食品的品质等。不仅可以为食品安全提供保障，为消费者提供便捷，同时还满足环保、低碳等要求。总体来看，目前我国的食品包装智能技术主要分为信息型、功能结构型和功能材料型三类。信息型智能包装技术是在食品整个流通链中反映包装内容物品质的变化，实现食品在存储、运输、销售过程中的质量、环境、参数信息的追踪；功能结构型包装技术是从物理构造方面进行创新，通过设计新式物理结构使包装具备特定功能，从而增强食品的食用简便性和安全性；功能材料型智能包装通过应用新型智能包装材料，改善和增加包装的功能，以达到完成特定包装的目的。

第一代食品包装智能技术基于光学/视觉识别，主要通过光学特性实现防伪、防盗、追踪等功能，采用技术单一。第二代食品包装智能技术是将印刷电子、RFID、柔性显示等新型技术融合，使商品和包装更有亲和力，使人机交互式沟通更加便捷，更加突显物联网特性。2019年，我国食品包装智能技术和装备快速发展，随着印刷电子、RFID、柔性显示、5G通信等新技术的发展与深度融合，尤其是电子标签、二维码等多种感知技术的快速发展和应用，我国的食品包装智能技术与装备已逐步从第一代向第二代升级。

3. 食品检测智能技术及装备

目前，我国开发出多种食品检测智能技术，具有检测速度快、灵敏度高，特异性、高通量，前处理简单、成本低，可实现从定性、半定量到定量检测，具有小型化、便携、自动化等特点。主要包括无损检测技术及装备和在线品质监测技术及装备。无损检测技术是建立食品质量与安全的有效监控体系的关键技术，而在线品质监测技术则是食品生产环节中把握食品安全的核心所在。

无损检测利用食品的声、光、电、磁等特性，在不改变被检样品结构和成分的情况下，应用有效的检测技术和分析方法对其内在品质和外在品质进行非破坏性测定，并按一定标准对其做出评价。根据原理不同，无损检测技术又可以分为机器视觉、光谱检测、超声波检测、核磁共振波谱法检测、电子舌、电子鼻、生物传感器等技术。随着计算机、芯片等技术的快速发展，我国的食品无损检测技术实现了由无到有、由有到精的突破，在食品检测设备上，拉近了与发达国家的差距。

在线检测是将仪器的探测器或整机置于生产流水线上，通过与被测对象直接或间接接触，对生产中某些参数或工作状况进行检测。利用在线检测技术对食品的品质进行控制和监督，是实现食品生产过程中品质控制的必要手段，也是工业流水线上实现自动化检测的理想手段。我国目前的在线检测设备在技术性能、仪器功能和自动化水平方面都有一定的发展。

2019年，无损快速检测、在线检测技术和装备在果蔬、鱼类、畜肉、禽肉禽蛋、水产品等食品检测领域都取得了一定的发展和应用，开发出水果品质快速检测仪、生鲜肉在线检测装置等新产品，用于食品内在成分分析、品质分级判定、外部品质检测、安全指标测定等方面，检测速度和准确度也得到了提升。

4. 工业机器人应用技术

由于产品同质化、企业竞争加剧，经营成本上升，食品加工产业承受着成本上升和价格下降的双重挤压。为推动产业转型升级，工业机器人这种更加高效的生产方式逐步参与到生产中。随着多样化、个性化需求的快速发展，以及应用领域的不断拓展，工业机器人在机械结构优化、高效驱动、机器视觉、无损检测、智能控制等关键技术上取得突破，逐渐应用于食品分拣、分装、码垛等包装作业，以及畜禽屠宰、面制品制作等食品加工过程。

随着食品工业的发展，对生产效率及作业精度要求不断提高，需要执行机构以很高的速度、较高的点位精度在生产线上完成插装、封装、包装、分拣、检测等操作，高速、高精度已成为工业机器人发展的一种重要趋势。企业生产能力的规模化发展，也促进了国内码垛技术获得前所未有的发展。相比于传统的码垛机，智能码垛机器人具有结构简单、零部件少、占地少、耗能低的特点，可以提高搬运效率，增强处理的柔性。例如，杭州永创智能设备股份有限公司的"基于机器视觉及系统集成的乳品礼盒装箱码垛生产线"包含多机协作编组码垛、多传感融合信息融合等关键技术，是市场上首套自主研发的一体化设备、机器视觉、机器人、工业软件系统高度集成的乳品无人包装成套智能装备，目前已应用于伊利安慕希酸奶、有机金典奶、QQ星、蒙牛特仑苏、达利豆本豆等乳品的生产。

特种机器人在食品加工过程中的应用也逐渐增多，如屠宰机器人、削面机器人、煎炸机器人等。机器人系统可以模拟熟练工人的动作，将传感器技术、人工智能和机器人制造等多项技术集成，使机器人系统自动适应产品加工中的各种变化。2019年，针对中式餐饮，碧桂园集团旗下的千玺机器人餐饮集团自主研发了煲仔饭机器人、炒锅机器人、煎炸机器人等，完成61种样机研制，其中煲仔饭机器人等产品已进入量产阶段，逐步将中国餐饮机器人推向市场。

5. 食品加工机械智能制造技术

随着中国社会经济发展，人们的生活品质得到了极大改善，对食品的需求呈爆发式增长，并表现出了多样化趋势。受此影响，食品机械行业的智能制造迎来了前所未有的发展机遇。但我国食品机械行业对智能制造技术的探索仍处于初级阶段，为进一步推动食品机械行业转型升级，先进机械设计技术、自动化、数字化控制及智能化控制技术正逐步应用于食品机械制造中。

（1）先进机械设计技术 为提高食品机械产品的性能和质量、缩短产品开发周期、降低原材料消耗及制造成本，食品机械制造业利用计算机辅助设计平台，采用机械优化设计、虚拟样机和模块化设计等先进设计技术，逐步从传统的面向零部件、单一工作过程、单一学科的局部优化，到面向整体的多学科全面优化发展。

传统的机械产品设计以静态设计为主，多采用直觉设计和经验设计，已无法满足当前产品的功能需要和市场要求。2019年，食品机械设计在继承传统机械设计理念的基础上，依托计算机技术，综合运用现代机械设计理论及方法，来实现机械产品的优化设计，提高产品的综合性能和质量。

虚拟样机技术可对产品进行全方位的预测和评估，避免重复试制物理样机和试验，降低开发成本，缩短新产品开发周期，提升产品的市场竞争力；同时，结合虚拟现实技术，可进行虚拟现实环境下的用户交互体验、教育培训和设备维护。2019年，随着我国制造业信息化工程的推进，以三维CAD为代表的数字化设计与虚拟仿真已在行业的龙头企业和骨干企业得到了较为广泛的应用。

模块化设计可有效解决客户个性化需求和大批量生产之间的矛盾，提高产品质量和可靠性，促进产品的更新换代和新产品的开发，以节约生产成本，实现产品的标准化、通用化。2019年，模块化设计在食品机械的生产中得到了一定的应用，一部分企业将计算机仿真计算技术运用到了模块化设计中，提升了模块的通用性和兼容性。

（2）**自动化、数字化控制及智能化控制技术** 近年来，我国食品机械制造业吸收和采用了各种先进制造和数字化控制、智能化控制技术等，保证了机械装备及其生产线的可靠性、安全性，大幅度提高了生产效率和产品的一致性。食品机械制造技术正朝着自动化、数字化控制及智能化控制的方向发展，逐步实现以机器自动化作业代替手工操作，取得领先优势和核心竞争力；针对产品特点精准研发，全面分析生产工艺流程，完成机器设备的更新和控制软件的升级换代，实现数字化基础上的精确、全面、高效自动化控制；结合物联网技术，达到数据互通共享，整合线上线下资源，实现设备生产的智能化识别、全方位监控、优先级排序、有序化管理，具备设备自维护、故障自诊断与排除、数据自生成、网络共享查询等功能。

2019年，无论是中小型商用面条机、切菜机、绞肉机等单机，还是大型液态包装设备，通过大规模地应用芯片、PLC、伺服等极大地提升了产品的硬件数字化、智能化基础。智能控制技术的应用，为食品机械制造中无法预测的问题提供了有效的解决方案。例如，可基于模糊数学、神经网络等典型智能控制方法，对整个生产过程进行动态环境建模，继而通过传感器实现信息的预处理，也可利用专家系统中的逆向推理，及时发现机械系统运行的问题，继而修改控制机构或参数，从而构建最佳的控制模式[5]。少部分具备大规模生产实力的企业实现了生产自动化控制和规模化管理。大型制造企业生产过程执行系统（Manufacturing Execution System，MES），以及基于大数据的辅助决策系统等逐步在食品机械制造业投入使用。

二、食品智能生产

伴随经济水平的飞速提升，食品智能生产呈现新需求、新态势，食品智能生产方式的升级带动了食品加工领域的高质量发展，实现了从农产品与食品初级加工的"规模型、数量型"发展到食品精深制造与综合利用的"质量型、效益型"的转变，食品加工部分领域已达到世界领先水平，实现了由单一的"跟跑"向"三跑"（跟跑、并跑、领跑）并存格局的历史性转变。

1. 高新技术支撑产业创新

近年来,我国在食品科技方面持续投入,食品科技研发实力不断增强,自主创新能力持续提高,高新技术领域的研发能力与世界先进水平的整体差距明显缩小,食品生物工程、食品绿色制造、食品安全保障等领域科技水平进入世界前列。

2019年,我国继续推广应用了一批食品加工高新技术,如生物工程、超高温杀菌、冷冻速冻、超临界萃取等技术;实施了一批食品产业重点专项,包括"食品综合加工""食品营养与功能性食品""食品风味与添加剂""食品品质与质量控制""食品微生物制造"等专项;取得了一批重大创新成果,主要以营养健康食品加工、中华传统食品工业化、大宗粮食转化、食品生物工程为代表;推进了一批营养健康方面的研究,如基于肠道菌群微生态组学与健康、食材分子营养组学特性、人类营养代谢组学等;突破了一批食品新型加工理论与技术,包括"云技术、大数据和互联网+""合成生物""分子食品""3D制造"等。食品科技支撑产业发展能力明显增强,有力提升了食品智能生产水平。

2. 全链条生产技术智能融合

现代食品产业涵盖了原料控制、包装贮运、商品处理、产品加工、食品制造、质量保障、安全控制、装备制造、物流配送、零售和餐饮等整个食品供应链多个环节、多个体系。食品加工已从单一环节的智能化升级发展为全产业链的链条式交叉融合智能生产。

2019年,食品加工通过全链条科技交叉融合,不断创造新技术、新产品、新模式、新业态、新需求和新市场,有效衔接产业链各个环节,实现基础研究、应用研究与产业化的对接融通。尤其是现代信息、生物、营养健康等技术的应用,极大地推动了食品加工的信息化、智能化水平,提升了产品品质、优化了产品结构,逐步形成"安全、绿色、健康"的食品智能生产新模式。

3. 食品智能生产模式广泛应用

当前,随着中国制造业转型升级,以及工业4.0等的推动下,智能数字化工厂成为中国制造业新的"制胜点"。智能化工厂是现代工厂信息化发展的新阶段,是在数字化工厂的基础上,利用物联网技术、设备监控技术加强信息管理,并且能够提高生产可控性,减少人工干预,即时采集生产线数据,合理编排生产计划,从而更高效、更快速、更贴合地满足市场消费需求。智能化工厂在食品加工业乳制品、饮料、主食的生产中应用尤其广泛,以全过程生产自动化及智能化为特征的食品数字化工厂,已成为企业控制运营成本、提升产品质量、确保产品安全以及灵活适应消费多样化需求的重要手段。如获得"乳业2018合作与发展论坛"科技进步一等奖的飞鹤婴幼儿奶粉智能化工厂建设项目[6],依托于大数据和人工智能的数据驱动及智能化制造,对全产业链建设再次升级加码,涵盖了牧场、研发、制造、物流、市场和客户服务的全闭环、全生命周期乳品智能管理新模式,实现了"从牧场到奶瓶"所有生产流通环节的数字化、智能化、一体化体系建设,率先推动乳业从"制造"到"智造"的转型。为了抓住智能化发展机遇,也为了推动企业整体向新科技转型升级,娃哈哈集团也踏上了机器人之路,先后自主研发了码垛机器人、放吸管机器人等,又成功自主开发了高速装箱机、自动物流分拣系统等智能设备,成为食品饮料行业中具备自行研发和设计设备能力的企业,促进了饮料生产行业朝着智能化、数字化、自动化方向加速发展。

第三节 面临的突出问题

近年来,我国食品工业的发展取得了长足进步,但是与世界先进水平相比,整体还面临着食品加工装备智能化水平低,智能制造水平不高,创新能力不足,标准化水平低等突出问题[4]。

一、食品加工装备智能化水平低,核心装备长期依赖进口

我国食品装备产业的技术水平仍远落后于发达国家。国产设备的智能化、规模化和连续化能力相对较低,核心装备长期依赖进口。食品工程装备的设计水平、稳定可靠性及加工设备质量等与发达国家相比仍存在较大差距,高端设备一直处于跟跑现状。其中,我国的高端、高效的高压均质机几乎完全依赖于进口,德国GEA、德国APV、意大利Niro Soavi、意大利Bertoli、加拿大Avestin等企业生产的设备占据了绝大部分的市场份额,国外商品化均质机已可达到150MPa的超高压力,而我国仅能生产中低压、小流量的均质设备。目前,世界100强和国内30强食品企业的高端食品灌装装备80%以上仍被克朗斯、利乐等国际巨头控制。德国啤酒饮料灌装设备的生产能力可达到12万瓶/时,可靠性高,且配有故障分析系统,能自行排除故障。而汕头虹桥、广东新湖、浙江炜驰等国内企业仅能生产中低端的罐头生产设备,最大封罐速度不到300罐/分钟。国内几乎所有大型易拉罐饮料生产企业,如可口可乐、青岛啤酒、雪花啤酒、王老吉、加多宝、健力宝等饮料生产企业,上海梅林、厦门古龙、广东甘竹、大连真心等午餐肉与鱼肉罐头生产企业,厦门银鹭、达利园等八宝粥生产企业,均采用进口设备。

二、智能制造水平不高,智能食品工厂刚起步

我国食品加工制造在资源利用、高效转化、清洁生产和技术标准等方面缺乏创新,食品加工制造过程存在过度加工,能耗、水耗、物耗、排放及环境污染等问题突出,核心菌种和酶制剂主要依靠进口;食品装备系统化不足、集成度不高、智能化程度较低使高端设备处于跟跑现状;缺少颠覆性、超前性、引领性的研究。"食品细胞工厂""食品智能制造"等颠覆未来食品的科技创新研发工作已落后于国外。

目前大部分食品装备还处于工业2.0与工业3.0之间,由电气化与自动化时代向电子信息化层面提升,智能化程度较低。与国外发达国家不同,我国拥有庞大的传统食品工业,涉及中式菜肴、传统酿造、特种农产品加工、调理食品等,传统食品制造业不能借鉴国外经验与技术,更缺少配套智能化装备,必须依靠自主研发,更新智能化工艺和装备。

三、创新能力不足,智能制造发展缓慢

我国食品加工装备创新能力不足,主要表现在以下五方面。一是创新基础薄弱。创新知识匮乏,创新技能不够,创新经验不足,创新办法不多,创新工作缺乏许多技术支撑和方法支撑,基础研究工作比较淡化。二是试验设施和科研手段落后。我国没有可与国外相比的试验设施和科研手段,现有试验研究手段系统性和完整性较差,直接影响创新能力。三是现有科研程序老化。目前实施的科研程序是在"引进消化吸收、测绘仿制和短平快"的指导思

想下建立起来的，与当前强调自主创新的要求存在较大差距，严重降低了科技成果的技术门槛和技术水平的真实性。四是科研力量缺乏长效整合机制。全国能够参与技术创新的力量主要分散在部分科研单位、大专院校和企业，为了完成一些重大项目而临时整合在一起，成立统一的攻关或研发团队，当项目结束后，创新团队一般则自动解散，缺乏产、学、研相结合的长效机制。五是自主创新高端人才匮乏。国内现有的创新队伍，大都在模仿创新的前提下发展起来的，科技人员失去了综合研究和深入研究的能力，导致自主创新难以提升。创新能力的不足，致使我国食品加工领域技术更新、装备升级都较为缓慢，严重制约着食品加工装备智能制造的发展。

四、标准化水平低，制约产业转型升级

食品加工机械的标准化工作肩负着规范机械设计、制造、使用、管理等艰巨任务，已成为食品加工行业产业转型升级和高质量发展的基本要素。然而，与美国、德国等制造业强国相比，我国食品加工机械标准化还处于较低水平，食品加工智能制造领域标准缺乏。一是标准化程度低。我国食品加工机械的标准数量少，标准覆盖面小。目前，我国食品加工机械行业2000多种产品中，国家标准和行业标准的覆盖面为20%左右，60%左右的产品为企业标准组织生产，20%左右的产品还在无标生产。这种状况，不利于食品加工机械的升级和质量提升，不利于食品加工机械智能制造的发展。二是标准技术水平低。主要体现在部分标准技术内容老化，试验方法落后，检验规则不具体，实施程度较差，不符合市场需求。三是标准类型不配套。现有的食品机械标准中，主要是产品标准，缺乏基础标准、方法标准、管理标准和安全标准等，严重制约了产品标准的适用性[7]。

第四节 实践案例

当前，食品加工行业从生产到销售整个产业链的发展模式正在发生深刻变革，随着新技术的发展，制造企业生产过程执行系统（Manufacturing Execution System，MES）、产品生命周期管理（Product Lifecycle Management，PLM）、工业机器人、食品智能装备、人工智能应用、大数据分析与营销、智能供应链等也日益成为食品加工行业的发展热点。数字化、智能化、信息化技术的广泛应用，实现了食品生产加工过程的自动化，提高了生产效率、生产速度以及产品质量安全，同时促进了食品企业管理向智慧化方向发展，实现了转型升级[3]。智能制造也成为食品加工企业发展的新亮点。如蒙牛集团的智能制造数字化工厂[8]、思念公司的主食工业化生产线[9]、碧桂园公司的机器人餐厅[10]、娃哈哈集团的瓶装水全套智能生产工厂[11]以及武汉奋进公司的白酒酿造上甑机器人[12]等。

一、蒙牛集团：智能制造数字化工厂

1. 应用概况

目前消费者的个性化需求越来越多，对食品质量也越来越敏感，乳制品行业的竞争更是异常激烈。为应对需求升级和行业竞争，内蒙古蒙牛乳业（集团）股份有限公司（以下简称"蒙牛集团"）早在2015年就成为国家智能制造的首批试点示范企业，进行乳产品加工智能制造的探索，开启了智能制造数字化工厂的建设之路。

蒙牛集团的智能制造主要分为七条主线。第一条线是提高生产线的自动化水平，通过运用一些自动化生产调度设备，包括自动化灌装设备、清洗设备等来提高生产线的自动化水平；第二条线是信息化建设；第三条线是加入智能化因素，对自动化系统进一步升级，比如自动识别定位装箱系统、自动化一体库、自动化防错系统等，这些系统通过数字化接口和信息化的系统进行集成；第四条线是质量安全控制与追溯系统，应用物联网技术，完成覆盖生产主要过程的生产质量控制与追溯系统的建设，实现追溯信息共享；第五条线是智能物流系统，主要由成品全自动立体库及输送系统、内包材自动化立体库及输送系统、辅料自动输送系统，以及贯穿这三个子系统的计算机管理系统组成，可实现从生产到出库流程的无人化作业；第六条线是能耗监测系统，生产线加装能耗在线监测系统，并将数据实时传输到监管平台；第七条线是对前六条线智能化和数字化建设的整体串联。

2. 解决的技术难点或热点问题

（1）**解决全过程数据交互难题**　通过将所有生产设备连接到系统，自动采集生产数据，实现生产过程准确的实时监控。通过将自动化与信息化融合，实现生产过程的集约化和无纸化，提高了生产效率和能源使用效率。对于设备的巡检和维护，通过对原有生产设备的信息化升级，该系统达到实时了解设备状态，实现设备故障提前预防的目的。在智能化工厂中，工作人员只需要通过电脑屏幕或移动设备上显示的数据，便可了解整个生产环节的详细数据情况。可以说，在未来，从原料入库到成品出库的全部过程都将得到根本性改变。

（2）**解决全过程标准化生产难题**　自动化产品生产线帮助蒙牛破除了全产业链上的信息孤岛，实现了数据互联互通，初步完成智能化改造。此外，蒙牛还锻炼了一支"懂乳业又懂工业互联网"的技术人才队伍，为更高水平的乳业智能制造奠定了坚实基础。生产线的实施在国标线的基础上，提升了50%的标准，制定了企标线；在企标线的基础上，又提升了20%的标准，制定了内控线。企标线严于国标线，内控线严于企标线，进一步提升了企业自身食品安全的风险管控能力。

3. 具体做法和实践经验

（1）**贯通产业链上下游**　除产品的创新研发，数字化、智能化对蒙牛集团的改变，体现在整个产业链的上下游。

在上游，蒙牛集团所有的牧场都已经全部实现规模化和集约化。从2012年开始，蒙牛集团就与战略股东丹麦阿拉一起，制定了完备翔实的牧场管理标准，再运用数字技术让标准在各个牧场落地。目前，蒙牛集团的全部奶牛，都已经部署了RFID耳标，记录专属健康档案，部分还配备了更复杂的传感器。牧场对奶牛的所有动作，包括喂料、挤奶、按摩等，通过数据分析来设定并随时调整。整个牧场就像一个现代化、自动化的智能工厂。

在下游，蒙牛集团积极探索销售渠道、终端管理和营销的智能化。2017年，蒙牛集团同阿里以及阿里零售通达成战略合作，完善企业云，共同探索智能货架和无人便利店，对蒙牛集团的销售渠道进行数据赋能。同年，蒙牛集团与京东联手，京东为蒙牛集团提供更开放的数据和营销能力支持，并利用区块链防伪技术提升蒙牛产品的追溯能力。

蒙牛集团CEO卢敏放表示，"工业互联网的灵魂是'融合'，蒙牛的工业互联网之路，就是以乳制品工业为中心、连接上下游产业，推动从牧草到奶杯的产业链与信息技术深度融合，实现传统乳业的智能转型"。

目前，蒙牛集团在全国的所有工厂都已经实现了智能化布局。依托贯穿于生产链的信息系统，能够实时捕抓和分析每一个生产信息，做出影响食品安全的分析和判断，并且把结果实时反馈至产业链其他不同环节。一旦识别潜在的风险信息，智能工厂将在第一时间预警，提供解决方案，做出适当处理，从而为保障消费者"舌尖上的安全"构筑起坚固的防线。

以数字化、智能化带动整个乳业产业链升级，蒙牛集团发展"智慧乳业"（见图11-1）的做法为产业升级注入新动能。与其他产业相比，乳业产业链长而复杂，管理难度大、要求高，因此，乳业的智能化、数字化不可能仅靠在产业链一个环节的布局，而是要将智能化、数字化贯穿于整个产业链，才能推动整个行业转型升级。在这方面，蒙牛集团"智慧乳业"提供了样本借鉴。

（2）五大智能化　作为拥有近20年历史的乳业企业，蒙牛集团深知乳业生产的独特性，"拿来主义"无法解决问题，唯有基于自我实际的摸索和创造，才是推进智能化的最佳选择。于是，蒙牛集团牵头成立了"智能制造联合体"，探索一套适合乳业的专用方案。

蒙牛从"五大智能化"的角度，推动集团智能制造目标的实现：一是进一步升级实验室信息管理系统，推动质量控制智能化；二是完善能源管理平台，推动能源管控智能化；三是引入产品全生命周期管理系统，推动研发智能化；四是引入制造执行系统，实现制造过程的智能化和柔性化；五是在完善仓储管理系统的基础上，引入一系列物联网智能化装备，实现物流智能化。

工厂预处理车间，牛奶的预处理也被称为"标准化处理"，整个过程要经过9道工序，包含牛奶采样检测、计量、过滤、分离、均质、两次杀菌等，每一道工序都对牛奶的品质起着至关重要的作用。在灌装车间，14条生产线有条不紊地工作着，这里采用半成品包材，四条轨道同时进入包材，由滑竿撑开盒子、灌入牛奶，牛奶盒的顶部采用超声波封口技术，直接对包材中的塑料夹层进行热熔粘接，不使用任何胶水和粘合剂，确保牛奶品质不受到任何污染。每台设备一小时可灌装12000包，相当于每分钟200多包，如果将现场14条生产线1小时生产的牛奶一包包叠放起来，其高度接近3座珠穆朗玛峰。

在包装区域，蒙牛利用平面与空间纵向进行缓冲，同时绿色网兜保证每个产品的吸管粘贴，不会有任何一个"漏网之鱼"（见图11-2）；在码垛环节，机械手代替了60名工人的工作量，极大提高了工作效率并节省了大量的人力；车间内产品的运输是由STV无人驾驶小车来完成的。STV无人驾驶小车与机械手、堆垛机相互配合，高效完成货物的运输，将一箱箱牛奶存放在亚洲最大的立体仓库。这里设有21024个货位，可以容纳成品牛奶2万多吨，7000多万盒牛奶，相当于北京市民一周的饮奶量。入厂后采用条码扫描，随机编号检测；在亚洲最大的乳业智能仓储系统，蒙牛部署了码垛等不同类型的机器人，最大限度地提升了生产效率，同时根据市场的供需情况，对生产计划做出科学调节。在质量管理环节，蒙牛集团在行业内首创并推出产品追溯系统，使得每份蒙牛产品都有据可循。在智能工厂，一滴牛奶就是这样完成了它的智慧之旅。

这些"智能"牛奶正是蒙牛创新思维的结晶。蒙牛将智能化和数字化贯穿于全产业链，落实在牧场养殖、质量管理、创新研发、市场营销、工业旅游等各个层面、各个环节。创新一直是蒙牛深植于血脉的发展关键词，在蒙牛创新就是生产力。

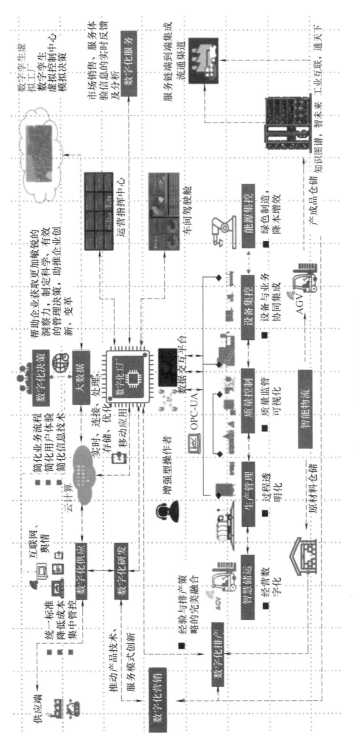

图 11-1 "智慧乳业"产业链

图 11-2　牛奶无人化包装车间

4. 创新性

（1）实现"从牧场到消费者"全程横向打通和纵向互联的智慧生产　蒙牛集团建设数字工厂是要通过全产业链的横向打通，同时实现纵向互联。实现纵向互联，要先把设备里运行的数据取出来，之后通过 MES 系统进行实际生产运营数据的管理，同时把运营数据和 ERP 数据进行互联互通，达到从底层到上层的串通。在独立工厂中首先要做的就是实时采集，在生产过程中有很多自动化设备，要想把自动化设备的信息包括过程中涉及的成本、质量、效率等关键数据等提取出来，必须要通过自动采集来实现，提高数据收集的效率；其次是实时监控，通过自动采集、与其他系统的集成之后，就可以将原辅料耗用、人力分配、设备利用率、物料流转等生产关键要素串联起来，统一进行实时监控；最后在前面数据的基础上分析纠偏，实现精准的数据管理，主要分析异常关键要素对产品成本和质量的影响，并及时进行指导控制和改善处理。通过数字工厂的建设，实现业务协同、计划优化、成本降低、质量保障、效率提升等，显著提升企业价值，更体现为从牧场到消费者手中的一杯好奶的全程智慧。

（2）实现"定制化"生产　蒙牛集团基于数字化工厂生产能力，依托大数据研究，推出面向 18~29 岁的年轻互联网族群的互联网牛奶"甜小嗨"。"甜小嗨"的独特之处，并不仅因其诞生源于大数据调研，还在于它的口味和包装每隔一段时间会随着电商实时数据不断改进，这只有通过数字化工厂才能实现。

二、思念公司：主食工业化生产线

1. 应用概况

随着我国城镇化、工业化和市场化的快速发展和户均人口的减少，餐饮方式与消费观念正在从消费型向享受型转变，美味、便捷、营养、安全、卫生成为主食消费的基本要求。以家庭自制为主的格局正在向社会化供应的方向发展，机器逐步代替人工生产，整个加工环节产生了颠覆性的变革，主食加工工业化应运而生。

郑州思念食品有限公司（以下简称"思念公司"）致力于主食智能化设备的改进，多年来坚持加大主食生产设备技术研发，大力推动自动注馅机等智能装备的生产应用，以减少产品对于大量人力资源的依赖，逐步实现自动化生产，保证稳定的产品品质。目前，思念公司已成为引领主食加工业发展的骨干力量，提高了中式主食生产的自动化、智能化程度，加快了国内食品制造业的整体进步步伐。2019年，思念公司承担的河南省科技厅农业领域重大科技专项项目"速冻主食自动化生产与品质提升关键技术研究及产业化示范"成功验收，项目成果水饺自动注馅生产线（见图11-3）为国内首创，应用后产量提高一倍，这项关键技术的应用在提高自动化生产效率的同时，确保思念中央厨房达到家庭厨房的品质级别。

图11-3　水饺自动注馅生产线

2. 解决的技术难点或热点问题

（1）自动化、智能化、信息化生产　主食加工业的发展，在于应用现代科学技术和先进装备，以定量化、标准化、机械化加工代替传统手工制作方式，逐步实现主食自动化、智能化、信息化工业生产全过程。一是实现自动化。主食加工业是劳动密集型产业，近年来随着人工成本的提升，"机器换人"逐步成为行业发展的一大趋势。目前，主食加工业自动化生产在包装生产线中已占到50%以上。主食加工企业需不断对生产线进行改造升级，生产、拣选、包装、码垛、仓储、配送等环节自动化水平也需随之提升。二是实现智能化。新一代信息技术与制造业深度融合，智能制造正引领产业变革。作为主食加工领军企业，需积极探索建立智能化管理体系，将设计、制造、供销服务和决策管理等进行系统集成，推动企业向智能制造方向迈进。三是实现信息化。伴随着计算机和互联网的普及应用以及办公软件系统的快速发展，主食加工企业也逐步开始在财务、人力资源、销售、库存等管理活动中使用信息系统，通过信息化建设促进企业业务流程再造和管理模式变革，实现生产管理科学化。

（2）中式主食标准化　产品标准化是西式快餐可以畅销世界的核心因素，也是制约中式快餐发展的瓶颈之一。实现食品的标准化，才能保证质量和口味上的统一，才能实现工业化生产的规模效应。麦当劳、肯德基等西式快餐，无须专业厨师，任何经过培训的员工都可以快速进行产品制作。麦当劳宣称，全球所有门店的汉堡都是同一种味道。而中式主食却一直依赖厨师的个人能力，在发展过程中，不同门店制作的产品良莠不齐，严重制约中式快餐的发展。拥有蒸、炸、煎、煮等多种技法的中式主食，要进行规模化生产，标准化是必经之路。中式主食的标准化生产，要克服原材料、工艺流程、设备、管理等难关。

3. 具体做法和实践经验

（1）开发智能化车间　为了逐步实现主食自动化、智能化工业生产，思念公司结合生产实际，与设备供应商、软件供应商共同研发智能化设备，相继开发了"自动加粉系统""速冻水饺自动化生产线""自动注米机""智能组合秤""自动化立体出入库系统""GPS冷链系统"等装备。这些主食生产装备、技术的自主研发，提高了产品质量，提升了生产效率，节约了能耗，更加快了主食自动化、智能化发展进程。

思念公司速冻食品智能车间共有293台生产设备，自动化、智能化设备246台，占比84%。其中，智能化车间的面房采用全自动粉仓控制系统、自动连续真空和面系统、连续压面设备,在面粉储存、输送、面粉工艺配比、和面工艺配比、连续真空和面、连续压延方面引进全自动粉仓控制系统、自动连续真空和面系统、连续压面设备,实现了面粉储存、自动输送、自动工艺配比、混合、和面和压面自动化连续生产;蔬菜处理采用全自动清洗设备、自动切菜设备、连续脱水设备,实现了蔬菜清洗、切制、脱水自动化处理;在称量、包装、质量检测、装箱和产品整箱码垛等方面,引进了智能组合称量智能设备、自动打码智能设备、自动包装智能设备、金属异物检测智能设备、重量检测智能设备、自动开箱装箱封箱智能设备(见图11-4),实现了产品称量、包装、打码、质量检测、装箱、自动码垛入库的连续化自动生产,装箱产品通过工业机器手码垛后输送至全自动化无人立体冷库。同时,智能加工车间充分融合了信息技术、通信技术和人工智能技术,实现了"动态感知、实时分析、自主决策、精准执行",减少了人工,提升了产值,降低了单位产品能耗,提高了成品率,同时极大地改善了工人生产环境。

图11-4 速冻食品自动包装生产线

(2)打造中式主食标准化 要解决中式主食标准化的难题,产品生产技术和设备开发是重点。思念公司结合生产需要,对各大产品的工艺流程进行改造,规范用料、配方、制作流程,制定主食产品技术标准体系和生产控制技术标准体系,保证产品品质稳定,为主食标准化建设提供技术支撑。同时,开展适合我国传统主食加工自动化、智能化装备及连续化生产线的研制,相继开发出油条炸制设备、连续真空和面系统、自动配粉系统等关键装备。

以思念公司安心油条的标准化过程为例。相比水饺、包子等产品,油条对制作者的技艺、经验要求更高,工业生产中不仅要保证产品松、脆的特性,还需解决传统油条的"铝害"问题,满足消费者对食品安全、健康的高要求,标准化生产之路尤为艰难。2006年,思念公司开始着手安心油条的研发。在突破了"无铝"制作难关后,相关设备研制成为标准化生产的重点。要实现工业化生产,和面、醒发、切条、油炸的每个过程都需要智能化的设备代替人工。当时,和面工艺已经靠和面机得以解决,油条的醒发也通过调整醒蒸室的温度得以解决,尚待解决的只剩下切条和油炸两个过程,也是最难解决、耗时最长的两个环节。油条面坯自动切条的难点在于既要实现油条坯的快速分切,又能防止油条坯两端炸口,确保油条坯质量。2008年,经过多次失败尝试,终于在刀切馒头设备的基础上做了改进,实现了油条面坯的自动切条。油炸这一最大的难题则在2010年,通过思念公司和国内油炸设备商共同努力,对现有设备进行了升级改造,才得以解决。至此,思念公司的油条完全实现了标准化工业生产。速冻油条研制成功后，在全国上百个食品品种中脱颖而出，成为肯德基主推的本土化特色产品，又陆续出口到德国、法国等十几个国家。

思念公司在工艺流程标准化、设备标准化的基础上，通过采购标准化、制度流程标准化、配送标准化、卫生标准化，最终实现了中式主食的标准化生产管理。

4. 创新性

主要体现在设备技术自主创新。近 5 年公司共申请专利 200 多项，发明专利 20 余项，实用新型 30 余项。其中，一种连续真空和面系统、一种自动配粉系统、一种自动称量加水系统、飞饼工业自动化生产线、一种油条炸制设备、一种速冻机的保护装置（见图 11-5）等发明专利被广泛应用于速冻行业，实现了产品自动化标准化生产，保证产品品质稳定性，推动行业快速发展，加快了国内制造业的整体进步步伐。

图 11-5　思念公司生产设备

三、碧桂园集团：机器人无人餐厅

1. 应用概况

随着 5G、人工智能、物联网技术的进一步发展，一些工作环境艰苦、重复、繁重、流程性的工作岗位或被机器替代，这一趋势将会加速。作为服务机器人领域的一个细分，餐饮机器人将是一个颇具想象空间的增量市场。不少餐饮企业已尝试将人工智能等新兴技术应用于传统餐饮业场景，机器人餐厅、无人餐厅、智慧餐厅成为近年来餐饮行业的热词，餐饮业高科技智能化进入了风口期。

碧桂园集团旗下的千玺机器人餐饮集团自主研发的 Foodom 机器人中餐厅（见图 11-6）旗舰店已在广州正式开业，应用一整套行业领先的自研机器人设备，餐厅为各方食客提供前所未有的就餐科技服务。

2. 解决的技术难点或热点问题

（1）研制出中餐加工核心设备　区别于西餐，中餐具有独特性、复杂性，使得进口的相关设备不能完全满足中餐的生产要求。Foodom 机器人中餐厅通过对餐饮机器人的自主研发，开发适合中餐标准化生产的设备，解决了中餐制作核心设备缺失的问题。

（2）提高了综合比较效益　机器人餐厅的商业模式跟传统餐饮类似，但能有效将成本降低。传统餐饮业的利润为 7%～10%，利润率较低，人力成本占总营收的 20%～25%。而

Foodom 机器人餐厅的原材料在中央厨房已预制完成，机器人在制作过程中可进一步提升效率，运营成本优势明显。一台送餐机器人日均配送超过 300 盘，客流高峰期配送可超过 400 盘，而一般传菜员每日仅可传菜约 200 盘。送餐机器人可替代 1.5~2 名专职传菜员的工作，而每月运营成本仅为 2000~3000 元，相当于节省了 6000~10000 元的人工成本。未来机器人餐厅通过数据化管理，可以做到 1~2 个工作人员管理一个区域的餐饮机器人，实现智能化管控，可以大幅提升效率，进一步降低运营成本。

图 11-6　智能机器人中餐厅

3. 具体做法和实践经验

（1）**智能化中央厨房**　Foodom 机器人中餐厅自建的中央厨房对食材进行标准化处理（包括切配、过油、腌制等工序），并将处理后的食材以冷链运输的方式配送至门店。机器人烹饪设备根据顾客的需求从冷库自动调取用料，精准烹饪制作。菜品制作完成后再由送餐机器人或云轨系统将菜品直接送达顾客所在桌位，顾客用餐完毕后手机支付买单，实现了初步的机器人餐厅全链条系统运营模式。

食品安全的高度可控，也是机器人餐厅的重要优势。Foodom 机器人中餐厅自建中央厨房严格把控食材源头，优选各类食材并全程电子溯源，自动化的流水线和智能加工设备保障处理过程以避免污染。标准化处理后的食材在到达餐厅后直接进入冷库封闭保存，直至食材进入机器人烹饪设备，整个烹饪过程与人工隔离，可以很大程度规避食品安全隐患。在传统的主要由人工进行备餐、烹制和服务的餐厅里，任何一个环节的人员健康问题都可能影响食品安全，而在机器人餐厅，可以最大限度避免这种情况。

无论是传统模式下的餐厅，还是智能化的机器人餐厅，味道和品质都是企业生存的重要筹码。为了能让机器人精准地记住并还原大厨手艺，研发之初千玺集团就专门邀请了 10 位顺德大厨教机器人做菜。大厨们从温度火候、口感反馈、加料分量、烹制时长等角度对机器人进行了成百上千次反复调校，最终将标准化烹制工艺输入机器人电脑。做菜时每次都能严格按标准执行，同时，机器人设备十分高效，煎炸机器人、甜品机器人、调酒机器人都能以秒为单位制作出品。而且机器人制作的中式菜肴色、香、味俱全，跟传统餐厅顺德菜几无差别。

（2）**餐饮机器人的自主研发**　目前，碧桂园集团的千玺机器人已初步形成机器人餐厅的全链条系统运营模式，并已组建约 750 人的研发运营团队，累计投入超 2 亿元，创造了中餐、火锅、快餐、煲仔饭和粉面店 5 个不同餐厅业态的产品线，涉及 70 多个设备从无到有的开发。

Foodom 机器人中餐厅旗舰店截至目前已投入 46 种机器人作为餐厅运营的核心设备，构成整套餐饮机器人体系，包括迎宾机器人、煎炸机器人、甜品机器人、汉堡机器人、调酒机器人、煲仔饭机器人、炒锅机器人、云轨系统以及地面送餐机器人等（见图 11-7），在核心技术上这套设备均实现自主研发，并且能实现持续升级迭代。菜品制作又好又快，如煎炸机器人、甜品机器人、调酒机器人等都能实现秒级出品，并且烹饪制作过程可排除人为干扰，菜式品质稳定。

此外，千玺机器人餐饮集团还自主研发了看不见的智慧支撑体系，包括客户服务系统和机器人设备调度系统。客户服务系统支持多渠道点餐、多支付模式、多餐饮业态，微服务架构、云平台部署，多平台/商业套件接入。机器人设备调度系统能适应不同场景下的设备调度需求，中餐厅调度系统功能包括订单拆分、设备调度管理、任务调度算法、人机协作，实现对设备的可视化管理和实时交互的功能，直观简洁呈现，人性化操作。

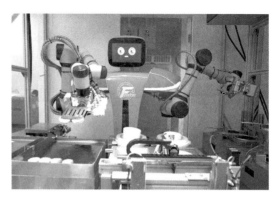

图 11-7　智能炒菜机器人

4. 创新性

（1）**实现中餐标准化**　传统中餐以手工制作为主，工艺复杂，难以量化，而且需要保证菜品在色、香、味、形、质等方面的特殊要求，标准化难度较大。Foodom 机器人中餐厅建立了中央厨房，量化中餐制作的每一个细节，并开发相关先进设备，摆脱了中餐对厨师个人的依赖性，将单纯的烹饪转移到餐饮制作的技术、研发和管控上。不仅突出了中央厨房集中生产的优势，而且提高和统一了产品质量，解决了中餐难以标准化的问题。

（2）**全流程系统集成**　此前国内推出的大部分餐饮机器人是以迎宾、配餐、传菜或炒菜为主，通常是单独某个细分领域或者局部环节上的零散应用，Foodom 机器人中餐厅是通过自主研发核心技术，让餐饮机器人更"聪明"，实现餐厅全流程的标准化、智能化，并实现了从中央厨房到冷链运输，再到店面机器人的全系统搭建和运营，是目前最先进最完整的系统化、智能化餐饮系统。

四、娃哈哈集团：瓶装水全套智能生产工厂

1. 应用概况

我国经济已经由高速增长转向高质量发展阶段，饮料行业也已进入降速增长的新常态，连续 30 年高速发展的杭州娃哈哈集团有限公司（以下简称"娃哈哈"）同样面临这一重大课题。随着"工业 4.0"发展模式波及全球，在我国新常态发展的背景下，实现信息技术、互联网技术与传统制造业的融合发展，成为我国工业转型升级的必然要求。面对新常态，娃哈哈逐步调整发展模式，从速度规模型转向质量效益型，从量变转向质变，打造全套智能生产工厂，将电子信息技术广泛应用到工业生产的各个环节，实现"两化融合"。

2. 解决的技术难点或热点问题

（1）**解决"设备采购"向"设备研发"转化的问题**　很多传统制造企业为适应"互联网+"浪潮，往往通过采购专业设备和服务来实现，而娃哈哈实现了生产线机器人的自主研发，不仅满足自用，还实现了外销和出口。

（2）**解决传统饮料制造业向数字化、绿色化、智能化转型升级的问题**　娃哈哈通过设备的自主研发，以及信息系统建设、工厂智能化监控系统建设和数字化工厂建设，达到了降低消耗、提高效率、保证质量的目的，实现了传统饮料制造业向数字化、绿色化、智能化的

转型升级。

3. 具体做法和实践经验

（1）**自主研发机器人** 目前，娃哈哈已开发高位高速码垛机、套标机、贴标机、理瓶机等输送包装机械；采用机器人技术解决了箱型物品自动装车的问题，包括并联机器人系列、串联机器人系列、平面关节机器人系列、机器人码垛工作站、桁架式码垛机器人等；正在实验性开发伺服电动机、伺服驱动器、运动控制器等机器人核心零部件，包括6个系列41种中低惯量伺服电机及节能直驱电机等。

码垛机器人是由娃哈哈设计的第一台投入生产的机器人工作站，拥有5项专利。码垛机器人（见图11-8）定位精度可以达到±0.5mm，平均工作效率为每小时2000箱。一个码垛工人，每小时的工作量是450箱。按照1套机器人代替2个人工计算，如果对娃哈哈100条线完成机器人码垛改造，以一个工人6万元/年的人力成本计算，每年可直接节省人力成本1000万元以上。而且，自研的码垛机器人可以根据不同饮料进行不同码放，对产品进行识别判断，自动调取码垛，更加智能、高效。

图11-8　智能码垛机器人

娃哈哈"出品"的机器人，不仅可自用，还实现了外销和出口。近年来，娃哈哈还不断输出机器人及智能生产解决方案。在杭州临安，一家铅酸蓄电池生产企业，由于人工搬运铅粉容易诱发血铅超标等职业病，娃哈哈为其"量身定制"了电池极板上下料工作站，不仅在上下料等工序实现了智能化，还在打磨抛光、包板、焊接等后道工序实现了自动化。目前，系统已完成安装调试。而在云南的一家炸药厂的车间里，以前依靠人工来完成包装、分拣等危险动作，已被娃哈哈研制的专业机器人取代。此外，娃哈哈还为中控研制了以并联机器人（相当于两只手一起端物品）为核心的动力电池流水线组合装箱机，为杭州弹簧有限公司设计了弹簧自动识别刷漆工作站。

（2）**建设智能工厂** 娃哈哈的智能工厂（见图11-9）代表了当今饮料业流程制造智能化的领先水平。智能工厂集自动化、数字化、智能化为一体，实现了高速高效生产。生产参数可以自动切换，使得不同规格、不同配方的产品可以迅速切换生产，效率比原来提高一倍以上。全面提升了饮料生产流程的智能化水平。同时，结合娃哈哈全国性集团化管理的特点，通过对整个集团经营信息系统建设、工厂智能化监控系统建设和数字化工厂建设，达到降低消耗、提高效率、保证质量的目的，仅其能源管理系统，就可节能20%以上。实现了传统饮料制造业向数字化、绿色化、智能化转型升级。

娃哈哈工厂的智能化转型，主要依赖以下几方面。一是用于智能工厂的机器人系列产品由娃哈哈自行研发制造，产品具有自主知识产权；二是利用现代传感检测技术等先进手段，采集工艺过程中的关键技术参数，从产品调配、吹瓶、灌装到包装、码垛在线实时监测和自动参数纠偏修正，确保了稳定的工艺过程和产品质量；三是通过传统制造自动化和互联网技术的深度融合，打造了一个涵盖客户下单、生产调度、原材料采购、工厂生产、物流和客户服务等完整产业链的大数据信息化体系。

图 11-9 瓶装水智能工厂

4. 创新性

可实现全过程无人化自动化高效生产。一瓶瓶装水的出厂，要经历吹瓶、灌装、包装等 20 多道工序，在娃哈哈的瓶装水生产线上，这些工序率先实现了全自动化生产。在生产基地 168m 长的智能生产线上，只有 2~3 个员工进行监控和巡检，特殊处理的空气保证了工厂的清洁度，在飞速运转的流水线上，每 1s 就可以生产 15 瓶瓶装水。这意味着，一秒钟就有 15 瓶水完成了瓶盖生产、瓶身制作、杀菌、灌装等数十个环节。娃哈哈智能饮料生产线是国内首条数字化、智能化饮料生产线，每小时生产效率扩大到 54000 瓶。这条生产线不但产能高，智能化程度也极高，实现了从原料投入、灌装、装箱到入库成品码垛的全过程自动化。整条生产线由传感器传输工艺参数和设备参数至车间制造执行系统（MES），使用中控室进行监控操作，最终将数据反馈至集团企业资源管理（ERP）系统，极少使用人工干预。

五、武汉奋进：白酒酿造上甑机器人

1. 应用概况

白酒酿造工业化生产是一个内部复杂、多个领域技术交叉渗透的过程，涉及生物、计算机、控制等多方面内容。经过多年的技术革新，我国白酒酿造工业化进程取得了一定的发展，高精度、智能化的自动控制技术逐步渗透到酿酒工业的各项工艺流程中。在利用蒸馏机械翻转甑桶进行蒸馏操作时，可大大加快上甑速度、减轻劳动强度，但蒸馏酒的品质会大大降低，远不及人工上甑；拌料、摊晾和上甑等关键环节难以完全脱离传统人工操作工艺，使白酒机械化生产不能形成一个连续的整体，制约了酿酒行业的自动化、智能化发展进程。

武汉奋进智能机器有限公司（以下简称"武汉奋进公司"）针对白酒酿造的特定工艺流程，将设计理念深度融入产品制造工艺，研发出上甑机器人、出甑机器人等多种专业酿酒机器人，并且细化出了适用于生产浓香型、酱香型、清香型、绵柔型白酒的多种型号的专业机器人。上甑机器人已经在劲牌、茅台、洋河、汾酒、古井贡、口子窖等 20 余家知名酒企上线应用，装机 120 余台。

2. 解决的技术难点或热点问题

（1）模仿人工作业方式设计机器人结构，将传统工匠技艺写入机器人的算法和程序　上甑机器人将上甑工匠的技艺和手法进行提炼，转化成数据化语言，建立基于生产流程的机器人动作数据库和工艺数据库,并严格遵循传统工艺,从而使机器人可以在结构上模仿人类工作,在程式和算法上按传统工艺进行规划,实现传统工艺的传承。

(2)集成外部传感器,数据云服务器上传,实现信息交互　新兴传感器的引入,使上甑机器人具有像工匠一样的"感知器官",视觉、语音、力感、温湿度感知等外部传感器让机器人对周边环境有了密切感知,机器人既可以感知自身运行状态和周围环境的变化,也可以感知生产过程。传感器采集的有效数据信息,通过互联网传送至云端服务器,使机器人可以进行云计算处理和深度学习,从而实现自我感知、自动进化、主动优化,像工匠一样交互信息、积累经验。

3. 具体做法和实践经验

"上甑"是白酒酿造过程中的重要工艺环节,操作质量直接决定出酒率和酒质的好坏。传统酿酒工艺采用人工上甑方法,在酒精蒸汽冒出之前,工人用撮箕将酒醅一层一层均匀、疏松地铺在甑桶内,且必须满足"探气上甑,均撒匀铺"的工艺要求,以保证在蒸馏过程中酿酒原料既不跑汽又不压汽,实现产酒、提香的最佳效果。

上甑工序对操作人员的技能要求较高,往往要工作5年以上的老师傅凭经验操作,做到"轻、松、匀、薄、散、准",才能保证酒的质量和产量。而且,上甑工人劳动强度大,每天需要转运10t以上的粮食;作业环境也差,上甑作业区温度超过50℃,工人需长时间处于湿热环境中。多种因素使得人工上甑难度加大,上甑工序对机器人作业产生了迫切的需求。由于酿酒原料黏湿度大,且甑桶为上大下小的圆台形,一般的装料设备均难以实现上甑操作,武汉奋进研发的专业上甑机器人应运而生。

上甑机器人在结构设计上模仿人工动作,在控制程序上遵照原有工艺。除本体以外,上甑机器人还包括感知系统(温差探测器、工作面形态探测器、酒精度检测仪、蒸汽流量计和蒸汽压力计等)、执行系统(各驱动电动机、酒精开关阀、蒸汽阀和冷凝水阀等)和思维系统(云服务、云计算等)(见图11-10)。

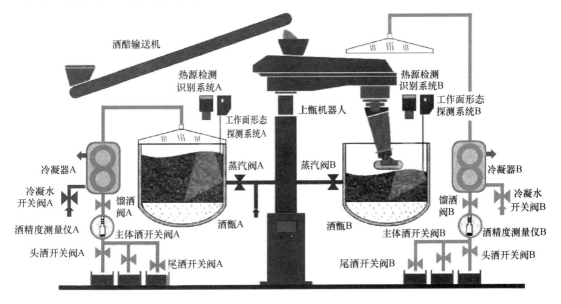

图11-10　上甑机器人作业系统

上甑机器人可以熟练完成俯身、转臂、铺撒、调节阀门、切换开关等作业，同时兼顾控制蒸汽流量和蒸汽通断时间，自主控制冷凝水供给，根据酒精度检测仪的数值自动切换酒头、酒尾和主体酒开关阀等操作。整个酿酒的过程中，各项数据不断传送至云服务器中，形成工艺大数据，从而实现经验积累。上甑机器人最终可达到探气上甑、匀铺轻撒效果，而且相比人工上甑，每甑粮食可多产出10kg的酒，同时提升了白酒的品质。

4. 创新性

（1）集成经验、工艺和制造，实现工匠完全替代　武汉奋进公司研发的智能上甑机器人，深度融入了产品的制造工艺，集成了外部传感器和执行器系统，对服务对象及其周边环境进行精确的数据采集、精准判断和深度学习，实现数据和工艺之间的闭环控制，能够像技师和工匠一样不断积累经验并优化工艺，利用科技让传统工艺更加出彩。一台上甑机器人可以替代2~4名工人，与人工上甑相比，机器人上甑快5~8分钟，而且出酒率和白酒一级品率明显提高，智能上甑机器人的应用达到了替代工匠的效果。

（2）多学科、多领域技术融合　上甑机器人是一个多种高新技术的集合体，它融合了生物、机械、电子、传感器、计算机硬件与软件、人工智能等多学科知识，涉及当今多种前沿领域技术。武汉奋进公司在通用机器人产品的基础上，结合酿酒行业全产业链的综合需求，推动白酒酿造自动化升级，实现了传统上甑方式的智能化、网络化和专业化创新。

第五节　发展趋势

我国未来食品加工领域的智能制造发展，要面向目前食品工业发展所面临的新挑战和新需求，针对制约食品加工行业发展的技术瓶颈与关键难题，围绕食品加工产业链重点环节的前沿基础问题、共性关键技术难题和技术集成示范的突破与需求，发展智能制造装备、智能制造关键共性技术以及食品智能加工等领域[13]。

一、智能制造装备

1. 食品智能化加工装备

针对传统食品制造业转型升级新需求、我国智能制造装备产业高质量发展新要求，以及劳动力、土地等要素成本的快速上涨和中国制造业低成本竞争优势持续削弱等问题，研究食品加工的过程优化和自适应控制技术，突破杀菌、提取分离、干燥冷冻、成型包装等关键装备智能化关键技术；系统研究食品加工制造过程中的组分、风味、质构、色泽等品质参数的原位感知、适应快速成型熟化的食品3D打印等关键技术与装备；重点研究关键工序智能化、关键岗位机器人替代、生产过程智能化控制等关键技术装备及产业化示范，提升智能制造共性关键技术的水平，构建食品装备新型制造体系。实现食品智能制造行业关键共性技术、重要技术装备和标准化等工作的重点突破，大力推进我国食品智能装备产业的快速发展。

2. 食品智能包装物流装备

针对食品新业态发展需求，食品包装物流无人值守和全面智能化发展的迫切需要，以及我国食品、物流、生物学基础理论研究相对薄弱，全程冷链物流技术尚未完全构建等问题，开展基于基因编辑技术、关键基因挖掘功能诠释及其调控机制等果蔬采后生物学基础及调控机制研究；开展冷链品质耦合、货架寿命延长、杀菌剂减量增效与新型物理杀菌、生物防治、诱导抗病、覆膜冰温保鲜、水产品无水保活以及电商物流等技术与配套装备研发；开展绿色可持续新型食品包装材料、生物基全降解包装材料等物流新型绿色降解包装材料的研制；开展基于大数据的物流终端精准推送、基于北斗系统的天车货信息一体化冷链物流保障等生鲜食品物流智能化感控及大数据智能化技术的研究与应用；开展新型专用蓄冷剂、单元模块式智能预冷装备、可移动智能化气调储藏装备、分布式无缝隙冷链零售微超智能管控技术等相关产品和装备的开发与应用。显著提升我国食品包装与物流科技的自主创新能力和支撑产业能力。

3. 食品加工机器人

重点开展机器人视觉、力觉、触觉、接近觉、距离觉、姿态觉、位置觉等传感器研究，实现食品机器人在食品分拣、分切、包装等环节的高灵敏、高精度、高效率操作；针对不同质地、形状、尺寸等复杂食品体系应用场景开发高端传感系统和操作系统，研发普适性强的食品机器人；实现关键工序智能化、关键岗位机器人替代、生产过程智能化控制，重点研发食品生产高速后道分拣、装箱、码垛、卸垛包装智能机器人；通过自主感测以及可伸缩的纳米导电材料，创制柔软、可伸缩、可随意变形、可感知外在环境因子、肌肉运动等优势的柔性化机器人，更适应食品加工不同工序的需要。

二、智能制造关键共性技术

1. 食品装备数字化设计与制造

重点研究食品数字化设计与装备制造技术，通过复杂食品加工体系模拟仿真及优化技术实现几何、物理、功能等多领域统一表达的数字化设计；研究大数据结合传感器测量技术，解决食品加工工艺参数自适应优化控制；利用智能控制结合物联网技术，突破食品加工设备全寿命周期智能维护关键技术；重点开展智能制造关键技术装备、核心支撑软件、工业互联网等系统集成应用研究，提高食品智能制造装备的智能化水平。

2. 食品装备智能控制系统

重点开发食品装备智能控制系统及相关工业应用软件、故障诊断软件和工具、传感和通信系统，实现人、设备与产品的实时联通、精确识别、有效交互与智能控制；开展虚拟现实技术在制造过程感知中的应用，实现对食品样本整体信息的类人工智能的识别；建立食品装备的大数据分析处理系统，研究开发能够实现生产控制精准、生产制造协同度高和柔性化水平好的智能控制系统。

三、食品智能加工

针对食品加工制造过程中存在高能耗、水耗、物耗等现状问题，围绕国民对优质化、健康化食品的重大需求，食品加工制造领域高质量、高技术发展的紧迫诉求，以及从加工基础、加工单元、产业化集成等不同层面，实施优质化、营养化、健康化食品加工的制造升级工程；解析食品加工过程中食品物性学基础、数字化基础，以及组分相互作用机制，提升食品加工制造的原始创新能力；突破制约产业发展的绿色化、信息化和高新化关键共性单元技术；实现传统食品加工工业化、现代食品生产智能化，以及定制食品创制高新化和特殊食品生产无人化。为解决食品消费升级与有效供给的矛盾，为我国食品生产高质量、高技术发展形成强有力的自主科技支撑,大大提高我国食品智能生产的创新技术自给水平。

第六节 措施建议

当前,正处于"十三五"收官和"十四五"开局时期,按照食品行业"四个最严"的最高标准要求,结合新冠肺炎疫情带来的新变化、新需求,必须以更高要求系统谋划未来一个时期我国食品加工领域智能制造的发展方向,推动由食品生产大国向食品制造强国转变[14]。

一、增设食品智能制造研究领域

当前,全球食品产业正在向多领域、多梯度、深层次、全利用、信息化、智能化、高科技、高效益、低能耗、低排放、可持续的方向迅速发展。技术创新是引领和带动食品产业持续发展的关键,应从国家层面强化食品科技专项的顶层设计,将食品智能制造设立为一个重点领域,超前部署食品智能制造科技重大战略方向和重大任务,加强食品营养健康、食品智能加工、智能装备以及食品安全主动保障等重点领域的专项研究。在国家中长期科技发展规划纲要的总体部署下,对一段时期食品加工领域智能制造科技创新进行全面、系统的规划,强化食品领域智能制造科技进步与支撑作用。通过设立食品智能制造科技创新重点领域,加大对食品智能制造科技创新投入的力度、深度和广度,强化基础研究、应用基础研究、颠覆性技术及产业共性关键技术研究,力争取得一批具有世界影响力的原创性科技成果。

二、加强构建国家级食品智能制造技术创新平台系统

以提升食品智能制造科技创新能力为核心,依据我国食品工业科技发展的总体规划及食品工业发展的战略需求,优化食品智能制造科技创新平台布局,建设一批食品智能制造领域国家重点实验室、国家技术创新中心、产业技术创新联盟和科技园等。统筹食品领域"学科-人才-基地"建设,推进跨学科、跨部门、跨单位的协同创新。依托食品领域国家重点实验室,开展世界前沿性、颠覆性食品科技创新研究;依托食品智能制造国家重点实验室,瞄准食品智能制造领域重大基础研究问题,加强食品智能制造原始创新能力建设;依托国家技术创新中心,围绕食品工业发展的共性技术需求,开展食品智能制造领域前沿技术和关键技术的研发,发挥技术引领和支撑作用;依托食品产业技术联盟,推进食品智能制造领域产、学、研结合,实现食品领域智能制造技术的产业化、规模化发展。

三、强化培育食品智能制造新业态新产业发展能力

大数据、物联网、生物技术、智能制造、新材料技术等技术创新在食品工业领域中的应用,颠覆了传统的食品产业模式,带动了以绿色、智能、健康为特征的食品科技重大变革,为食品产业升级注入了新动能。现代食品产业涵盖了原料控制、包装贮运、商品处理、产品加工、食品制造、质量保障、安全控制、装备制造、物流配送、零售和餐饮等整个食品供应链多个环节多体系。第一、二、三产业融合发展是食品工业特有的优势,产业链纵向延伸和横向拓展的速度加快,大业态发展趋势日益明显。纵向延伸方面,全链条技术交叉融合创新推动了食品产业科技成果转化,加快完整食品产业链形成,促进"产、购、储、加、销"

一体化全产业链经营。横向拓展方面，推动食品产业与教育、文化、健康等民生产业的融合发展，鼓励发展食品工业旅游、制造工艺体验等新业态，使食品产业真正成为"有温度的行业"；大力发展电子商务、线上线下一体化集成等"互联网＋"新模式，为食品新业态、新模式和新兴产业健康发展提供技术保障。

四、聚焦国际食品智能制造科技布局

随着世界经济一体化进展的加快，国际化已经成为现代食品企业乃至地区食品产业发展的必然趋势。结合"一带一路"倡议和农业"走出去"战略，推进"健康中国"建设，以全球视野谋划和推动食品智能制造科技创新，统筹利用国际国内两个市场、两种资源，主动布局和融入全球创新网络。选择与我国有良好合作基础和潜力的食品科技优势国家和地区以及具有代表性的发展中国家和地区，开展多种形式的食品智能制造科技交流合作，打造食品智能制造科技创新的国际合作共同体，加大食品先进制造技术和高端智力引进力度，构建与国际接轨的创新体系，抢占若干领域制高点。支持我国食品加工企业在国外设立联合研发中心、产业技术发展基地和国际食品产业创业基地，与国际一流的人才、团队、企业开展紧密合作，形成食品科技国际合作新格局。大力支持国际知识产权与标准化发展战略，优化企业海外竞争激励机制，对国际标准和国际领先技术进行奖励，激发企业创新积极性；实行结构化海外专利策略，在发达国家持续稳步进行专利布局的同时，结合"一带一路"倡议，积极推进发展中国家专利前瞻性布局；鼓励企业采用直接并购国外专利、吸纳国外专利，创新和自主创新相结合的路径，为海外专利布局提供创新来源。此外，政府还应大力支持我国食品科技企业、高校和科研院所主导或参与制定食品领域国际、国内和行业标准，夺取我国在食品科技领域国际化标准的话语权。

参考文献

[1] 中华人民共和国工业和信息化部. 2019年1—12月食品行业运行情况[Z]. 2020.
[2] 胡小松. 我国食品产业科技创新发展进入快车道[J]. 中国农村科技杂志, 2018 (9): 12-13.
[3] 中国科学技术协会, 中国机械工程学会包装与食品工程分会. 食品与包装机械技术路线图[M]. 北京: 中国科学技术出版社, 2019.
[4] 科学技术部. "十三五"食品科技创新专项规划[Z]. 2017.
[5] 李楠. 浅谈食品机械对智能控制技术的应用[J]. 科技与创新, 2020 (09): 153-154.
[6] 中国网. 中国全球乳业2018合作与发展论坛在西安举行[EB/OL]. (2018-08-27) [2020-09-01]. https://mini.eastday.com/a/180829122951582.html.
[7] 王国扣, 张宏宇, 万丽娜, 赵丹. 食品机械标准化现状与"十三五"发展思路[J]. 包装与食品机械, 2016, 34 (04): 52-55.
[8] 陈冬. 一杯牛奶的智能化之路: 蒙牛推动全产业链与信息技术深度融合纪实[EB/OL]. (2018-05-26) [2020-09-01]. http://www.shipin.people.com.cn/n1/2018/0526/c85914-30015387.html.
[9] 郑州思念食品有限公司. 企业简介[EB/OL]. (2019-12-12) [2019-12-12]. https://www.synear.cn/index-php?m=content&c=index&a=lists&catid=8.
[10] 镁客网. 碧桂园跨界玩转机器人餐厅, 开启机器人餐饮时代新纪元[EB/OL]. (2020-06-25) [2020-06-25]. https://finance.sina.com.cn/stock/relnews/hk/2020-06-25/doc-iircuyvk0382392.shtml.
[11] 食品饮料招商网. 娃哈哈: 打造行业的全数字化管控智能工厂[EB/OL]. (2018-07-19) [2020-06-

25]. http://www.5888.tv/news/107895.

[12] 章鸽. 武汉奋进智能:"上甑机器人"一个顶仨,拿下全国80%的市场份额[EB/OL]. (2018-11-29)[2020-09-01]. https://www.sohu.com/a/278486351_106321.

[13] 华英. 智能设备创新推动食品加工企业转变生产模式[R/OL]. (2020-04-03)[2020-09-01]. https://zyk.jssvc.edu.cn/2020/0403/c1520a167307/page.html.

[14] 中国食品报. 张崇和对食品行业企业发展提出五点建议[R/OL]. (2019-08-22)[2020-09-01]. http://www.cnvsj.cn/jilu/xinwen/2019-08-22/9876.html.

编撰组组长: 吕黄珍
编撰组成员: 崔林　赵丹　万丽娜　吕为乔　张小燕　姜小刚　张飞　马海英　于靖博
审　稿　专　家: 杨延辰　楚玉峰

第十二章

家用电器领域智能制造发展报告

第一节 发展概况

一、我国家用电器行业的基本情况

我国家用电器行业的快速发展从20世纪80年代开始，经历了改革开放初期计划经济向市场经济转型的10年后，到20世纪90年代，开始进入高速发展阶段。较高的利润率促使众多家用电器企业不断寻求规模上的扩张。但是，随着产业步入成熟期，市场逐渐趋于饱和，增量需求逐渐萎缩，大量家用电器制造企业在前期急速扩张中遗留下来的存货积压、效率低下诸多问题因此逐渐暴露。不少企业利润水平逐年降低，更有一大批企业面临亏损倒闭。伴随着过剩产能的淘汰，家用电器产业的规模化、集中化的趋势也逐渐形成，行业龙头企业开始注重核心竞争力的打造，向多元化、高效率转变，积极寻求新的利润增长点。像彩电行业的海信、创维、TCL、长虹和康佳，冰箱行业的海尔、容声、美的和美菱，空调行业的格力、美的和海尔，洗衣机行业的海尔和小天鹅等家用电器知名品牌，基本上都是在这一时期奠定其行业地位。

随着中国加入世贸组织成功，国内经济快速发展，国内家用电器也迎来消费的黄金期。国家统计局数据显示，2019年，家用电器全行业累计主营业务收入达到1.53万亿元，同比增长4.31%；累计利润总额达1338.6亿元，同比增长11.89%。同时中国家用电器产业显现出团队效应，以海信、创维、TCL、长虹、康佳、海尔为代表的中国彩电企业，几乎占据了全球彩电行业销量的一半以上；在空调、冰箱、洗衣机等行业，中国也是全球重要的制造基地。

中国共产党第十九次全国代表大会做出了"中国特色社会主义进入新时代"的重要判断，并对新时代我国社会主要矛盾的变化作出了新的概括——"我国社会主要矛盾已经转化为人民日益增长的美好生活需要和不平衡不充分的发展之间的矛盾"。消费已经成为国民经济增长的第一驱动力。据中国商务部数据，2019年我国居民人均可支配收入突破3万元，与经济增长基本同步；社会消费品零售总额规模比上年增长8.0%，首次突破40万亿元；全国居民人均消费支出21559元，首次突破2万元，消费升级态势明显。国民经济的增长为典型家庭耐用消费品——家用电器的市场增长，带来了更多的可能性。

2019年1月29日，发改委、工业和信息化部、民政部、财政部、住房城乡建设部、交通运输部、农业农村部、商务部、卫生健康委、市场监管总局等十部委联合印发《进一步优化供给推动消费平稳增长 促进形成强大国内市场的实施方案（2019年）》，提出包括农村消费、绿色智能家电、超高清电视等六个方面24项具体措施，以顺应居民消费升级的大趋势，更好满足人民群众对美好生活的向往。2019年6月6日，发展改革委、生态环境部、商务部三部委发布《推动重点消费品更新升级 畅通资源循环利用实施方案（2019—2020年）》，提出"持续推动家电和消费电子产品更新换代。鼓励消费者更新淘汰能耗高、安全性差的电冰箱、洗衣机、空调、电视机等家电产品，有条件的地方对消费者购置节能、智能型家电产品给予适当支持"。

政策对产业的发展方向给出了指引。产品的高端化、精细化、智能化、绿色化，必将成为家电产业未来发展的趋势。以冰箱行业为例，《2019年中国家电行业年度报告》显示，我国高端冰箱的市场销售占比继续增高。均价10000元以上的冰箱，市场份额在逐步扩大。2018年10000元以上的冰箱，市场份额为17.2%，2019年这一比例为19.5%。酒柜、冰吧、小冷冻柜等个性化、高端化产品成为近年冰柜产品增长的动力。2019年小冷冻柜、冰吧和酒柜市场零售额份额相对2018年都在扩大。空调行业的趋势也类似。《2019年中国家电行业年度报告》显示，2019年变频空调市场零售额份额比上一年增长3%，达到85.2%，其中变频APF一级能效空调市场零售额份额比上一年增长8%，达到52.3%[2]。

目前，受不稳定的国际政治经济环境和国内传统家用电器市场饱和的影响，我国的家用电器行业的增长面临发展瓶颈，多数企业的营收情况增长幅度都比上一年有所收窄。《2019年中国家用电器行业年度报告》显示，2019年家用电器出口额3034亿元，同比增长率为0.9%；2019年国内市场家用电器零售额规模8032亿元，同比增长率为-2.2%[2]。传统家用电器增速放缓，而新技术产品和高端产品受到了消费者的青睐，如OLED彩电、激光电视、多门体结构冰箱、高能效空调、有护理和干衣功能的洗衣机等。厨电领域中，洗碗机、集成灶等新兴品类保持了高速增长，净水产品普及的趋势十分显著。随着垃圾分类的推行，厨余垃圾处理器的销量迎来了爆发。生活电器品类众多，代表了人们对生活品质的追求，也保持了不错的增长势头。吸尘器、吹风机等则进入产品结构深度调整期。虽然整个家用电器行业的市场规模遇到瓶颈，但消费升级带来的需求增长仍然值得期待。这一市场趋势指引着我国家用电器产业的转型升级，一方面家用电器企业要立足精细化，更加关注消费者的定制化需求，利用新的智能制造技术，满足小批量多品种的生产模式改变；另一方面家用电器企业要注重自身制造智能化转型升级，进一步提升生产效率，降低生产成本。

经过几十年的奋斗，家用电器已成为中国少数几个拥有国际竞争力的行业之一。家用电器行业既是过去二十年中国城镇化提速的最大受益者，也是当前中国居民消费升级的最大承载者，未来更有可能成为全球产业的重要整合者。

二、我国家用电器领域智能制造的发展特点

近年来，全球以美国、德国、法国、日本、英国和中国为首的主要工业国都提出了针对先进制造业的战略规划。其中，智能制造是先进制造业概念的重要组成部分。随着家用电器行业产品高端化、制造精细化趋势的逐渐凸显，传统制造业已经难以满足市场需求。此外，家用电器组装一线工作具有高强度、高危险、污染严重的特点；手工难以保证产品的均一化

和标准化,产品品质会受到影响。家用电器行业作为劳动密集型行业的典型代表,随着人力成本的上涨,经营成本不断提升,利润空间进一步压缩。如何提高经营效率和降低经营成本,成为家用电器企业思考的问题。

在市场需求和技术进步的双重驱动下,我国家用电器企业已经开启了自身的智能化转型之路,比如海尔、美的、格力、创维、格兰仕、海信、志高、奥马等龙头企业,早在2012年就开始在工业自动化领域进行探索和转型升级的尝试。智能制造对于中国家用电器企业来说,不仅仅是提升制造水平和能力及推动家用电器产品生产的可靠性、稳定性,更将成为一些中国家用电器巨头的业务新增长点和盈利新平台。在智能制造大潮涌动的时代背景下,家用电器行业的智能制造发展已经走在了我国众多行业的前列。

1. 家用电器生产大规模自动化

作为劳动密集型行业的典型代表,家用电器行业曾经需要大量工人。随着人力成本上涨以及新一代青年职业观的变化,传统制造业行业普遍面临"招工难"的问题。此外,家用电器市场竞争越发激烈,利润空间的减小促使家用电器厂商推进生产制造的改革,敏捷制造、柔性制造、精益制造成为家用电器企业生产制造改革的重点方向。而工业机器人的特点正迎合了这一制造需求:工业机器人具有高速度、高柔性、高精度等特点,能够帮助家用电器厂商更快速响应市场变化带来的产品迭代,并获得更高效能的生产制造能力和更高水平的产品质量控制。近年来,随着工业机器人技术不断成熟、国产化水平不断提高、成本不断下降,家用电器业的自动化之路正如火如荼展开。

美的从2012年开始大举投入自动化改造用于减员增效,目前应用机器人近2200套,在工厂自动化领域的投资已高达60亿元,使生产效率每年提升15%以上,未来计划在工业机器人和生产自动化领域每年投资10亿元,到2022年旗下工厂安装7000套机器人。格力在2003年开始引入自动化思维,对生产车间进行系列机器换人改造,2012年,格力进一步制定自动化发展规划,决定以"3~5年实现无人车间"为目标,重点突破,分期实施,计划通过三年时间投入38亿元对格力所有生产工厂进行自动化升级和改造,以实现销售增长和人力成本缩减。海尔从2012年开始互联工厂的实践,打造出了柔性选配产品、扩展加工能力、换模响应需求的自动化生产线。以海尔沈阳冰箱工厂为例,海尔将100多米的传统生产线改装成4条18米长的智能化生产线,每一条生产线可支持500多个型号的柔性大规模定制。格兰仕与意大利、德国一流装备制造公司展开深度合作,2014年从意大利引进洗碗机自动化生产设备,2015年引进全自动滚筒洗衣机生产线;2016年格兰仕投产的全球首条微波炉自动化装配生产线,生产效率比之前提高38.89%,产品直通率超过99%[10]。

但是智能制造不仅仅是生产过程的自动化,其背后隐含的是从原料到生产到物流再到消费所有环节的有机整合,而且更强调消费者在产品设计与生产过程中的参与。结合制造业本身的发展历程,可以将智能制造分为自动化、信息化到生态化三个阶段。实现流水线的自动化,只是实现了智能制造的第一步;在这基础上,实现采购、生产、仓储物流的信息化管理,是智能制造的第二步;而第三步是将生产与消费进行融合,将制造业服务化,打通消费和生产之间阻隔的智能化和生态化。目前国内的大型家用电器企业,已基本实现了生产过程的自动化,正在大力、快速地推进信息化发展,并已经着眼未来,正在尝试进行智能化和生态化布局。

2. 新技术和资本助推全产业链转型升级

在家用电器产业智能制造转型升级的过程中，其战略布局覆盖了精密数控机床、工业机器人、工业互联网、传感器、精益管理、智能化仓储物流、智能化供应链和智能家居产品等从产业到消费的各个环节。因此，家用电器业向智能制造转型的意义是超越家用电器行业发展本身的。在这个过程中衍生出来的先进工业机器人、工业软件和精益管理模式，也在向其他制造业溢出，以推动整个制造业的发展。

工业机器人行业是中国智能制造的一个主要突破口，也是未来家用电器行业转型升级的必备工具，这成为各家用电器企业纷纷涉足机器人行业的一大原因。目前全国主要品牌的家用电器企业或多或少地都在自主开发机器人或者参股机器人企业，这对于中国这些家用电器企业今后的生存、发展至关重要，尤其是面向智能制造的产业布局和自主话语权体系的打造。拥有机器人的研发、制造和协同能力无疑是"重中之重"，这不仅可以让企业在智能制造转型升级过程中掌握自主话语权，还可以使工业机器人业务成为企业长期布局中除去家用电器制造业务之外的"量增利长"新支撑点。

先进自主的工业互联网及信息化平台是我国家用电器行业在智能制造实践过程中产出的又一重要产物。如2017年海尔在"人单合一"模式下，依托自身30余年制造经验和多年数字化转型经验，推出了具有中国自主知识产权、全球首家引入用户全流程参与体验的工业互联网平台——卡奥斯COSMOPlat平台。这一平台不仅推动海尔自身成为物联网生态品牌，同时更充分发挥技术优势和综合平台优势进行跨行业赋能，已建立食品、服装、旅游、建陶、房车、农业等15个细分领域的行业子平台，彰显其在产业链和供应链稳定协同方面的价值。

家用电器行业作为中国少数几个拥有国际竞争力的行业之一，随着我国家用电器企业在智能制造领域实践的不断推进，将会全面助力我国制造业智能制造水平的提升。

3. 智能制造与智能家居生态相融合

家用电器拥有同时作为工业品和消费品的两种属性，这一特点决定了其在智能制造领域的独特地位。智能家用电器是智能制造生态系统中不可或缺的一部分，也是很多家用电器企业向智能化转型的重要方向之一。据美国Statista预计，2021年全球智能家居市场规模将达793亿美元；而ABIResearch的预测则是在2021年突破千亿美元；研究机构HarborResearch的预估更为乐观，认为2020年智能家居市场规模就将达到千亿美元。据新思界产业研究中心出具的《2018—2023年全球及中国智能家居产业深度研究报告》显示，全球智能家居市场将从2018年的766亿美元增长到2024年的1514亿美元，年复合增长率将为12.02%。中国作为发展中国家，对智能家用电器的需求正在逐步攀升。巨大的消费群体和强烈的使用需求为我国智能家用电器产业的规模化发展提供了机遇，也为智能家用电器产业链中的各服务提供商带来无穷商机。

智能家用电器的核心在于通信技术和交互系统。目前智能家居常用的短距离通信技术主要有Wi-Fi、Bluetooth、ZigBee和NFC等。各类短距无线通信技术在智能家居组网建设与控制中尚未形成固定的组合模式，且连接标准与交互协议亟待统一。在智能交互技术中，目前以智能语音交互技术应用最广。虚拟（增强）现实技术（VR/AR）在智能家庭娱乐、智能陪护、智能安防等智能家居领域中具有广阔的应用前景，但目前近眼显示、异构计算、追踪交互等关键技术环节仍待成熟，且内容生产领域仍是产业短板。

在智能家用电器产品出厂后,家用电器企业通过先进的工业互联网信息化平台,不仅能够实现所有智能产品之间的智能互联,也能实现智能产品与用户、智能服务平台之间的高精度互联,从而实现对用户使用信息和反馈信息的有效收集。对这些数据的后续分析,可以指导智能产品设计、制造的改进及迭代升级。

第二节 实施进展

家用电器智能制造与其他行业的智能制造体系有相通之处,但极具本行业的特色。其中的共性技术为工业互联网平台、虚拟仿真平台以及以机器人为基础的智能化生产和仓储物流系统。在这些技术的基础之上,建设家用电器智能工厂、开发智能家用电器产品以及搭建智能制造的生态系统。

一、家用电器智能制造的关键技术

1. 虚拟仿真助力家用电器产品设计开发

虚拟仿真平台是指在家用电器智能制造过程中,充分利用虚拟现实、增强现实和三维仿真等软件技术,参与产品设计、产品生产制造和数字化车间/工厂系统集成。虚拟仿真平台系统在产品开发到生产制造的整个过程中发挥着重要作用。

在家用电器产品的设计阶段,虚拟仿真系统正起到越来越重要的作用。虚拟仿真技术的应用,将会给设计团队带来更直观的感受。同时,方便设计师将自己设计的部分与团队其他成员设计的部分进行系统对接,让设计师能够更直观地了解产品的内部结构设计、电磁兼容设计等关键设计环节。应用虚拟仿真系统,完成数字化样机建模、技术文档管理等工作,降低设计成本,提高设计效率,利于设计中的不断改进,并能够服务于产品的个性化设计、定制。

在家用电器产品的生产制造阶段,制造工程师可以在虚拟环境中分析创建完整的制造流程。在制造产品前,可以对产品的生产流程进行仿真、优化。在生产制造过程中,在三维数字化的装配现场和增强现实技术的辅助下,每个工位上的制造工程师能够掌握每个零件是否正确装配和生产线工作是否正常,有效提高了生产效率和装配质量。此外,通过采集到的生产制造过程中的所有实时数据,把现实中的生产制造和虚拟呈现技术结合起来,高效直观地反映生产中的所有细节。基于这些数据,对整个生产流程进行评估和优化。此外,还将实际生产反馈回来的数据,融入产品设计当中,使得产品在设计阶段也能符合生产车间的实际情况。对于新员工的培训也可以此为根据,使新员工迅速、精确地掌握现场工作流程和细节。

2. 工业互联网实现家用电器产业链要素互联互通

对于智能制造,互联网平台是至关重要的基础。互联网平台的建立,首先需要针对家用电器生产制造过程中的数据采集、信息集成、信息分析等方面的需求,开展基于信息物理系统的工业软件顶层架构设计。其次,需要针对人力、物料、财务、物流、生产计划安排等管理层面的需求和设计、工艺、仿真、控制等生产层面的具体需求,开展相关软件、传感器和信息接口等系统工程研究,推进集成应用,实现信息顺畅交互。

工业互联网及信息化平台的作用是打通家用电器智能制造产业链,消灭信息孤岛,实现全流程端对端信息互联。平台建立的基础是基于设备控制层的信息采集,形成制造执行层的 MES(Manufacturing Execution System)与企业管理 ERP(Enterprise Resource Planning)的信息互联，之后达到企业内的厂际互联。而按照"工业4.0"智能制造工厂的设想，对于企业，智能制造的高级集成阶段分三个层面，第一个层面是在企业内部实现ERP数据到车间设备层传感器级别数据的纵向集成；第二个层面是实现从产品研发到售后服务的横向集成；第三个层面是建立产业链协同平台，实现从原材料供应到客户的端到端集成。高级集成的智能制造企业，加上工业互联网技术，将连通企业的业务和生产流程、各类设施、原材料供应商以及客户，促进全链条的协同。在这其中，用户和供应链是工业互联网平台的核心要素。

随着社会不断发展和进步，消费者对产品的需求日趋多样化。这对企业的智能化生产能力提出了更高的要求。规模化定制作为一种新的生产模式，依托工业互联网平台使用户参与到从产品设计到成品生产的全过程，并将用户需求直接转化为生产排单，实现以用户为中心的个性定制与按需生产，在全面综合成本、质量、柔性和时间等竞争因素的前提下，有效解决需求个性化与大规模生产之间的冲突，成为大多数龙头家用电器企业转型的方向。这一企业生产经营模式的改变，高度依赖于基于工业互联网平台的协同作用。

家用电器行业竞争的实质是供应链竞争，供应链的运作能力是家用电器企业不可或缺的核心竞争力和战略制高点。传统家用电器企业的供应链响应周期长、响应速度慢、协同管理手段缺失，导致供应链整体运行效率低，形成过重的渠道库存，影响产品的交付周期和用户满意度。在这种背景下，基于信息化手段，依托工业互联网平台提高各环节协作效率，实现企业内外部供应链协同优化，成为家用电器企业数字化转型关注的焦点。

随着宏观经济增长放缓，家用电器消费需求增速明显回落，家用电器企业通过不断丰富产品功能，优化产品结构，加速向附加值更高的产业链上游转移。新一代信息技术的快速迭代和不断成熟，使家用电器产品正从单纯的功能性产品向智能化服务系统转变，借助先进的传感器、互联网、人工智能、自动控制等技术，实时感知用户信息，通过平台化统一管理和信息交互，为用户提供全方位、定制化的家居体验，推动企业由卖产品向卖解决方案转型，形成新的竞争优势。经过若干年的发展，目前家用电器行业的主要工业互联网平台有海尔卡奥斯COSMOPlat、美的M.IoT等。

3. 工业机器人推动家用电器工厂智能化转型升级

工业机器人是实现智能制造的关键支撑装备，对于提高生产效率、提高产品质量、降低劳动强度和改善劳动条件有着不可替代的重要作用。传统家用电器产业属于劳动力密集型产业，对于大量中国的传统家用电器企业，早期与欧美日韩同行相比最为缺乏的就是在精密制造上的积累和沉淀，这也造成长期以来中国家用电器产品质量可靠性和稳定性的波动起伏不定。而推广应用工业机器人，系统深入地完成智能制造系统布局改造，正是改善这一问题、助推中国家用电器产品走向高端的关键。

目前全国主要品牌的家用电器企业都在或多或少地自主开发机器人或者参股机器人企业。美的集团收购德国机器人巨头库卡，持有库卡约95%的股份；与日本机器人巨头安川电机合作成立了广东安川美的工业机器人有限公司、广东美的安川服务机器人有限公司两家子公司；参股国内工业机器人公司安徽埃夫特智能装备有限公司；收购了以色列一家专注于运动控制和伺服电动机的厂商高创（SERVOTRONIX），完善了工业机器人关键零部件制造的产业链。格力选择坚持自主研发工业机器人，建成了一批生产线。海尔在聚焦自身智能制造用工业机器人的同时，也与微软、华为等企业合作，发力各种服务机器人。长虹与瑞士ABB联手，围绕工业机器人开发领域成立合作子公司。爱仕达收购钱江机器人、江宸智能、上海松盛机器人等机器人及软件相关企业,全面布局工业机器人领域。未来,随着各项技术的不断发展,工业机器人产业将为中国家用电器企业的进一步智能化发展提供重要支撑。

二、家用电器智能工厂

对于家用电器行业,家用电器智能工厂是在自动化、数字化升级基础上,利用无线通信技术和监控技术实现工厂的互联互通,并通过动态数据采集分析及逻辑推理,使工厂具备人机交互、自组织生产能力。同时通过三维建模、动态仿真及其他可视化技术,将虚拟世界和现实物理世界无缝对接,更好地服务生产。家用电器智能化工厂从设计到生产主要从以下三个维度进行考虑:

1)在智能工厂的设计阶段,借助精益生产原理、建筑信息模型 BIM 技术等,从工厂生产功能性(工艺)出发,在设计、施工中提前预设智能化端口,在工程技术维度的工艺(含设备)、建筑、结构、给排水、电气、弱电、燃气、信息化等专业中进行智能化系统集成,并最终建设成型家用电器智能化工厂雏形。

2)在家用电器智能化工厂规划设计中,通过三维动态仿真及其他可视化技术,采集数据建立真实模型,模拟仿真实际生产制造动态,建立虚拟工厂:指导家用电器工厂智能化设备配置、智能排产、智慧能源管理等,更科学、高效地组织生产。并在实际生产过程中建立动态数据采集和分析系统,形成人机交互至人机一体化,实现生产制造维度智能化。

3)在家用电器智能化工厂规划设计中,通过建立各专业信息化系统集成,对接企业资源计划管理系统(ERP)、车间制造执行系统(MES),实现产品的全生命周期管理(PLM),在产品全流程中打通管理层、现场层、执行层和服务层,形成互联互通的综合管理信息平台(见图 12-1),使产品价值流实现最合理。

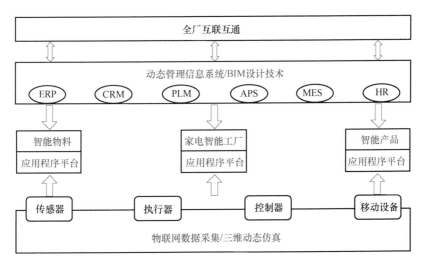

图 12-1 家用电器智能工厂综合管理信息平台

以格力的智能工厂为例,通过设计研发平台的使用,使得新产品各模块实现并行设计;通过工艺信息化平台的使用,实现设计—工艺—制造的数据打通;通过工艺设计模拟仿真技术的使用,使产品研制周期缩短 30% 以上。试点实施的作业单元中,同等产出量情况下各板块通过自动化设备和智能控制系统的综合应用,降低生产作业人员需求,提高过程加工效率和稳定性。AGV（Automatic Guided Vehicle）调度系统结合厂区物流调度系统控制，配套加工单元通过自动化加工设备、离散作业单元向成套作业单元升级、车间物联网监控等手段实现效率提升。以分体机主力机型生产为例核算，与项目实施前相比，整体的生产效率提升20.7%。样板生产线通过自动化装备的稳定加工，设备连线自动化生产，物料防错、工序互锁工艺控制手段，设备物联网形成的质量追溯，质量管理可视化工具的应用，最终实现产品不良率下降20%[11]。

依托卡奥斯COSMOPlat工业互联网平台，海尔构建了15个全球引领的互联工厂，其中有2家入选世界经济论坛"灯塔工厂"。目前，海尔互联工厂已经形成以用户需求驱动的即需即供、弹性部署、横向扩展的大规模定制生产能力，产品不入库率达到76%（2019年指标）、定单交付周期缩短50%、生产效率提高60%。

依托智能工厂与工业互联网信息平台，家用电器行业正在实现柔性化生产。柔性化生产的主要目的是快速响应用户需求，促进生产环节与用户需求的深度交互，增强制造企业的灵活性和应变能力，缩短产品生产周期，提高设备利用率和员工劳动生产率，改善产品质量。全面打造智能工厂，实现柔性化生产，现已成为家用电器智能制造的核心特点和未来的重点发展方向之一。

三、家用电器智慧供应链

智慧供应链主要包含两方面的概念，一是企业内部的供应链，包括设备、物料、人力的信息；二是企业之间的供应链，包括与供应商的对接、用户感知等。对于企业内部的供应链，智能仓储系统是其中重要的一环。智能仓储一般是由自动化立体仓库、立体货架、有轨巷道堆垛机、高速分拣系统、出入库输送系统、物流机器人系统、信息识别系统、自动控制系统、计算机监控系统、计算机管理系统，以及其他辅助设备组成，并且还要借助物联网技术，如RFID通过先进的控制、总线、通信等手段，实现对各类设备的自动出入库作业。智能仓储需要应用互联网、物联网、云计算、大数据、人工智能、RFID、GPS等技术的支撑。同时，我国仓储业也正在向智能仓储与互联网平台发展，条形码、智能标签、无线射频识别等自动识别标识技术、可视化及货物跟踪系统、自动或快速分拣技术等已经在一些专业仓储企业大量应用。家用电器行业具有产品种类、型号多而复杂，部分产品体积重量较大、容易损坏等特点，使用智能仓储技术，能够大大提升家用电器企业的仓储效率。

自动化立体库是指用立体仓库实现高层存储、自动存取，其构成为立体货架、堆垛机、输送机、搬运设备、托盘、管理信息系统及其他设备。自动化立体库能有效减少土地占用及人力成本，是提高仓储效率的关键因素。自动化立体库的发展可以有效地解决仓储行业大量占用土地及人力的状况，并且实现仓储的自动化与智能化，降低仓储运营、管理成本并且提高物流效率。近年来，土地资源日渐紧张，土地使用成本不断增加，倒逼企业需要充分利用有限空间提高现有土地利用率。智能仓储系统摒弃了传统仓库的水平拓展模式，转向立体拓展，具有较高的土地利用率和库存容积率，可减少企业的土地成本。

自动分拣系统是智能仓储、物流装备中的核心部件。智能分拣系统一般由控制装置、分类装置、输送装置及分拣道口组成。控制装置的作用是识别、接收和处理分拣信号，根据分拣信号的要求指示分类装置，按商品品种、按商品送达地点或按货主的类别对商品进行自动分类。分类装置的作用是根据控制装置发出的分拣指示，具有相同分拣信号的商品经过该装置时，该装置动作可改变在输送装置上的运行方向并进入其他输送机或进入分拣道口。输送装置的主要作用是使待分拣商品通过控制装置、分类装置。在输送装置的两侧，一般要连接若干分拣道口，使分好类的商品滑下主输送机（或主传送带）以便进行后续作业。分拣道口是已分拣商品脱离主输送机（或主传送带）进入集货区域的通道，一般由钢带、带、滚筒等组成滑道，使商品从主输送装置滑向集货站台，在那里由工作人员将该道口的所有商品集中或入库储存，或组配装车并进行配送作业。智能分拣设备的主要特点是能连续、大量地给货物分类，基本实现无人操作排序，错误率极低。随着信息化、标准化的来临和物联网技术的发展，尤其是条码和射频识别技术的进步，在邮政快递行业自动分拣机系统使用越来越普遍。与人工分拣相比，自动分拣缩减了分拣时间，提高了分拣效率，同时大幅降低错误和破损情况的发生概率。近年来，我国人口红利进一步消退，智能分拣设备带来的高效率、高替代的优势凸显。

自动输送系统是提升仓储、物流效率的关键装备。自动输送系统主要包括箱式、托盘式两大类。箱式输送机主要包含带式、辊式输送机以及提升机等多种形式，托盘式输送机主要包含辊筒式输送机、链条式输送机、提升机、穿梭车等多种形式，输送机主要和自动化立体库配合应用。21 世纪以来，我国自动输送系统技术取得了长足的进步，叉车、高速输送机、AGV、RGV 等已实现国产化，应用领域也遍及多个行业。自动输送系统改变了传统"人到货"拣货模式，变为现在的"货到人"模式，减少拣货员移动和寻找过程，极大提升了拣货效率与准确率。

软件信息系统是智能仓储系统的大脑。仓储信息系统包括物流执行系统、仓储管理系统、物流控制系统、信息采集系统、RF 无线移动终端等子系统，并与智慧工厂的 ERP、MES 系统形成无缝衔接，为物流仓储运作提供整体性的调度优化和实时决策功能。

四、智能家用电器

越来越多的家用电器产品不仅在制造端具备智能化生产制造的特点，在使用端也存在智能化的特征。因而，智能家用电器是当前家用电器行业发展的主要趋势之一，也是家用电器行业智能制造的主要组成部分之一。家用电器智能化背后依赖于通信技术、人工智能技术、大数据、云计算以及语音、图像识别技术的快速发展。

不同智能家用电器产品之间的互联是基于通信技术实现的。2018 年 5 月，关于 5G 标准的投票成为了舆论的焦点。5G 作为下一代的通信技术，适用更为丰富的应用场景。其中，mMTC（大规模物联网）业务具有功耗低、支持大量链接的特点。5G 技术于 2019 年正式在我国试商用，2020 年将实现全面商用。

NB-IoT 即窄带-物联网网络，具有功耗低、可漫游、覆盖范围广及支持海量链接等特点。基于 PLMN（Public Land Mobile Network，公众陆地移动网络），近两年已经进入了规模化应用。与 ZigBee、蓝牙等通信模式相比，NB-IoT 能够为网络供应商赚取利润。当前，NB-IoT 技术正处于快速发展阶段，已于 2017 年商用。现阶段 NB-IoT 的模块成本较高，为了防止失去在物联网方面的话语权，三大运营商正在积极建设 NB-IoT 网络。

随着物联网的高速发展，通过各类设备所产生的数据呈现较快增长。当前，大数据及云计算技术已经广泛应用于各行各业的海量数据处理中。对于智能家居，通过云计算对家居数据进行分析，能够进一步优化用户场景，提升智能家居的智能化水平从而提升用户体验。在物联网方面，边缘计算、雾计算及分布式存储等技术也逐渐受到人们的关注。

同几年前相比，语音识别技术已经有了质的提高，通过语音来输入文字已有较高的准确率，能够基本满足用户的需求。例如，现今人们可以方便地使用智能手机的语音识别功能，实现资料查询、日程制定等操作。除了手机、电脑等传统的智能设备之外，智能音箱等也逐渐为广大用户所接受。

图像识别技术已广泛应用于交通领域、制造领域、医学领域及机器视觉领域等。在近几年发布的智能手机中，人脸识别功能渐渐成为标配。在智能家居领域，人们正探索着图像识别的应用场景。例如，当前部分智能冰箱已经具备了食物识别的功能：在冰箱内的食物被有效识别后，用户可以通过APP远程查看家中冰箱内的食物。通过APP的食材识别功能及菜谱查看功能，用户可以选择所缺少的食材并在线下单。生鲜平台将能够在用户到家之后的短时间内，将食材送货上门。从而为用户节省时间，真正方便用户。

松下电器以智能家用电器作为用户数据入口，向附加值更高的产业链上游转移，通过打造基于平台的Ora智能家居解决方案，为用户提供从智能单品到智能家居、从智能家居到家庭装修的一体化综合服务，实现企业由"卖产品"向"卖服务"转型。其中，"家用电器DNA"已延伸至住宅、美容健康、车载、系统解决方案和B2B业务等领域；打造的"住空间"系统解决方案，预计2021年营收将达到600亿元[12]。

第三节 面临的突出问题

与世界一流家用电器企业相比，国内家用电器企业关键核心技术没有完全掌握、创新差距显著，高端制造工艺技术、生产智能化等方面差距还较大。同时，行业内部、地区间的企业发展差异大，许多企业主要依靠低价竞争模式，信息化、智能化水平不高，两化融合深度不够。

一、自主创新能力不足，生产体系不健全

家用电器制造方式向智能化转型离不开核心技术的研发和突破，但是对于我国家用电器企业，智能制造核心技术恰恰是短板，在家用电器智能制造装备、高可靠智能控制、建模与仿真、工业互联网安全等关键共性技术以及智能识别等核心技术方面的研发还存在较大空缺。在智能设计方面，中国的智能家用电器设计细化程度不够高，国外领先企业可以为用户提供个性化服务，根据自身的喜好定制产品实现设计过程的智能化，并使产品功能操作更加便捷。在家用电器智能生产方面，我国的人工智能、3D打印、虚拟生产等技术整体水平较低。5G时代的到来，为家用电器产品的智能化带来了前所未有的发展机遇，同时也为家用电器智能制造提出了更大的挑战。同发达国家相比，我国家用电器行业多处于中低端环节，企业核心竞争力有待提升，高端产品供给明显不足，家用电器智能生产体系不健全。

一是智能生产基础理论研究滞后，自主创新、自主研发能力薄弱，家用电器智能生产技术体系不够完整。制造业整体智能设计能力薄弱，原始创新乏力，关键智能生产技术及核心基础部件仍依赖进口，许多重要装备和制造过程尚未掌握系统设计与核心制造技术，在相关核心专利技术领域也缺乏积累。

二是重硬件轻软件的现象突出，人才缺失问题比较严重，对海外高层次人才和国外智力

的引进工作力度不够，尚未形成良好的智能家用电器制造的创新人才培养模式。

三是计算机辅助设计等关键技术与发达国家具有一定的差距，涉及功能安全、数据安全（企业信息保护和个人隐私保护）等工控系统信息安全问题突出。在安全问题中，首先是人身安全。远程数据在传输、转换过程中，也可能存在安全隐患。比如，普通家电可能只是过热问题，但智能家用电器控制芯片则可能因为潜在风险影响整个控制系统，智能空调一般采用手势控制，但也会因为操作者（如小孩）的肢体动作丰富导致误操作、误识别，如果换作智能燃具这种误识别带来的安全问题就会被放大更多。其次是信息安全问题。信息安全漏洞已经成为众多行业的主流问题。在设备联网成为趋势的今天，大量的智能家居产品出现在人们的生活中，在享受智能家居服务时却经常忽视这些设备也是"家庭隐私信息收集器"。智能家居安全问题已成为国内家用电器智能制造必须攻克的难题。

二、家用电器行业智能制造标准体系待完善

目前中国的家用电器行业还没有形成一套完善的制造标准体系，这制约了家用电器行业智能制造的发展。由于家用电器行业的范围较为广泛，各子行业之间、用户之间相对独立性较强，家用电器行业在智能设计、智能生产、智能服务等各领域均没有统一的标准体系可以遵循，终端和网络配合欠佳，重复开发现象严重。随着技术的快速发展，国家对工业制造的通用型标准已经无法规范智能家用电器的细分功能领域，各行业均缺乏相关标准，导致了行业定义混乱，各自为战。这不仅导致了"虚伪"智能产品充斥市场，也影响了消费者对智能家居的信任度，标准体系的不健全严重制约了家用电器智能制造的发展。

一方面，家用电器企业智能制造没有形成统一的标准体系，各家企业分别使用独立的接口、协议、智能家用电器系统，导致各系统之间无法互联互通，极大地制约了家用电器行业智能制造的可持续发展。以智能家居为例，目前研发和生产的企业众多，海尔、美菱、格力、三洋等知名品牌的参与，使得智能家居产品具备超前性和可塑性，诠释了智能家居应有的内涵，全力打造一套完整的智能家居安全系统，使得人人可以过上"懒生活"。但由于市场认可度低，产品技术不成熟，产品质量不稳定，尤其是家庭网络系统方面没有形成统一的技术框架和标准，各个品牌的设备自成一派，各种产品难以互通互联，使用者的智能家居系统出现问题需要更换配件时，只能选择开发商提供的同品牌产品而不能更换其他厂家的产品，这给用户带来了诸多不便。智能家居企业开发的产品和系统仅停留在体验阶段，无法实现产业化、规模化，整个行业也难以得到持续、健康的发展，严重限制了智能家居行业的壮大。

另一方面，家用电器行业智能制造的检测标准及认证机制不健全，智能生产安全、服务及产品的可靠性有待改善。在标准制定方面，我国还存在国际标准参与意识不强、参与度不够、话语权较弱的问题。标准化工作是实现智能制造的重要技术基础，但由于智能制造标准的跨行业、跨领域、跨专业特点，决定了这是一项复杂的系统工程，既要立足国内需求，还要兼顾国际体系，做好顶层规划，按照标准动态更新机制，指导当前家用电器行业智能制造标准化工作。

三、家用电器行业智能服务缺口巨大

随着用户消费理念的改变，用户对家用电器服务质量的要求也日益提高，如智能检测、

定期保养、便捷维修、对服务效率的追求以及其他个性化服务需求，使得未来家用电器服务市场会越来越智能化、细分化、定制化。但目前中国家用电器行业的智能服务还处于萌芽阶段，随着家用电器行业智能制造的快速发展，用户对智能家用电器服务的需求越来越大、要求越来越高，家用电器行业总体服务的智能化水平与用户需求还有较大差距。

家用电器智能服务标准体系不够健全。随着互联网技术的快速发展，家用电器服务出现了新的模式，互联网平台型企业"互联网+家用电器服务"成为新的发展趋势，但是相关标准和监管还相对滞后，行业服务质量良莠不齐，消费者体验受挫。

对比国内外的销售模式，欧美地区已经建立起了独立的配套公司进行安装和售后服务，而国内的销售模式还是通过厂家订购或者渠道经销商进行，专业化的销售服务相对缺失。

四、智能家居智能化水平与市场接受度有待提升

智能家居在我国已经历了十余年的快速发展，但企业生产主要集中于安防、声控、灯控等基础产品，很少具有整套系统和产品的集成厂商，离实际意义的智能家居，在技术和功能上还存在较大的差距。此外，当前的智能家居市场产品呈现明显的单一化、趋同性特征。可以说，智能家居发展还处于"理念前于技术"的阶段，具体表现为产品间互联不够、同质化现象严重、系统稳定性不足、人性化程度不高和市场接受度有待提升。

第一，产品间互联不够。智能家居的关键是要将目前用户端智能产品单一、割裂的信息和数据进行整合，依靠软件支持、数据交互、云端交互实现强大功能。但目前智能家居产品并未围绕家居系统进行整体设计，而是围绕安防、灯光等控制，或者是基于家居单品进行设计，特别是大部分产品只是加入语音、远程等简单的功能，距离产品之间的联动性还相差甚远。

第二，同质化现象严重。当前国内市场上智能家居迅速增多，市场供应量逐步增大，给用户带来了全新的智能生活体验，但产品的同质化问题也随之产生。智能家居属于高新技术领域，需要强大的技术研发和创新能力作为支撑。盲目地投入智能家居行业而没有核心技术和行业积累，是目前智能家居行业的主要痛点，也是制约其向前发展的一大因素。要改变这种现状，核心问题就是研发和创新，同时还要提升智能商业圈的良性竞争意识。

第三，系统稳定性不足。智能家居的稳定性，直接影响用户的体验效果。智能家居在发展的过程中遇到众多瓶颈，稳定性差便是其中之一，特别是在无线技术盛行之后，厂商纷纷推出无线智能家居产品，但无线产品抗干扰能力较差使得如何提升产品的稳定性成为厂商要攻克的难题。

第四，产品人性化程度不够高。智能家居系统的施工操作复杂，产品人性化程度不高。智能家居作为一种全新的家装概念，融合了设计、布线、网络连接、安装调试等多个流程，具备十分强大的功能。因其流程复杂性，在室内安装初期就需要专业的室内设计师进行整体规划，并由经验丰富的施工人员安装经反复调试方可投入使用。使用者操作时需要阅读手册实现家居控制，部分操作还有些烦琐，这在一定程度上也制约了智能家居的发展。

第五，用户接受度低，市场空间有待进一步扩大。智能家居产品由于前文所述问题，在家用电器市场的占有率较低。除自身功能相关的原因外，还存在产品价格高、智能功能使用便利性差、智能功能实用度低、用户使用习惯等因素，因此智能家居产品想要扩大市场份额，不仅要从技术上提高，还要从用户使用角度上打造人性化产品。

五、行业内部地区之间智能化发展差异很大

家用电器行业制造水平参差不齐。不同家用电器企业的智能制造设备、流程数字化普及程度以及智能制造转型程度之间存在巨大差异。一些规模较小的家用电器企业仍处在"工业 2.0"的机械化阶段，更多的家用电器企业正在经历由"工业 2.0"向"工业 3.0"的过渡。

同时，不同地区的家用电器行业智能制造水平也相差甚远。经济发展水平、科技发展水平都相对领先的东部沿海地区是家用电器行业智能制造的主阵地，广大中西部地区的家用电器行业智能制造几乎处于空白状态。

第四节　智能制造实践案例

一、海尔卡奥斯 COSMOPlat 平台

1. 应用概况[6]

依托海尔 30 余年制造经验和多年数字化转型经验，沉淀形成的卡奥斯 COSMOPlat 工业互联网平台（Cloud of Smart Manufacture Operation Plat，以下简称卡奥斯 COSMOPlat 平台），是具有自主知识产权、全球首家引入用户全流程参与体验的工业互联网平台，实现了大规模制造向大规模定制的升级，旨在为国内的制造业厂商提供提质增效、资源优化配置、大规模定制服务等解决方案，帮助他们在智能制造转型中少走弯路，和上下游资源方一起为用户创造价值、分享价值，从而提升企业全流程竞争力。同时在这一过程中，消费者也由普通的购买者变为全流程参与的终身用户，并获得最佳生活体验。目前，卡奥斯 COSMOPlat 平台已成为纺织、建陶、房车等 15 类行业企业智能制造转型的重要引擎，而以用户为中心的社群经济下的工业新生态是其未来发展愿景。

2. 解决的技术难点或热点问题

我国家用电器行业智能制造标准体系尚不完善，卡奥斯 COSMOPlat 平台通过连接用户与企业，率先提出智能制造标准，解决了行业智能制造标准缺失问题，为国内的制造业厂商提供大规模定制服务，带动具有不同制造能力的制造业企业向智能制造转型。

3. 具体做法与实践经验

卡奥斯 COSMOPlat 平台已超越企业级平台的要求，向跨行业、跨领域的工业互联网平台发展，采取同时面向 B 端与 C 端用户的发展战略，符合物联网经济的发展特征。

（1）海尔卡奥斯 COSMOPlat 平台的业务架构　卡奥斯 COSMOPlat 平台的业务架构主要分为四层，自上往下依次为：业务模式层、应用层、平台层和资源层。

最顶层的业务模式层核心是以用户体验为中心的大规模定制模式，这也是卡奥斯 COSMOPlat 平台与其他平台的根本区别所在，主要体现在大规模定制模式对全流程、全生命周期、全价值链体系的全面颠覆。与大规模制造模式不同，这一模式从以企业为中心转向以用户为中心，由为库存制造转向为用户创造，在从需求交互到产品生产直至服务的一系列流程中，都始终保持着与用户之间的沟通与交流，不断满足用户的个性化需求。海尔借助自身在家用电器行业积累几十年的制造模式和以用户为中心、用户深度参与的大规模定制模式，再

通过工业互联网平台,带动家用电器上下游合作方及其他行业企业共同发展。

在应用层上,海尔将自身互联工厂实践经验模式化,并把用户交互、研发、采购、制造、物流、服务全流程7大节点颠覆创新的互联网+协同模式,软化为可以复制的SaaS软件应用,有效解决了传统制造业升级过程中系统之间难打通、无法全流程对用户体验负责的弊端,为不同的企业提供具体的基于互联工厂的全流程解决方案。

平台层是卡奥斯COSMOPlat平台的技术核心所在。海尔集成了物联网、大数据、5G和人工智能等技术,通过云OS的开发建成了一个开放的云平台,并采用分布式模块化微服务的架构,通过工业技术软件化和分布资源调度,向第三方企业提供云服务部署和开发。此外,在平台层上的数据与知识组件和工业模型活动的通用中间组件既可以为公有云提供服务,也可以为所有第三方企业的私有云提供服务。

卡奥斯COSMOPlat平台(见图12-2)的基础层是资源层。在这一层体现了平台开放性,包括软件资源、业务资源、服务资源、硬件资源等都聚集在这个平台上,以及开放聚合全球资源,实现各类资源的分布式调度和最优匹配,在此基础上共同建成以卡奥斯COSMOPlat平台为核心的工业互联网底座,为以上各层提供支撑服务。

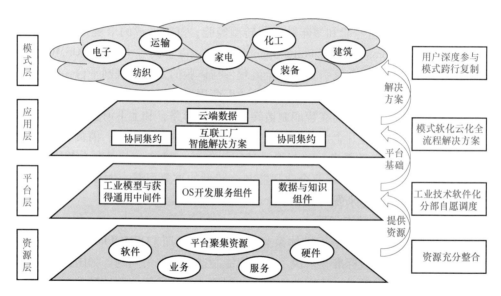

图12-2　COSMOPlat平台的业务架构

(2)海尔卡奥斯COSMOPlat平台的运行机制　卡奥斯COSMOPlat平台目前的运行机制为在智能服务平台上建设智能生产系统并构建智能产品(网器)、智能设备与用户的互联互通。

在智能生产系统的运行方面,卡奥斯COSMOPlat平台以计算机支持系统为依托,其经营管理信息系统根据实时反馈的市场信息做出生产计划与资源调度,并将生产线中的所有设备互联,在每个互联工厂对所有设备进行数据集中管控,不仅收集设备端的智造大数据,还收集来自智能产品反馈的用户大数据。

产品设计系统和生产系统则依据技术资源和技术信息做出相应设计和生产规划,并与经营管理信息系统之间持续交互,由用户对技术方案和规划的反馈不断做出调整,并在质量保证系统的监控下完成生产。在计算机支持系统提供的信息支撑下，经营管理信息系统、产品设计系统、产品生产系统和质量保证系统之间实时交互，做到了生产全流程的数字化可控，实现智能化运行和以用户为中心的柔性化生产。

可以说，卡奥斯COSMOPlat平台实现了对研发体系、营销体系和生产体系三者的颠覆。在生产过程中，卡奥斯COSMOPlat平台的智能服务平台还为智能生产系统提供模块采购服务、第三方资源服务和大规模智能定制服务。

智能产品出厂后，卡奥斯COSMOPlat平台通过智慧物流服务，将所有智能产品与用户连接起来的智能互联生态圈服务、用户智能交互服务等进一步提高用户体验。在此过程中，不仅所有智能产品之间可以实现智能互联，智能产品与用户、与智能服务平台之间也能做到高精度互联，从而实时收集用户使用信息和反馈信息，不断对智能产品进行迭代升级。与此同时，通过智能服务平台提供的智慧解决方案服务和数据服务，智能产品还能不断从其他领域的创新资源和技术中获取灵感，从而生产跨界创新产品。

综上，卡奥斯COSMOPlat平台运行机制的核心理念在于以用户为中心，保证用户在生产全流程、全周期参与的体验迭代，通过与用户持续交互实现用户终身价值。

（3）企业级平台治理　卡奥斯COSMOPlat平台采用模块化治理模式，首先将各类产品拆分为不同技术模块，包括智能制造的共性技术、关键技术模块与产品特性技术模块。其中，共性技术、关键技术模块是海尔卡奥斯COSMOPlat平台自有知识产权的核心组件，而产品特性技术模块则是需要不断更新的外围组件，可对第三方互补方完全开放。在产品特性技术模块方面，卡奥斯COSMOPlat平台从全球吸纳技术资源，所有供应商可实时零距离参与模块设计；同时，用户也可实时为产品特性技术模块提供改进意见。

（4）智能生产　网器是海尔实现与用户实时交互的重要载体，而卡奥斯COSMOPlat平台的智能产品则是基于大数据和云计算的物联网设备。从用户交互参与设计到生产过程中，智能产品的每一个部件和功能都基于用户体验。而从物流、售后服务到后续使用场景中，智能产品可以持续收集用户的使用大数据，并将用户体验实时反馈回智能生产系统，从而使产品和生产过程在用户体验的基础上不断迭代。

智能生产是卡奥斯COSMOPlat平台进行智能制造的核心。卡奥斯COSMOPlat平台的智能生产模式是以用户为中心进行个性化大规模定制。在智能生产方面，卡奥斯COSMOPlat平台通过对所有设备的大数据分析，精准把握用户需求，用户可以全程参与生产制造的所有环节。

以家用电器行业为例，大规模定制的具体实现分为模块化定制、众创定制、完全个性化定制和整体智慧生活解决方案四种形式。前三种定制方式都在海尔交互定制平台上完成。海尔交互定制平台也是中国家用电器行业首个用户社群交互定制体验平台。

模块化定制是指将产品零部件集成为不同功能模块，在每个模块之间配置标准接口。用户可以在固定模块的基础上根据自身生活场景自主选择配置一部分功能模块。众创定制是指通过众创的方式实现定制。用户提出创意构思并在定制平台上发起众创，其他用户对喜爱的创意投票选择。在某创意达到一定的支持人数之后，投票的用户就可交付定金并等待定制产品上架，随后全程见证产品在互联工厂的生产流程。

目前，卡奥斯COSMOPlat平台已经复制到电子、纺织、装备、建筑、运输、化工等15个行业，并在全国建立了7大中心，覆盖全国12大区域，在20个国家复制推广，服务全球

4.3 万家企业[13]，为全球用户提供衣、食、住、行、康、养、医、教等全方位的美好生活体验。以建陶产业为例，卡奥斯COSMOPlat与淄博市淄川区合作建立建陶产业基地，通过产业集聚，将135家建陶企业整合为20余家，实现了淄博建陶产业园从中低端到中高端、从传统制造到用户定制化、从企业单打独斗到产业平台化的三个转型。此外，通过研发赋能，卡奥斯COSMOPlat平台将瓷砖的价格从70元/m²提高到140元/m²，而成本只增加20元/m²，当年企业收入提高32%，效率提高35%，成本下降8%。目前，卡奥斯COSMOPlat正在把这一样板从淄博复制到唐山、佛山再到景德镇，形成了一个建陶的大工业互联网生态。

通过在不同行业和企业内的反复应用、复制和验证，卡奥斯COSMOPlat平台的全球赋能体系正在不断优化，更具普适性，不断助推传统产业转型升级，催生新产业、新业态，赋能中小企业创新发展，打造成一个开放共赢的工业新生态[14]。

4. 创新性

卡奥斯COSMOPlat平台是全球首家引入用户全流程参与体验的工业互联网平台，通过平台的业务架构、运行机制和模块化治理模式，实现以用户为中心进行个性化大规模定制。

卡奥斯COSMOPlat平台的大规模定制模式具备全周期、全流程、全生态三大特征。第一，全周期是指从产品生命周期到用户生命周期的延伸，通过将产品由"电器"变成可联网的"网器"，卡奥斯COSMOPlat平台不再是简单地提供工业产品，而是可以为用户提供美好生活的整体解决方案。第二，全流程则意味着将低效的串联流程转变为以用户为中心的高效并联，包括研发、采购、制造、物流等七个环节都进行了自我颠覆，如将串联的瀑布式研发颠覆为并联的迭代式研发，七个环节之间在与用户零距离交互的基础上实现互联互通。第三，全生态代表卡奥斯COSMOPlat平台不是一个封闭的体系，而是一个开放的平台，可以整合全球资源提供产业化的解决方案，实现共创共赢。

二、美的智能化工厂

1. 应用概况

美的集团以机器人代替人力，以大规模定制替换标准化工厂，以全球精益生产方式取代粗放生产，完成了标准化、数字化和信息化的改造。美的以用户需求为中心，布局上游生产制造产业，打造机器人生态链，以软件、数据来驱动全价值链运营，构建"一个美的、一个体系、一个标准"的全球协同生产平台，打造创新型工业生产方式。

2. 解决的技术难点或热点问题

在当下的全球竞争中，以新技术、高效率向全球不同用户输出精品、新品的同时，还要输出涵盖硬件、软件、系统的全套智能制造解决方案，打造美的版的"工业互联网"。对于美的集团，这场智能制造革命同样也是一场自身的价值革命，不仅改变生产方式、提高生产力，更为关键的是重新找到自身价值链在全球产业链的定位，完成从中国家用电器企业到全球科技集团的转型[16]。

3. 具体做法和实践经验

美的清洁电器事业部的智能工厂，从注塑车间到智能仓库，注塑机、堆码机器人、扫码机、AGV无人输送车等机器人接替工人的现象无处不在，配合自动分拣系统、智能输送物流系统、智能仓储等数字化系统支撑起整个智能工厂高效运行,实现"成品分拣输送、堆码和智能立库"。如图12-3所示,苏州美的清洁电器注塑车间里有121台注塑机,仅有3~4名员工进行巡查,整个注塑的进料、出料等全过程均由机器人辅助完成,一个车间能供应全部清洁电器40%的塑料件需求。这是美的集团众多智能工厂的一个"智能车间",也是"人机新世代战略"全面落地的一个缩影。

图12-3 苏州美的清洁电器注塑车间

美的中央空调已实现工厂自动化生产,相比之前,生产线工人减少50%,人机比达4%以上,生产效率提升70%,产品合格率达到99.9%,订单交付周期缩短50%,效率增长100%。

美的集团智能制造信息系统的营销端采用贴近用户的订单制,并与后端计划、交付协同后,整个营销模式变革效果明显,客户满意度、库存、效率、回款等指标提升都很大。在制造端,整个智能制造工厂的整体原料库存下降了80%以上,计划变动率由40%以上降低到15%以内,交付更加平稳。整体制造效率提升,在产量不变的情况下与物料配送及上料、仓储、机台巡视等相关的岗位减员20%以上。

4. 创新性

美的基于智能工厂的建设,实现了用户定制的个性化生产。通过互联网平台,用户可以直接在网上定制心仪的空调,也可以通过公司开发的手机APP下单。APP终端上有各种空调的种类、外形、规格以及多种功能模块等,用户可根据自身喜好和需求进行任意组合,确认付费后,智能工厂将立即上线生产该款产品。用户定制的空调提交工厂后,工厂设计部门将启动"差异化设计",同时安排生产计划。用户下单后,整个设计、配料、生产、包装等都可在线查看,真正做到"即使一台空调的订单,生产线也能生产"。[15]

三、格力智慧工厂[17]

1. 应用概况

格力电器经过多年持续高速发展,从年产量不足2万台的小厂,成长为世界500强企业,并逐步转型为多元化的全球型工业集团,生产规模不断扩大、产品种类不断丰富、组织形式不断复杂。与此同时,客户的需求日益多样化,曾经的生产与管理模式已越来越难以满足多样化的客户需求。为进一步提升企业竞争力,建立适应格力电器智能制造发展需求的精益管理体系,将"精益"思想贯穿于经营管理全过程,从根本上提高经营管理水平。通过智慧工厂项目的实施,使用工艺信息化平台,综合应用自动化设备和智能控制系统,实现产品研制周期缩短30%以上,生产效率提升20%以上,产品不良品率降低20%以上。

2. 解决的主要难点或热点问题

格力电器构建了面向智能制造的精益管理体系——格力精益制造系统(GMS),智能制造与精益管理相结合(IM+LP),着重从产品端推行精益设计,制造端推进智能化及柔性化,从源头及生产制造阶段杜绝浪费,提升效率及效益,并辅以全员提案改善、全员工业基础培训养成,以标准作业及人才建设为基石,积极推动实施,在提升精益管理、生产制造水平的同时,也取得了良好的经济效益,在同行业中起到了示范作用。对比2012年2018年人均产量提升49.9%,人均销售额提升87.8%。

3. 具体做法和实践经验

格力智慧工厂的运营主要包括三个模块:智能制造管控平台、示范工厂、数据优化分析。

(1)智能制造管控平台 智能制造管控平台是以"研发-仿真-制造"为主线,进行产品全生命周期的研发设计平台、数据并行联动的工艺仿真平台、制造现场工业互联的智能化制造平台,实现各个环节关键数据的实施循环和有效联动,为大数据分析提供数据来源。

1)产品全生命周期的研发设计平台。以项目为中心,建立一个PLM系统平台,进行统一的设计研发管理,实现对设计研发数据管理、项目管理、物料管理、产品管理、工艺管理、变更管理和需求管理。通过实现流程驱动、集中管控、统一管理,公司的产品质量和工作效率得到显著提高。

2)数据并行联动的工艺仿真平台。工艺仿真平台在MPMLink(工艺信息化板块)的基础上,实现设计-工艺-制造的数据互通。对上接收设计平台的产品数据与信息,通过平台生成工艺设计方案;通过信息化平台受控传递至下游制造平台,以指导产品制造。基于这一平台,各工艺板块的并行设计与验证实现同步,前端设计平台、后端制造平台也实现了实时数据联动。

3)制造现场工业互联的智能化制造平台。生产管理过程中,计划与资源管理以ERP为核心,制造现场以MES业务架构为核心,围绕两大平台的融合应用,格力电器开发了以ERP下达生产计划为依托、MES现场采集数据做拉动的制造信息协同管理平台。通过该平台的应用,ERP的计划管理和MES的现场管理完成了深度融合。

(2)智能制造示范工厂 智能制造示范工厂基于物联网的技术,面向制造关键环节提升工业现场的制造互联水平,建立钣金、喷涂、注塑、管路两器、控制器、机加、总装等一批数字化车间,再通过智能物流供应链串联,以形成系统化的智能制造示范工厂,达到提高能效、节省人力、降低成本和品质可控等目标,以带动空调行业产业结构的优化升级。这一示范工厂包括虚拟工厂、智能厂区物流、智能车间三个部分。

1)虚拟工厂。基于现场设备数据实时驱动的数字化虚拟工厂。建立基于现场设备数据驱动的数字化虚拟工厂,建模按实际1:1完成,整体内容包含自主研发的格力工业机器人、空调行业成套专用智能装备、空调装配生产线、专用 RFID 智能传感器与控制装备、空调行业智能检测装备、智能物流与仓储装备、车间厂房等；数字化模型与虚拟监控实际车间进行状态的数据，实现虚拟工厂与实际车间运动同步，且具有全生产线虚拟漫游功能，包含全车间漫游、单线体显示、单设备查看等。

2）智能厂区物流。从供应商送货开始至原材料仓库，再通过厂区物流实现物料在仓库与车间、车间与车间的接驳流程直至生产线边。具体包括车辆引导与卸/送货调度系统、小件智能物流仓储配送系统、SMT 车间的物料仓储与执行系统成套装备、智能 AGV 输送系统。

3）智能车间。根据各个车间的工艺特点，打造各自特色的数字化车间。具体包括钣金车间（钣金自动冲压线、喷涂自动化生产线）、注塑车间（注塑自动化生产线、自动喷漆线、自动丝印生产线）、两器管路车间（弯管一体化线、弯管机器人自动化线、两器单件流生产线）和总装车间（RFID 智能装配线、智能检测系统）。

（3）数据优化与分析 通过建设研发设计仿真的数据共享机制、提升制造与质量环节的数据自动采集率、完善售后与运维服务的产品数据网络，建立各个环节的大数据使用模型，给公司的关键决策提供有效参考和指导。

1）设计与工艺数据。与 PLM 系统紧密结合，保证产品数据的一致性、正确性和完整性；以二维、三维集成技术为核心，构建企业级数据管理平台，将设计、工艺、工程、分析与仿真、制造、质量等多种数据进行统一组织和经验传承，提升公司工艺设计水平和能力。

2）制造与质量数据。为解决公司在物流、生产制造和质量管理的问题，加强信息流的实时性，生产管理协同平台通过 MES 系统采集现场数据，及时获取生产过程管理数据，通过建立模型、数据演算等手段，对异常数据及时进行分析和改善，将经验形成相关理论再反向指导生产，并在实际应用中验证改善效果，形成优化内部管理的闭环系统。

3）售后与运维数据。通过分步建设实施的方式，从专卖网点入手部署，逐步实现经销商核心数据的共享和渠道信息系统的统一化，打通渠道库存与销售数据，做到渠道销售和库存数据的实时可视。在空调设备上应用传感与物联网技术，实现空调产品的远程监控、报警、诊断、运维等功能，降低设备故障率和运维成本。

4. 创新性

格力围绕从设计、工艺到制造的核心业务，打通横向各关键流程之间、纵向总部与全国各制造车间供应链、制造关键环节之间的微循环节点，实现企业设备信息的实时高效流动。由此，制造水平和网络化、异地化的协同制造能力得到大幅提升，打造成为柔性、智能、精细化生产的智能工厂。

四、小米智能家居

1. 应用概况

小米在家用电器业务的布局呈圈层式，核心产品为冠名"小米"及"米家"的电视、家居小家用电器、照明等；其生态链公司产品则几乎覆盖了所有家用电器产品。智米科技是其生态链家用电器企业中的生力军，专注于智能环境电器的研发与生产。在初创期立足空气净化器，抢滩市场。2016 年开始，智米全面布局空调、智能马桶盖、新风系统、加湿器、电风扇、电暖器等新品类增量业务[18]。小米智能家居围绕小米手机、小米电视、小米路由器三大核心产品,由小米生态链企业的智能硬件产品组成一套完整的闭环体验,极具竞争力的价格将小米智能家居塑造为大众"买得起的第一个智能家居"。

2. 解决的技术难点或热点问题

小米将智能制造理念融入智能家居产品,通过工业互联网,实现家用电器的智能化和生产的智能化,并致力于打造"小米之家"。小米采用"投资+孵化"的方式构建企业生态链,通过新零售渠道向用户提供由 MIUI 系统驱动的智能手机和智能硬件产品,建立庞大的自有平台,为用户提供多样的互联网服务。并在提供互联网服务的过程中收集用户信息,深入分析用户的购买习惯和个性化需求,通过云计算和人工智能,以进一步改良产品和服务,并与平台用户保持密切互动,从而增加客户黏性,带来持续化的变现机会。

3. 具体做法和实践经验

小米从 2013 年至今投资和孵化了 220 家生态链企业,其中 100 多家专注于智能硬件和生活消费品,华米、云米等均已独立上市。小米通过销售硬件来产生流量入口,通过互联网服务来创造价值,立足互联网用户,同时发展其电商和新零售渠道。米粉由小米手机和米家 APP 入手,延展至生态链的其他智能家居产品,以手机或系统为中心,控制其他智能设备,形成了智能家居生态。

5G 时代的到来,给 IoT 设备的增长提供了新机会。目前,小米 IoT 平台已经支持 2000 款设备,智能设备连接数超过 1.32 亿台。小爱同学的累计激活设备数达 1 亿台,累计唤醒次数 80 亿次,月活跃用户超过 3400 万。小米拥有国内最全面的智能家居生态链,抢占了智能家居发展的先机。

小米智能家居布局与小米路由器有着密不可分的关系。路由器第一次公测时标榜的"顶配路由器"到第三次公测时则成为"玩转智能家居的控制中心",预示着小米路由器最初的产品定义为:第一是最好的路由器,第二是家庭数据中心,第三是智能家庭中心,第四是开放平台。通过小米路由器、小米路由器 APP、小米智能家庭 APP 可实现多设备智能联动,设备联网、影音分享、家庭安防、空气改善等功能和应用场景十分丰富。[19]

4. 创新性

小米智能家居基于小米手机、小米电视、小米路由器三大核心产品,构成智能家居网络中心小米路由器、家庭安防中心小蚁智能摄像机、影视娱乐中心小米盒子等产品矩阵,轻松实现智能设备互联,提供智能家居真实落地、简单操作、无限互联的应用体验。

五、TCL 智能工厂

1. 应用概况

TCL 集团产品涵盖了电话、电视、手机、冰箱、液晶面板等领域。随着国家智能制造产业做大做强的呼声越来越高,TCL 集团结合自身发展智能制造的实际需求,2016 年 10 月,TCL 智慧工业应运而生。TCL 推进数字化转型,通过打造智能工厂来实现生产产品质量提升和运营成本降低,提升了产品创新能力,实现了产品准时交付,降低了产品缺陷判率,提高了运营效率,灵活多变地适应不断变化的市场环境。[20]

2. 解决的技术难点或热点问题

TCL 华星的智能工厂建设落成,每天收集的生产数据量已经达到 TB 级别,数据源源不断地产生到利用,给生产管理的优化带来巨大的便利。与传统制造企业相比,TCL 通过数据的有效利用实现提质增效。对比 TCL 导入华星云前（2019 年 1 月）和云后（2019 年 12 月）的运营成本、产品升级周期及生产效率，TCL 运营成本降低 25%，产品升级周期缩短 32%，生产效率提高 23%。

TCL 华星的智能工厂将机器视觉、人工智能、增强现实等新兴技术用于面板业缺陷判别。2017 年开始导入国内面板业缺陷判别的首例人工智能落地项目——AI 图像识别技术 ADC，以代替人工进行缺陷判别。目前已在深圳 t1/t2/t6 全面上线，在每天几百万张图片量的生产线上，实现了缺陷判别站点人力 50% 替代以及 5~10 倍速度的提升。

AI 图像识别技术的识别持续稳定和高效，比人员判定更准确，能更早地发现异常，AI 诊断能够更有效地提升良率。TCL 华星导入 AI 系统解决了机台参数及产品缺陷无法实时监控的问题，做到及时分析数据，及时拦截异常，减少异常品生产。同时，利用深度学习算法建立产品预测模型，及时预测产品品质，并联动生产系统实现自动拦截异常产品。AI 诊断技术已在深圳 t1/t2/t6 全面导入，建立了近 50 万个模型，结合大数据分析系统优化规格，让模型更科学、合理，减少过杀漏放，实现年拦截效益近一亿。AI 诊断的全面导入，对良品率提升的贡献不仅有效地推动制造工厂的高效运作，提升了产品的市场竞争力，也标志着 TCL 华星在智能制造领域走在行业前端。

3. 具体做法和实践经验

TCL 通过子公司华星光电，建设完成了第十一代 TFT-LCD 及 AMOLED 新型显示器件生产线（简称 t6 项目），设计产能 9 万大片玻璃基板，实现生产数据收集，在 140 个工序和检测站点中，约有 120 个点实现全自动，另外 20 个点的自动化程度超过 70%，TCL 工厂自动化程度超过 95%；建设 TCL 华星智能云平台，以及高度的自动化、数字化、可视化、模型化、网络化和集成化的高世代 G11 显示面板智能工厂。

智能工厂项目采用了国产核心智能制造装备和人工智能技术的创新应用，联合格创东智共同研发了 TCL 华星智能云平台、物联网平台、工业智能应用等，实现软件和设备的互联互通，设备与环境的互感知，完成高度自动化、数字化、可视化、模型化、集成化、协同化、网络化和智能化。TCL 实现在深圳、惠州、武汉三地的研发、生产和运营数据共享，更好完成各产业之间（TCL 华星 t1、t2、t3、t4、t6）的网络协同，以及集约化生产管理的目标，并打造形成显示面板行业网络协同智能制造新模式、新标准。同时，也将 TCL 华星与上下游企业的数据串联起来，实现基于云的设计、供应、制造和服务环节并行组织和协同优化。

在智能工厂的基础上，TCL 华星开展了物联网在工业领域的应用。2017 年，TCL 华星开始布局工厂 IoT 建设，通过格创东智联手研究物联网，共同打造了自主 IP 工业互联网平台。目前全面覆盖 2 个 G8.5 厂，布点数已超过 3 万个数量采集点，在生产环节中的材料、能耗等方面有效控制和降低了成本。TCL 华星利用自研的 IoT 技术打破数据黑盒，秒级实时自动上报材料/动力能耗等数据，在边缘节点做简单计算处理后转化为更有价值的数据上抛到平台，再进行大数据分析找出异常来进行改善。同时建立模型实时监控，有异常及时告警处理，有效减少材料能耗的成本。同时利用系统自动上报替代原来的人员现场采集，大力节省人力成本。[22]

4. 创新性

TCL 智能工厂主要采用国产核心智能制造装备和人工智能技术的创新应用，研发 TCL

华星智能云、物联网、工业智能应用等平台,实现软硬件设备的互联互通,设备与环境的互感知,完成高度自动化、数字化、可视化、模型化、集成化、协同化、网络化和智能化。在多种应用场景中,深度融合人工智能(AI)、大数据、云计算等前沿技术,提供场景化的智能制造解决方案,赋能一线生产工程师在平台上打造各类逻辑模型与工业应用。[22]

第五节 发展趋势

我国家用电器行业的发展相比于发达国家来说,在家用电器本身的核心技术方面和智能制造相关的技术方面存在一定的差距。但相比于其他行业,家用电器行业的集中度更高、产业成熟度更高、国际化程度较高、研发投入更大。因此,家用电器行业被认为是制造业转型升级的前沿阵地,其未来的发展趋势主要集中在以下几个方面。

一、智能制造成熟技术的推广应用

国内以格力、美的和海尔为代表的家用电器领域龙头企业已经在智能制造方面走在了前列。这些企业对于工业机器人、工业互联网平台以及精密数控机床的技术布局大大推动了行业进步。制造业的共性关键技术也成为企业新的收入增长点,促进了家用电器行业企业向综合型工业企业转变。在引领智能制造发展的同时,其先进的生产技术和生产理念需要在完成自有生产工艺过程改造的基础上积极向相关领域推广,扩大了影响力。因此,家用电器智能制造的趋势之一就是领军企业智能制造技术的推广应用。

二、家用电器智能制造基础技术创新

智能制造主要的推动力来自智能科学与先进制造技术的发展,如人工智能、机器学习、智能感知、人机交互以及高端电子装备制造、极端制造、离散制造、柔性制造、生物制造等,覆盖了设计、模拟、仿真、分析、生产、控制、检测等诸多环节。我国现阶段的芯片制造、操作系统、工业软件等软硬件制造能力仍然薄弱,除了在"核高基"、自主操作系统、工业软件、大数据等自主研制开发上着力加强外,也要在认知科学、神经计算、人工智能、仿生制造等智能科学基础研究上不断深化,推动制造技术、信息技术在智能制造中的深度融合发展。

对于家用电器行业,进口芯片占比高达90%,且无自主可控基础软件,这些对供应链的安全构成巨大风险。在智能制造的浪潮下,国内的家用电器企业开始进军机器人行业,大部分都是通过并购或参股的方式侧面进入,只有格力等极少数是自主开发产品。当然,通过收购把前期技术买回来带动自身发展也未尝不可,包括格力本身也有跟安川等机器人巨头合作。但另一方面,核心技术并不能靠收购获得。

三、基于新材料的智能制造工艺

基于节能环保的考虑和对家用电器产品的品质追求,材料正逐渐成为现代家用电器产品设计的主要因素,对设计有着重要而深远的影响。家用电器应该充分考虑材料自身不同,以及用户与群体的偏好,并根据产品的结构和形态,合理采用材料,使设计产品美感得到体现,满足消费者对家用电器产品智能化、个性化、情感化的需求,并且能深化和相互烘托,

进一步提升家用电器产品的价值。

对于家用电器的智能制造而言，融合多种不同材料的家用电器产品，对生产工艺和生产线的精细化管理有了更高的要求。另一方面，随着 3D 打印技术的蓬勃发展，家用电器的个性化定制有了更好的技术支撑。开发各种适用于 3D 打印的新型材料，也成为智能制造的发展趋势之一。

四、智能家居产品的生态布局

智能家居涉及领域庞大，软硬件、技术支持、系统、供应链及代工厂和渠道商等共同组成了这个可观的行业。以上游供应商中的芯片为例，目前使用 Marvell 美满电子芯片居多。本土企业在信号传输等周边辅助处理芯片方面占有一定份额，但与国际芯片商相比，国内处理器方面偏弱；此外，在传感器、材料等领域，柔性屏等技术突破以及人机交互模式的创新已然成为未来发展的趋势。因此，国产智能家居芯片进口替代的空间巨大。

从应用角度看，随着智能化的提高，高端智能家用电器的安全体系、高体验的智能应用场景也成为制约高端智能家用电器发展的瓶颈。目前，智能家用电器产品的标准尚未统一，市面上的智能家用电器产品质量参差不齐，严重影响了用户体验。这也使得智能家居在推广过程中无法迅速获得用户的认可。我国家用电器行业亟需在新模组、新软件、新终端方面有突破，也倒逼大量共性技术开发需求，亟需聚焦行业共性需求集中攻关，进而形成新的产业附加值和新的业态，解决行业及国家关心的重大问题。

五、工业互联网的蓬勃发展

通过引入用户参与生产全流程，依托平台实现需求数据在研发设计、生产制造、物流销售等环节的流通，形成用户需求的深度挖掘、实时感知、快速响应和及时满足的能力。在生产过程中，在智能设备群、产线、车间等工业现场部署具备边缘计算能力的智能终端，实时对生产数据进行分析与反馈，实现整个生产过程的动态管控优化。在企业层面，利用平台打通设计、管理、供应链等各环节数据，推动企业内顶层决策到底层生产的端到端集成，基于大数据、人工智能等技术进行挖掘分析，实现扁平化管理和决策优化。在产业层面，构建基于平台的数据共享机制，实现供需信息、制造资源、创业创新资源的汇聚，通过基于数据分析的重新组织，实现产业链上下游资源优化配置与协同，形成新模式、新业态和新的利润增长点。

第六节　措 施 建 议

一、强化统筹规划协调，提升产业创新能力

建立家用电器智能制造，实施总体协调推进工作组，形成龙头企业、行业协会、科研院所等多方参与的组织体系，负责全国家用电器智能制造的统筹规划和协调工作。统筹组织智能制造在各行各业的实施，选择少数企业进行试点示范，制定家用电器智能制造发展路径。立足"我国制造业要 2.0 补课、3.0 普及、4.0 示范"的发展路径，在行业智能制造发展规划中尊重客观规律，有序开展试点示范工作。智能制造并非一时之功，政府要加强政策引

导,不宜过度炒作智能制造的概念,应引导企业不盲目跟风,避免出现类似"机器人产业存在的高端产业低端化、低端产品产能过剩"的倾向和苗头。

二、加强制造顶层设计,培育智造生态体系

加强系统的顶层设计,将发展重点放在智能成套装备制造上,成链条制定解决方案,系统组织实施。为传统产业的智能化升级改造,实现智能制造,智能制造技术装备提供基础支持。鼓励智能制造领域的装备企业、软件企业、系统集成企业等通过兼并重组、股权合作等方式做大做强形成若干具有较强国际竞争力的龙头企业。研究制定智能制造系统解决方案供应商标准,继续发布智能制造系统解决方案供应商推荐目录,宣传推广优秀集成应用项目,加快培育一批有行业、专业特色的系统解决方案供应商。积极培育智能制造应用技术供应商、系统集成商、运营创新服务商三类主体,加强工业互联网、信息安全基础设施建设,构建跨领域协同创新、大中小企业融通发展和跨区域开放合作三种机制,完善家用电器行业智能制造生态体系。[21]

三、加强要素保障,攻克关键技术

坚持关键技术由智能制造企业出题,企业出题的实质是关键技术需求要来源于生产制造一线,体现问题导向。国家组织优势科研资源攻关,在总体协调推进工作组指导下集中力量突破。具体的实现方式可以采取专家进企业调研、召开企业家参与的行业座谈会、鼓励企业在项目建议征集阶段提出关键技术需求等多种形式,促进企业出题。比如借鉴法国机械工业技术中心(CETIM)的决策机构组成、程序以及项目筛选办法,在我国智能制造总体协调推进工作组中给企业更多的席位,为企业出题搭建平台。

四、建设智造标准库,完善智造国家数据库

建设家用电器行业的智能制造标准库。标准、核心支撑软件、工业互联网是发展智能制造的三大基础,这一观点已得到业界普遍认同,但是对数据的作用和地位尚未引起足够的重视。智能制造的所有感知、判断、处理、决策、反馈都离不开数据,大数据是智能制造的核心。产业大数据需要长期积累和总结,应提前着手布局。一是在国家层面集中资源建设数据中心,打破信息孤岛,促进数据交互共享。二是建立顶层的语义化描述和数据字典标准,强化基础支撑,促进大数据处理利用。三是引导有技术能力的企业参与技术标准体系建设,形成标准体系,为行业推广做准备。

参考文献

[1] 中国家用电器协会. 2019年中国家电行业运行情况分析及2020年展望[J]. 电器,2020(03):62-65.

[2] 中国家用电器研究院,全国家用电器工业信息中心. 中国家电行业年度报告(2019)[J]. 家用电器,2020(03):38-59.

[3] 董明珠,钟明生,陈锦权,等. 大型家电制造企业面向智能制造的精益管理创新实践[C]//中国企业改革与发展研究会. 中国企业改革发展优秀成果2019(第三届)下卷[C]. 北京:中国商务出版社,2019.

[4] 梁超, 祝运海. 美的样本: 传统制造如何向数字化转型 [J]. 中国工业和信息化, 2019 (09): 36-41.
[5] 佚名. 中国家电行业的发展历史 [J]. 家用电器, 2019 (09): 90-91.
[6] 吕文晶, 陈劲, 刘进. 智能制造与全球价值链升级——海尔COSMOPlat案例研究 [J]. 科研管理, 2019, 40 (04): 145-156.
[7] 王岩. 智能家居发展现状及未来发展建议 [J]. 电信网技术, 2018 (03): 15-20.
[8] 王珍. 家电巨头角力智能制造 [J]. 中国中小企业, 2017 (05): 38-39.
[9] 罗克研. 新中国家电发展历程: 见证每一个中国家庭的生活变迁 [J]. 中国质量万里行, 2019 (10): 16-17.
[10] 罗湛贤. 佛山顺德: 家电制造重镇涌起"智造浪潮" [N]. 南方日报, 2019-06-04 (A06).
[11] 佚名. 全面解读格力智能制造示范工厂的建设. 2017年度中国两化融合暨智能制造应用领先暨最佳实践奖参评案例.
[12] 王刚. 工业互联网平台赋能垂直行业数字化转型之路 (三) 家电行业 [N]. 中国电子报, 2020-3-27.
[13] Cosmoplat. 平台介绍 [EB/OL]. (2020-05-01) [2020-05-01]. https://www.cosmoplat.com/platform/plat.
[14] 杨光. 海尔COSMOPlat成全国首家国家级工业互联网示范平台 (2018-02-18) [2020-06-30]. http://www.qeda.cn/n32205390/n32205393/180305140340054254.html.
[15] 机器人频道. 智造｜美的智能工厂 [EB/OL]. (2018-07-29) [2020-05-04]. https://www.sohu.com/a/244036323_99946933.
[16] 智家电. 美的集团智能制造巨变: 人机新世代赋予中国制造的最新出路 [EB/OL]. (2018-07-04) [2020-06-30]. https://baijiahao.baidu.com/s?id=1605064406765100408.
[17] 格力电器. 格力电器打造家电行业的智能制造示范工厂 [EB/OL]. (2018-01-23) [2020-06-30]. https://www.sohu.com/a/232122279_488176.
[18] 广发证券. 2018小米家电专题研究 (3) 智米科技: 从利基到大众, 创造环境与空气的新价值 [Z]. 2018.
[19] 小米. 小米智能家居生态链 [EB/OL]. (2018-4-4) [2020-04-23]. https://www.jianshu.com/p/da0d2fb83c90.
[20] 朱朋博. TCL智慧工业: 以智能制造引领行业创新变革 [EB/OL]. (2018-08-02) [2020-06-30]. https://www.doit.com.cn/p/311851.html.
[21] 赛迪智库智能制造形势分析课题组. 2019年中国智能制造发展形势展望 [J]. 电器工业, 2019年04期.
[22] 肖旭. "2020中国标杆智能工厂"榜单公布 TCL华星榜上有名 [EB/OL]. (2020-05-19) [2020-06-15]. http://www.fx116.com.cn/a/shangxun/20200519/71635.html.

编撰组组长: 赵宇波
编撰组成员: 丁华　林玉哲　黄一鑫　张玉杰　孙志尧
审 稿 专 家: 孙明　万新明

后　　记

　　智能制造作为信息化和工业化两化深度融合的主攻方向，是我国制造业创新发展的主要抓手，也是我国制造业转型升级的主要路径。随着我国制造强国战略的实施，智能制造发展的基础条件和支撑能力得到了快速提升，智能制造的发展取得明显成效。基于此，摸清智能制造在我国制造业重点领域的发展状况，研究实施成效，剖析智能制造典型案例，分析我国制造业领域智能制造发展面临的问题和发展趋势，进而提出进一步发展智能制造的措施和建议，显得尤为重要。

　　中国科协智能制造学会联合体（以下简称联合体）受中国科学技术协会的委托，在《中国智能制造绿皮书（2017）》和《中国智能制造重点领域发展报告（2018）》的基础上，组织联合体成员单位共同开展中国科协学会联合体品牌建设项目——《中国智能制造重点领域发展报告（2019）》的研究和编写工作。由于受新冠肺炎疫情影响，报告出版时间有所推迟，经多次调研和研讨后，专家们一致同意将此项目的成果形式变更为"中国智能制造重点领域发展报告（2019-2020）"。

　　联合体动员各成员学会力量，以及相关领域具有资深行业背景和突出行业地位的研究院所和企业，充分发挥各自的专业优势，组织中国机械工程学会、中国宇航学会、中国造船工程学会、中国汽车工程学会、中国电工技术学会、中国农业机械学会、中国纺织工程学会、武汉制信科技有限公司、山东产业技术研究院、中国包装和食品机械有限公司等单位以及推荐的企业、专家和研究人员参与《中国智能制造重点领域发展报告（2019-2020）》的研究和编写工作。由于本报告的编著工作任务重、时间紧、难度大，共有百余名专家、学者和研究人员热心支持，无私奉献，倾注了大量心血。因此，本书的成功出版是全体参与人员共同努力的成果和智慧的结晶！

　　全书共12章，分为综合篇和领域篇两大部分。其中，综合篇共3章，分析了世界主要工业国家的智能制造最新进展、我国智能制造发展的现状和进展，以及智能制造进一步发展的推进策略；领域篇共9章，总结了高档数控机床、工业机器人、航天装备、船舶、汽车、农业装备、纺织、食品加工和家用电器共9个重点领域智能制造的发展状况和主要成效，剖析了典型案例，分析了各领域面临的突出问题和发展趋势，并提出各领域智能制造发展的措施建议。

　　在本书的研究、编写、审稿、校对和出版过程中，还得到了众多智能制造行业专家、学者和研究人员的重视，对本书的内容和观点提出了许多宝贵的意见和建议，屈贤明、郝玉成、刘炳业、谢兵兵等专家在研讨会和审稿中提供了很多真知灼见，韩清华、杨振荣、赵玫佳、刘来超、赵凤敏、徐宏、赵丹、刘艳秋等同志承担了大量的联系沟通工作。此外，机械工业出版社为本书能够及时出版提供了大力帮助，在此一并表示衷心的感谢！

由于编者水平有限，书中难免有欠妥和疏漏之处，恳请广大读者提出宝贵意见和建议！

编写工作委员会

2020 年 8 月